François Belliot

MASSACRE DE
CHARLIE HEBDO
L'ENQUÊTE IMPOSSIBLE

François Belliot

Homme de lettres, François Belliot écrit sur le terrorisme, les opérations sous faux drapeau et les manipulations médiatiques, depuis le début de la décennie 2010, en prenant pour point de départ les attentats du 11 septembre 2001. Il a publié en 2016 un ouvrage en deux volumes sur la guerre en Syrie, dans lequel il dénonce le mensonge organisé des médias et des politiques français, et leur instrumentalisation des massacres sur le mode de l'inversion accusatoire. Fin 2020, il a notamment recensé et analysé sur son site internet francoisbelliot.fr les dizaines d'opérations terroristes de plus ou moins grande ampleur attribuées à Daech qui ont endeuillé la France depuis 2015. Cette enquête critique sur le massacre de Charlie Hebdo du 7 janvier 2015 s'inscrit dans le droit fil de ce travail de fond sur l'un des enjeux majeurs de notre époque déboussolée.

MASSACRE DE CHARLIE HEBDO
L'enquête impossible

Publié par
Le Retour aux Sources

www.leretourauxsources.com

© Le Retour aux Sources – François Belliot – 2021

Jean-Laurent Cassely : « *Hypothèse : le cas Charlie Hebdo résiste assez bien à la tentation complotiste parce que les sentiments d'unité et de solidarité ont éloigné chez la majorité de la population le ressentiment qui fait naître le désir de chercher la vérité ailleurs que dans la triste et décevante thèse officielle. On peut y voir une victoire de la confiance retrouvée dans le corps social face aux tentations complotistes. De même, il y a fort à parier que ceux qui se sont laissés séduire par l'hypothèse du complot sont aussi ceux qui se sentent les plus éloignés de l'élan collectif né des manifestations historiques du mois de janvier.* » slate.fr, 2 février 2015

Valérie Martinez (ex-compagne de Charb) : « *J'ai le sentiment que la vérité sur l'attentat de "Charlie Hebdo" est encore loin, et je veux faire tout mon possible pour qu'elle éclate. Je m'étonne que les enquêteurs ne cherchent pas à savoir si d'autres personnes ou d'autres intérêts pourraient se cacher derrière les frères Kouachi. On ne peut pas se contenter de la seule thèse du terrorisme islamiste.* »

Georges Clemenceau : « *Si vous voulez enterrer un problème, nommez une commission.* »

Julie Holveck (avocate générale de la cour d'assises spéciale du procès des attentats de janvier 2015, extrait du réquisitoire du 8 décembre 2020) : « *La défense va terroriser la cour en vous demandant une preuve absolue.* »

Sommaire

INTRODUCTION

État des lieux de la recherche sur la tuerie de Charlie Hebdo

L e chercheur qui souhaite démêler la tuerie de Charlie Hebdo du 7 janvier 2015 dispose d'un éventail de sources assez variées, mais d'intérêt inégal et souvent mince.

S'il se contente de la version officielle, cela ne pose évidemment pas de problème, et à vrai dire le travail est vite expédié. Résumons brièvement une première fois : deux frères d'origine maghrébine, Chérif et Saïd Kouachi, défavorablement connus des services de police et convertis à l'Islam radical, décident un jour de se venger des journalistes de *Charlie Hebdo*, journal en pointe de la critique de l'Islamisme, en particulier depuis l'affaire des caricatures de Mahomet neuf ans plus tôt, en perpétrant un massacre dans les locaux de leur journal, situé au 10 rue Nicolas Appert, dans le XIème arrondissement de Paris. Après avoir tué 12 personnes et blessé 11 autres, ils prennent la fuite vers le nord. Après une gigantesque chasse à l'homme de deux jours, ils sont repérés dans une imprimerie de Dammartin-en-Goële (Seine-et-Marne), où ils sont abattus par le GIGN. Ils avaient monté leur opération avec Amedy Coulibaly qui, quant à lui, a abattu dans le dos une jeune policière à Montrouge le 8 janvier vers 8 h 10, puis pris en otages le lendemain à 13 heures une vingtaine de clients de l'Hyper Cacher de la Porte de Vincennes, tuant quatre d'entre eux, avant d'être abattu à son tour par les hommes du RAID et de la BRI, quasi simultanément avec les tueurs de Charlie Hebdo peu après 17 heures.

Cette histoire est en fait beaucoup plus complexe et problématique…

Première source d'information : les grands médias

Les articles et émissions des médias de masse constituent la première source d'information sur laquelle on peut s'appuyer. Le mois qui a suivi le massacre, des milliers d'articles ont été publiés sur les différents aspects de l'affaire, certains à chaud, d'autres avec un peu plus de recul. Il ne s'agit pas d'une information ordonnée, elle se présente comme les pièces dispersées d'un puzzle dont personne n'a l'intention de donner la forme finale. Les articles publiés les tout premiers jours, en particulier, revêtent une importance capitale dans la mesure où à ce stade il n'existe pas encore de filtrage de l'information.

Les journalistes peuvent faire leur travail à peu près librement, et rapporter des éléments troublants sans tenir compte des garde-fous et lignes rouges qui seront mis en place par la suite, une fois le ciment de la version officielle définitivement pris, ce qui dans le cas du massacre de Charlie Hebdo va se produire à la vitesse de l'éclair. C'est ainsi, par exemple que l'on peut prendre connaissance du « suicide » du commissaire Helric Fredou directeur adjoint du Service Régional de la Police Judiciaire (SRPJ) de la Haute-Vienne, le soir-même du 7 janvier, alors qu'il travaillait sur une piste prometteuse relative à l'affaire, ou que l'on apprend l'existence de plusieurs témoignages crédibles faisant état d'un commando de trois hommes et non de deux. On découvre ainsi des pans de l'affaire qui seront jetés à la trappe par la suite par les médias et dont le rapport de la commission d'enquête, un an et demi plus tard, puis le procès, cinq ans et demi plus tard, ne feront pas état.

Nonobstant cet ensemble d'éléments glissés sous le tapis sans jamais fournir la moindre explication, la consultation de la production des médias à l'époque permet de se faire une idée de la progressive installation d'une version appelée à devenir « officielle ».

Dans le cas de la tuerie de Charlie Hebdo, comme dans nombre d'affaires sensibles de ces deux dernières décennies (attentats du 11 septembre 2001, affaire Mohamed Merah de mars 2012), la source d'informations non filtrée s'est, il faut bien le reconnaître, tarie assez vite, dans la mesure ou un dispositif « anticonspirationniste » a été rapidement mis en place pour empêcher toute remise en cause de la version officielle une fois qu'elle a été gravée dans le marbre : presque toutes les productions médiatiques au bout d'une semaine deviennent consensuelles, non polémiques : toute personne qui prétend émettre des doutes est rapidement taxée de complotiste, de conspirationniste, d'antisémite, d'extrémiste, conspué, diffamé, traîné dans la boue, désigné à la vindicte : cette forme de terrorisme intellectuel, qui vient en quelque sorte prolonger l'acte terroriste lui-même, est suffisamment menaçante, dans une atmosphère collective émotionnellement saturée, pour inciter toute la corporation de s'en tenir là, d'oublier, et de passer à autre chose. C'est un peu comme si, après que les enquêteurs ont établi un périmètre de sécurité autour de la scène de crime, pour la préserver de toute intrusion ou manipulation, une seconde équipe, quelques jours plus tard, venait dresser un nouveau périmètre de sécurité, intellectuel celui-ci, autour de la version officielle, afin de s'assurer que personne ne vienne la corrompre ou la remettre en cause.

Ce schéma se reproduira à l'identique par la suite, à chaque fois qu'une révélation inattendue viendra, des mois plus tard, lézarder le récit officiel. On songe ici au témoignage explosif, en octobre 2015, de Valérie Martinez, la compagne de Stéphane Charbonnier, alias Charb, le rédacteur en chef de *Charlie Hebdo*. Pendant quelques jours on assiste à un début d'incendie médiatique, mais les pompiers anticomplotistes qui veillent au grain ressortent leurs extincteurs, ensevelissant rapidement ces révélations dans la neige carbonique éternelle de la version officielle.

Deuxième source d'information : les ouvrages consacrés à la tuerie

Un an plus tard, début janvier 2016, à l'occasion du premier anniversaire du massacre — et ensuite pour les deux, les trois, les quatre, les cinq ans — commencent à paraître les premiers ouvrages sur le sujet, rédigés soit par des journalistes, soit par des rescapés, soit par des proches des victimes de la tuerie. Composés de points de vue parfois très différents, ils proposent des récits plus détaillés, exhument ou découvrent, parfois même sans en mesurer la portée, certaines « zones d'ombre » et anomalies de l'affaire qui ont été ignorées ou négligées, en font apparaître d'autres, font certaines révélations plus ou moins dérangeantes, dans tous les cas permettent de se faire une idée beaucoup plus complète de l'affaire dans la mesure où il s'agit de *synthèses* dont l'objectif est de mettre en ordre ce qui auparavant semblait flou, simpliste, incomplet, disparate. Le grand public n'a pas forcément idée du caractère parfois très dérangeant pour la version officielle de ces ouvrages d'intérêt inégal — ce qui dérange étant généralement survolé ou escamoté dans les médias —, mais là encore ces ouvrages existent, et sont tous disponibles dans les bibliothèques publiques. Il suffit simplement de s'enquérir de leur existence, et de se donner la peine de les lire avec un carnet de notes et un stylo à la main. Certains ne valent que pour une dizaine de lignes, d'autres au contraire pour plusieurs chapitres, et contrairement à une idée répandue par les acteurs anticomplotistes, c'est parfois dans ces récits ou travaux a priori au-dessus de tout soupçon que l'on peut glaner d'inattendues mais essentielles pièces d'un tout autre puzzle.

Dans cette catégorie entrent : *le Kiosquier de Charlie*, d'Anaïs Ginori (2016), *Et soudain ils ne riaient plus*, de quatre journalistes des grands médias[1] (2016), *Prends le temps de penser à moi*, de Gabrielle Maris Victorin[2] (2017), *Mon djihad : itinéraire d'un repenti*, de Farid Benyettou[3] et Sonia Bouzzar (2017), *Charlie le jour d'après*, de Marie Bordet et Vincent Telo (2017) ; *Chérie*

---

[1] Thierry Lévêque, journaliste pendant 20 ans à l'agence *Reuters*, Dorothée Moisan, journaliste à l'*AFP* depuis 16 ans, Marie-Amélie Monbard-Latune, responsable de la page interview du *Figaro*, Marie-France Etchegoin, ex-rédactrice en chef au *Nouvel Observateur*.

[2] Fille de Bernard Maris, tué pendant le massacre.

[3] Le mentor de Chérif Kouachi, dit l'émir des Buttes-Chaumont.

je vais à Charlie, de Maryse Wolinski[4] ; *Le lambeau* de Philippe Lançon[5] (2018),
Une minute quarante-neuf secondes de Laurent Sourisseau[6] (2019).

Retenons en particulier dans cette liste le livre de Maryse Wolinski,
pour sa résurrection de l'hypothèse du « troisième homme » et sa dénonciation
de l'abaissement généralisé de la sécurité autour des locaux de Charlie Hebdo
les mois précédant le massacre, et celui d'Anaïs Ginori, pour l'histoire
incroyable du « kiosquier de Charlie », ayant croisé à son poste Cabu et Wolinski
le matin du 7 janvier à Saint-Germain-des-Prés, témoin de l'accident de la
circulation des terroristes Place du Colonel Fabien, enfin braqué et dépouillé de
son véhicule au 45 rue de Meaux par ces derniers avant leur fuite par la Porte de
Pantin.

Troisième source d'informations : le rapport de la commission d'enquête

C'est le 6 juillet 2016 qu'ont été publiées les conclusions du *Rapport
fait au nom de la commission d'enquête relative aux moyens mis en œuvre par
l'état pour lutter contre le terrorisme depuis le 7 janvier 2015*. Quoique la date
du massacre de Charlie Hebdo figure dans le titre de ce rapport de 434 pages,
comme point de départ temporel, l'événement n'y occupe qu'une place
extrêmement modeste. L'événement y est traité dans la section « PREMIÈRE
PARTIE — EN 2015 : DES ATTENTATS D'UNE AMPLEUR INÉDITE/ I. LÀ
CHRONOLOGIE DES ATTAQUES DES 7, 8, ET 9 JANVIER 2015/ A. L'ATTAQUE
DE CHARLIE HEBDO LE 7 JANVIER 2015. En tout l'affaire est traitée en cinq pages
(32 à 37), que l'on peut même réduire à trois, jusqu'à la découverte (haut de la
page 35), à 13 heures, de la carte d'identité de Saïd Kouachi oubliée à l'avant de
leur véhicule rue de Meaux, qui permet presque instantanément à l'enquête de
trouver la direction unique dont elle ne déviera plus. Trois pages sur 432 pour
une affaire de cette complexité et de ce retentissement, disons-le d'emblée, c'est
proprement ridicule, et l'on comprend que les proches et familles de victimes
s'en soient montré, c'est peu dire, des plus insatisfaits. Néanmoins il s'agit d'une
source d'information, on ne peut plus officielle, à prendre en compte. Mise en
place suite à l'adoption, le 20 janvier 2016, à l'initiative du groupe Les
Républicains, d'une proposition de résolution par l'Assemblée nationale, ce que
nous nommerons sous une forme abrégée la « commission d'enquête » était
présidée par George Fenech, rapportée par Sébastien Pietrasanta, comptait

---

[4] Veuve du dessinateur George Wolinski, tué pendant le massacre.

[5] Présent dans la salle de rédaction au moment du massacre, a eu la mâchoire arrachée par
une balle de kalachnikov en cette occasion.

[6] Directeur de Charlie Hebdo, grièvement blessé à l'épaule pendant le massacre.

quatre vice-présidents, quatre secrétaires, et vingt autres membres de la représentation nationale.

Quatrième source d'information : Les témoignages des proches des victimes

Tous les proches des victimes ne se sont pas exprimés sur le fond de l'affaire, loin de là. Certains ont préféré rester dans l'ombre, pour se reconstruire loin des polémiques et de la lumière médiatique, d'autres ont décidé de perpétuer leur mémoire à leur façon, pour que le défunt et son œuvre continuent à vivre. Quelques-uns, toutefois, ont témoigné publiquement leur méfiance envers la version officielle, s'étonnant parfois avec indignation de la façon dont l'enquête a été menée ou des analyses et conclusions de la commission. On a évoqué le témoignage de Valérie Martinez, la compagne de Charb qui a raconté, par exemple, en octobre 2015, comment ils ont découvert que l'appartement de Charb avait été cambriolé quatre jours après l'attentat, des effets personnels ayant été dérobés parmi lesquels son ordinateur portable, qui aurait pu livrer des informations précieuses aux enquêteurs. On a évoqué Maryse Wolinski qui, six ans après le massacre, nourrit toujours des doutes aussi profonds. On peut aussi évoquer le témoignage d'Ingrid Brinsolaro, pour qui son mari Franck Brinsolaro, l'un des deux gardes du corps personnels de Charb — le second au moment de la tuerie était parti s'acheter un sandwich — a été rien de moins que *sacrifié* ; et celui de la sœur du commissaire Helric Fredou retrouvé mort une balle dans la tête dans son bureau la nuit du 7 janvier, qui conteste la thèse du suicide pour cause de dépression, et qui s'étonne que son ordinateur et son téléphone portables aient été saisis le lendemain par des enquêteurs tout en dénonçant l'impossibilité d'avoir eu accès au rapport d'autopsie de son frère. À défaut de les discuter ou de les contester, les médias leur ont donné très peu de relief — voire aucun.

Cinquième source d'information : les points de vue hostiles à la version officielle

Dès le lendemain du massacre, des personnalités de la réinfosphère ont émis des doutes sur la version officielle qui était en train de prendre à vitesse accélérée sa forme définitive. Par « réinfosphère », j'entends tout un ensemble de personnalités et de groupes, éclos pour la plupart à la fin de la décennie 2000, qui se sont forgés à la longue une réputation sur la toile. Les journalistes encartés et les acteurs anticomplotistes les désignent uniformément comme des « complotistes », des « conspirationnistes », gravitant dans ce qu'ils appellent la « fachosphère ». C'est une manière de tenir le grand public à distance de leurs prises de position, qui ne font que gagner en audience avec les années, suivant la pente inverse du journalisme institutionnel, quant à lui corrompu par les subventions publiques et les liens d'intérêt, intégralement sous contrôle des grands groupes privés et des organisations communautaires qui lui dictent ses lignes éditoriales, et dont la réputation s'est continûment et inexorablement érodée ces deux dernières décennies, au point d'être complètement discrédité aux yeux d'une part désormais majoritaire et sans cesse croissante de la population. Dans la « réinfosphère », le phénomène de « l'opération sous faux drapeau » (une opération qui consiste à faire endosser la responsabilité d'un crime à des tiers que l'on souhaite ainsi diaboliser) est analysé et connu depuis longtemps comme un phénomène courant, nullement invraisemblable, dont l'évocation n'est nullement taboue, et dont l'hypothèse, bien au contraire, doit même être obligatoirement formulée en tout premier lieu quand survient un drame louchement spectaculaire aussitôt exploité en grand à grand renfort de tam-tams et de mégaphones. C'est ainsi que des analyses alternatives du massacre ont connu sur la toile une diffusion massive les jours et les semaines suivant les attentats. La vidéo « spéciale Charlie Hebdo » de l'essayiste Alain Soral a recueilli rapidement plus d'un million de vues sur la toile. L'enquête extrêmement fouillée du journaliste Hicham Hamza, publiée sur son site *Panamza*, qui à lui seul a exposé la plupart des anomalies et zones d'ombre de l'affaire, a connu un retentissement considérable et mérité. Par la suite, Alexis Kropotkine, alias *Le Greffier noir*, a accompli un travail d'investigation sérieux et incontournable sur le volet Hyper Cacher des attentats de janvier 2015. Plus généralement, les anomalies et zones d'ombre les plus criantes ont été massivement relayées par des sites alternatifs comme *Artemisia-college.info*, *Alterinfo.net*, *Egalité&Réconciliation*, *Cercledesvolontaires.fr*, *Geopolintel*. Que les grands médias aient complètement ignoré ces révélations et les sites qui les ont faites ou relayées, ou qu'ils les aient noyées dans le vomi et la diarrhée quand ils rencontraient trop d'audience ainsi d'Alain Soral et de Panamza — ennemis l'un de l'autre, soit dit en passant pour ceux qui se figurent la réinfosphère comme un bloc monolithique — ne change rien au fait qu'il s'agit de sources d'information qui méritent d'être explorées et vérifiées : agonir d'injures et prétendre réduire au silence par tous les moyens rhétoriques les plus ignobles quelqu'un avec qui l'on est en désaccord, sans daigner considérer un seul de ses arguments, non seulement ce n'est en aucune façon le réfuter, mais encore, à force, c'est justifier à son propre encontre les suspicions de complicité dans le maquillage de la vérité.

Sixième source d'information : les auditions du procès des attentats

On ne peut évidemment passer, à l'automne de l'année de 2020, à côté de cette sixième et essentielle source d'information que constitue le procès des attentats qui s'est enfin ouvert, le 2 septembre 2020, à la Cour d'assises spéciale du Tribunal de Paris. Il aurait dû se tenir un peu plus tôt, en mars, mais le confinement de l'ensemble de la population française, en raison de la guerre déclarée au terrible quoique bénin Sars-Covid-2 en mars 2020, en a différé l'ouverture. Il n'aurait pu non plus se tenir beaucoup plus tard, la date limite de détention provisoire autorisée des différentes personnes accusées, d'une durée maximale de cinq ans, ayant été largement dépassée pour la plupart d'entre elles. La totalité des individus parqués dans le box des accusés est concernée par la partie Amédy Coulibaly et Hyper Cacher des attentats de janvier, mais le massacre du 7 janvier y a été largement abordé. Une longue et par endroits précise chronologie de l'événement a été publiquement exposée par le président de la cour d'assises spéciale Régis de Jorna et son premier assesseur. Des victimes survivantes (Corinne Rey, Laurent Sourisseau, Simon Fieschi, la compagne de Charb, Michel Catalano, etc.) ont pu venir livrer leur témoignage à la barre. Des responsables de l'enquête ont pu reconstituer avec un luxe de détails macabres, mais jamais entendus, le déroulé des deux minutes de présence des tueurs dans les locaux de Charlie Hebdo et la salle de rédaction. J'ai personnellement assisté à de nombreuses séances de ce procès accessible au public, dans le grand auditorium consacré pour l'occasion à la retransmission filmée en direct des débats, dont les médias ont plutôt fidèlement rendu compte dans l'ensemble ; et j'ai pu m'entretenir avec certains avocats des parties civiles et de la défense.

Septième source d'information : les auteurs anticomplotistes (AC)

Venons-en à la septième source d'informations, qui me semble, paradoxalement, la plus décisive pour déterminer à peu de frais de quel côté penche la balance de la vérité, du côté des tenants de la version officielle, ou du côté de ceux qui la contestent toute ou partie. Depuis une vingtaine d'années, de façon concomitante avec l'essor d'internet, et en prenant comme événement fondateur les attentats du 11 septembre 2001 et les doutes suscités par la version officielle de ces événements, est né et s'est développé un discours que l'on pourrait qualifier d'« anticomplotiste » ou « anticonspirationniste ». Ce discours est multiforme : on le trouve dans les quotidiens, les magazines, des ouvrages, des émissions de radio et de télévision, des colloques, des discours politiques, des recommandations de l'Éducation Nationale. Il défend bec et ongles la version officielle d'un certain nombre d'événements bien précis, toujours les mêmes, avec des procédés d'autant plus identifiables qu'ils sont invariables d'une affaire à l'autre. L'année 2015, en particulier, a vu le déploiement prodigieux de la littérature anticomplotiste — que nous acronymisons d'emblée en « AC » — ciblant en particulier les débats relatifs à la tuerie de Charlie Hebdo. Le discours AC, dont les caractéristiques sont immuables, est une source d'information indirecte, dans la mesure où il s'apparente plus à un concert d'aboiements visant à tenir les curieux à distance qu'à un examen minutieux des faits, mais par ses omissions et mensonges portant toujours sur les mêmes aspects, il fournit une base de données de premier choix dont la valeur est peut-être décisive : en un mot, le discours AC, en ne considérant que le massacre de Charlie Hebdo, est trop grossièrement frauduleux pour ne pas jeter sur ses acteurs la grave suspicion de complicité de maquillage d'un crime dont les commanditaires ne sont pas à chercher du côté des seuls frères Kouachi et de la sphère salafiste dans laquelle ils gravitaient.

Angles d'attaque de cet ouvrage

Certaines personnes à qui j'ai parlé de ce projet d'ouvrage m'ont suggéré d'en faire un roman. Les anomalies et zones d'ombre sont suffisamment criantes et évidentes pour rejeter tout ou partie de la version officielle, et en même temps, ces zones d'ombre sont tellement opaques et nombreuses qu'il est extrêmement difficile de fournir, en remplacement, une version qui serait la véritable version des faits, dans tous ses détails, avec tous les protagonistes réels. Pour filer l'image, c'est comme si l'on devait reconstituer un puzzle de 1000 pièces avec seulement une centaine de pièces, une cinquantaine d'entre elles pouvant s'emboîter sans conteste dans de petits blocs çà et là. Quelque chose se dessine, on devine un tableau cohérent, mais le travail d'enquête rencontre vite ses limites, et la tentation alors devient grande de combler les vides en brodant un scénario qui pourrait s'approcher de ce qui s'est réellement passé, un peu comme le font les archéologues et les paléontologues quand ils essayent de reconstituer un site entier ou un squelette complet à partir de ruines et fossiles épars. Un tel travail entrerait du reste immédiatement dans la récente mais infamante méthode du *roman-quête* chère à Bernard Henri Levy, le plus grand escroc intellectuel « français » vivant – méthode que *tous* les auteurs défendant la version officielle n'ont eu aucun scrupule d'adopter pour éclaircir à leur gré toutes les zones d'ombre de l'affaire. Plus noblement, l'idée m'a un moment effleuré, à l'instar de Stendhal dans *la Chartreuse de Parme* ou Henri Verneuil dans *I comme Icare*, d'inventer de toutes pièces une histoire comparable en changeant tous les noms, lieux, et dates, mais alors cela aurait supposé refondre en entier un travail déjà très avancé, et puis je pensais avoir trouvé plusieurs angles d'attaque convaincants.

Il va de soi qu'une enquête authentique, exhaustive, impartiale et déterminée, sur les attentats — enquête qui, estimons-nous, n'a pas eu lieu —, ne peut être menée par un homme seul ne disposant d'aucun moyen policier à sa disposition. Même Hicham Hamza, qui n'a pas pu accomplir un travail aussi colossal seul et sans le soutien d'alliés divers, a dû s'arrêter parvenu à une certaine profondeur, tombant soudain sur de la roche très dure, sur laquelle les foreuses artisanales et manœuvrées par des équipes trop réduites se révèlent impuissantes.

Nous n'avons pas un instant à l'esprit ici l'enquête éclair des autorités, qui a abouti en une journée à peine à la version officielle définitive, grâce notamment à la carte d'identité malencontreusement oubliée par Saïd Kouachi. Une enquête aussi rapide et définitive constitue une insulte au bon sens, quand on sait que pour ce genre d'affaires, il faut souvent beaucoup, beaucoup de temps — des années, des décennies, parfois jamais — avant que la vérité pleine et entière soit enfin remontée des profondeurs. Nous pensons ici à une véritable enquête, menée dans les règles de l'art, avec une équipe professionnalisée bénéficiant de temps et de moyens considérables, que seules des autorités conscientes et responsables seraient capables et désireuses de diligenter — les moyens de l'État ! — Or force est de constater que nous sommes très loin de nous trouver dans ce cas de figure. La vérité sur la tuerie de Charlie Hebdo ne se situe pas dans les pages 32 à 36 du rapport de la commission d'enquête de 2016, ni dans les conclusions du procès de 2020, et il est improbable qu'elle sorte avant des lustres, si tant est qu'elle sorte un jour, raison pour laquelle j'ai intitulé le présent ouvrage : *Charlie Hebdo : l'enquête impossible*. Il s'agit également, comme le lecteur s'en apercevra, d'un hommage ironique à l'un des personnages principaux de cet ouvrage, le ministre de l'Intérieur de l'époque Bernard Cazeneuve, auteur en 2011, à une époque où, simple député-maire de Cherbourg, il pouvait se permettre de faire le chevalier blanc, de *Karachi : l'enquête impossible,* ouvrage dans lequel il dénonçait les obstructions politiques auxquelles il avait été confronté dans le cadre de sa mission de rapporteur d'une commission d'enquête parlementaire chargée de faire la lumière sur l'attentat qui coûta la vie à 11 employés de la Direction des Chantiers Navals (DCN) à Karachi, Pakistan, le 8 mai 2002.

Pour prendre un comparant qui parlera à tout le monde, nous attendons encore, soixante ans après les faits, la vérité sur l'assassinat du président Kennedy, et si des chercheurs indépendants, tel Laurent Guyénot, sont enfin parvenus aujourd'hui à isoler la piste la plus crédible, la piste israélienne[7], l'ensemble du puzzle est très loin d'avoir été reconstitué, puzzle évidemment très différent de la version officielle éclair — et éternelle — des premiers jours, et de la commission Warren mise en place pour la graver dans le marbre à l'intention des générations futures. Or pour le massacre de Charlie Hebdo nous ne disposons que de cinq années de recul.

Une telle situation est évidemment des plus fâcheuse et dommageable : pendant des décennies le grand public se trouve orienté vers de fausses pistes, et les marionnettistes et communicants qui ont manipulé les pigeons et mis en place le storytelling — autrement dit les véritables criminels — ont tout le temps d'exploiter politiquement la version officielle mensongère pour faire progresser leurs intérêts. Quand la vérité éclate, si jamais elle éclate, il est trop tard, beaucoup trop tard.

Car c'est là aussi ce qu'il faut savoir concernant le massacre de Charlie Hebdo : il ne s'agit pas d'un banal règlement de compte sans lendemain entre deux gangs rivaux mais d'un événement pivot qui a été utilisé pour marquer d'une empreinte profonde l'opinion publique française et même mondiale. Chacun a aussitôt été invité à « être Charlie », des communautés ont été montées les unes contre les autres, des groupes entiers ont été stigmatisés, la communauté juive organisée en comparaison s'est senti pousser des ailes, des lois

---

[7] Laurent Guyénot, *JFK, 11 septembre, 50 ans de manipulations*, Kontre Kulture, 2014 ; Israël et le double assassinat des frères Kennedy, documentaire disponible en VOD.

antiterroristes rapidement détournées de leur objectif initial ont été votées en pagaille, toute une rhétorique anticomplotiste, qui n'est rien d'autre qu'une tentative de criminalisation de la libre pensée saine et lucide a été massivement déployée. La tuerie de Charlie Hebdo, par-delà l'horreur du crime, est un fer qui a été battu à chaud pour formater l'opinion dans une direction voulue. D'où la nécessité, si possible, d'y voir clair le plus vite possible, en faisant tomber à peu de frais les écailles des yeux d'autant de monde que possible.

À partir des sept sources d'information énumérées, que j'ai passées au crible de manière exhaustive, j'ai pu dessiner *quatre* chemins qui, combinés, permettent je l'espère de jeter franchement et définitivement le doute sur la version officielle des attentats de janvier 2015, tout en pointant de concert l'index vers une même interprétation de ces événements, autrement moins simpliste que celle de la énième saison des « chroniques du choc des civilisations », cher à Samuel Huntington et aux Néoconservateurs « occidentaux », et destinée à chauffer à blanc les foules démocratiques lobotomisées mais furieuses vers un épouvantail susceptible de détourner leur sainte colère.

Dans une première partie, nous allons discuter la version officielle telle qu'elle est couramment présentée aujourd'hui dans les médias. Après l'avoir résumée dans les grandes lignes, nous passerons en revue les anomalies et zones d'ombre les plus indubitables entourant ce massacre, en rapportant et analysant la couverture médiatique qui en a été faite, et le traitement que leur a réservé le rapport de la commission d'enquête. Ce dernier critère est fondamental : si l'on ne peut reprocher aux médias, les premiers jours, et les premières semaines, de n'avoir pas vu tout de suite ce qui pouvait clocher, aller contre le bon sens et la logique, les commissionnaires en revanche, avec un an et demi de recul, des moyens humains et matériels considérables, avaient tout le temps d'examiner minutieusement des aspects de l'affaire qui dans un premier temps avaient échappé à presque tout le monde.

Dans la seconde partie, nous analyserons en détail le dispositif anticomplotiste mis en place autour de ce massacre : comment les acteurs AC ont-ils traité les anomalies et zones d'ombre ? comment ont-ils traité ceux qui les ont mis à jour et ont prétendu les rendre publiques ? Ont-ils usé de moyens intellectuels et méthodologiques orthodoxes et honnêtes ? Présentent-ils plus de gages d'honnêteté et de sérieux que ceux qu'ils dénoncent avec force injures et termes et expressions péjoratives et haineuses comme complotistes et conspirationnistes qu'il deviendrait urgent de placer sous l'éteignoir, voire faire passer sous les Fourches caudines de la justice ? Les auteurs et acteurs anticomplotistes sont-ils vraiment impartiaux, ont-ils des conflits d'intérêts qui pourraient jeter le doute sur leur probité et leur légitimité à s'exprimer sur ce sujet et sur d'autres ?

Dans cette seconde partie, j'ai estimé nécessaire de commencer par analyser et exposer les caractéristiques du discours anticomplotiste en général. Loin d'être propre aux attentats de janvier 2015, il s'agit en effet d'un discours qui, d'une affaire à l'autre, se présente sous des traits à peu près immuables. Je démontrerai son caractère intrinsèquement frauduleux : la rhétorique AC, verrons-nous, est dans son essence et dans les faits, une rhétorique immuablement ignoble, qui n'hésite jamais à recourir à tous les moyens les plus sales, mensongers et déloyaux.

Dans la troisième partie je passerai au crible la commission d'enquête parlementaire qui a été mise en place en janvier 2016, à l'initiative du groupe LR, et qui a rendu ses conclusions en juillet 2016. Cette commission n'était pas consacrée seulement aux attentats de janvier 2015 mais à toutes les opérations terroristes ayant frappé la France en 2015, incluant donc quelques chevauchées meurtrières solitaires, mais surtout les attentats du 13 novembre, qui se taillent la part du lion dans les débats, les auditions, et le rapport final. Jugeant instructif de donner à voir que derrière des concepts vagues et à l'aura institutionnelle comme « commission d'enquête », il y a des hommes en chair et en os, avec leur parcours, leurs allégeances, leurs compétences, leurs lignes rouges, j'ai commencé par dresser la liste de la plupart de ses membres ; cela pour montrer qu'à l'évidence les travaux de cette commission se sont déroulés sous l'influence d'Israël, faussant donc à l'avance ses investigations et ses résultats, et escamotant au passage presque complètement le massacre de *Charlie Hebdo*.

Il m'a enfin été impossible de faire l'économie d'une quatrième et dernière partie rendant compte de la teneur et de l'issue du procès des attentats qui s'est tenu à l'automne 2020 : procès très attendu, procès à grand spectacle, procès en trompe-l'œil, à l'image du rapport de la commission d'enquête, puisqu'il n'a *strictement rien* apporté, en deux mois et demi de débats et d'auditions à la compréhension du massacre de Charlie Hebdo. Nous nous y intéresserons plus précisément au volet « Hyper Cacher » des attentats de début janvier 2015 à Paris, et comment faire autrement puisqu'il ne s'agissait, en fait, que du procès de la prise d'otages de l'Hyper Cacher. Il s'agissait toutefois d'une authentique *mascarade judiciaire,* ayant très probablement abouti à une multitude d'*erreurs judiciaires,* et son exposé sous ce point de vue s'imposait dans le cadre d'un ouvrage dont le titre est *Charlie Hebdo : l'enquête impossible.*

Préambule :

quelques éléments factuels

Résumé du massacre de Charlie Hebdo, jusqu'à l'exécution des frères Kouachi

Les faits[8]

Mercredi 7 janvier 2015 à 11 h 20, deux hommes cagoulés en noir, vêtus de noir, gantés de noir, chaussés de rangers noires, armés de kalachnikovs et d'un lance-roquette M80 de 64 mm, sortent d'une Citroën C3 noire et pénètrent dans l'immeuble hébergeant les locaux de l'hebdomadaire *Charlie Hebdo*, situés au 10 de la rue Nicolas-Appert. Ils se sont d'abord trompés d'adresse en entrant au 6, où ils ont menacé des résidents, tiré une balle de sommation, et d'où ils sont ressortis, se rendant compte de leur erreur. Entrant au n° 10, ils surprennent dans la loge du gardien deux employés de la société de Sodhexo, et confondant sans doute l'un d'entre eux, Frédéric Boissier, avec un agent de sécurité, en raison de sa carrure impressionnante, ils lui tirent dessus et l'atteignent mortellement. Son collègue Jérémy Gantz sauve sa vie en ayant le temps d'expliquer désespérément qu'ils ne sont que de la maintenance et que c'est leur premier jour de travail ici. Progressant dans le couloir d'entrée, ils parviennent au bas de la cage d'escalier, où ils tombent sur Corinne Rey et Angélique le Corre, qui sont les premières à quitter le journal après la conférence de rédaction, qui se tient une fois par semaine tous les mercredis dans ce créneau horaire. La seconde accompagnait la première pour fumer une cigarette, avant qu'elle parte chercher sa fille à la crèche. La reconnaissant immédiatement, ils l'interpellent par son nom de dessinatrice

---

[8] Compilé notamment de : « Attentat à "Charlie Hebdo" : "Vous allez payer car vous avez insulté le Prophète" », Soren Seelow, *lemonde.fr*, 09/01/15 ; « Attentat à "Charlie Hebdo" : "Vous allez payer car vous avez insulté le Prophète" », *europe1.fr*, 09/01/15 ; « Hommage international à "Charlie Hebdo" en "une" de la presse », *lemonde.fr* ; « "Charlie Hebdo" : ce que dit Al-Qaïda au Yémen dans sa vidéo », *nouvelobs.com*, 14/01/15 ; « janvier 2015, au cœur des attaques », Une coproduction Amos Pictures — Premières Lignes pour *HBO*, *BBC* et *France 2* pour Infrarouge, 1er septembre 2016.

« Coco », l'empoignent par le bras pour qu'elle les guide et entreprennent de monter les escaliers. Quant à Angélique le Corre, ils la laissent sur place en lui donnant l'ordre de ne pas bouger. Terrorisée, Coco se trompe d'étage, et s'arrête au premier[9]. « *Emmène-nous à Charlie Hebdo !* » la pressent-ils. « *On est al-Qaïda ! Yemen !* » lui disent-ils à plusieurs reprises. Emmenés au deuxième étage, ils parviennent devant la porte blindée des locaux protégés par un digicode. « *C'est Charb ou toi !* » la menacent-ils. Elle leur tape le code, ils l'épargnent[10], et c'est ainsi que la tuerie devient possible. Dans le bureau bien en vue situé à gauche à l'entrée, ils tirent aussitôt sur le webmaster Simon Fieschi qu'ils blessent grièvement. Tandis que l'un des deux hommes reste dans l'entrée en couverture, le second progresse à gauche dans le couloir abattant dans un bureau adjacent Mustapha Urad, le correcteur du journal. L'homme pénètre ensuite dans la salle où se déroule la conférence de rédaction du journal, qui a commencé à 10 h 30 et qui touchait à sa fin, le second demeurant à l'extérieur près de l'entrée des locaux, afin de le couvrir. Franck Brinsolaro, l'un des deux policiers du SDLP chargés de la protection de Charb a déjà instinctivement quitté sa position de vigie au fond de la salle, intimé aux autres de ne pas bouger, dégainé son pistolet Glock de calibre 9 mm, s'est rapproché de la porte : en l'ouvrant il est abattu de trois balles en haut du torse. C'est ainsi que le massacre commence. L'homme menace : « *Vous allez payer car vous avez insulté le prophète.* » Et demande : « *Charb ?* », lui tire dessus et se met à viser un à un les personnes présentes, ponctuant d'un « *Allahou Akbar !* » chaque expédition *ad patres*. Il fait un usage des plus précis de son arme, ne se dispersant pas en rafales balayantes[11]. Les tirs sont ponctuels et font mouche à tout coup, dans le torse ou

---

[9] Corinne Rey, Dessiner encore, p. 114 : « J'ai réalisé qu'on était qu'au premier étage… Dans l'effroi je m'étais trompée. »

[10] Marc-Edouard Nabe s'est à juste titre montré surpris, dans son compte-rendu-fleuve du procès, intitulé *Veau d'or Hebdo et les quatorze boucs* de cette clémence des tueurs envers Corinne Rey : s'ils connaissaient son nom, son surnom, et pouvaient la reconnaître à vue, alors ils ne pouvaient ignorer que c'était elle qui avait dessiné pour *Charlie Hebdo* l'une des caricatures les plus offensantes et blasphématoires envers Mahomet, celle le représentant nu, à quatre pattes, prêt à se faire empoigner en levrette, la bite pendante et gouttante, l'anus voilé par une petite étoile, avec le titre : « Mahomet, une étoile est née. » Commentaire de M. Nabe : « *Cette chienne de Corinne Rey — mauvaise dessinatrice en plus — a toujours eu tout faux… Et en plus, elle ment ! À qui va-t-elle faire croire que les Kouachi qui l'ont croisée dans la cage d'escalier l'ont appelée par son nom et l'ont reconnue ? D'où, d'abord ? Comme si sa tête était hypermédiatisée et qu'ils savaient qui c'était "Coco"… Prétentieuse ! S'ils t'avaient identifiée comme l'auteur du dessin "Une étoile est née", tu aurais passé une autre sorte de sale quart d'heure, crois-moi, mais pas jusqu'à te faire tuer, comme tu l'as affirmé à la barre en faisant son cinéma. Oui, cette coconne ignorante croyait que les Kouachi allaient l'exécuter alors qu'elle est une femme et qu'ils le lui ont dit eux-mêmes : "on ne tue pas les femmes". Tout ça pour justifier que, par peur, elle ait fait le code de la porte, ce qui a permis aux frères de tuer tous ses collègues !* »

[11] Témoignage de Laurent Sourisseau, grièvement blessé lors du massacre et revenant sur

dans la tête. Ils s'expriment dans un français parfait[12], sans aucun accent ouèche, de banlieue ou étranger. On ne retrouvera sur place que 36 douilles, la majorité issue du même chargeur. Huit rédacteurs, dessinateurs et invités sont tués, Jean Cabut (alias Cabu), Elsa Cayat, Stéphane Charbonnier (alias Charb), Philippe Honoré (alias Honoré), Bernard Maris, Michel Renaud, Bernard Verlhac (alias Tignous), George Wolinski, meurent en moins de deux minutes. Laurent Sourisseau, atteint d'une balle à l'épaule, tombe à terre et survit en faisant le mort. Philippe Lançon, la mâchoire arrachée par une balle, est laissé pour mort. Fabrice Nicolino est atteint de deux balles dans les jambes mais survit aussi. Gérard Gaillard s'en sort indemne, ayant eu le temps de se jeter à terre ; Laurent Léger de même en se jetant derrière une table. Éric Portheaux, le directeur financier, a survécu en se cachant dans le bureau situé en face de celui de Mustapha Urad. En quittant les locaux de Charlie Hebdo les tueurs croisent la chroniqueuse judiciaire Sigolène Vinson qu'ils épargnent en arguant : « *Je ne te tue pas parce que tu es une femme. Je t'épargne parce que tu es une femme. Je t'épargne mais il faudra que tu lises le Coran.* » Le dessinateur Rénald Luzier (alias Luz) peut également être considéré comme un miraculé. Le 7 janvier était le jour de son anniversaire. Il a traîné au lit avec sa femme et n'a pas pu assister à la conférence de rédaction. Il arrive au 10 rue Nicolas Appert peu après 11 h 20 dans l'intervalle où les tueurs ont pénétré dans l'immeuble. Angélique le Corre qui est sorti des locaux l'informe aussitôt en larmes de ce qui est train de se passer.

Il est 11 h 35 quand les deux tueurs sortent des locaux, avec une allure détendue. L'un d'eux crie à la cantonade à trois reprises « On a vengé le prophète Muhammad ! ». Il prend ensuite le temps de poser armes et chargeurs sur le toit de la voiture, et vérifie le fonctionnement de l'une des kalachnikovs. La scène est immortalisée de près par un ouvrier polonais posté sur une couventine au coin

---

les lieux du drame par la suite : « *Je remarquai peu de trous sur les murs. J'avais beau les scruter de long en large pour y trouver des impacts que j'avais imaginés nombreux, je fus glacé de constater qu'ils étaient rares, comparés à la soixantaine de douilles [36 en fait, NDA] identifiées par les enquêteurs sur le sol. Les coups de feu avaient été tirés avec soin et atteignirent donc presque tous leurs cibles. Cette fois, le hasard n'avait pas eu son mot à dire. La mort avait frappé précisément, consciencieusement.* » *Une minute quarante-neuf secondes* (p. 30) On peut aussi citer — pour une fois utilement puisque l'essentiel de l'ouvrage est à ranger dans la catégorie « roman-quête bâclé » — l'expertise du gendarme du GIGN Romain Agure, auteur de *Kouachi, l'assaut final*, paru en janvier 2021 : « *Concernant la mort, et malgré leur manque d'expérience dans les assassinats, les frères ont bien retenu que seule la première ogive termine dans la cible, et encore ce n'est pas toujours sûr ! Mais surtout ils ont retenu que les autres finissent toujours au-dessus de la cible, ou dans le plafond à l'intérieur d'une pièce.* » (p. 91)

[12] Témoignage de la directrice artistique de la société Sagam au 6 rue Nicolas Appert, réfugiée sous une table : « Toujours réfugiée sous la table, la directrice de la société note, malgré la peur qui la paralyse, qu'ils parlent parfaitement le français. », Et soudain ils ne riaient plus (p. 40).

opposé du carrefour, vidéaste amateur dont on ne retrouvera jamais la trace[13]. La scène est également filmée de plus loin par des journalistes de l'agence Premières Lignes, dont l'entrée des locaux est située dans le même couloir que celui de Charlie Hebdo, sur le toit d'un immeuble où ils ont trouvé refuge. Puis les tueurs s'engouffrent dans leur véhicule, après avoir repoussé grâce à leur puissance de feu très supérieure, une offensive de quelques policiers alertés et accourus d'initiative. Dans leur fuite vers le boulevard Richard Lenoir par l'étroite Allée Verte, ils ouvrent le feu sur une voiture de police s'avançant vers eux à contresens et leur barrant le passage dans leur fuite. Très précis dans leurs tirs, jusqu'à atteindre un appui-tête à l'avant, ils forcent les policiers à reculer dans une manœuvre désespérée, qui les mène à s'encastrer en marche arrière à la perpendiculaire de la file de voitures garées contre le terre-plein aménagé en jardin séparant les deux voies du boulevard Richard Lenoir. Les tueurs tournent à gauche, prenant le boulevard à contresens, puis pivotent et le reprennent dans le bon sens, dépassant le véhicule de police abandonné par ses occupants. Ils prennent la première à gauche, encore à contresens du sens unique, pour franchir le terre-plein. Tournant de nouveau à gauche, ils commencent à remonter le boulevard en direction de Bastille. Parvenus au niveau du n° 62 ils sortent une vingtaine de secondes tous les deux de leur véhicule pour abattre un gardien de la paix, Ahmed Merabet, qu'ils viennent de blesser alors qu'il n'a tiré aucune balle[14]. Ils rejoignent ensuite le nord de Paris sans qu'une seule caméra ne puisse retracer leur parcours, malgré le pare-brise arrière visiblement détruit par des impacts de balle. Ils parviennent place du Colonel Fabien où ils ont accident de la circulation avec une dame conduisant une Volkswagen Touran. Ils pilent plus loin leur véhicule à fleurs d'un plot antistationnement au niveau du 45 de la rue de Meaux, au cœur du plus important quartier juif de Paris, dans le XIXème arrondissement, juste devant le restaurant-pâtisserie cacher Patistory, et à 100 mètres d'un vaste Hyper Cacher, coupant la circulation. En s'en extrayant ils laissent derrière eux beaucoup de choses : un pack d'eau, du matériel de survie, des lampes frontales, des talkies-walkies, un gyrophare bleu, une caméra go pro, des chargeurs de kalachnikov, une dizaine de cocktails Molotov, un pare-soleil barré de la mention « POLICE », un drapeau de l'organisation EI, et, dans une sacoche Lacoste laissée sur le siège passager avant, une pièce d'identité qui va opportunément permettre de remonter aussitôt la piste des frères Kouachi. Ils s'emparent à visage découvert d'une Clio grise conduite par un kiosquier de Saint-Germain-des-Prés rentrant de sa journée de travail[15]. On perd leur trace de

[13] Cf Panamza : « *Attentat de Charlie Hebdo, le "vidéaste amateur" s'est évaporé dans la nature* », 22/01/2015.

[14] Yannick Haenel, Janvier 2015, le procès, p. 40.

[15] L'incroyable histoire de Patrick Deschamps est racontée dans le livre d'Anaïs Ginori : *Le kiosquier de Charlie*, Équateur, 2016. Il faut ici signaler que nombre de livres d'obédience charliste consacrés au massacre ne mentionnent pas ce détail ou modifient la profession de Patrick Deschamps. Par exemple Matthieu Suc dans *femmes de djihadistes* : « *Ses occupants ont barré la route à un retraité de 64 ans.* » (p. 93), ou Romain Agure

justesse porte de Pantin. Le conducteur de la Clio décrira des personnes « *très très calmes, très déterminées, très posées, très professionnelles, des commandos* »[16]. Les deux hommes lui disent en partant : « *si jamais, tu t'adresses... enfin, si les médias t'interrogent, tu diras : "C'est al-Qaïda au Yémen"* ». Un appel à témoins avec la photo des deux frères et celle d'un troisième suspect, Mourad Hamyd, est rapidement diffusé. Le plan Vigipirate est élevé au plus haut niveau « alerte attentats ». C'est un tsunami émotionnel qui envahit aussitôt le milieu médiatico-politique, entre indignation, dégoût, appels à la solidarité nationale et invocation des valeurs sacrées de la République.

Les drapeaux sont mis en berne. Les lumières de la tour Eiffel sont éteintes pendant 5 minutes dans la soirée. Sur l'Arc de Triomphe est projeté pendant deux jours le slogan « Je suis Charlie ». À New York, le slogan rapidement créé et diffusé « JE SUIS CHARLIE » est affiché sur l'écran géant affichant habituellement les cours du Nasdaq. L'affaire fait la une de 72 titres de la presse nationale et internationale. Le dimanche 11 janvier, 44 chefs d'état et de gouvernements participent à une « marche républicaine », qui réunit par ailleurs près de quatre millions de participants dans toute la France.

En attendant, on retrouve la trace des deux tueurs jeudi 8 janvier vers 9 h, quand ils braquent une station essence à Villers-Côterret, au cœur de la Picardie pour remplir des sacs de chips et de barres chocolatées, et faire le plein d'essence. Ils sont encore tout vêtus de noirs et toutes armes dehors, lance-roquette compris, mais « *la tête volontairement découverte, afin d'être repérés et d'attirer à eux la police pour un nouvel affrontement* »[17]. « *Est-ce que tu nous reconnais ?* » lancent-ils à l'employé terrifié. « *Attends 5 minutes avant de prévenir la police !* » lui ordonnent-ils en partant. Une aubaine pour les milliers d'hommes lancés à leur recherche, puisque cette station-service ne figurait pas dans la zone que le GIGN et le RAID, unissant leurs forces pour l'occasion, avaient délimitée pour leur quadrillage.

Après avoir passé la nuit du 8 au 9 dans la forêt de Retz, ils abandonnent au matin la Clio qu'ils n'ont pu faire redémarrer et braquent une Peugeot 206, oubliant de prendre le téléphone portable de sa conductrice qui alerte aussitôt les policiers. Ils n'oublient pas de lui lancer en partant : « *on a vengé le prophète !* » Ils parviennent vers 8 h 30 à l'imprimerie Création Tendance Découverte de Michel Catalano, située dans une zone artisanale. Ils prennent en otage le gérant, tandis que Lilian Lepère, son employé, va se cacher pour de longues heures sous un meuble exigu de lavabo. Comme la zone est à présent densément quadrillée

---

dans *Kouachi l'assaut final* : « *Ils sont à présent derrière une Clio grise conduite par Patrick, un homme de soixante-quatre ans. Il est retraité et vient de rejoindre tranquillement sa voiture en ce banal mercredi.* » (p. 123).

[16] « Les frères Kouachi, des hommes "calmes, déterminés, professionnels" », Noémie Schultz avec Pauline Hofmann, *europe1.fr*, 09/01/15.

[17] Yannick Haenel, Janvier 2015, le procès, p.43.

par les forces de police et de gendarmerie, une patrouille de deux gendarmes vient par hasard sur les lieux, avec qui ils échangent des tirs. L'un des deux frères est blessé au cou. Michel Catalano le soigne. Les tueurs, à sa demande, acceptent de le relâcher vers 10 heures du matin. À partir de ce moment les deux hommes sont cernés par le GIGN qui n'attend plus que le feu vert pour intervenir. Un journaliste de la chaîne Bfmtv, Igor Sahiri parvient à joindre Chérif Kouachi vers 10 h 30, avant même le négociateur du GIGN, avec qui il a un échange surréaliste décisif pour l'établissement de la version officielle. À 16 h 37, les deux tueurs décident de mourir les armes à la main, et sortent avec leurs kalachnikovs, arrosant un peu partout à découvert n'importe comment. « Saïd » est projeté au sol par le souffle d'une grenade à fusil type SIMON, puis, après s'être relevé, abattu par un sniper d'une balle tirée par un fusil AW Accuracy .33818. « Chérif » lui, après avoir couru et arrosé à la kalach en tous sens, est atteint de plusieurs balles dans les jambes, puis d'une balle dans le bras, change d'arme de main, est atteint de deux balles dans le ventre tirées par des snipers, enfin est achevé au sol comme il esquisse un ultime geste jugé dangereux. Le lance-roquette M80 est retrouvé chargé, intact, et non piégé. Lilian Lepère est libéré. Les gendarmes n'ont aucun blessé ni aucun mort à déplorer. Quelques minutes plus tard, est décidé en catastrophe l'assaut de l'Hyper Cacher : Amédy Coulibaly est abattu et tous les otages sont libérés.

L'attentat est revendiqué tardivement, une semaine plus tard, le 14 janvier, dans une vidéo d'al-Qaïda dans la Péninsule Arabique (AQPA), par la voix d'un de ses dirigeants Nasser Ben Ali Al-Anassi[19]. L'organisation prétend avoir « *choisi la cible et financé l'opération* ». Il s'agissait de « *venger le prophète Mahomet* ». L'ordre attaque de Charlie hebdo aurait été donné par le nouveau chef d'al-Qaïda en personne, Ayman Zawahiri, « *conformément à la volonté posthume de Ben Laden* ». Hommage est également rendu à Amedy Coulibaly, le tueur de l'Hyper Cacher de Vincennes, mais cette partie de l'opération ne sera jamais revendiquée par quiconque, même si Coulibaly s'est ostensiblement revendiqué dans une vidéo de Daech[20]. Une telle collaboration entre Daech et Al-Qaïda serait un fait unique dans l'histoire des deux organisations, et d'autant plus improbable à l'époque, que dans les zones syro-irakiennes elles étaient officiellement en guerre. Le mentor de Chérif Kouachi, Farid Benyettou, rapportera en 2017 dans *Mon djihad, itinéraire d'un repenti*, que Chérif Kouachi était très perturbé par cette improbable guerre civile[21] dont Daech était responsable : « *En novembre [2014], il avait insisté soudainement pour me voir, de manière répétitive. Je n'arrivais pas à me défiler. Il aurait fallu que je sois ferme mais je n'avais*

---

[18] Romain Agure, *Kouachi, l'assaut final*, p. 216.

[19] « Charlie Hebdo : ce que dit Al-Qaïda au Yémen dans sa vidéo », *nouvelobs.com*, 14/01/2015.

[20] Voir François Belliot : *la bibliothèque d'Amédy Coulibaly*, francoisbelliot.fr.

[21] Voir François Belliot : *Guerre en Syrie, volume 2*, p. 174 à 177.

toujours pas le courage de dire en face de quiconque : "Je veux couper avec tout ce qui est lié au djihad." Quand j'ai enfin accepté de le rencontrer, il avait doublé de volume. Chérif avait toujours été sportif mais il semblait alors bourré de protéines et gonflé par la pratique de la musculation en salle. Il était obnubilé par l'État islamique (EI) parce que ses frères trahissaient Al-Qaïda. Chérif Kouachi avait toujours été fidèle à Ben Laden. (…) Il ne comprenait pas pourquoi les frères de l'EI ne fusionnaient pas avec ceux de Ben Laden. » (p. 137)

Le 14 janvier, le numéro de *Charlie Hebdo*, montrant en couverture une représentation de Mahomet, la larme à l'œil dont le visage ressemble à une bite assortie de sa paire de couilles, et sa bouche à une vulve. Il tient à hauteur de buste un panonceau ou est écrit « Je suis Charlie » et dit (écrit au-dessus en grosses capitales noires brouillonnes) « Tout est pardonné ». Il part à 8 millions d'exemplaires, rapportant près de 15 millions d'euros, renflouant d'un coup le journal moribond pour de nombreuses années.

Biographie sommaire de Saïd et Chérif Kouachi

Chérif Kouachi, 32 ans, et Saïd Kouachi, 34 ans, sont issus d'une famille d'immigrés algériens très pauvres, vivant dans un quartier misérable et très violent d'Aubervilliers, repère de pédophiles[22]. Ils n'ont jamais connu leur père. Aînés d'une fratrie de quatre, leur frère et leur sœur sont placés ailleurs par les services sociaux. Ils découvrent, quand ils ont 10 et 12 ans, leur mère morte à leur domicile. Ne pouvant plus subvenir aux besoins du foyer, elle avait basculé dans la prostitution, et s'est probablement suicidée en avalant des médicaments. Elle était enceinte. Ils sont placés de 1994 à 2000 dans un foyer pour délinquants, orphelins, et jeunes requérants de la fondation Claude Pompidou en Corrèze. Ils n'aimaient pas les « Gaulois ». De retour à Paris, dans le 19ème arrondissement, Chérif Kouachi bascule dans la délinquance, et commence à se radicaliser en 2003, en fréquentant la mosquée Adda'wa, rue de Tanger, alors qu'avant il était fan de rap et de jolies filles. Endoctriné par l'émir Farid Benyettou, il intègre ce qui s'appellera la filière des Buttes-Chaumont. Il est interpellé en janvier 2005 alors qu'il compte se rendre en Irak en passant par la Syrie. Incarcéré de janvier 2005 à octobre 2006 à Fleury Merogis, il y rencontre son nouveau mentor, Djamel Beghal, et fait la connaissance d'Amedy Coulibaly avec qui il se lie d'amitié. Il se marie en 2008 avec Izzana Hamyd et s'installe à Gennevilliers. En 2010, il se rend à plusieurs reprises dans le Cantal où Djamel Beghal est assigné à résidence. La même année il est auditionné à 11 reprises sur son rôle

---

[22] « Chérif Kouachi, un enfant "touchant", "souffre-douleur", "laissé à l'abandon" », *l'express.fr*, 15/01/2015. Extrait : « *Une voisine se souvient que "les enfants étaient tellement laissés à l'abandon, que le 156* [adresse de leur domicile, NDA] *était devenu un repère de pédophiles. Ils passaient le soir, les gamins étaient livrés à eux-mêmes sur le parking. Les parents ne les cherchaient pas".* »

éventuel dans la préparation de l'évasion du terroriste Smaïn Ait Ali Belkacem. « *Faute de preuves suffisantes, le parquet de Paris requiert un non-lieu le 26 juillet 2013.* »[23], et l'on n'entend plus parler de lui jusqu'à ce 7 janvier 2015. Son frère Saïd Kouachi était loin d'avoir un tel CV. Selon les services de renseignement étasuniens. Adhérant comme son frère à l'idéologie salafiste, il se marie religieusement avec Soumia Bouarfa en 2007. Selon les services de renseignement étasuniens, il a fait un séjour en Oman et probablement au Yémen pendant l'été 2011. C'est le seul élément qui pèse dans son dossier et c'est en ait son frère qui a emprunté sa carte d'identité pour effectuer ce voyage. Au moment de la tuerie de Charlie Hebdo il est père d'un petit garçon de trois ans. Très complice avec lui, cette dernière ne comprend pas comment son mari a pu se rendre coupable d'une telle horreur, en l'abandonnant en même temps que son fils, et sans lui laisser un mot d'explication. « *À son avocat, elle décrit un mari discret, n'ayant jamais versé dans le prosélytisme, ni fait de remarques sur Daech, la coalition en Syrie ou autres.* »[24] Essayant de comprendre, elle pense qu'il s'est laissé embarquer dans cette histoire pour protéger son frère.

---

[23] Citation extraite d'un article du *Monde* du 9 janvier 2015 intitulé « Ce que l'on sait sur la radicalisation des frères Kouachi ».

[24] Citation extraite de « Un an après, la veuve de Saïd Kouachi cherche encore à "comprendre" », Caroline Piquet, *lefigaro.fr*, 05/01/2016.

Partie 1

Les anomalies de la version officielle de l'attentat de Charlie Hebdo du 7 janvier 2015

Le « suicide » du commissaire Helric Fredou

Vers 23 h 30, le soir du 7 janvier 2015, Helric Fredou, le directeur adjoint du Service Régional de la Police Judiciaire (SRPJ) de la Haute-Vienne est appelé à se rendre dans les locaux de la police judiciaire de Limoges pour rédiger un rapport concernant l'une des victimes de la tuerie perpétrée le matin dans les locaux de Charlie Hebdo. Il avait auparavant envoyé trois enquêteurs à Châteauroux, dans l'Indre, pour effectuer des vérifications en rapport avec cette affaire, enquêteurs qu'il s'agit de débriefer. Ils avaient été chargés d'interroger la famille proche d'une victime de l'attentat. Quant à la victime, il s'agissait de Stéphane Charbonnier, alias Charb, rédacteur en chef de Charlie Hebdo, quant à la famille, il s'agissait de celle de Jeannette Bougrab, femme politique fréquentant les milieux politiques de droite qui se présentera dans les médias les jours suivants comme la compagne de Charb.

Arrivé au commissariat, il est surpris que le commandant en poste ce soir-là lui demande de débriefer lui-même les trois enquêteurs, et de rédiger le rapport. Fredou refuse arguant : « *c'est mon boulot* ». Il débriefe donc lui-même ses enquêteurs. Il part ensuite dans son bureau dans l'intention d'y passer un coup de téléphone. C'est là que, vers une heure du matin, l'un de ses collègues le découvre mort ; l'homme s'est apparemment suicidé en se tirant une balle dans la tête, avec son arme de service, un pistolet SIS-sauer. Vers 1 h 19 il reçoit un dernier SMS : « *Helric, tu as du nouveau sur les auditions ?* ». Helric Fredou avait 44 ans, était célibataire et sans enfant. Il n'a laissé aucune lettre pour expliquer son geste, et n'a même pas laissé sa plaque sur la table, comme c'est très souvent le cas dans ce type de situation. Par la suite, la nouvelle passe à peu près inaperçue dans les médias. Contactée par Hicham Hamza, du média *Panamza* au lendemain des obsèques, la sœur du défunt explique quant à elle : « *Des policiers de Paris étaient présents dans la soirée... Il devait rédiger un rapport mais il y a eu des frictions, je ne sais pas sur quoi... Il leur a dit qu'il devait passer de toute urgence un coup de téléphone et comme ils ont vu qu'il ne revenait pas, un collègue est allé le chercher à son bureau et l'a découvert mort. »*[25]

Rapidement, la famille d'Helric Fredou reçoit la visite de quatre directeurs de la police qui lui présentent leurs condoléances et s'efforcent d'imprimer dans leur esprit que leur fils s'est suicidé. Les rares articles consacrés à l'affaire en France prennent eux aussi parti pour la thèse du suicide. Alors que les médias français gardent un silence à peu près complet sur cette intrigante affaire, nombreux sont les médias étrangers[26] à en rendre compte comme un événement particulièrement significatif et susceptible d'éclaircir l'attentat. La sœur de Fredou contredit quant à elle catégoriquement cette version : « *Mon frère avait lui-même trouvé deux suicidés — dont l'un à Melun — et avait dit à maman "je te ferai jamais un truc comme ça", à savoir me tuer et te laisser seule. Il n'était pas dépressif.* »

Selon Panamza[27] : « *Le médecin traitant d'Helric Fredou refuse de valider le portrait esquissé par les rares articles parus au sujet du policier, faisant état d'une prétendue "dépression".* »

« *Dans l'après-midi du 8 janvier*, rapporte encore *Panamza, les policiers ont fouillé le domicile du défunt, en présence de sa mère et de sa sœur, avant d'emporter son matériel informatique et son smartphone personnel.* »

Étrangement, la famille d'Helric Fredou ne reçoit aucun message de condoléances de la part de Bernard Cazeneuve, le ministre de l'Intérieur arrivé place Bauveau en avril 2014[28]. Cazeneuve et Fredou se connaissaient pourtant très bien et entretenaient d'excellents rapports : ils avaient collaboré de

---

[25] « Mystérieux suicide du policier chargé de la connexion Charlie Hebdo — Jeannette Bougrab », *Panamza*, 16/01/15.

[26] Dans la presse anglaise : *The Independent*, « Charlie Hebdo : "french police commissioner kills himself after meeting with victim's family" », Lizzie Dearden, 12/01/15 ; *The Telegraph*, « french police chief committed suicide after Charlie Hebdo attack », Henry Samuel, 12/01/15 ; *Daily Mail*, « Helric Fredou's shot himself after meeting relatives of Charlie Hebdo victim », Steve Hopkins, 12/01/15 ; *Mirror*, « Charlie Hebdo top cop Helric Fredou kills himself hours after magazine massacre », Antony Bond et Federica Cocco. Dans la presse germanophone : *Die Press* (Autriche), « Polizist erschoss sich nach Terroranschlag auf Charlie Hebdo », 13/01/15 ; *focus.de* (Allemagne), « Polizeichef begeht suicid nach Terror-Attacke in Paris », 10/09/15 ; *abendzeitung-muenchen.de* (Allemagne), « Polizeichef Fredou erschoss sich "Charlie Hebdo"-Ermittler beging Selbstmord », 13/01/15 ; *noen.at* (Autriche), « Abschied von erschossenen polizisten in Paris ».

[27] *Panamza*, 13/03/2015, « Affaire Charlie : le mépris de Bernard Cazeneuve pour la famille du policier "suicidé" ».

[28] Quasi inconnu à ce niveau, il avait fait auparavant « deux courts passages aux Affaires européennes puis au Budget, il s'était fait remarquer en tant que rapporteur de la commission parlementaire sur l'attentat de Karachi en 2002 » (ESINRP, p.132).

septembre 2010 à l'été 2012, à l'époque où le premier était député-maire de Cherbourg, et le second commissaire principal de la ville.

La mère d'Helric Fredou fait part à *Panamza*, de son indignation quant à la façon dont l'affaire a été traitée et expédiée. Elle nie que son fils eût été dépressif, ce qui selon certains médias français serait la seule explication plausible de son geste. Elle lui raconte comment lui a été interdit l'accès au rapport d'autopsie relatif à son fils. Comme elle s'étonne que personne n'ait entendu de détonation dans le commissariat, ce qui supposerait l'usage d'un silencieux ou de cartouches modifiées[29], on lui répond que son bureau était trop isolé pour qu'on entende quoi que ce fût. Ils refusent également de lui révéler l'identité de la personne à qui son fils a passé son dernier appel, avant de lui dire finalement que ce coup de téléphone n'a jamais existé.

Le journaliste Hicham Hamza, dont les articles ont éclairé l'essentiel de cet aspect de l'affaire Charlie, est l'une des figures les plus diabolisées de la réinfosphère, régulièrement cité aux côtés d'Alain Soral et de Dieudonné dans

---

[29] Dans un tout autre contexte, le récit du « suicide » du conseiller du président Mitterrand François de Grossouvre, fait par le capitaine Barril dans *Guerres secrètes à l'Élysée*, fait penser sur bien des points à celui de Fredou. Extraits : « *Premier élément à charge : un coup de feu, d'une arme puissante, mais que personne n'entend, dans le silence du plais le plus sécurisé de France. Pas de témoin ! Deuxième élément à charge : des calomnies infondées sur le mort, des messages officiels, diffusés instantanément à partir de l'Élysée même, par les plus hauts personnages de l'État. Pas de reconstitution. Absence d'autopsie. Disparition des archives personnelles. (…) Huitième élément à charge, François Durand de Grossouvre avait terminé la rédaction de ses mémoires et promettait, sur la période de la guerre, celle de la Résistance et de la collaboration vichyste, des révélations définitives et fracassantes pour des proches de François Mitterrand. Peu de temps avant sa mort, le président Mitterrand avait exigé de lui, avec force, qu'il se dessaisisse de toutes ses archives au profit de Michel Charasse. François de Grossouvre avait refusé. Les documents si convoités ont disparu. Le manuscrit pour son livre en cours s'est également volatilisé. D'autres précieux documents se sont également envolés par la même occasion.* » (p. 311) Quant au silence du coup de feu : « *Il existe des moyens pour fracasser le crâne d'un homme à l'aide d'une balle de 357 Magnum sans qu'aucun bruit soit perçu, même sans utiliser un silencieux à baïonnette adaptable au canon d'un revolver 357 Magnum comme celui de François de Grossouvre. La méthode est la suivante : à l'aide d'un marteau à inertie, il est possible de préparer des projectiles spéciaux, il suffit de séparer le projectile de la douille afin d'en extraire une bonne partie de la poudre présente puis il faut réassembler les deux parties pour reformer ainsi une nouvelle cartouche. Simple à réaliser, l'opération a pour effet de réduire la puissance de feu du projectile. Cette cartouche sera moins puissante, à la fois dans sa force de pénétration et sa portée, mais néanmoins mortelle si l'arme qui la tire est utilisée très près de la cible à atteindre. C'est ainsi que l'on peut réaliser une munition beaucoup moins bruyante, avec une vitesse initiale très lente, inférieure à 300 m/S, donc subsonique ? Pour encore atténuer le bruit du tir, il suffit d'emballer l'arme dans un simple sac-poubelle de type 20 l, qui absorbera le bruit résiduel et la dilatation des gaz produits. Cette technique est bien connue de certains "services"* » (p. 179)

la production médiatique anticomplotiste (AC) comme l'une des figures du Diable. Il est à ce titre significatif que la mère de Fredou ait accordé sa confiance à cet homme, marquant une défiance extrême au contraire envers les médias officiels et les policiers en charge de l'enquête. Aucun média n'ayant eu la curiosité d'effectuer un travail de vérification, et tous ne manquant jamais de couvrir d'injures *Panamza* à la moindre occasion, par défaut nous devons considérer ces témoignages familiaux comme crédibles.

Cet épisode est brièvement mis sur le tapis à l'Assemblée nationale, le 27 janvier 2015, par le député Christophe Premat[30]. Celui-ci demande par écrit : « *Les interrogations sur les conditions de son décès se multiplient dans la presse et notamment la presse internationale. Il aimerait savoir si un rapport plus détaillé sur les circonstances de son décès est envisagé.* » Ce n'est que dix mois plus tard, le 8 décembre 2015, après que la demande a été formulée de nouveau à deux reprises (le 2 juin et le 9 septembre), que le ministre de l'Intérieur Bernard Cazeneuve daigne apporter une réponse, évasive au possible : « *S'agissant d'une affaire individuelle, le ministère de l'Intérieur ne juge pas opportun de communiquer en détail sur cet événement dramatique.* » Suit un développement général sur le problème des suicides dans la police, « *préoccupation de longue date du ministère de l'intérieur* ».

Bilan sur la couverture médiatique française

Très rares ont été les médias français à rendre compte de la mort de Helric Fredou, et quand ils l'ont fait c'est sans l'once d'une suspicion envers la thèse du suicide avancée par le rapport d'autopsie fantôme. Ils reprennent également sans barguigner l'hypothèse d'un homme dépressif, dont le geste était en quelque sorte inéluctable. Cette couverture médiatique quasi muette contraste avec la couverture médiatique de nombreux médias étrangers, qui quant à eux n'hésitent pas à présenter l'affaire au minimum comme mystérieuse. Les médias de la réinfosphère française (*Panamza, Égalité&Réconciliation, lecercledesvolontaires, media-presse info, mondialisation.ca, éloge de la raison dure, axedelaresistance.com*) répercutent quant à eux ensemble l'affaire de façon très critique. Rapportons quelques éléments de langage d'un article anonyme de *Valeurs actuelles* du 30 janvier 2015, quasiment l'un des seuls à avoir rendu compte par la suite de cette grave polémique. Le titre de l'article ne parle pas d'affaire ou de polémique mais de « rumeur » : « L'étrange rumeur sur le suicide du numéro 2 de la police judiciaire de Limoges ». Le chapeau emboîte le pas : « Le suicide du numéro deux de la police judiciaire de Limoges au lendemain des attentats de *Charlie Hebdo* est l'objet depuis plusieurs jours des rumeurs les plus folles sur les circonstances de son suicide, venant

---

[30] Christophe Premat a été député, de 2012 à 2017, de la 3ème circonscription des Français établis hors de France, qui comprend le Royaume-Uni, l'Islande, les pays scandinaves, et les pays baltes. Il était donc le mieux placé pour relayer cette polémique à l'Assemblée nationale.

essentiellement de sites conspirationnistes. » Dans le corps de l'article on lit notamment : « *Un concours de circonstances aussi triste qu'interpellant : il n'en fallait pas plus pour que les blogs et autres sites amateurs de la théorie du complot s'emparent de l'affaire.* » Seul détail concret livré, quelques lignes du témoignage de la sœur de Fredou recueilli par Panamza, mais forcément sans valeur car « *de tels témoignages sont invérifiables* ». On ne peut les « sourcer ». En effet, c'est pour ainsi dire mission impossible — surtout pour des journalistes ou des policiers censés mener une enquête ! — que d'entrer en contact avec un être humain dont on connaît l'adresse et le numéro de téléphone et qui est tout disposé à répondre et ouvrir sa porte, afin d'en apprendre plus sur la mort d'un membre cher de sa famille.

Nous verrons dans la seconde partie de cet ouvrage les conclusions qu'il faut systématiquement tirer du recours à ce genre d'éléments de langage.

L'abaissement de la sécurité de Charlie Hebdo et de ses journalistes phares avant l'attentat

Dans ce plus long des chapitres de la première partie, nous allons tenter de comprendre l'abaissement à tous les niveaux, les mois précédant l'opération, de la protection des locaux de *Charlie Hebdo* et de son rédacteur en chef Stéphane Charbonnier. Il s'agit évidemment d'un point crucial puisque cet abaissement a immensément facilité la tâche des assassins. Après avoir reconstitué la chronologie de l'évolution des mesures de sécurité de 2006 à 2015, nous tenterons d'identifier aussi précisément que possible qui, dans la chaîne de commandement, est à l'origine des décisions catastrophiques ayant amené à dérouler en quelque sorte le tapis rouge aux terroristes le 7 janvier 2015. S'il s'agit là en apparence d'une zone d'ombre facile à éclaircir, il semble en fait qu'au plus haut niveau une omerta ait été décidée, afin d'éviter d'avoir à se justifier d'une terrible responsabilité, ou, pire, d'une coupable complicité. Nous établirons en particulier que la commission d'enquête a organisé ses auditions de façon à ne jamais aborder cette question, garantissant ainsi l'impunité ceux qui lui aurait été cependant facile de cuisiner pour leur faire cracher le morceau.

Évolution des mesures de protection de Charlie Hebdo depuis 2006

Commençons par retracer l'évolution des mesures de sécurité mises en place pour les locaux de *Charlie Hebdo* et ses journalistes, depuis l'affaire de la publication des caricatures de Mahomet en 2006.

Le 8 février 2006, *Charlie Hebdo* reprend les douze caricatures de Mahomet publiées par le quotidien conservateur danois *Jyllands-Posten*, le 30 septembre 2005. Cette publication est accompagnée en une du titre « Mahomet débordé par les intégristes » et illustrée par un dessin pleine page de Cabu montrant un

Mahomet se couvrant le visage avec les mains et se lamentant : « C'est dur d'être aimé par des cons. » Le 1er mars, *Charlie Hebdo* publie le *Manifeste des douze* : *« Ensemble contre le nouveau totalitarisme », appelant à la lutte contre l'« Islamisme », forme nouvelle de totalitarisme mettant en danger la « démocratie ».* Parmi les signataires on trouve notamment Caroline Fourest, Salman Rushdie, Bernard-Henri Levy, et Philippe Val qui était directeur de la publication de l'hebdomadaire à l'époque. Ce manifeste est repris dans de nombreux titres de la presse française et des « démocraties occidentales ». Un car de gendarmes est placé alors pendant quelques mois devant les locaux du journal. Philippe Val et Cabu sont placés sous la protection du Service de Protection de Hautes Personnalités (SPHP). En 2011, dans la nuit du 1er au 2 novembre, les locaux de *Charlie Hebdo*, situés au 62 boulevard Davout, sont ravagés par un incendie criminel déclenché par un cocktail Molotov qui n'a jamais été élucidé. Cet incendie survient la veille de la parution du numéro 1011 du 2 novembre titré « Charia Hebdo », en référence à l'arrivée au pouvoir en Tunisie du parti des Frères musulmans En'nahda. La une avait été annoncée deux jours plus tôt dans la presse. Le même jour (2 novembre) le site du journal est piraté à deux reprises et sa page d'accueil remplacée par un message menaçant en turc et en français se réclamant de l'Islam, puis par une photo de la Mecque accompagnée d'une série de questions en anglais d'inspiration coranique. Les deux mois suivants, la rédaction de *Charlie Hebdo* est hébergée dans les locaux du quotidien *Libération*. En conséquence, la surveillance permanente des futurs locaux, au 26 rue Serpolet, est rétablie, de même que l'attribution de policiers du SPHP pour Stéphane Charbonnier (alias Charb), Laurent Sourisseau (alias Riss), et Luz. Le 19 septembre 2012, *Charlie Hebdo* publie une nouvelle série de caricatures en dernière page de son numéro 1057, dont la plus visible met en scène un Mahomet couché sur le ventre, nu, filmé de dos par un cameraman, pastichant une célèbre réplique de Brigitte Bardot dans le *Mépris* de Godart « Et mes fesses, tu les aimes, mes fesses ? ». Cette fois, même les autorités françaises mettent en garde, et les réputées écoles françaises, qui contribuent au rayonnement de la France à l'étranger, sont fermées par précaution dans 20 pays musulmans[31]. Les jours suivants, deux individus sont interpellés pour avoir appelé au meurtre de journalistes de *Charlie Hebdo*. L'un deux, un jeune toulonnais de 18 ans, du nom de Mustapha, avait écrit sur Facebook vouloir se rendre à Paris pour « égorger tous ceux qu'il allait croiser ». Les enquêteurs découvrent à son domicile deux couteaux de boucher qu'il venait d'acheter, et qu'il s'était renseigné sur les horaires de train pour Paris, sans prendre de billet. Début 2013, Riss et Luz demandent que leur protection personnelle soit retirée, ce qui leur est accordé[32].

---

[31] Voir par exemple *lepoint.fr* : « Pourquoi Charlie Hebdo joue avec le feu. Les caricatures de Mahomet publiées par l'hebdomadaire pourraient mettre la France en première ligne face au monde musulman », Armin Arefi, 20/09/2012.

[32] Témoignage de Riss lors de son audition au procès de Charlie Hebdo le 11 septembre 2020 : « *Les années passent. Le calme revient, veulent-ils croire. Début 2013, j'ai*

Début mars 2013, Charb apprend par un lecteur du journal que sa tête a été mise à prix dans le magazine trimestriel luxueux *Inspire* de l'AQPÀ (al-Qaïda dans la Péninsule Arabique), publication téléchargeable sur internet, en même temps que onze autres personnalités pour « crime contre l'Islam ». Il prévient lui-même les services de police qui renforcent sa sécurité en lui allouant trois policiers en *protection rapprochée*. Ici se pose la question de l'action des services de renseignement, notamment la DGSE et l'Unité de Coordination et de Liaison Anti- Terroriste (UCLAT), qui manifestement sont passés à côté de cette information capitale mais très facile à trouver ! En septembre 2013, cette protection est réduite à un *accompagnement de sécurité*, passant de trois à deux policiers. On ignore si cet abaissement de la sécurité était motivé par des faits permettant de penser que la menace avait baissé, si l'UCLAT a été consulté et quel a été le cas échéant son avis, ou s'il s'agit simplement d'une mesure prise par le SPHP sans évaluation de la menace. Ce dispositif personnel sera maintenu jusqu'au jour de l'attentat[33]. En septembre 2014, la voiture de police en faction permanente devant les locaux de l'hebdomadaire est remplacée par une patrouille mobile. Maryse Wolinski rapporte le témoignage d'un témoin direct de l'arrivée des trois hommes (et non deux selon lui), habitué du quartier, et travaillant à la salle de théâtre Comédie Bastille située à un jet de pierre, pour qui « *jusqu'en novembre il y avait une fourgonnette qui surveillait l'immeuble* » (p.23). Les auteurs d'*Et soudain ils ne riaient plus*[34] écrivent quant à eux que « *le véhicule de police (…), qui il y a encore quelques semaines, était revenu se garer devant le journal, n'a pas réapparu.* » (p.44) En octobre 2014, alors qu'un risque imminent d'attentat est publiquement évoqué, un homme passant en voiture devant la rédaction formule les menaces les plus claires à l'encontre d'un

---

demandé à ce que cesse ma protection. Luz a fait pareil. Il n'y avait plus que Charb. À l'automne 2014, le véhicule policier stationné rue Nicolas Appert est retiré. J'avais même dit à Charb, "mais pourquoi ta protection tu la gardes ? Elle ne te sert plus à rien". » Pascal Robert-Diard et Henri Seckel, *Le Monde*, 09/09/2020. Il faut ici souligner le caractère problématique de cette déclaration de Riss, puisqu'une telle décision n'est pas du ressort des individus placés sous protection, mais de ceux chargés d'évaluer la menace planant sur eux.

[33] L'urgentiste Patrick Pelloux et proche ami de Charb lors de son audition devant la commission d'enquête : « *L'avant-veille de l'attentat, j'avais déjeuné avec Charb, le seul de l'équipe de Charlie Hebdo ayant encore une garde rapprochée [un accompagnement de sécurité en fait, NDA]. Bien que sa photo ait été publiée par al-Qaïda dans la péninsule arabique en regard de celle de Salman Rushdie dans une liste de personnes à abattre, il était plutôt confiant en l'avenir et m'avait dit vouloir faire cesser cette garde rapprochée, la menace lui semblant moindre. J'avais répondu que cela me semblait une très mauvaise idée.* »

[34] *Et soudain ils ne riaient plus*, de Marie-France Etchegoin, Marie-Amélie Lombard-Latune, Dorothée Moisan et Thierry Lévêque, éditions les arènes, 2016. Cet ouvrage prétend retracer minute par minute, heure par heure, le déroulement des cinq journées des 7, 8, 9, 10 et 11 janvier 2015.

journaliste, alors qu'aucun signe extérieur ne signale l'existence du journal dans l'immeuble qui l'héberge. L'épisode est ainsi raconté par *marianne.net* le 5 janvier 2016 : « *Un mercredi du mois d'octobre[35], un journaliste de Premières Lignes* [il s'agit de Sylvain Louvet], *une agence audiovisuelle dont l'entrée donne sur le couloir de celle de Charlie Hebdo* [en face à gauche à 15 mètres] , *profite d'une pause pour aller fumer une cigarette dans la rue. Entre deux bouffées, il remarque alors "un monospace de couleur sombre. Les vitres du véhicule étaient ouvertes (…)* [le conducteur] *mains sur le volant avait l'air de parler seul. Il disait : « Ça va leur apprendre à critiquer le Prophète ! »*, dira le journaliste au téléphone à Patrick Hacgeman, en congé à ce moment-là, un collègue de Franck Brinsolaro, ce policier d'élite chargé de la protection de Charb qui sera la première victime des terroristes dans la salle de rédaction le 7 janvier 2015.

Intrigué par ce déjanté, le journaliste entame une brève et inquiétante discussion que rapporte le *Canard enchaîné* :

'C'est à moi que vous parlez ?

— Vous travaillez à « Charlie Hebdo » ?

— Non, pas du tout…

— Mais c'est bien ici les locaux de "Charlie Hebdo" ? C'est bien ici qu'on critique le Prophète ? De toute façon, on les surveille !' Et de lancer avant de démarrer : *vous ferez passer le message.* »

Le lendemain de la tuerie Sylvain Louvet dira avoir reconnu le visage de l'un des frères Kouachi[36]. La plaque minéralogique du véhicule ayant été relevée, l'homme a pu être retrouvé, mais, rapporte Maryse Wolinski : « *L'identité du conducteur a bien été recherchée, mais il a été décidé qu'il n'avait rien à voir avec le terrorisme. Pour l'heure il serait interné en HP[37].* » (p 24) La veuve du garde du corps de Charb tué, Ingrid Brinsolaro, résume ainsi la perception qu'avait son compagnon du dispositif de sécurité censé protéger Stéphane Charbonnier et les journalistes de Charlie Hebdo : « *Pour moi, Franck a été sacrifié, il n'y a pas d'autres mots, déplore-t-elle ainsi au micro de RTL. Il voyait les dysfonctionnements, il regrettait le manque de sécurité dans les locaux, il disait que c'était une passoire et que c'était impossible de faire correctement son métier dans ces conditions-là.* »

---

[35] Maryse Wolinski fait quant à elle remonter cet épisode à mi-septembre. (p 24)

[36] Sur ce point il se rétractera un an plus tard. Voir plus loin…

[37] Ce genre de profil est extraordinairement fréquent parmi les « radicalisés » qui ont commis des actions violentes au nom de « Allahu akbar » depuis 2015 en France, ce qui n'enlève rien à leur potentielle dangerosité, surtout quand on sait que la seule vraie barrière finalement qui pouvait arrêter les tueurs, c'était le code d'entrée aux locaux de Charlie Hebdo au premier étage.

Le 20 janvier 2015, le site *valeursactuelles.com*[38] est l'unique média à relayer succinctement un post Facebook d'Éric Stemmelen, ex-commissaire divisionnaire du Service de Protection des Hautes Personnalités (SPHP), dans lequel ce dernier, en plus de rappeler la chronologie précédente, pointe tout un ensemble de dysfonctionnements concernant la protection des locaux de *Charlie Hebdo*. Nous les rapportons sous forme de liste :

- face à une telle menace, la protection doit être constante à la fois dans son état et dans le temps, d'autant que les menaces les plus claires avaient été formulées les mois précédant la tuerie. Cela n'a pas été le cas. Les récents et inquiétants signaux indiquaient qu'il fallait maintenir le dispositif de sécurité en l'état ou le fortifier, en aucun cas l'abaisser, qu'il s'agisse de la protection rapprochée de Charb ou de la garde statique devant les locaux du journal

- on aurait dû recommander à Charlie de créer une pièce de sécurité dite « safety room » permettant en cas d'agression de mettre le personnel à l'abri.

- Au moins aurait-on dû, ce qui ne coûte rien, recommander aux responsables de Charlie de changer régulièrement les dates [et l'horaire, NDA] de la réunion de rédaction.

- l'attitude du second garde du corps, Christophe Sans, parti faire des courses[39] pile poil dans le créneau de la conférence de rédaction hebdomadaire est forcément un sujet d'interrogation : « *Ce policier rentrant dans son service, au lieu d'adopter une attitude modeste s'est au contraire félicité d'être en vie et a demandé une décoration et une mutation/promotion vu la dangerosité de la mission. Il semblerait que sa hiérarchie ne soit pas opposée à cette demande. Quitter son poste*

---

[38] *Valeurs actuelles*, « Charlie Hebdo, un commissaire accuse », 20/01/15. Pour mesurer la crédibilité du commentaire : « L'accusation est d'autant plus crédible que ce policier est un spécialiste reconnu de la question : en 1994, c'est lui qui avait été chargé de définir la distinction entre "protection rapprochée" et "accompagnement de sécurité" dans l'arrêté ministériel portant sur ce sujet. »

[39] Maryse Wolinski dans son livre p 33 : « Quant au second garde du corps de Charb, il est sorti s'acheter un sandwich boulevard Richard Lenoir. » Les auteurs de Et soudain ils ne riaient plus précisent quant à eux : « Déjà 11 h 15. Christophe Sans, le binôme de Franck Brinsolaro, a quitté le journal pour se rendre dans la boulangerie la plus proche. Il peut bien s'absenter un moment pour apaiser sa fringale, Frankie est toujours sur place. » (p. 42) Les tueurs arrivent 5 minutes plus tard à 11 h 20. À la page 44, ils précisent que les deux gardes du corps étaient normalement censés l'attendre à l'extérieur des locaux. Franck Brinsolaro se trouvant dans la salle de rédaction, les tueurs n'avaient rien à redouter de ce côté-là. C'est en entendant les premières sirènes depuis la boulangerie que Christophe Sans se précipite vers les locaux et « c'est lui qui arrive en premier dans les locaux du journal » (p. 56).

pour des raisons personnelles n'est-ce pas la définition d'un abandon de poste ? » Nous ajoutons la remarque de bon sens suivante : pourquoi n'a-t-il pas attendu comme n'importe quel employé dans n'importe quel emploi la pause de midi, d'autant que c'était à l'évidence le moment le plus sensible de la semaine ?

- La présence de Franck Brinsolaro dans la salle de rédaction, alors qu'il aurait dû être placé devant la porte.

- « *connaissant les menaces d'al-Qaïda visant nominativement Charb, pourquoi celui-ci n'avait-il pas de protection rapprochée ?* »

- '*Est-il pensable qu'un ministre de l'Intérieur [Bernard Cazeneuve] informé de l'état réel de la menace émanant d'al-Qaïda pesant sur Charlie Hebdo et sur Charb en particulier puisse décider de diminuer drastiquement la sécurité dans ce domaine ? Certainement pas.*'

- Des dizaines d'hommes du SPHP affectés à l'inutile protection d'anciens ministres[40] pourraient être facilement affectés à des missions plus utiles comme celle de protéger des journalistes ciblés par des menaces de mort. Ajoutons que des hommes de la SDLP sont alloués à des personnalités appartenant à la nouvelle noblesse républicaine, comme Arno Klarsfeld, Jacques Attali, Éric Zemmour, Frédéric Haziza, Mohamed Sifaoui, Jean-Pierre Naouri, Meyer Habib ou Bernard-Henri Levy (cette liste est de nous et non de M. Stemmelen). « *Ces missions ne visent qu'à favoriser le passage de gens fortunés au milieu de la circulation ou à stationner dans des endroits interdits au simple citoyen. Là aussi la France est un cas unique en Europe.* »

- '*En outre, le ministère de l'Intérieur aurait pu rappeler en service les nombreux policiers du SPHP [SDLP] en retraite qui forment la réserve civile de façon à disposer immédiatement de policiers expérimentés.*'

Comme il s'agit d'un ensemble de défaillances cruciales, qui contrairement au suicide de Helric Fredou a été largement abordé par les médias, on aurait pu s'attendre à ce que le *Rapport fait au nom de la commission d'enquête relative aux moyens mis en œuvre par l'état pour lutter contre le terrorisme depuis le 7 janvier 2015* (commission d'enquête) lui fasse un sort. Mais remarquablement, dans cet épais rapport en deux volumes, sur certains points fourmillants de détails, et auquel ont collaboré une trentaine de députés, on ne trouve tout simplement... rien, ou presque : Concernant le passage de la garde statique à la patrouille mobile pour surveiller les locaux de Charlie Hebdo, on relève

---

[40] On peut citer à ce propos l'ancien patron du RAID Jean-Louis Fiamenghi dans ses Mémoires (nouvelle édition de 2019), Dans le secret de l'action : « la France continue d'accorder scandaleusement à des anciens ministres, soi-disant menacés depuis plus de 30 ans. Que de dépenses ! Pourquoi continuer d'assurer ces missions qui n'ont plus rien à voir avec la protection des personnalités ? »

l'explication du ministre de l'Intérieur Bernard Cazeneuve, lors de la première de ses deux auditions le 7 mars 2016 (Tome 2) : *'En tant que ministre de l'Intérieur, je constate cependant qu'il est très difficile d'arriver à faire partager ce point de vue, même si cela relève pour nous d'une démarche de bon sens, à ceux qui sont dans l'anxiété et qui peuvent légitimement penser qu'une garde statique est plus efficace qu'une garde dynamique. Ainsi, Charlie Hebdo faisait l'objet d'une garde dynamique* [comme nous le verrons plus loin, c'est faux : il n'y avait même pas de garde dynamique dans les environs des locaux de Charlie Hebdo le 7 janvier 2015, NDA]. *Dans les semaines qui ont précédé les événements, il avait été considéré* [par qui ? NDA] *en effet que chaque garde fixe constituait une cible pour les terroristes et que la meilleure manière d'assurer la sécurité des lieux sans présenter des cibles était de dynamiser les gardes* [c'est le cas pour chaque garde statique devant l'Élysée, Matignon, les ministères, les préfectures, les synagogues, les écoles juives : cet argument est mensonger[41], NDA]. *Cette théorie a été beaucoup développée, nous l'avons mise en œuvre.'* Et il n'y a rien d'autre… Le tome 1 de synthèse n'y fait pas même une allusion.

Ce vide surprenant a provoqué la vive réaction de l'avocat de la veuve de Franck Brinsolaro, le 5 juillet 2016 : « *Nous attendions beaucoup de ce rapport, précise au HuffPost son avocat, Mᵉ Philippe Stepniewski. Nous espérions qu'il se pencherait sur les failles de sécurité que nous avions dénoncées lors d'un premier dépôt de plainte devant le Procureur, en janvier 2016. Nous n'avons pas dans ce rapport les réponses que ma cliente attend au sujet de la protection de Charlie Hebdo et de ses journalistes. Face à ce silence absolu, nous déciderons probablement, après réexamen approfondi du dossier, de nous constituer partie civile.* » Cette plainte contre X a été déposée le 4 janvier 2016 pour « homicide involontaire » par Ingrid Brinsolaro. Elle dénonce les manquements du dispositif de sécurité en général, et en particulier le fait que le véhicule en protection statique devant les locaux avait été retiré alors même qu'un véhicule suspect, conduit par un individu ayant tenu des propos menaçants, avait été aperçu rôdant autour des locaux en octobre 2014. Cinq jours

---

[41] Au-delà des faits qui parlent d'eux-mêmes, ce mensonge est prouvé par des déclarations ultérieures non ambiguës de Bernard Cazeneuve à ce sujet. Il dira ainsi, le 1ᵉʳ septembre 2020, s'adressant à sa clientèle (ou ses employeurs, ça dépend du point de vue), dans son discours inaugural de la soirée de débat organisée par l'UEJF à la mairie du IVᵉᵐᵉ arrondissement de Paris, consacrée au procès des attentats s'ouvrant le lendemain : « *je me souviens aussi, pour ne pas évoquer que des souvenirs tristes, de ces militaires que j'ai retrouvés devant les écoles et les synagogues, et qui me disaient : "combien de temps va durer cette garde statique ? Car depuis qu'elle se tient, en raison de la générosité de nos compatriotes* [et du manque d'exercice, NDA], *nous avons pris quelques kilos."* » Non seulement la chose n'a certainement jamais été formulée ainsi, mais la vérité c'est que ces gardes statiques, dans le cadre de l'opération Sentinelle, ont fait tomber à zéro le moral des soldats chargés de ce genre de mission, et suscité, étendue sur plusieurs années, une très grave crise des vocations dans l'armée de terre.

plus tard, l'IGPN, qui a aussitôt diligenté une enquête suite à cette plainte, arrive en un temps record à la conclusion que les investigations ne permettent pas de démontrer les éléments constitutifs de l'infraction de non-assistance à personne en danger[42]. Patrick Hacgeman, le collègue de Franck Brinsolaro qui avait été alerté par Sylvain Louvet, le journaliste de *Premières lignes* témoin du passage du véhicule suspect et de son menaçant conducteur en octobre 2014, est également mis hors de cause : quoiqu'alors en congé, il a bien alerté son collègue ainsi que sa hiérarchie. Il est par ailleurs établi que Sylvain Louvet, interrogé par l'IGPN, s'est très certainement trompé en prétendant le lendemain du massacre avoir reconnu l'un des frères Kouachi dans le véhicule suspect.

Bernard Cazeneuve en personne monte au front médiatique pour expliquer pourquoi la protection statique a été levée : considérant que depuis quelque temps les policiers et les militaires étaient de plus en plus souvent pris pour cible par des radicalisés et/ou des déséquilibrés, c'est pour « des raisons de sécurité » (sic) que la protection statique a été remplacée par une protection « plus mouvante ».

Circonstance aggravante, le problème avait été soulevé à plusieurs reprises et communiqué au Procureur de la République François Molins : « *Je n'ai reçu aucune réponse officielle, explique l'avocat, malgré deux courriers à François Molins, le procureur de Paris. J'ai finalement su, par des voies détournées qu'une enquête aurait été diligentée, mais ma cliente et moi-même n'avons pas été convoqués pour en être informés ou pour être entendus. Aujourd'hui, nous avons donc le champ libre pour nous constituer partie civile.* »

Une autre question, toute bête, n'a pas été posée lors des auditions de la commission d'enquête : *où marchait la patrouille mobile chargée de protéger les locaux de Charlie Hebdo entre 11 heures et midi le 7 janvier 2015 ?* Si l'on se réfère au rapport final, les tueurs sont arrivés sur les lieux à 11 h 20, abattant aussitôt l'employé de la société Sodexo Frédéric Boissier. À 11 h 33 une première unité de la BAC arrive sur place, rejointe bientôt par des collègues en VTT. Pris sous la puissance de feu très supérieure des tueurs ils doivent se replier. En remontant l'Allée verte avec leur véhicule, ils font bientôt face à un véhicule de police à 11 h 38 : il semble bien que le 7 janvier 2015, *il n'y avait aucune patrouille mobile* dans les environs des locaux de *Charlie Hebdo*, même pas dans un bar ou une boulangerie du coin comme le gourmand garde du corps de Charb Christophe Sans.

Bref, les tueurs, ce 7 janvier 2015, ont eu beaucoup, beaucoup de chance : Franck Brinsolaro se trouvait à l'intérieur de la salle de rédaction, et non à l'extérieur comme l'usage l'aurait voulu, son collègue Christophe Sans, « pris de fringale », était parti cinq minutes pour s'acheter un sandwich à la

---

[42] « Un rapport blanchit les policiers en charge de la sécurité de Charlie Hebdo », Eugénie Bastié, *lefigaro.fr*, 08/01/2016.

boulangerie[43], et la garde statique avait été remplacée par des patrouilles mobiles « pour des raisons de sécurité », dixit le ministre de l'Intérieur Bernard Cazeneuve[44], patrouilles mobiles qui étaient inexistantes ce jour-là. Du reste, les dizaines d'agressions de policiers et de militaires ces dernières années par des déséquilibrés et/ou des radicalisés tend à montrer que cette mesure était dérisoire[45]. Et l'on doit souligner la contradiction dans la décision, en réaction de ce massacre, de quadrupler (de 2500 à 10 500 unités) le nombre de policiers et militaires chargés de protéger différents bâtiments sensibles, en particulier toutes les synagogues et les écoles juives *en mode garde statique.*

---

[43] L'urgentiste Patrick Pelloux donne cette version légèrement différente : « *Le jour de l'attentat encore, ils étaient deux policiers, dont l'un était à ses côtés ; l'autre était allé s'occuper de la voiture ou de tâches administratives, comme cela peut se produire.* » (volume 2 du rapport de la commission d'enquête, audition à huis clos du 14 mars 2016)

[44] Cette étonnante explication est confirmée par le même Patrick Pelloux lors de son audition devant la commission d'enquête : « *Charb avait effectivement une garde rapprochée, et quand le commissariat de police du 11ème arrondissement a fait valoir qu'une voiture stationnée devant les locaux du journal ne servait pas à grand-chose et risquait d'être prise pour cible, il n'en a pas été choqué, non plus que nous. Nous avons même pensé que les locaux en seraient ainsi rendus moins visibles — d'ailleurs, c'est sans doute pourquoi les terroristes, qui devaient s'attendre à trouver une voiture de police en faction, ont commencé par se tromper d'adresse.* » Cette explication rejette la responsabilité sur le commissariat, mais on peut imaginer que la réflexion a dû être faite dans de nombreux cas, sans pour autant que l'on accède aux desiderata des policiers, dont l'opinion compte pour rien dans ce genre de décisions, même au niveau des commissariats. Il n'était pas non plus obligatoire de placer le véhicule pile devant la porte d'entrée, véhicule qui au demeurant pouvait être banalisé. Concernant la plainte d'Ingrid Brinsolaro, il se montre tout aussi compréhensif envers le pouvoir : « *Je comprends ce que dit Mme Brinsolaro mais ces événements atroces font maintenant partie des risques du métier. Peut-être cela doit-il entraîner une réflexion chez ces formidables et compétents policiers de protection qui banalisent leur activité professionnelle alors qu'elle ne peut l'être — le drame étant que l'on ne sait jamais quand le coup partira.* » « Les risques du métier » ? Hmm... et si l'on disait la même chose des journalistes de *Charlie Hebdo* assassinés ?

[45] Comme affaires d'attaques de patrouilles mobiles ayant défrayé la chronique ces dernières années on peut rappeler par exemple : 25 mai 2013, agression de 3 militaires en patrouille Vigipirate dans le hall d'accès du RER de la Défense par Alexandre « Abdelillah » Dhaussy ; 3 février 2017, attaque au couteau contre des militaires de l'opération Sentinelle au Carrousel du Louvre par Abdallah El-Hassahmy ; 18 mars 2017, attaque au revolver d'une patrouille de Sentinelle à l'aéroport d'Orly par Zyed Ben Belghacen ; 20 avril 2017, attaque au fusil d'assaut d'un fourgon de police sur l'avenue des Champs Élysées par Karim Cheurfi ; 6 juin 2017, attaque au marteau d'une patrouille de Sentinelle sur le parvis de Notre-Dame de Paris par Farid Ikken ; 9 août 2017, attaque au véhicule lancé contre un détachement de militaires du 35ème régiment d'infanterie partant en opération Sentinelle.

Le 30 septembre 2016, Me Stepniewski adresse une lettre à George Fenech, le président de la commission d'enquête parlementaire, et Sébastien Pietrasanta, son rapporteur, dans laquelle il écrit notamment : « *Le choix de mettre en place une garde dynamique aurait été le choix d'un responsable inconnu du service de protection du ministère de l'Intérieur, cependant ma cliente et moi-même sommes en mesure d'affirmer qu'aucune garde dynamique n'avait été mise en place pour assurer la protection de M. Stéphane Charbonnier, bien sûr il appartiendra au juge d'instruction d'instruire à charge et à décharge, et certains responsables du ministère de l'Intérieur devront répondre aux questions posées par ma cliente. Ils sont restés sans réponse. Cette triste réalité se profile à deux indices dont votre commission aurait dû avoir connaissance : le premier est l'effet de surprise, aucun des fonctionnaires de police du XIème arrondissement qui se sont rendus sur les lieux et qui ont essuyé des tirs des frères Kouachi ne savait que les locaux de Charlie Hebdo se trouvaient dans le ressort de leur intervention. Stéphane Charbonnier faisait l'objet de menaces, il bénéficiait d'une protection policière et exerçait ses activités dans le XIème arrondissement dans les locaux d'un journal qui avait déjà été visé par un attentat. On ne peut pas admettre que les services de police aient pu ignorer une telle situation dans leur ressort territorial d'intervention. Il ne s'agit pas de jeter le discrédit sur ces hommes qui sont intervenus courageusement, il convient de rappeler que parmi eux se trouvait Ahmed Merabet qui a trouvé la mort en cette occasion. Il convient de rappeler que les patrouilles policières automobiles et cyclistes du XIème arrondissement n'étaient pas en charge d'une garde dynamique. Le second résulte de la lecture de la procédure d'instruction qui révèle qu'à la suite des faits de nombreux services de police se sont rendus sur place, mais curieusement aucun membre d'une patrouille dynamique de surveillance.* » Aucune réponse n'a été apportée à cette lettre à ce jour.

Le 3 novembre 2016, est inaugurée solennellement dans le VIIIème arrondissement une place au nom de Franck Brinsolaro, en présence du ministre de l'Intérieur Bernard Cazeneuve. Sa veuve n'a pas été conviée à la cérémonie, dont elle a appris la tenue la veille par l'intermédiaire d'un journaliste. De nombreux articles rapportent son sentiment d'indignation : « *C'est honteux, c'est lamentable, surtout pour notre fille May, qui est Pupille de la nation* » ; « *Il y a une volonté manifeste de m'écarter, c'est une double peine pour ma fille et moi* ». Cinq ans plus tard, son amertume et son incompréhension ne sont pas retombées.

La commission d'enquête étouffe la défaillance

Nous allons à présent tenter de comprendre pourquoi ce sujet a été, *en toute connaissance de cause*, étouffé par les commissionnaires. La question vraiment dérangeante, qui n'a jamais été posée à quiconque lors des auditions, est la suivante : quelle est la personne ou l'instance qui a pris la décision d'abaisser la sécurité personnelle de Charb de « protection rapprochée » à « accompagnement de sécurité » ?

La question de l'enlèvement de la garde statique est également, bien sûr, problématique, mais sur ce point nous avons la réponse : c'est Bernard Cazeneuve, de son propre aveu, qui a décidé de la remplacer, pour garantir la sécurité des policiers, par une garde dynamique, garde dynamique qui était absente ce jour-là.

Commençons par expliquer la nuance de taille entre ces deux concepts de protection *individuelle*, en suivant de nouveau M. Stemmelen, particulièrement bien placé pour parler de ces questions en tant qu'ancien responsable et membre créateur du SPHP, et rédacteur, à l'occasion de la création de ce service, des critères définissant l'accompagnement de sécurité et la protection rapprochée. Dans un article publié dans *L'Auditeur de l'INHESJ*[46] de janvier 2011, il explique : « *l'accompagnement de sécurité concernant 1 ou 2 gardes du corps agissant ponctuellement se distingue de la protection rapprochée nécessitant au moins 3 gardes du corps présents en permanence au minimum lors des déplacements de la personnalité. Cette conception de la police française est basée sur l'observation scientifique : pour couvrir les 360° indispensables à une bonne sécurité, il faut être 3, même si la conception militaire du travail en binôme existe, elle n'est pas retenue ici. (...) l'attribution d'une protection obéit à 2 critères : le rang protocolaire et le degré de menace évalué en France par l'UCLAT (Unité de Coordination et de Liaison Anti- Terroriste) de la Police Nationale qui évalue la menace sur une échelle allant du niveau 1 (menace imminente d'attentat) au niveau 4 (risque faible ou inexistant). En pratique, il y a souvent confusion entre protocole et risque.* »/ « *Une protection rapprochée (et non un simple accompagnement de sécurité) d'une personnalité se fait en général lors des déplacements à pied avec un triangle de sécurité (3 agents) au minimum. Lors des déplacements en voiture il faut ajouter les 2 conducteurs. En fait avec une équipe en précurseur, une voiture précédant celle de la personnalité et une voiture suiveuse on arrive très vite à 8 - 10 agents, chiffre qu'il faut multiplier par 2 pour tenir compte des relèves, vacances.* »

Alors que médias et politiques ont fréquemment mis en avant la lassitude et les plaintes des policiers chargées de la mission de protection des locaux de Charlie Hebdo pour expliquer l'abaissement général de la sécurité, il est important de

---

[46] Présentation sur le site dédié : « Implanté à l'École militaire, l'Institut national des hautes études de la sécurité et de la justice (INHESJ) délivre des formations à des hauts cadres des secteurs public et privé. Environ 3 000 personnes s'y forment chaque année. L'Institut conduit également des travaux de recherche destinés à enrichir la connaissance publique. Au sein de l'INHESJ, l'ONDRP produit et diffuse des statistiques sur la criminalité et la délinquance. » / « L'Institut national des hautes études de la sécurité et de la justice (INHESJ) est un établissement public administratif *placé auprès du Premier ministre*. Il propose des formations à des hauts responsables des secteurs public et privé, mène des travaux de recherche scientifique et produit des statistiques sur la criminalité et la délinquance. L'INHESJ organise également des conférences et publie trois revues. Les missions de l'INHESJ et son organisation relèvent des *articles R 123-1 et suivants du Code de la sécurité intérieure.* »

savoir qui est décisionnaire pour ce genre d'attribution ou de désattribution : 1) « *La décision d'accorder ou de supprimer une protection ou un accompagnement de sécurité pour une personnalité française ou étrangère est prise par le ministre de l'Intérieur : ce n'est ni le directeur général de la police nationale ni le chef du SPHP qui décident mais uniquement le ministre : l'échelon politique et non technique est donc primordial dans ce domaine.* » 2) « *Cette décision est subordonnée réglementairement à l'avis d'une commission (article 13) qui dans tous les cas (sauf urgence) doit se réunir pour l'octroi ou la levée de toute mesure de protection ou d'accompagnement de sécurité. Cette commission présidée par le directeur de cabinet du ministre comprend les directeurs de la police et de la gendarmerie, le préfet de police, les chefs de l'UCLAT et du SPHP entre autres ou leurs représentants. Cette commission n'est pas composée uniquement d'agents du ministère de l'Intérieur et elle ne prévoit pas par exemple la présence de représentants du Ministère des Affaires étrangères ou de personnalités indépendantes.* »

Voilà le protocole tel est qu'il est exposé sur le papier, mais, premier problème, antérieur de quatre ans à l'attentat de janvier 2015, il peine à se traduire dans les faits : « *Une simple réunion préparatoire a bien eu lieu mais cette commission ne s'est jamais réunie depuis 2 ans ! Force est de constater que le Ministère de l'Intérieur n'applique pas ses propres textes : le sujet serait-il trop sensible politiquement en particulier quand il s'agit de ne pas accorder ou de retirer une protection ? Sur le plan juridique, il est permis de penser que depuis 2 ans, les missions de protection et d'accompagnement ne sont pas exécutées dans des conditions réglementaires et sont de ce fait entachées d'irrégularités. L'idée de rationalisation qui a présidé à l'institution de cette commission était excellente mais l'absence de réunion de celle-ci pérennise la déconnexion entre la protection et le niveau de menace.* »

Le flou le plus total entoure donc l'attribution, la levée, ou l'abaissement des protections accordées par le SPHP à certaines personnalités, occasionnellement ou sur le long terme, d'où la continuation aberrante des accompagnements de complaisance accordés à des personnalités en vue ou à d'anciens ministres et responsables politiques rapportées dans son post Facebook de 2015 par M. Stemmelen, qui conclut : « *Le bon sens allié à une saine rigueur budgétaire voudrait que toutes ces missions de confort permanentes ou temporaires pour des personnalités françaises ou étrangères n'ayant ni rang protocolaire suffisant et ne subissant aucune menace soient toutes supprimées afin de permettre au SPHP de se recentrer sur sa vraie mission de protection. La réponse ne peut venir structurellement que de l'échelon politique au plus haut niveau !* »

Avançons dans le temps. En janvier 2020, M. Stemmelen soumet à l'INHESJ un nouvel article reprenant de façon plus ordonnée, en les actualisant à peine, la série de remarques diffusées spontanément sur les réseaux sociaux dans les jours suivant l'attentat, qu'il intitule : « Charlie Hebdo : que d'erreurs et d'incompétences ! ». Il l'avait publié une première fois le 12 janvier 2016 sur un blog qu'il a hébergé et alimenté pendant quelques mois la même année sur le site

Mediapart. Signe du caractère extrêmement sensible du sujet, le comité de rédaction de l'association nationale des auditeurs de l'INHESJ en a refusé la publication.

Alors que les menaces les plus claires avaient été récemment formulées à l'encontre de Charb et de *Charlie Hebdo*, quelle est la personne qui a estimé en septembre 2013, et sur quels critères que la menace pesant sur Charb avait suffisamment diminué pour justifier le passage d'une protection rapprochée à un accompagnement de sécurité ? M. Stemmelen rappelle que c'est cette même année que le plus grand syndicat de police « Alliance Police Nationale » publie un tract ainsi rédigé : « *Le 4 avril lors d'une audience auprès du Directeur de la DOPC nous avons exigé l'arrêt immédiat de la mission "Charlie Hebdo". Depuis plus de 7 mois les compagnies d'intervention fournissent jusqu'à 9 collègues par jour pour la protection des locaux privés d'un journal. Inadmissible !!!* » Précisons que les syndicats de police ne sont absolument pas décisionnaires dans le domaine de l'attribution des protections aux personnalités menacées. C'est également en 2013 que le SPHP devient le Service De La Protection (SDLP) « *en intégrant le Service Central Automobile et le Service de Sécurité du Ministère de l'Intérieur.* »

Rappelant les diverses menaces pesant sur Charlie Hebdo et l'abaissement de la sécurité à tous les niveaux les mois précédant l'attentat, M. Stemmelen conclut : « *ce faisceau concordant de menaces, et bien évidemment je ne suis pas exhaustif, n'entraîne aucun renforcement de la sécurité assurée par la Préfecture de Police et le SPHP. Tout se passe comme si personne ne croyait à la réalité de la menace contre Charlie et contre Charb, les signaux avant-coureurs du drame sont multiples et inquiétants mais n'entraînent aucune réaction officielle. Il n'est donc pas étonnant que l'attentat du 7 janvier ait eu lieu puisque rien ou presque n'a été fait pour l'empêcher.* »

L'article 5 de l'arrêté du 12 août 2013, relatif aux missions et à l'organisation de la protection (toujours en vigueur en 2020), signé par le ministre de l'Intérieur Manuel Valls, est très précis sur les modalités d'octroi à des personnalités des services de la SDLP : « *La sous-direction de la protection des personnes* [SDLP] *assure, sur le territoire français et à l'étranger, **la protection rapprochée ou l'accompagnement de sécurité** de personnes françaises ou étrangères. Elle est chargée de la **sécurité** des membres du gouvernement et des **personnalités françaises** auxquelles en fonction des risques et menaces évalués par les services spécialisés et **sur décision du ministre de l'Intérieur**, il est accordé de telles mesures.* » (c'est M. Stemmelen qui surligne) L'article 14 dudit arrêté stipule que « *cette commission se réunit à tout moment à la demande du ministre de l'Intérieur et au moins deux fois par an. Elle est composée exclusivement d'agents de l'État et comprend le directeur général de la police nationale, le directeur général de la gendarmerie nationale, le préfet de police de Paris, le chef du service de la protection et le chef de l'unité de coordination de la lutte antiterroriste, qui peuvent être représentés.* » ; laquelle commission est « *présidée par le directeur de cabinet du ministre de l'Intérieur ou son représentant* » et « *rend un avis au ministre de l'Intérieur en fonction des risques* *et menaces évalués par les services spécialisés sur l'octroi ou le maintien de toute mesure de protection rapprochée ou d'accompagnement de sécurité ainsi que le cas échéant, sur la nature et le degré de protection accordée »*

Ajoutons que l'article 16 précise que l'exécution de l'arrêté dépend du Directeur Général de la Police Nationale (DGPN). Pour la période qui nous intéresse les deux DGPN qui se sont succédé à ce poste étaient Claude Baland, du 31 mai 2012 au 2 juin 2014, puis Jean-Marc Falcone, jusqu'au 2 août 2017. Cette commission constituant « *la clé de voûte* » du dispositif, M. Stemmelen rappelle que « *la Cour [des comptes, dans un prérapport de 2010] recommandait donc fort logiquement que la commission devait se réunir sans tarder, que **les décisions attribuant les protections assurées par le SPHP devaient être formalisées par un écrit en précisant la date et l'auteur** et que les protections non institutionnelles devaient n'être accordées que pour une durée limitée et révisées périodiquement.* », ce qui n'était pas le cas à l'époque. « *Ces recommandations de la Cour des comptes ont été, en partie, suivies d'effet car cette commission depuis 2011 s'est réunie quelques fois, en fait essentiellement pour recommander la suppression de certaines missions* ». D'où ces deux questions brûlantes : « *La question qui se pose alors est de savoir si cette commission d'une part s'est prononcée sur la sécurité de Charb et si elle aurait recommandé de transformer la protection rapprochée de Charb (déjà insuffisante à l'origine) en simple accompagnement de sécurité générale ? Là aussi on attend des réponses officielles sur ce point précis car le doute persiste. **Si ce n'est pas la commission qui a recommandé cette décision, qui a pris cette décision ?** »*

Qui a pris cette décision ? voilà la question à laquelle la commission d'enquête aurait dû tenter de répondre et qu'elle n'a pas même effleurée, ce qui amène M. Stemmelen à faire remarquer : « *Force est de constater que d'une part il n'y a jamais eu de constitution d'une commission parlementaire contrairement à ce qui s'est passé après les attentats du 13 novembre 2015 au Bataclan et que d'autre part personne au ministère de l'Intérieur mais absolument personne ne s'est estimé responsable de ce qui est arrivé, personne ne s'est d'ailleurs excusé de ses propres insuffisances ni n'a jugé opportun de démissionner ou de rendre ses décorations ! Bien au contraire : les responsables au plus haut niveau du Ministère de l'Intérieur ont soit été promus soit ont conservé leurs postes ! C'est peut-être cela qui est le plus choquant dans les événements que la France vient de vivre : cette solidarité dans l'irresponsabilité (…)* » Pour être précis, il est question du massacre de Charlie Hebdo dans le rapport de la commission d'enquête présidée par George Fenech, mais si de nombreuses auditions y sont consacrées dans le tome 2, le synthétique tome 1 survole l'événement en cinq pages, et plus généralement ne pose aucune question qui fâche : les commissionnaires glissent sous le tapis la question de l'abaissement de la sécurité de Charlie Hebdo comme ils glissent sous le tapis toutes les questions dérangeantes sur le massacre, lui conférant, sur une étendue de 500 pages, l'apparence d'un tragique mais banal fait divers dont personne en haut lieu ne saurait endosser toute ou partie de la responsabilité.

Un comparant éclairant : pourquoi la FIPN n'a-t-elle pas été déclenchée le 13 novembre pour le Bataclan ?

Un bon moyen de se rendre compte du caractère volontaire du silence des commissionnaires sur ce point, consiste à souligner, en comparaison, l'espace énorme qu'ont pris certains aspects du débat relatif au massacre du Bataclan, le meilleur exemple constituant sans doute la tentative de comprendre pour quelle raison la Force d'Intervention de la Police Nationale (FIPN) n'a pas été mise en place le soir du 13 novembre sur le site du Bataclan, et incidemment, pour quelle raison la BRI a tant tardé à déclencher l'assaut contre les deux terroristes retranchés dans une salle au premier étage.

Il est impossible dans le cadre de cette étude, de raconter cette histoire dans toute sa complexité, mais il est tout de même essentiel, afin que la pertinence du parallèle saute aux yeux, de la résumer dans ses grandes lignes, au risque d'être parfois allusif.

Commençons par rappeler la chronologie du massacre et de l'intervention des forces de l'ordre dans la salle du Bataclan, en reprenant les horaires indiqués par la commission d'enquête :

- 21 h 40 : trois hommes armés de kalachnikovs et vêtus de gilets explosifs pénètrent dans la salle de spectacle du Bataclan et commencent le massacre.

- 21 h 49 : un premier détachement de sapeurs-pompiers arrive sur zone et est aussitôt pris sous le feu des tueurs.

- 21 h 51 : des policiers de la BAC de nuit du Val-de-Marne arrivent sur place et échangent des tirs avec l'un des tueurs postés au niveau de l'issue de secours. Quatre militaires de l'opération Sentinelle les rejoignent, qui reçoivent l'ordre de ne pas intervenir en raison du fait qu'ils ne sont pas en « zone de guerre ».

- 21 h 57 : d'initiative, un commissaire divisionnaire de la BAC et son chauffeur, qui ont pénétré à l'intérieur, profitent d'une occasion favorable pour tirer à six reprises avec leur arme de poing sur l'un des trois tueurs postés à l'étage et mettant en joue des otages. Ils parviennent à l'abattre. Ce dernier a le temps avant de mourir de déclencher son gilet explosif. Perturbés, les deux autres tueurs cessent net le carnage et se réfugient dans une salle à l'étage avec une douzaine d'otages.

- 22 h 4 : le RAID est mis en alerte, et son patron Jan-Michel Fauvergue déclenche l'alerte générale.

- 22 h 5 : le préfet de police Michel Cadot arrive sur place. Une première colonne de la BRI, dirigée par le commissaire Christophe Molmy, reçoit l'ordre de se rendre au Bataclan.

- 22 h 20 : arrivée de 15 fonctionnaires de la BRI, dont la colonne pénètre et progresse lentement au rez-de-chaussée de la salle de spectacle. Le médecin-chef de la BRI Denis Safran organise les premières évacuations de blessés.

- 22 h 26 : le GIGN est mis en alerte.

- 22 h 28 : arrivée du chef-adjoint du RAID Éric Heip au Bataclan.

- 22 h 40 : la majorité des otages valides ont quitté la fosse devant la scène et ont été pris en charge.

- 22 h 48 : l'équipe d'intervention rapide (ERI) de la BRI arrive au Bataclan.

- 23 heures : l'ERI commence à monter à l'étage par les escaliers.

- 23 h 9 : Jean-Michel Fauvergue parvient sur place avec une colonne d'assaut du RAID. De commun accord, la BRI et le RAID se partagent les lieux : le RAID sécurise le rez-de-chaussée, tandis que la BRI s'occupe de l'étage où sont réfugiés les terroristes

- 23 h 15 : la colonne de la BRI parvient devant de la porte de la salle où les deux terroristes se sont réfugiés avec les otages. Un commencement de vaines négociations s'engage.

- 23 h 19 : Matthieu Langlois, médecin-chef du RAID, et son adjoint « Manu » organisent le « nid de blessés », assistés par Denis Safran, près de l'entrée du Bataclan (à l'intérieur), qui permet de « trier » les blessés en fonction du degré de gravité de leurs blessures, pour les orienter vers les services hospitaliers.

- 23 h 55 : une troisième colonne d'assaut du RAID parvient au Bataclan

- 0 h 18 : la colonne de l'ERI, protégée par un bouclier Ramsès, reçoit l'ordre de déclencher l'assaut par le préfet de police. Tous les otages sont libérés vivants. L'un des terroristes fait exploser son gilet, tuant en même temps son compagnon.

- 4 h 21 : fin des opérations de secours.

Comme la lenteur apparente de l'intervention a suscité des interrogations de tous bords, médias officiels comme médias de la réinfosphère, c'est l'occasion de commencer par signaler que cette chronologie permet au moins de lever certains doutes : si les militaires de Sentinelle arrivés rapidement sur les lieux ne sont pas intervenus, c'est tout simplement parce qu'ils n'ont pas l'autorisation d'intervenir *dans un milieu fermé*, surtout quand ils sont en petit nombre. C'est au premier chef au RAID, et éventuellement à la BRI de mener ce genre d'interventions. Le GIGN y est également dédié, mais ce n'était pas son *territoire* d'intervention. Paris intra-muros est le domaine de la BRI, la petite couronne et les autres villes et grandes villes ceux du RAID, le reste du territoire celui du GIGN. Dans ce cas l'on constate que la BRI, pour des raisons de proximité géographique (le cœur de Paris), est arrivée la première sur les lieux, le RAID parvenant en colonne formée une demi-heure plus tard. La BRI a rapidement pénétré dans le Bataclan, la fusillade ayant cessé au bout de 17 minutes. La lenteur de la progression et de l'intervention s'explique ensuite aisément par le caractère inconnu du dispositif des terroristes, et la crainte des gilets explosifs et du sort éventuel réservé aux otages retenus par les terroristes dans une salle close à l'étage.

La polémique exposée, sur laquelle se sont longuement concentrés les commissionnaires est de savoir pourquoi la FIPN n'a pas été déclenchée alors que le contexte s'y prêtait. Expliquons d'abord ce qu'est la FIPN. La Force d'Intervention de la Police Nationale (FIPN) a été créée en 2009, dans l'hypothèse de la perpétration d'actes meurtriers extrêmement graves dans la capitale. Il s'agit d'une structure temporaire, déclenchée par le ministre de l'Intérieur, après sollicitation du Préfet de police qui demande le feu vert du ministre. Son objectif est de donner unité et cohérence à l'intervention des deux entités d'intervention possiblement concurrentes. Le patron du RAID en prend la direction, le chef de la BRI devenant aussitôt son adjoint. La primauté du RAID s'explique par le fait qu'il s'agit d'une unité essentiellement dédiée à l'intervention, tandis que la BRI est une unité de police judiciaire. Elle dispose d'une équipe d'intervention rapide (ERI), dont les hommes effectuent des exercices comparables à ceux des hommes du RAID, mais on n'est pas au même niveau de professionnalisme pour ce qui concerne l'intervention[47]. La FIPN a été déclenchée pour la première fois le 9 janvier 2015, lors de la prise d'otages de l'Hyper Cacher, avec l'aval du DGPN, du préfet de police Michel Gaudin, et du ministre de l'Intérieur Bernard Cazeneuve. L'assaut de l'Hyper Cacher a ainsi été déclenché par le RAID et la BRI placés sous l'autorité du patron du RAID Jean-Michel Fauvergue.

La nuit du 13 novembre 2015, en revanche, la FIPN n'a pas été déclenchée. C'est ainsi que la BRI, arrivée la première sur les lieux, a entrepris la libération des otages et l'assaut final contre les terroristes, quand les hommes du RAID, arrivés une demi-heure plus tard, sécurisaient le rez-de-chaussée. Tout s'est finalement bien passé, les otages tous libérés vivants, sans aucune perte parmi les hommes

---

[47] Explications de Jean-Michel Fauvergue : « avec la BRI-PP, les différences sont plus marquées. Pourquoi ? Parce que les GIPN [Groupes d'Intervention de la Police Nationale, futures antennes du RAID en Province] et le RAID sont spécialisés dans l'intervention et opèrent tous deux dans des milieux clos sur des forcenés ou des preneurs d'otages. Tandis que la BRI ? Elle fait avant tout de la police judiciaire. Autrement dit des surveillances, des filatures, etc. La BRI est donc à la recherche de profils très différents des nôtres : pour faire de la filature, il faut passer le plus inaperçu possible, être monsieur et madame Tout-le-Monde, mixer ds équipes hommes/femmes… (…) Résultat, comme elle ne travaille pas à plein-temps sur l'intervention, cette unité peut difficilement atteindre le même niveau que le celui du RAID en la matière. » in Patron du RAID, face aux attentats terroristes, Mareuil éditions, 2017.

de la BRI, mais par la suite, le non-déclenchement de la FIPN a été au cœur d'une intense polémique. Le patron du RAID en a ressenti sur le moment et par la suite une amertume certaine. Lors de son audition devant la commission d'enquête il a ainsi révélé qu'il s'était rendu au Bataclan d'initiative, n'ayant appris la prise d'otages que par l'intermédiaire des chaînes d'infos en continu[48]. Une fois sur place, il s'est trouvé marri de jouer les seconds rôles[49]. Dans son livre d'entretiens, paru en 2017, il confirmera : « *À mon sens, la FIPN aurait pu, aurait même dû être déclenchée, mais, sur le moment, personne ne semble y avoir pensé. Ni même après. Pourquoi ? Je ne le sais pas. C'est une question importante que se poseront plus tard les parlementaires chargés de l'enquête sur les attentats.* » Jean-Michel Fauvergue reconnaît lui-même cependant que le partage des rôles s'est correctement effectué la nuit du 13 novembre avec la BRI et son chef Christophe Molmy.

Un temps considérable des auditions de la commission d'enquête a été consacré à l'éclaircissement de ce problème, avec à l'esprit la question simple suivante : pourquoi la FIPN n'a-t-elle pas été déclenchée, et qui, dans la chaîne de commandement a été responsable de cette non-décision ? C'est ainsi que, successivement, Jean-Michel Fauvergue, patron du RAID, Christophe Molmy, chef de la BRI, Michel Cadot, préfet de police de Paris, et Jean-Marc Falcone, DGPN, ont été cuisinés par les commissionnaires, son président Georges Fenech en tête, le ton souvent ouvertement sarcastique et le caractère insistant de certaines questions donnant nettement l'impression de vouloir pousser ces personnalités dans leurs retranchements, Christophe Molmy et Michel Cadot en particulier. Il s'avère finalement que c'est le préfet de police qui a décidé de ne pas déclencher la FIPN : il a consulté des avis éclairés, estimé la BRI suffisante, compétente territorialement, présente qui plus est une demi-heure avant le RAID, et ne souhaitait pas d'embouteillage de colonnes d'interventions dans un lieu fermé comme la salle du Bataclan. On ne sent pas le président de la commission très convaincu par ces explications, mais au final, cela importe peu, puisque l'opération de neutralisation des terroristes s'est déroulée de façon optimale. Aucune sanction ni remontrance ne sera prise ou faite contre quiconque pour ce dysfonctionnement, tout compte fait jugé bénin aux yeux des uns et des autres.

---

[48] « *À 21 heures 48, d'initiative, je mets en préalerte tout le RAID. Je ne suis alors avisé par personne hormis mon officier. À 21 heures 49, la tuerie au Bataclan débute, et nous voyons l'information sur BFM — comme quoi, cela sert aussi… »*

[49] « *Je le répète, lorsque nous sommes arrivés, le massacre était perpétré. Les otages que nous avons sauvés n'étaient plus sous la menace directe des terroristes, sauf ceux de l'étage que la BRI a délivrés. J'ai néanmoins eu le sentiment de subir cette opération bien qu'il n'y ait pas eu de dégâts collatéraux. De fait, quelque chose ne va pas lorsqu'un groupe spécialisé de compétence nationale se met à la disposition d'un groupe non spécialisé de compétence locale.* »

Ironie du sort, ou comique de situation, c'est Jean-Michel Fauvergue, patron du RAID, et Matthieu Langlois, médecin-chef du RAID, qui seront les seuls acteurs de premier plan du 13 novembre au Bataclan à être sanctionnés, et pour quel prétexte captieux ! Les mois suivants le massacre, M. Langlois a écrit un récit de sa nuit de cauchemar au Bataclan en tant qu'urgentiste de choc, dans l'intention de le publier. Il a prévenu sa hiérarchie, averti le Service de communication de la Police nationale (SICoP), directement rattaché au DGPN, mais six semaines avant la parution, le patron du RAID est convoqué par Philippe Bertrand, le directeur de cabinet du DGPN Jean-Marc Falcone, qui lui transmet la demande de ce dernier de ne pas publier l'ouvrage, sans donner de motif clair. L'autorisation est de fait accordée après négociation, mais lorsqu'il s'agit de commencer à en faire la promotion médiatique, l'interdit tombe encore, sans explication : M. Langlois doit cesser de faire la promotion de son ouvrage. C'est d'autant plus absurde que celui-ci est à la louange de la police nationale et ne contient à première vue aucune révélation dérangeante. Trop avancé, M. Langlois décide donc de passer outre l'interdiction, avec l'accord de son patron. Ce dernier est convoqué en décembre 2016 par l'IGPN, qui le cuisine et le sermonne pendant cinq heures. L'homme a le sentiment de vivre une humiliation : « *Après toutes ces opérations terribles et délicates à la tête du RAID, j'ai le sentiment d'être traité comme un banni ! Pas mieux qu'un voyou qui aurait piqué dans la caisse ! Je sors de cette audition très déçu, comprenant bien que cette affaire est loin d'être terminée.* » L'expérimenté Jean-Michel Fauvergue, qui a traversé toutes les situations terroristes les plus chaudes depuis un an avec une maîtrise peu reprochable, perd finalement sans motif clair son poste à deux mois de l'élection présidentielle, alors que la menace terroriste est au plus haut ! Quant à Matthieu Langlois, lui aussi soumis à la question pendant cinq heures par l'IGPN, il écope pour punition d'une mise à pied d'un mois.

La seule explication, non-dite, à ces sanctions humiliantes, serait selon M. Fauvergue la parution concomitante d'un autre ouvrage relatant la nuit du 13 novembre, rédigé par Denis Safran, le médecin-chef de la BRI, ami proche du ministre de l'Intérieur Bernard Cazeneuve. Jean-Michel Fauvergue : « *Quelque temps plus tard* [après l'audition des deux hommes du RAID par l'IGPN], *on apprend que le livre d'un autre médecin spécialisé dans l'intervention, proche du cabinet du ministre, doit paraître. Et il semblerait que là, ça ne pose aucun problème. Y aurait-il des interférences ? Des jalousies d'auteurs entre les services de police ? On s'interroge...* » (p. 320)

Ce long détour par l'un des aspects polémiques de l'intervention de la BRI et du RAID au Bataclan est finalement des plus éclairants pour le sujet qui nous occupe :

- la commission d'enquête a pris *tout son temps* pour tenter de comprendre une défaillance éventuelle dans la chaîne de commandement qui aurait dû ou n'aurait pas dû aboutir au déclenchement de la FIPN le soir du 13 novembre au Bataclan.

- Elle l'a fait alors que, contrairement au massacre de Charlie Hebdo, cette défaillance a été sans conséquence fâcheuse ou dramatique.

- Par la suite on se rend compte que des personnages-clés de l'intervention au Bataclan, dont le comportement fut irréprochable, dans un cadre extraordinairement éprouvant et exigeant en termes de courage, peuvent être frappés par de lourdes sanctions, sous le plus léger des prétextes, et ce alors qu'ils sont un rouage essentiel et très rôdé dans la machine de lutte contre le terrorisme dont la menace est officiellement placée à très haut niveau.

L'audition de Bernard Cazeneuve devant la commission d'enquête

Il faut maintenant résumer les auditions du ministre de l'Intérieur, Bernard Cazeneuve, devant la commission d'enquête. Ces auditions, au nombre de deux, ont eu lieu le 7 mars et le 2 juin 2016.

Commençons par préciser qu'avant de parvenir, le 2 avril 2014 à l'éminente fonction de ministre de l'Intérieur, puis à celle plus éminente encore de Premier ministre le 7 mai 2016, dans les deux cas en remplacement de Manuel Valls, Bernard Cazeneuve avait un CV politique pour ainsi dire inexistant à un tel niveau de responsabilités. Nous sommes une première fois tombés sur le nom de « Cazeneuve » dans le chapitre consacré au commissaire Helric Fredou, retrouvé « suicidé » dans son bureau à Limoges la nuit du 7 janvier 2015, alors qu'il partait sur une piste prometteuse concernant le massacre de Charlie Hebdo. Nous avons rappelé que Fredou et Cazeneuve se connaissaient très bien, puisque le premier était commissaire principal de la ville de Cherbourg à l'époque où le second en était député-maire. Nous avions signalé qu'il avait oublié en cette occasion d'envoyer ses condoléances à la famille de la victime. C'est en effet dans la ville de Cherbourg que la carrière politique de Bernard Cazeneuve commence et prend son essor. Élu maire d'Octeville en 1995, il devient député de la Manche en 1997, maire de Cherbourg-Octeville en 2002, enfin président de la communauté urbaine de Cherbourg en 2008, tous mandats qui prennent fin en mai 2012 avec l'arrivée de François Hollande au pouvoir et son entrée au gouvernement, où il va recevoir successivement quatre portefeuilles d'importance croissante.

Il est frappant de remarquer que chacune des nominations de ce proche de Laurent Fabius paraît plus relever de l'opportunisme que d'un choix mûrement réfléchi justifié par un éminent mérite : ayant milité pour le non, comme son suzerain Fabius, à l'occasion du referendum sur le traité demandant l'établissement d'une constitution européenne en 2008, il accepte tout de même d'être nommé ministre délégué aux affaires européennes, poste qu'il occupe jusqu'au 19 mars 2013, pour remplacer au pied levé le ministre délégué au budget Jérôme Cahuzac, tué politiquement par les affaires. Le 2 avril 2014, il est nommé ministre de l'Intérieur quand Manuel Valls devient Premier ministre ;

enfin, le 6 décembre 2016, il remplace Manuel Valls au poste de Premier ministre quand ce dernier décide de concourir aux primaires du PS pour l'élection présidentielle.

Revenons au début des années 2000...

Avant cette série fulgurante de nominations, c'est en tant que rapporteur de la commission parlementaire sur l'attentat de Karachi que Bernard Cazeneuve a pris pour la première fois la lumière médiatique.

Le 8 mai 2002, dans la ville de Karachi au Pakistan, un bus véhiculant des ingénieurs de la Direction des Constructions Navales (DCN), qui se rendaient sur un chantier de sous-marins de classe Agosta vendus par la France, est pulvérisé par une voiture piégée, tuant quatorze personnes dont onze employés de DCN. Dans le contexte post 11 septembre 2001, l'attentat est d'abord attribué à al-Qaïda, mais avec les années une autre piste émerge : l'attentat serait en fait un acte de représailles contre le gouvernement français, qui n'aurait pas honoré le versement de commissions à des intermédiaires ayant joué un rôle dans les ventes au Pakistan des sous-marins. Le contrat a été signé quand Édouard Balladur était Premier ministre, et Nicolas Sarkozy ministre du Budget. Édouard Balladur aurait touché des rétrocommissions pour financer sa campagne électorale et promis de verser des commissions à des intermédiaires. Problème, quand Jacques Chirac est parvenu enfin au pouvoir suprême, après avoir doublé in extremis son rival de Droite au premier tour, et battu Lionel Jospin au second, il a décidé de ne pas assurer le service après-vente de la magouille de son rival. Par vengeance, les intermédiaires frustrés auraient commandité l'attentat, sous-traité aux services secrets pakistanais. Cette explication est tellement probante que près de 20 ans après la tragédie, l'attentat de Karachi est l'un des rares du genre dont il est de notoriété publique que la version officielle (C'est al-Qaïda, c'est les islamistes !) peut être contestée sans courir le risque d'être immédiatement insulté de « complotiste »[50].

Les familles de victimes se sont longtemps battues — et jusqu'à présent en vain — pour que toute lumière soit faite et justice enfin rendue sur ce terrible événement, à tel point qu'une commission d'enquête parlementaire a fini par voir le jour. Le récit amer et désabusé de toute cette polémique a été fait dans un ouvrage intitulé *On nous appelle « les Karachi »*, écrit et publié par Magali Drouet et Sandrine Leclerc aux éditions Fleuve Noir en 2010. L'omerta du pouvoir y est exposée avec virulence et de façon très convaincante.

Créée suite à la demande du groupe socialiste, le 23 juin 2009, la commission commence ses travaux le 7 octobre 2009 et remet son rapport le 12 mai 2010. Elle est présidée par le député UMP Yves Fromion, et Bernard Cazeneuve en est

---

[50] En plus des ouvrages de Sandrine Leclerc et Magali Drouet, et de Bernard Cazeneuve, on peut renvoyer au *Contrat*, de Fabrice Arfi et Fabrice Lhomme, publié en 2010 aux éditions Stock.

le rapporteur : en effet, la plupart des victimes vivaient dans la ville dont il était le maire. Le résultat n'a pas été à la hauteur des attentes des familles de victimes, c'est le moins qu'on puisse dire, et il semble que M. Cazeneuve se soit arrogé le beau rôle dans cette polémique : « *Lors de la remise du rapport, le 12 mai 2010, le député-maire de Cherbourg-Octeville, Bernard Cazeneuve, fit part aux médias des nombreuses difficultés auxquelles avaient été confrontés les membres de la commission tout au long de leurs investigations. Opposition systématique du secret-défense et du secret de l'instruction ; refus des différents ministères concernés de fournir toutes les informations. (…) Les efforts dans le but de cacher la vérité se poursuivaient donc, lorsque le Parlement tenta de remplir sa mission de contrôle de l'exécutif !* » (p. 223) Alors que Magali Drouet et Sandrine Leclerc ont des mots durs pour Yves Fromion « *les propos du député Fromion sont diffamatoires* » / « *s'il en est un qui, lui, a tenté d'instrumentaliser l'opinion publique, c'est bien lui* » / « *M. Fromion (…) aurait-il menti ?* », elles ménagent M. Cazeneuve en qui elles croient voir un allié.

Confirmant cette impression, Bernard Cazeneuve publie à son tour en 2011 *Karachi, l'enquête impossible*, dans lequel, endossant le costume du chevalier blanc, de l'irréprochable donneur de leçons, du dévoué serviteur de la chose publique au nom du seul bien commun contre les traitres magouilles des puissants, il relate avec amertume les obstacles infranchissables qui ont été dressés devant les commissionnaires, rendant l'enquête « impossible ». Le titre du présent ouvrage : « Charlie Hebdo : l'enquête impossible », a bien sûr été choisi en écho, et en hommage inversé, à l'ouvrage de celui qui, aujourd'hui retiré de la vie politique depuis 2017, travaille comme avocat d'affaires dans le groupe August Debouzy[51], qui conseille notamment des sociétés multinationales comme Nike, Wolkswagen, Arcelor-Mittal ou Microsoft. Il y avait déjà effectué un passage de 2006 à 2007.

C'est dire si les familles de victimes de l'attentat de Karachi attendaient beaucoup de Bernard Cazeneuve quand, à partir de 2016, il est enfin parvenu à une position plus éminente, susceptible de l'autoriser enfin à faire bouger autoritairement les lignes dans cette affaire, lui qui petit député à l'époque affrontait les inatteignables ministres Sarkozy, Léotard et Balladur. Hélas pour elles, le retournement de veste a apparemment été complet. Non seulement aucun progrès n'est observé, mais l'enquête s'est trouvée bloquée plus encore qu'auparavant. À tel point que le 8 mai 2017, un collectif rassemblant sept rescapés et deux veuves de l'attentat refuse d'assister à la commémoration des 15 ans de l'événement, préférant organiser une opération « roses mortes » devant la permanence parlementaire de M. Cazeneuve à Cherbourg. L'hebdomadaire *Le Point* résume bien l'évolution de la situation dans un article du 8 avril 2017[52] :

---

[51] « Bernard Cazeneuve rejoint AUGUST-DEBOUZY en qualité d'associé », *August-debouzy.com*, 03/07/2017

[52] « Affaire Karachi : opération roses morts contre Bernard Cazeneuve à Cherbourg »,

« *Sous Bernard Cazeneuve, en somme, "l'enquête impossible" est vraiment devenue impossible.* » Pour Gilles Sanson, rescapé : « *Avec ses promesses quand il était dans l'opposition, Bernard Cazeneuve s'est royalement moqué de nous.* » Le parjure est en effet exemplairement spectaculaire pour celui qui, ayant dédié son ouvrage en 2011 « aux victimes de l'attentat de Karachi », a eu le culot à l'époque d'écrire des phrases comme : « *On ne peut rien contre la détermination de victimes qui veulent savoir.* » ou encore : « *Pendant ces dix mois d'enquête parlementaire, j'ai voulu demeurer proche des familles de disparus et des blessés de l'attentat de Karachi. Une forme de complicité nous lie désormais, à laquelle je tiens et qui m'inspire.* »

Dans son livre de souvenirs de ministre de l'Intérieur publié en 2019, loin de tempérer son positionnement courageux de 2010, se remémore son combat d'alors en expliquant combien cette expérience lui a été utile pour prendre de la hauteur pendant les sanglantes années 2015/2016 : « *Dans le cadre de l'enquête sur les circonstances ayant conduit à l'attentat de Karachi, je me suis heurté au mur infranchissable du secret de la défense nationale, alors même que j'étais enclin à en comprendre la nécessité et les ressorts. Et si rien ne m'a incité à le remettre en cause par posture, comme d'autres à gauche s'y sont volontiers employés, j'ai regretté à l'époque que le gouvernement de François Fillon se soit opposé à la déclassification des documents nécessaires au bon déroulement de l'enquête parlementaire, laissant ainsi libre cours au sentiment que le secret de la défense nationale pouvait être invoqué aux seules fins de couvrir des turpitudes. (…) Cette expérience m'a affranchi. Elle a ancré en moi la conviction que les services de renseignements ne peuvent être dirigés comme des officines, en charge de manœuvres de basse police. Devant le parlement et l'opinion publique, le gouvernement doit pouvoir à chaque instant assumer ses actes. J'entends, donc, au moment où ces services se trouvent placés en première ligne dans la lutte contre le terrorisme, parachever leur réforme, pour qu'aucun doute ne vienne jamais ternir leur action ou la réputation de leurs dirigeants. En démocratie, les citoyens doivent avoir confiance dans leurs services publics : le renseignement en est un, éminent, indispensable et irremplaçable.* » (p.31)

Chacune des deux auditions de M. Cazeneuve devant la commission d'enquête a duré trois heures, pas une minute de plus, précision importante qui explique en partie pourquoi si peu de sujets y ont été abordés, et surtout si peu de sujets polémiques engageant la responsabilité du ministre.

La première audition a en fait duré une heure et demie, la première heure et demie consistant en un exposé liminaire du ministre extrêmement long résumant la réponse de l'État et des forces de police, et des améliorations juridiques apportées depuis 2015, en particulier la loi réformant les services de renseignement de novembre 2014 et la loi sur le renseignement de juillet 2015. Le ministre a ensuite dû répondre à une avalanche de questions non polémiques auxquelles il n'a pu que brièvement répondre faute de temps. Comme la fin de l'audition approche, le président Fenech rappelle à l'ordre les commissionnaires pour leur préciser qu'il ne leur reste plus qu'une demi-heure, demi-heure qui est passée pour l'essentiel à la pose des desdites questions, auxquelles le ministre ne peut bien évidemment répondre que de façon lapidaire et en vrac. Si l'on se fonde sur le compte-rendu de cette audition, pas une question n'a été posée sur le massacre de Charlie Hebdo.

Lors de la seconde audition, ouverte à la presse, le président Fenech commence par demander au ministre de faire plus court dans son exposé liminaire : « *lors de votre première intervention vous aviez pu vous exprimer longuement dans un propos liminaire qui avait duré plus d'une heure. Dans l'intérêt de notre commission d'enquête, il serait souhaitable que nous disposions d'un temps suffisant après votre présentation initiale pour aborder toutes les questions.* » Ce à quoi malicieusement M. Cazeneuve répond : « *Monsieur le président, si j'ai bien compris, vous faites long dans votre propos introductif, et vous me demandez de faire court dans le mien.* » M. Fenech avait en effet fait très long… M. Cazeneuve entreprend alors de répondre aux questions posées. Au bout de dix minutes il est coupé par M. Fenech : « *Monsieur le ministre, pardonnez-moi de vous interrompre : pour la clarté de cette audition, pourrions-nous arrêter sur le cas de Samy Amimour, que vous venez d'aborder…* » Samy Amimour est l'un des trois terroristes du Bataclan ; le problème à éclaircir est le relâchement de sa surveillance les mois précédant son passage à l'acte. M. Fenech aimerait que M. Cazeneuve délaisse les grandes considérations générales pour se focaliser un peu sur le particulier. Cela donne lieu à l'étonnant échange suivant :

M. le ministre. Monsieur le président, si vous le voulez bien, et pour la clarté de mon propre propos, je souhaiterais pouvoir aller jusqu'au bout de ma démonstration. Ce serait courtois à mon égard ; je me mettrai ensuite, bien entendu, à la disposition de votre commission pour répondre à la totalité des questions qu'elle souhaite poser. Je n'ai pas du tout l'intention de m'y soustraire.

M. le président Georges Fenech. Monsieur le ministre, je souhaite véritablement…

M. le ministre. … Mon propos repose sur une cohérence, et je pense qu'il serait tout à fait courtois de me laisser aller jusqu'à son terme, si vous acceptez de respecter les convenances.

M. le président Georges Fenech. Monsieur le ministre, il ne s'agit pas de courtoisie : il s'agit de mener cette audition avec le maximum d'efficacité et j'entends bien pouvoir le faire. Je cède la parole à M. le rapporteur pour que nous puissions développer le cas de Samy Amimour.

M. le ministre. Monsieur le président, j'ai moi-même été président d'une commission d'enquête parlementaire, et je n'ai jamais procédé ainsi, par respect et par courtoisie pour les personnes auditionnées.

M. le président Georges Fenech. Monsieur le ministre, puisque vous voulez mener ces débats, faites-le sous le regard des Français qui nous regardent !

M. le ministre. Monsieur le président, je ne souhaite pas conduire les débats. Je souhaite simplement pouvoir aller jusqu'au bout de mon propos, et lorsque cela sera fait, je tiens — ce qui est normal, vous m'avez invité pour cela —, à répondre à toutes vos questions et à pouvoir le faire dans le détail, question par question.

M. le président Georges Fenech. Moi, je maintiens ma position, monsieur le ministre. Je pense qu'il sera plus utile, puisque vous venez d'expliquer que la plupart des auteurs des attentats ne relevaient pas de la surveillance de vos services, mais de celle des services étrangers, d'évoquer immédiatement le cas de Samy Amimour, qui nous interpelle.

De guerre lasse le président Fenech finit par céder : « *Vous souhaitez aller jusqu'au bout de vos propos ; je trouve que c'est un peu préjudiciable à l'intérêt de nos échanges mais, puisque vous insistez, je vous laisse le faire. De grâce, qu'ils ne soient pas trop longs.* »

Il est difficile de ne pas imaginer que c'est non sans un malin plaisir que le président Fenech a pu faire perdre ses moyens, au moins sur la forme, à un homme qui tout au long de son ouvrage de 2011 sur « l'enquête impossible » de Karachi, distribuait les bons et les mauvais points — surtout les mauvais — aux personnalités de la majorité UMP de l'époque qu'il accusait à juste titre d'empêcher la progression des travaux de la commission d'enquête dont il était le rapporteur. Et l'on peut également gager qu'Yves Fromion, le président de la commission Karachi qu'il a durement chargé dans son livre — à raison encore ! — a dû lire cette audition avec délectation. Que Bernard Cazeneuve finisse finalement par se retrouver en quelque sorte dans la même position qu'Édouard Balladur dix ans plus tôt, voilà en effet qui ne manque pas de sel !

Après avoir précisé que, tout de même, il a fait aux commissionnaires la grâce de leur réserver « *toute sa matinée pour cette audition* », M. Cazeneuve enchaîne sur la suite de son propos, qui n'apporte pas vraiment de réponses aux raisons pour lesquels les attentats de 2015 n'ont pu être déjoués à temps. Une seule question est consacrée au massacre de Charlie Hebdo : pourquoi les écoutes téléphoniques des frères Kouachi ont-elles cessé fin 2013 et en juin 2014 (question du même ordre que celle concernant Amimour) ? Question non dérangeante pour le ministre puisqu'elle ne relève pas directement de sa responsabilité mais de l'UCLAT[53], dont les commissionnaires n'ont pas jugé utile de convoquer le chef Loïc Garnier.

Concernant Samy Amimour, la question était : comment a-t-il pu quitter le territoire alors qu'il se trouvait sous contrôle judiciaire ? Tous les autres terroristes venant de l'étranger ou passés par l'étranger ne pouvaient pas être suivis correctement mais lui si. C'est le seul « français » de la bande avec Ismaël

---

[53] Si le ministre de l'Intérieur est le supérieur hiérarchique de l'UCLAT, ce service est placé sous l'autorité directe du DGPN.

Omar Mostefai (Bataclan également), avec qui il a pu se rendre en Turquie en 2013. La réponse avait été donnée lors d'une audition précédente par le directeur de la DGSI Patrick Calvar : « *Vous touchez là du doigt un problème pour nous très important. Vous venez de rappeler que nous avions arrêté Samy Amimour, par la suite déféré, mis en examen et placé sous contrôle judiciaire. Or nous ne pouvons mettre en œuvre aucune technique de renseignement concernant un individu mis en examen afin qu'il ne soit pas porté atteinte aux droits de la défense. Nous ne pouvons donc agir dans cette circonstance : il s'agit d'un angle mort. (…) Nous ne pouvons plus suivre ni intercepter les gens les plus dangereux dès lors qu'ils sont mis en examen, à moins, s'ils sont impliqués dans un autre projet, qu'une autre enquête soit ouverte. Sauf dans ce dernier cas, ils disparaissent donc pour nous du paysage.* » Ce qui avait suscité ce commentaire ironique de la part du député Pierre Lellouche : « *Autrement dit, tout bon terroriste doit demander à être mis en examen.* » Pour ce qui concerne la non-surveillance de Mostefai, il n'était pas mis en examen, mais Calvar avait expliqué « *Ne dirigeant pas l'enquête, de nombreux détails me restent inconnus ; mais tous les individus surveillés ne le sont pas 24 heures sur 24. (…) En outre, il faut bien avoir conscience d'une réalité : on n'entre pas dans les cités comme cela. La mise en œuvre de la mesure sur le terrain n'est pas aussi simple que cela. (…)* » Quand enfin M. Cazeneuve revient au cas de Samy Amimour, M. Cazeneuve répète le même argumentaire. M. Lellouche pointe alors un autre dysfonctionnement face auquel il est difficile de ne pas céder à l'hilarité : « *il y avait dans le cas d'Amimour un autre dysfonctionnement, à savoir que le contrôle judiciaire n'a pas été véritablement assuré. Alors qu'on lui avait retiré son passeport, Amimour est allé déclarer la perte de ce document à la préfecture et reçu un autre passeport, avec lequel il est parti en Syrie avant de revenir en France. Cela fait beaucoup (…)* » M. Cazeneuve se défend en précisant que sa demande de renouvellement de passeport avait été faite en mars 2012, soit huit mois avant sa mise sous contrôle judiciaire : il est donc normal qu'il l'ait obtenu. Tout est normal, en effet… à tel point que ça en crève les yeux !

Quand la question du non-déclenchement de la FIPN la nuit du 13 novembre se profile, alors qu'il l'avait déclenchée le 9 janvier pour l'Hyper Cacher, il n'a même pas à répondre puisque le commissionnaire Meyer Habib, très impliqué tout au long des débats, fait justement remarquer : « *À la limite, peu importe le déclenchement ou non de la FIPN, car le temps qu'elle se prépare et qu'elle arrive, il est déjà presque trop tard.* » Nous sommes bien d'accord ! Raison pour laquelle d'ailleurs il était inutile s'attarder sur ce point pendant des heures et des heures....

Il est amusant par ailleurs de remarquer que le président, le rapporteur, et d'autres députés de la commission d'enquête, n'ont de cesse de rappeler à M. Cazeneuve que celle-ci est « transpartisane », à l'évidence une allusion perfide aux reproches formulés par ce dernier en 2010 à la suite de la tenue de la mission d'information parlementaire dont il était le rapporteur. Un peu sur la défensive, ce dernier finit d'ailleurs par faire remarquer : « *En ce qui concerne, tout d'abord, l'état d'esprit qui est le mien, je n'ai jamais dit que cette*

Commission poursuivait des objectifs politiques ou partisans, mais si vous m'expliquez tous que ce n'est pas le cas je vais finir par avoir des doutes. »

De manière plus générale, les longs développements de Bernard Cazeneuve sur l'organisation des forces de police, du ministère de l'Intérieur, des services de renseignement, des diverses chaînes de commandement, démontrent une connaissance extrêmement précise de ces domaines. Nous avons affaire à un homme sérieux qui connaît son sujet sur le bout des doigts. Il est donc impossible qu'il ait ignoré l'existence du SDLP, et du mode d'attribution des protections rapprochées et des accompagnements de sécurité. Il ne s'agit nullement d'un point de détail. Évidemment, pour mieux s'en rendre compte, il aurait fallu qu'on l'interrogeât sur le sujet, comme il aurait fallu qu'on interrogeât sur le sujet son directeur de cabinet le préfet Thierry Lataste, son chef de cabinet Gabriel Kunde, le DGPN Jean-Marc Falcone, le chef de l'UCLAT Loïc Garnier, le préfet de police Michel Cadot, ou encore le chef du SDLP Frédéric Aureal, son adjoint Caille, et les commissaires divisionnaires responsables de la sécurité des personnalités françaises, Philippe Martineau et Sylvain Lledo.

Il aurait été d'autant plus avisé d'aller fourrer son nez dans les choix des cibles à protéger par le SDLP que M. Cazeneuve a la chance insigne d'être pourvu du don de prescience, sorte de sixième sens dont il n'hésite pas à se prévaloir en préambule de son livre de souvenirs de 2019 : « *Le 2 avril 2014, je franchis pour la première fois la grille de l'hôtel de Beauvau comme ministre de l'Intérieur. Une intuition s'empare alors de moi des épreuves que le pays aura à affronter. Certes, je n'imagine pas en cet instant les événements funestes qui frapperont les Français. Je ne suis pas doué de prescience. Mais déjà par le passé, dans des circonstances singulières de ma propre existence, j'avais senti au fond de moi s'annoncer le futur à grands traits. En ce jour si intense, ce ne sont pas les tragédies que je vois poindre. Mais à l'horizon, des étincelles semblent annoncer un embrasement. Sans que rien de rationnel me permette de comprendre d'où vient ce poids qui alourdit soudainement mes épaules, convaincu de surcroît qu'il serait vain de chercher à lui opposer la moindre résistance, je sais dès les premières minutes que j'aurai à affronter, pour une période dont je ne connais pas le terme, la violence extrême d'une époque.* » (p.15) Quel dommage que ce don extraordinaire ne lui ait été finalement d'aucune utilité !

De surcroît, si l'on en croit Manuel Valls dans son dernier ouvrage au titre manifeste *Pas une goutte de sang français*, censé préparer son retour en politique et publié en mars 2021 chez Grasset, au plus haut niveau l'on n'était pas inconscient de la menace qui planait sur l'hebdomadaire satyro-pornographique : « *depuis longtemps, presque dix ans, depuis que l'hebdomadaire satirique a reproduit les caricatures du prophète publiées dans la presse danoise, les journalistes de Charlie font l'objet de menaces de mort. Ce sont des menaces sérieuses, je le sais (…).* » (p. 98)

Quant au remplacement de la garde statique devant Charlie Hebdo par une garde dynamique, M. Cazeneuve a-t-on vu l'assume pleinement, sans que quiconque y trouve à redire (nous répétons la citation qui vaut aveu) : « *En tant que ministre de l'Intérieur, je constate cependant qu'il est très difficile d'arriver à faire partager ce point de vue, même si cela relève pour nous d'une démarche de bon sens, à ceux qui sont dans l'anxiété et qui peuvent légitimement penser qu'une garde statique est plus efficace qu'une garde dynamique. Ainsi, Charlie Hebdo faisait l'objet d'une garde dynamique. Dans les semaines qui ont précédé les événements, il avait été considéré en effet que chaque garde fixe constituait une cible pour les terroristes et que la meilleure manière d'assurer la sécurité des lieux sans présenter des cibles était de dynamiser les gardes. Cette théorie a été beaucoup développée, nous l'avons mise en œuvre. »*

M. Stemmelen rappelle qu'au contraire une garde statique a un effet dissuasif certain. Face à seulement deux hommes armés comme l'étaient les tueurs de Charlie Hebdo, cette garde aurait eu à coup sûr son utilité. Le garde du corps de Charb, alerté, aurait eu le temps de prendre des dispositions permettant de mettre à l'abri les journalistes. Et s'il est évidemment impossible de sécuriser de la sorte tous les lieux sensibles, Charlie Hebdo et Charb avaient fait les mois précédents l'objet de menaces très précises, ce qu'omet de rappeler le ministre. Il ne précise pas également que les 7000 militaires supplémentaires déployés, en Île-de-France pour l'essentiel, afin de protéger prioritairement les lieux israélites (synagogues, écoles juives), *étaient et sont toujours des gardes statiques.* Chaque Parisien a pu croiser à cette époque des trios de militaires en faction pendant des heures devant des locaux vides et sans enseigne, les signalant ainsi à l'attention de ceux qui ne les avaient jamais remarqués auparavant. Il oublie également de rappeler que la garde statique, ironise M. Stemmelen, a été immédiatement rétablie devant les locaux *vides* de Charlie Hebdo. Évidemment aucun commissionnaire ne s'est hasardé à faire ce genre d'objections. Dernière remarque que l'on peut faire : si Cazeneuve a suivi de près le changement de protection des locaux de Charlie Hebdo, c'est un indice qu'il suivait la situation sécuritaire de l'hebdomadaire satirique de près, et donc qu'il était au courant des mesures de protection personnelles dont Charb faisait l'objet... et nous avons vu que si c'est le DGPN qui doit exécuter l'arrêté de 2013, c'est le ministre de l'Intérieur et lui seul qui la main sur ce genre de décision. À moins que ce ne soit l'UCLAT ?

Loïc Garnier, le chef de l'Unité de Coordination de Lutte Antiterroriste (UCLAT) est le grand absent de la liste des nombreuses personnalités auditionnées par la commission d'enquête. Son nom n'y apparaît d'ailleurs qu'une seule fois, cité par Olivier de Mazières, chargé de l'État-Major Opérationnel de Prévention du Terrorisme (EMOPT[54]). Il dit : « *Loïc Garnier,*

---

[54] L'EMOPT a été créée par Bernard Cazeneuve, quand il était ministre de l'Intérieur, après l'assassinat d'Hervé Cornara dans l'usine de Saint-Quentin Fallavier le 26 juin 2015, afin d'obtenir une plus grande fluidité entre les services. Complémentaire de l'UCLAT, il était censé s'assurer que « *chaque individu figurant au FSPRT fasse l'objet d'un suivi particulièrement et attentif.* » (Cazeneuve, tome 2) Elle est « *composée d'une dizaine d'agents qui recensent et traitent les dossiers des personnes inscrites au FSPRT* »(préfet Michel Cadot, tome 2). Selon Didier le Bret, (tome 2), « *L'EMOPT n'a*

chef de l'UCLAT, et moi-même sommes en contact quasi quotidien. Il nous arrive de nous déplacer conjointement sur le terrain, même si c'est moins le cœur de métier de l'UCLAT que celui de l'EMOPT — mais quand je tiens des réunions dont je sais qu'elles vont avoir un aspect technique très prononcé, notamment sur le fichier, je lui propose de m'accompagner. »

Commençons par éclairer cet acronyme. L'UCLAT a été créée en 1984, explique François Heisbourg, conseiller spécial du président de la Fondation pour la recherche stratégique, à l'occasion d'une table ronde de spécialistes du renseignement organisée par la commission d'enquête du 19 mai 2016, *« à la suite de défaillances graves en matière de lutte antiterroriste, notamment la non-transmission en temps et en heure des informations de nature à prévenir l'attentat de la rue Marbeuf »*.

À lire certaines auditions de la commission d'enquête, le statut, les attributions, et l'utilité de l'UCLAT sont loin d'être clairs pour tout le monde, même à très haut niveau. Petit passage en revue :

Meyer Habib (vice-président de la commission d'enquête) : « *En ce qui concerne l'UCLAT, des gens de la maison, des policiers me disent ne pas bien comprendre son fonctionnement, son classement, etc. Le caractère secret de ces matières crée une sorte de chape de plomb à laquelle ils ont tendance à se résigner.* »

Jean-Paul Garcia (chef de la direction nationale du renseignement et des enquêtes douanières) : « *Le GOLT participe depuis 2001 aux réunions de l'UCLAT. Mon point de vue personnel est que l'UCLAT est une structure de rencontre, non opérationnelle, où s'échangent des informations générales. Très différente est l'approche au sein de la coordination nationale du renseignement, qui débouche sur des échanges entre services au plan opérationnel.* »

Ce qui suscite cette remarque du rapporteur Sébastien Pietrasanta : « *Pour résumer votre propos, vous considérez la cellule Allat comme un progrès en matière d'échange d'informations et, a contrario, l'UCLAT comme n'étant guère qu'une sorte de club.* »

Jean-François Clair, inspecteur général honoraire de la police nationale, ancien directeur-adjoint de la direction de la surveillance du territoire (DST) : « *L'UCLAT n'est pas un service opérationnel. La seule fois où elle l'a été, c'est*

---

pas d'existence juridique : cette structure a été et créée à partir de l'apport de différents services qui concourent à la lutte contre le terrorisme au sein du ministère de l'Intérieur. Il s'agit d'un état-major placé auprès du ministre lui-même, rattaché à son cabinet, et dont le "secrétariat" est assuré par l'UCLAT, si je puis m'exprimer ainsi sans manquer de respect à celle-ci. De l'extérieur, on peut effectivement se demander si les deux structures ne sont pas concurrentes. En réalité, le mérite de l'EMOPT est d'avoir permis d'asseoir tout le monde autour d'une même table, et ce au sein du ministère de l'Intérieur. Reste la coordination des services en dehors de celui-ci. » Le 26 juillet 2017, l'UCLAT a fusionné avec l'EMOPT.

pendant les attentats de 1995, quand le directeur général de la police nationale l'a dirigée personnellement, avec l'autorisation des services n'appartenant pas à la police. L'UCLAT sert à échanger des renseignements. C'est elle qui gère, <u>d'après ce que j'ai compris</u>, le fichier des djihadistes. »

Les attributions de l'UCLAT sont pourtant assez claires. Je résume la présentation qu'en fait Loïc Garnier à l'occasion d'un entretien accordé à *la Tribune du Commissaire*[55], pour son n° 129 de décembre 2013 : la première fonction de l'UCLAT est l'évaluation de la menace terroriste. Elle « *produit un état hebdomadaire systématique, classifié, mais également des points quand l'actualité l'exige* ». Elle emploie une quarantaine de personnels dont une partie est basée à Pau. « *L'originalité de l'UCLAT est qu'elle a accès entier, immédiat et direct à la documentation et aux informations sur le terrorisme.* » Elle « *n'est pas source de renseignement mais traite la matière existante* ». Elle a un lien très fort avec le DGPN à qui elle est directement rattachée, ce qui permet un « *accès réciproque direct* ». De fait, l'UCLAT est sous l'autorité directe du DGPN. précisons que l'UCLAT est responsable de la mise à jour du Fichier de traitement des Signalements pour la Prévention de la Radicalisation à caractère Terroriste (FSPRT, 13 000 fichiers en 2016, <u>17 000 en 2020</u>), créé en mars 2015. Par ailleurs, explique le chargé de l'EMOPT Olivier Mazières : « *l'UCLAT est le gestionnaire de la plateforme nationale d'appel* [créée en 2014, NDA] *, le Centre national d'assistance et de prévention contre la radicalisation (CNAPR), qui est une des sources qui permettent d'alimenter le fichier et qui doivent être prises en compte par les préfets au niveau local.* » Lors de son entretien à *la Tribune du Commissaire*, M. Garnier ne cache pas sa fierté à l'égard du joujou dont il a la responsabilité : « *l'UCLAT est une "pépite" pour le DGPN en raison de la qualité des membres du service, et celle de sa production.* »

Nous rappelons que l'UCLAT fait partie des instances censées participer régulièrement à la commission chargée d'attribuer, d'enlever, ou d'abaisser la sécurité des personnalités protégées par la SDLP, et le français étant une langue des plus précises qui soit, il semble bien que nulle ne soit mieux placée que l'UCLAT pour évaluer l'évolution de la menace terroriste, surtout quand des menaces grosses comme des camions, à l'exemple du portrait de Charb affiché dans le magazine de l'AQPÀ *Inspire* de mars 2013, envahissent le champ du regard au coin de la rue. M. Stemmelen insiste sur ce point crucial : « *Il est à ce moment inconcevable que les services de police et en particulier le SPHP et la Préfecture de Police n'aient pas été informé par l'UCLAT. Ce point mérite*

---

[55] Présentation sur son site dédié : « *Tirée à 4000 exemplaires, diffusée aux adhérents, mais aussi aux Parlementaires, Préfets, Présidents de Conseils Régionaux et Généraux, Hauts Magistrats, Journalistes, Facultés de Droit, Instituts de Préparation à l'Administration…, la Tribune du Commissaire de Police fait partie de la vie du Syndicat des Commissaires. Elle lui permet de communiquer sur l'évolution des politiques de sécurité sur notre territoire, de faire connaître ses positions et ses travaux sur tous les dossiers d'actualité.* »

d'être éclairci par les services officiels car la presse rapporte que c'est Charb lui-même qui a informé les services de police. À la suite de son intervention sa sécurité devient une protection rapprochée (3 policiers du SPHP en permanence) et non plus un simple accompagnement de sécurité. » Enfonçant le clou il ajoute : « *Pire, la protection de Charlie a été allégée justement au moment où le risque terroriste en France augmentait. Le chef de l'UCLAT Loïc Garnier de façon prémonitoire l'indiquait le 15 septembre 2014*[56] *en affirmant que la question n'était plus de savoir si nous aurions un attentat en France mais quand.* »

Le DGPN Jean-Marc Falcone, étroitement connecté à l'UCLAT, jouissant d'un « accès réciproque direct » à Loïc Garnier, partie prenante de la commission chargé de l'octroi des protections de la SDLP, n'a pas été interrogé une seule fois sur ce point, la totalité de son audition du 21 mars 2016 étant *exclusivement* consacrée à déterminer… l'étendue de ses responsabilités dans le non-déclenchement de la FIPN le soir du 13 novembre au Bataclan. À défaut d'être inquiété ou sanctionné, Jean-Marc Falcone dispose du pouvoir d'appliquer des sanctions iniques. C'est en effet lui qui semble responsable du remplacement de Jean-Michel Fauvergue à la tête du RAID pour le plus léger des prétextes, alors que la menace terroriste est censée être au plus haut ! Redonnons la parole à Jean-Michel Fauvergue : « *Quel message envoie un directeur de la police nationale à ses concitoyens lorsqu'il renvoie un chef du RAID qui a affronté avec ses troupes, durant quatre ans, des attentats sans précédent sous prétexte qu'il n'a pas réussi à interdire la sortie de son médecin-chef ? Comment accepter — c'est une histoire vraie — que l'un de mes adjoints soit obligé de faire ses preuves lorsqu'il demande un poste de direction départementale au sortir du RAID ? (…) D'ailleurs, pourquoi croyez-vous que cela se passe mieux ailleurs ? La gendarmerie nationale est dirigée par un général de gendarmerie, les pompiers par des généraux et des colonels, l'armée par des généraux. Mais la police nationale, elle, est dirigée par de hauts fonctionnaires qui n'en sont pas issus. Ils dépendent avant tout du politique et, même s'il y a quelques exceptions, la plupart ne connaissent pas le travail de policier. (…) De plus, ces hauts fonctionnaires obéissent aux ordres. Ce sont des politiques, pas des techniciens. (…) Autrement dit, tant qu'il y aura un non-policier à la tête de la police nationale, les policiers seront amputés d'une partie de leur histoire.* » (p. 327)

---

[56] Cf son entretien publié dans *le Parisien* le 15 septembre 2014 dont le titre reprenait cette phrase choc : Loïc Garnier : « La question n'est plus de savoir s'il y a aura un attentat en France, mais quand ». On pouvait ainsi lire : « *Le risque est élevé, oui. Aujourd'hui, nous ne sommes plus à nous demander s'il y aura un attentat en France, mais quand. Personne ne s'en cache, ni ne le nie et la population en a parfaitement conscience.* »

Quand le cheval républicain s'entête à refuser l'obstacle… la question de l'abaissement de la sécurité de Charlie Hebdo étouffée lors du procès des attentats

Le 1ᵉʳ octobre 2020, plusieurs avocats de la partie civile demandent au président de la Cour d'assises, Régis de Jorna, d'ordonner l'audition de l'ancien ministre de l'Intérieur, Bernard Cazeneuve. Leur motivation est d'obtenir des éclaircissements sur l'abaissement de la sécurité des locaux de Charlie Hebdo les semaines et les mois précédant le massacre. Mᵉ Antoine Comte s'est ainsi justifié : « *La demande que je soumets est portée par l'ensemble des parties civiles que je représente : Mme Verlhac, Mme Honoré, et Mr Pelloux, depuis le début de ces débats. Ces parties civiles ont eu l'impression qu'une série de questions restaient dans l'ombre, que des lambeaux d'histoire ont été oubliés. Ces lambeaux d'histoire, si je prends les mots de Philippe Lançon, tournent autour de deux questions centrales : les prémices de l'attentat et les conditions de la protection levée de Charlie Hebdo. Ces questions amènent mes clients à demander à votre juridiction de procéder à l'audition d'un politique. Celui qui me vient à l'esprit est le ministre de l'Intérieur, je veux parler de Bernard Cazeneuve* ». Rappelant les lacunes de la commission d'enquête sur ce point il dit espérer que « *la vérité devant [sa] juridiction p [uisse] être différente* ». Mᵉ Szwarc, avocate de la partie civile et Mᵉ Barré, avocate de Maryse Wolinski, s'associent à cette demande précisant que leurs clients se « *posent eux aussi beaucoup de questions* ».

Le lendemain, usant de son pouvoir discrétionnaire[57], Régis de Jorna répond qu'« *il ne sera pas fait droit à la demande d'audition de Bernard Cazeneuve* »,

---

[57] ledroitcriminel.fr : « En vertu de l'article 268 du Code d'instruction criminelle, le président de la cour d'assises est "investi d'un pouvoir discrétionnaire, en vertu duquel il pourra prendre sur lui tout ce qu'il croira utile pour découvrir la vérité ; et la loi charge son honneur et sa conscience d'employer tous ses efforts pour en favoriser la manifestation" ». « La limite du pouvoir discrétionnaire résulte des nécessités mêmes qui l'imposent dans le fonctionnement de la procédure en cours d'assises. Devant toutes les juridictions répressives, la pratique montre qu'il se produit constamment à l'audience des incidents, qui nécessitent de nouvelles mesures d'instruction et de recherche des preuves ; ces mesures peuvent être facilement accomplies avec rapidité quoiqu'avec régularité, au cours de la procédure devant les tribunaux de police simple ou correctionnelle, juridictions permanentes, qui ont la faculté de renvoyer les débats et le jugement à une prochaine audience ; devant la cour d'assises, juridiction temporaire, et qui doit juger sans désemparer chaque affaire, le respect des règles ordinaires, quant aux mesures d'instruction dont la nécessité s'imposerait par suite d'incidents au cours des débats, aurait les plus graves inconvénients : il se traduirait par un renvoi de l'affaire à une session ultérieure, où, devant une nouvelle cour, il faudrait recommencer tous les débats ; il entraînerait, en bien des cas, la prolongation, toujours fâcheuse, de la détention préventive des accusés. C'est aux besoins d'une prompte solution, sans remise de l'affaire, des incidents relatifs à la recherche des preuves survenues en cours d'audience, que répond

celle-ci n'étant « *pas jugée strictement indispensable à la manifestation de la vérité* ». Il ne donne pas d'autre justification à ce refus qui laisse songeur quand on se souvient d'un épisode comparable intervenu dix jours plus tôt : le 17 septembre ; Me Patrick Klugman, avocat de SOS racisme et plusieurs parties civiles liées à la partie Hyper Cacher des attentats, demande au président l'audition du maire de Paris Anne Hidalgo, suscitant les protestations des avocats de la défense et de certains avocats des parties civiles qui ne voient pas en quoi cette audition peut être utile à la manifestation de la vérité58. Maître Isabelle Coutant-Peyre, avocate de l'un des principaux accusés, Ali Riza Polat, objecte : « *Si on entend madame Hidalgo, entendons François Hollande qui a déclaré qu'il était inutile de laisser une voiture de police devant Charlie* ». Après avoir lu une lettre d'explication de Me Klugman, le président est toutefois convaincu et, usant de son pouvoir discrétionnaire, accepte. Il est en effet légitime d'entendre « *une personnalité qui s'est tenue au plus près des faits qui se sont déroulés les 7, 8 et 9 janvier sans en être la victime directe et indirecte* » C'est ainsi qu'Anne Hidalgo a été entendue comme témoin devant la cour d'assises spéciale le 21 septembre. En signe de protestation, les avocats de la défense ont quitté la salle pendant son intervention. Il est vrai qu'ils n'ont pas manqué grand-chose. Anne Hidalgo orchestrait une cérémonie de vœux à la mairie de Paris au moment du massacre. Voici les révélations cruciales qu'elle a pu faire : « *J'ai décidé de me rendre immédiatement sur les lieux. J'étais devant l'immeuble de Charlie Hebdo vers midi, les lieux n'étaient pas encore sécurisés. Nous nous sommes retrouvés avec François Hollande et Bernard Cazeneuve, c'était la sidération. Nous ne savions pas qu'il y avait des morts. J'ai croisé le procureur de la République François Molins, son regard était livide, je croiserai ce même regard le 13 novembre. Puis j'ai vu Patrick Pelloux sortir en courant dans les bras de François Hollande en criant "Charb est mort, Charb est mort !* » Loin des soupçons de récupération politique dont on l'accuse, elle a justifié sa présence en précisant qu'étant citée comme témoin elle ne pouvait se dérober à cette obligation. Elle a avancé également des arguments de nature religieuse : il lui a semblé important de « *rappeler les valeurs de la République* », l'impératif catégorique de « *la lutte contre l'antisémitisme* », et la défense inconditionnelle de « *la liberté d'expression* ».

---

le pouvoir discrétionnaire. Cette idée permet d'en fixer les limites en déterminant ce que peut faire le président et ce qu'il ne peut pas faire en vertu de son pouvoir discrétionnaire. Elle fait comprendre la signification respective des articles 268 et 269 : le premier indique d'une façon générale l'étendue du pouvoir discrétionnaire quant aux actes qui peuvent être accomplis par le président ; le second fixe à la fois la durée dans le temps du pouvoir discrétionnaire, et la mesure dans laquelle il permet au président de s'écarter des règles ordinaires de la procédure. »

[58] On peut consulter sur *actu-juridique.fr* un instructif résumé de cette polémique : « attentats de janvier 2015 : 13 avocats en colère », par Olivia Dufour

Lors de la suspension d'audience, Mᵉ Saint-Palais, l'avocat de l'accusé Amar Ramdani a déclaré devant les journalistes : « *Madame Hidalgo n'a rien à apporter à la manifestation de la vérité. Nous l'avons dit avant qu'elle ne vienne à la barre et nous avons voulu montrer symboliquement que nous quittions la salle d'audience parce que son témoignage, son propos, ne peut pas éclairer la justice et donc n'a pas sa place dans un procès comme celui-ci. J'ai vu le plaisir que ce témoin avait à venir s'exprimer devant vous tout à l'heure et je crois qu'on cultive une image. Le procès ne sert pas à cultiver l'image des hommes politiques.* »

Yannick Haenel lui-même, qui a assisté à la totalité du procès et relaté son déroulement journée après journée pour le compte de *Charlie Hebdo* n'a pu tempérer son indignation dans sa livrée du 21 septembre intitulée « la manifestation de la vérité » : '*J'aime bien que les avocats de la cour nous rappellent sas cesse que l'objet de ce procès relève de la « manifestation de la vérité ». Celle-ci engage chacun de nous et nous rappelle que la parole est un agir. Ainsi la prestation d'Anne Hidalgo nous a-t-elle paru déplacée, non seulement parce que la venue du personnel politique dans une enceinte judiciaire pose problème, mais aussi parce que sa parole n'était tout simplement pas à la hauteur des enjeux considérables qui chaque jour animent les témoins, les policiers, les survivants, les avocats dans leur quête d'un sens à donner à des scènes où se sont déroulées des crimes qui, précisément, sont politiques.*[59]'

Le soupçon de récupération politique n'est évidemment pas atténué quand a en outre à l'esprit que Mᵉ Patrick Klugman, ancien vice-président de SOS racisme, président de l'UEJF, par ailleurs avocat des femens, de BHL, Omar Sy et Caroline Fourest, a été adjoint du maire de Paris, du 5 avril 2014 au 11 janvier 2020, pour les questions internationales et la francophonie. À l'inutilité criante de la citation à comparaître d'Anne Hidalgo au procès des attentats, s'ajoute donc un évident conflit d'intérêts, dont Régis de Jorna aurait pu être complètement informé en un quart d'heure de recherches sur internet confié à un stagiaire sans compétence particulière.

Et, à l'aune de ce comparant, il crève les yeux que les véritables raisons qui ont poussé Régis de Jorna, sans s'en expliquer, à refuser la demande de citation à comparaître de Bernard Cazeneuve lors du procès des attentats, pour discuter un peu de l'abaissement à tous les niveaux de la sécurité de Charlie Hebdo, sont du même ordre que celles qui ont incliné les commissionnaires à ménager l'ancien ministre de l'Intérieur lors de ses deux auditions, et à éliminer toute référence à ce point crucial dans le rapport de synthèse de la commission d'enquête parlementaire sur les attentats de 2015.

---

[59] Janvier 2015, le procès, p. 54.

Addendum : une omission gravissime de la commission d'enquête concernant le massacre du Bataclan

Comme je suis en train de mettre la dernière main à cet ouvrage, je viens de découvrir, fin juin 2021, un peu par hasard BI *Brigade d'Intervention*, de Laurence Beneux, publié début 2020 aux éditions du cherche-midi, qui relate l'histoire, le fonctionnement, et la composition de Brigade d'Intervention (BI), unité d'intervention d'élite de la police nationale rattachée à la Direction de l'Ordre Public et de la Circulation (DOPC), dépendant comme la BRI-PP de la Préfecture de Police de Paris. Mme Beneux, qui se présente comme une bonne connaisseuse des services de police et de gendarmerie, confesse elle-même en préambule que cette unité lui était totalement inconnue jusqu'alors. Créée en 1998, dédiée au maintien de l'ordre, avec les contraintes spécifiques de la ville de Paris, ses spécialités sont la surveillance des points hauts et le tir de précision, la varappe sur les façades et les structures métalliques, la surveillance des catacombes, la formation de colonnes d'assaut pour les interventions musclées en milieu fermé. De 2011 à 2014, le BI a été dirigée par un officier chevronné du RAID qui l'a rapproché des standards des unités d'intervention d'élite.

Quitte à m'écarter encore une fois du sujet principal du présent ouvrage, à savoir le massacre de *Charlie Hebdo*, cet addendum de dernière minute me semble indispensable pour jeter une lumière encore plus crue sur les méthodes de la commission d'enquête parlementaire, et d'autant plus qu'il me permet d'ajouter une pièce fondamentale à la polémique concernant l'intervention des unité d'élite de la police nationale (BRI et RAID) au Bataclan le soir du 13 novembre 2015. Il s'agit d'un point qui aurait dû obligatoirement être mentionné dans le rapport de la commission d'enquête, et les quelques traces qui en restent dans les auditions contenues dans le volume 2 permettent de reconstituer ce qui constitue une flagrante omission.

Si la plupart des personnes qui ont un peu étudié ce dossier sont au courant de la polémique sur le non déclenchement de la FIPN, et sur l'ordre donné aux six militaires de ne pas intervenir, peu savent le rôle crucial joué par la BI ce soir-là, et le rôle encore plus salvateur qu'elle aurait pu avoir si elle n'avait pas été empêchée d'intervenir.

Suivons Mme Beneux dans son exposé des faits, en citant trois extraits de son ouvrage :

1) « *Il a fallu moins de dix minutes aux six policiers de la Brigade d'Intervention qui étaient dans Paris ce soir-là, pour rejoindre leur base et s'équiper. Ils sont prêts à partir quand ils apprennent à la radio, à 21h30, que des coups de feu retentissent dans plusieurs endroits de la ville ; ils font le lien avec les événements du stade de France. Les attaques se déroulent dans l'est de la capitale, c'est-à-dire de leur côté. Ils appellent leur état-major pour l'informer qu'ils sont sur le départ, mais celui-ci refuse et leur donne l'ordre d'attendre. Ils suivent donc à la radio l'enchaînement des événements : les fusillades qui se*

succèdent dans Paris, sur les terrasses, devant le Bataclan, dans le Bataclan. Tout ceci se déroule non loin de leur base, ils peuvent être sur place en cinq minutes. Ils sont formés à l'intervention, ils étaient à l'Hyper Cacher, ils ont les armes, les protections balistiques, gilets, casques lourds et boucliers. Et ils attendent qu'on les autorise enfin à partir...

Les minutes passent, cinq, dix, vingt... L'impatience des policiers monte. L'un d'entre eux a appelé des collègues, quai des Orfèvres, à la Brigade de Recherche et d'Intervention, qui lui répondent ne rien savoir.

Les opérateurs de la BI recontactent leur état-major, mais son directeur leur ordonne à nouveau de ne pas bouger. Il leur affirme être au courant de la situation, mais qu'on n'a pas besoin d'eux pour l'instant.

Ce nouveau refus, Tristan[60] l'a senti venir. « J'en ai un peu voulu au policier qui a téléphoné, m'explique-t-il. Je lui avais dit de faire la demande par radio pour que tout le monde entende. L'officier de l'état-major n'aurait pas pu dire non, parce que c'est lui qui allait essuyer les reproches, après... Et quand tout le monde a entendu, on ne peut pas dire que ce n'est pas vrai. »

En novembre 2015, la capitaine de la BI est une femme. Elle décide de prendre sur elle et ordonne à ses hommes de partir au QG de la BRI-PP, au 36, quai des orfèvres. Elle ne les envoie pas sur les lieux de l'attaque, ce qui aurait été un indiscutable acte de désobéissance vis-à-vis de son état-major, mais au moins les opérateurs de la brigade d'intervention seront à pied d'œuvre pour partir avec la BRI-PP. Il faut bien mesurer que l'initiative est courageuse. Comme on a vu, dans la police, l'obéissance inconditionnelle est souvent mieux vue qu'une décision intelligente.

Les opérateurs de la BI foncent (littéralement, ils remontent les quais à 160 km heure) vers les locaux de la BRI et, quelques minutes plus tard, ils sont sur le parking, dans leur voiture, en tenue d'assaut et équipés. Ils voient leurs collègues arriver les uns après les autres en civil, qui montent se changer. Il est 22 heures, ils attendent encore... Quelques minutes plus tard, une colonne de six opérateurs de la BRI est prête. Son chef a de bonnes relations avec les policiers de la BI et voit l'intérêt de renforcer son équipe avec ces six effectifs expérimentés, équipés, qui rongent leur frein depuis une heure. » (p.100)

2) *« La colonne, constituée, de six membres de la BI et de six membres de la BRI-PP, par enfin au Bataclan. En ce qui concerne les premiers, trois bons quarts d'heure ont été perdus. Vers 22h15, ils se garent à proximité de la salle de spectacle, derrière une petite cour où les services de secours ont installé les*

---

[60] Tous les prénoms des hommes de la BI cités dans son ouvrage ont été modifiés par Laurence Beneux afin de ne pas attirer sur eux les foudres de la haute hiérarchie policière, aussi impitoyable avec ceux qu'elle considère comme des troufions qu'elle coulante avec les huiles, le tout dans l'opacité et l'impunité les plus complètes.

blessés. Ils organisent la colonne et grappillent des informations. Ils progressent avec prudence vers l'entrée du Bataclan. » (p.103)

3) *« demeure cette question lancinante : y aurait-il eu moins de morts si on avait laissé venir tout de suite les six tireurs d'élite équipés de la BI, qui s'trouvaient à cinq minutes de là ? Y aurait-il eu moins de blessés ? Moins de vies brisées… ?*

Peut-être pas… Peut-être que si…

C'est à cause de l'interdiction, inexpliquée, d'intervenir rapidement au Bataclan, imposée à la BI que vous devez lire ce livre. Les autres problèmes auxquels les policiers ont été confrontés n'auraient pas suffi à les faire sortir de leur réserve s'il n'y avait eu ces délais imposés durant les attentats. C'est la goutte d'eau qui a décidé certains policiers à sortir de ce silence très ancré dans la culture policière. Malgré les risques de rétorsion auxquels ils s'exposent de la part de leur hiérarchie.

« Le temps perdu pour partir au Bataclan, on le pardonnera jamais », me dit l'un d'eux. *À tort ou à raison, ils pensent que ce délai qui leur a été imposé avait pour principale motivation « l'ego », « les ambitions politiques » qui sévissent parmi les huiles de la police.*

« On nous a ordonné de ne pas nous rendre sur les lieux parce que le commissaire qui dirige la BRI [NDA : il s'agit de Christophe Molmy] voulait que personne ne parte sans lui. Il voulait être vu. Il voulait la médaille, spécule un policier.

« Non, c'est pas lui qui décide de déclencher la Brigade anti commando [NDA : nom originel de la BRI] ou pas, proteste un autre. C'est le préfet. Sauf que là, il est au stade de France en train d'assister au match. Donc c'est un commissaire coordinateur qui a freiné… »

Bref, personne ne sait exactement qui est responsable du temps perdu ou même pourquoi la FIPN, qui permet au chef du RAID de prendre la direction des opérations, n'a pas été activée dans des circonstances aussi graves.

Il y a par contre consensus chez tous les opérateurs d'intervention que j'ai entendus. Tous pensent que les commissaires des grosses sections, les directeurs, sont souvent des politiciens carriéristes, qui ont « le bras long » et qui se préoccupent d'image bien avant de se préoccuper de la sécurité des gens. Il y a des exceptions, mais cette qualité n'est pas prêtée au commissaire responsable de la BRI-PP, qui est unanimement détesté de tous les policiers de terrain à qui j'ai pu parler, quel que soit le service auquel ils appartiennent.

Reste que c'est leur état-major qui a donné l'ordre d'attendre au six opérateurs de la BI, prêts à partir, le soir du Bataclan. Reste que c'est leur état-major, encore, qui a envoyé à leur rédacteurs des rapports qu'on avait amputés des lignes mentionnant cette attente contrainte, parce qu'il n'était pas « utile » de préciser ces détails[61].

Des membres de l'enquête parlementaire ont rendu visite à la BI, mais elle n'est pas citée spécifiquement dans le rapport d'enquête. » (p.116)

De façon surprenante, le volume 1 de synthèse de mentionne la BI qu'incidemment, dans la note 119 pour être précis, en se contentant de rapporter l'existence de cette unité.

Il en est un peu plus question dans le volume 2 compilant le verbatim autorisé des auditions.

On devine qu'il en est question une première fois lors de l'audition du patron du RAID Jean-Michel Fauvergue. George Fenech lui demande combien d'effectifs la BRI comptait quand il est arrivé au Bataclan :

« **M. le président Georges Fenech.** Combien d'hommes dans cette équipe ?

M. Jean-Michel Fauvergue. Sept ou huit.

M. le président Georges Fenech. On entend parler de sept ou de quinze, sans savoir exactement ce qu'il en est.

Son adjoint Eric Heip abonde dans son sens :

M. Éric Heip, commissaire divisionnaire, adjoint au chef du RAID. Je suis assez affirmatif sur la taille du groupe BRI présent sur place. Mon homologue de la BRI, avec qui je prends contact dès mon arrivée sur le site, me demande, dans un premier temps, de positionner des « appuis feu », c'est-à-dire un soutien avec des armes longues pour faciliter la progression des groupes. Très rapidement, il me demande de compléter sa colonne, parce qu'elle n'est pas complète. Ce sont donc les effectifs du RAID sous mon autorité qui vont compléter cette colonne, dont l'effectif, à ce moment-là, n'était pas de quinze.

Comme cet écart énorme intrigue, Eric Heip se fait plus précis dans ses explications : « *L'écart qu'il peut y avoir dans la comptabilisation des effectifs tient à la manière de les prendre en compte. La colonne d'assaut de la BRI comptait sept fonctionnaires, mais <u>il y avait aussi sur place des effectifs de la brigade anti-criminalité et de la section de sécurisation, qui sont intégrés dans la brigade anti-commando sans pour autant constituer des colonnes d'assaut.</u> C'est comme si, lors d'un déplacement, le RAID prenait sous son étiquette les effectifs de la BAC.* »

---

[61] NDA : ce comportement de « leur état-major » n'est pas sans évoquer le rapport modifiable qui sera exigé de Sandra Bertin, la cheffe du centre de supervision urbain de Nice (CSU), qui gère toutes les caméras de surveillance de la ville, à la suite des attentats de Nice du 14 juillet 2016. Cf François Belliot : « l'activité de Daech en France (base de données) / 24 juillet 2019, l'affaire Sandra Bertin », *francoisbelliot.fr*, 30/07/2020.

Quand on a à l'esprit la rivalité entre le RAID et la BRI pour le contrôle des opérations au Bataclan le soir du 13 novembre, sur fond de non déclenchement de la FIPN, et en émettant l'hypothèse que les hommes du RAID étaient parfaitement au courant de la distinction à faire entre la BI et la BRI, et de l'annexion des six hommes de la BI par le chef de la BRI pour gonfler artificiellement ses effectifs, on peut supposer que Fauvergue et Heip en faisant mine de n'avoir vu que sept hommes de la BRI, entendent mettre en difficulté Christophe Molmy qui sera auditionné le lendemain. Justement, quelle va être la réponse de l'intéressé à la même batterie de questions ?

M. le président Georges Fenech. À 21 h 25 commence la tuerie des terrasses, d'abord au Petit Cambodge et au Carillon, puis, à 21 h 49, au Bataclan avec trois terroristes. Par qui êtes-vous prévenu et quelles mesures prenez-vous, puisque nous sommes là sur votre ressort territorial ?

M. Christophe Molmy. Je ne suis pas prévenu des fusillades sur les terrasses de café dans des délais très courts. Je ne suis au courant, jusqu'à 21 h 47, que des attentats au Stade de France. Dès que j'apprends, par ricochet là aussi, que des tirs se sont produits dans Paris, j'active la Force d'intervention rapide (FIR) de la BRI, la première, la plus rapide. Les membres de la FIR ont leur matériel chez eux afin de pouvoir se projeter immédiatement. »

M. le président Georges Fenech. La FIR est composée de sept fonctionnaires, c'est bien cela ?

M. Christophe Molmy. Pas du tout, nous étions quinze, précisément.

M. le président Georges Fenech. Quinze fonctionnaires composent la FIR que vous activez ? »

(…)

M. le président Georges Fenech. Combien étiez-vous ?

M. Christophe Molmy. Quinze en comptant le médecin.

M. le président Georges Fenech. N'êtes-vous donc pas sept normalement ?

M. Christophe Molmy. Non, nous devons être douze au minimum et nous sommes quinze en comptant le médecin, le dépiégeur d'assaut et le chef de service.

(...)

M. le président Georges Fenech. Nous poserons de nouveau la question au commandant du RAID[62] puisque, quand il arrive vers 22 h 50, il déclare trouver sur place sept fonctionnaires de la BRI.

---

[62] NDA : la question ne sera jamais posée. George Fenech et les trente députés de la commission d'enquête n'ont ainsi jamais pu résoudre la difficile équation à une inconnue

M. Christophe Molmy. *Sur ce point je serai très péremptoire. Je trouve même aberrant qu'un commandant du RAID vous explique combien nous étions. Je suis chef de service, j'étais sur place à 22 h 15 avec quinze fonctionnaires et, à 22 h 20, nous avons commencé nos investigations ; nous avons été rapidement rejoints par une autre lame et l'ensemble de la BRI nous a rejoints aux environs de 22 h 40, 22 h 45.*

Ce qui est parfaitement clair, c'est que Christophe Molmy ne tient absolument pas à mentionner que six des hommes qui composaient la colonne d'assaut « de la BRI » qui a risqué sa vie en prenant d'assaut la pièce où s'étaient retranchés les deux terroristes, étaient des membres de la BI et non de la BRI. Il ne tient absolument pas non plus à ce qu'on sache que si sa colonne panachée qu'il menait est effectivement arrivée la première sur les lieux, avant celle du RAID, six hommes de la BI auraient pu intervenir une demi-heure plus tôt en tant que primo intervenants – si lui ou des membres de son état-major ne le leur avaient pas expressément interdit. Et ce qui est véritablement aberrant, c'est que les commissionnaires aient à l'évidence pris soin de censurer cet énorme raté, en laissant ce problème de sept ou quinze à l'état d'énigme, sans mentionner le rôle fondamental et héroïque des hommes de la BI le soir du 13 novembre, en évitant de pousser plus loin Christophe Molmy dans ses retranchements. Cette censure a également permis qu'aucun responsable de la BRI n'ait à rendre compte d'un ordre de non intervention *réitéré*, comme on a pu le lire, sans lequel le massacre eût sans doute été d'ampleur bien moindre, puisque, sans aucune contestation possible, les six hommes de la BI auraient débarquer devant le Bataclan, équipés et opérationnels, moins de cinq minutes après les premiers tirs à l'extérieur de la salle de spectacle. Si une décision aussi scandaleuse avait été rendue publique, autrement dit si les commissionnaires avaient fait correctement leur travail, au lieu de se perdre pendant des dizaines et des dizaines d'heures dans de vaines polémiques, Christophe Molmy, fait chevalier de la légion d'honneur en juillet 2015 à l'indignation des hommes de la BI à qui on avait fait miroiter cette distinction, aurait sans doute subi, en raison de ses mensonges, au mieux de ses demi vérités, un sort encore plus indigne que celui de Jean-Michel Fauvergue, débarqué pour une ridicule affaire de bouquin du médecin du RAID ayant brûlé la politesse à celui de la BRI.

L'expression « Brigade d'Intervention », avec son acronyme entre parenthèses (BI) ; n'apparaît en fait comme tel une seule fois dans tout le volume 2, dans la bouche du préfet de police Michel Cadot et du directeur de la police judiciaire Christophe Sainte lors de leur audition à huis clos du 23 mars 2016.

M. le président Georges Fenech. Nous avions donc 40 fonctionnaires de la BRI, auxquels s'ajoutent ceux des BAC.

---

suivante : 7 + 3 + x = 15, et ce malgré les énormes indices donnés par Eric Heip.

M. Michel Cadot. Bien sûr, mais qui ont agi en primo intervenants et qui ne sont pas des services spécialisés.

M. le président Georges Fenech. Non, en effet, ils sont venus en renfort.

M. Michel Cadot. Tous les primo-intervenants faisaient partie des renforts, lesquels doivent garantir le périmètre de sécurité et préserver la zone d'exclusion et la zone de sécurité – le deuxième périmètre. Puis il y a des forces spécialisées pour intervenir dans un contexte aussi complexe que celui dont il est question avec, notamment, une prise d'otage.

M. le président Georges Fenech. Nous avons donc 40 fonctionnaires de la BRI à 22 heures 40.

M. Michel Cadot. *Ensuite, nous avons la brigade d'intervention (BI), intégrée structurellement à la BRI quand une action est déclenchée.*

M. Christian Sainte, directeur de la police judiciaire. *Il y a eu trois vagues. La Force d'intervention rapide (FIR) est arrivée dans un premier temps.*

M. le président Georges Fenech. *À savoir les quinze premiers.*

M. Christian Sainte. *Ce sont en effet les quinze premiers. Les 25 suivants sont arrivés vingt minutes plus tard. Arrivent parallèlement des fonctionnaires de la BI qui s'agrègent à ceux de la BRI. Si bien qu'au total, nous comptons quelque 70 hommes.*

L'explication de Christian Sainte est alambiquée mais sans équivoque pour le lecteur non averti et un peu perdu dans cette jungle d'acronymes et de noms propres : l'impression donnée est que les « fonctionnaires » de la BI sont arrivés bien après, rien ne laissant penser qu'ils auraient pu intervenir en tout premiers.

Revenons pour finir à notre sujet : cet addendum nous permet d'affirmer que la commission d'enquête parlementaire est complètement passée à côté, *non pas d'un seul mais d'au moins deux dysfonctionnements d'une extrême gravité*, s'il ne s'agit que de dysfonctionnements, l'un ayant rendu possible le massacre de Charlie Hebdo, le second ayant contribué très probablement contribué à alourdir dans des proportions inconnues le massacre du Bataclan. Dans les deux cas, et nous sommes intimement convaincus qu'il ne s'agit que de la partie émergée de l'iceberg, la commission d'enquête a œuvré à la protection de fonctionnaires haut placés qui au minimum auraient dû être exposés sur la place publique, comme les médias adorent le faire tous les jours avec les « complotistes », et révoqués ou poursuivis pour faute grave ou complicité.

Comme il est d'usage pour ce genre de révélation, le livre de Laurence Beneux, potentiellement explosif, a été complètement ignoré par les médias, solidaires, comme pour l'affaire Helric Fredou, avec leurs frères et cousins de la politosphère. En termes de recension, one ne peut relever qu'un entretien d'une demi-heure sur *Sud Radio* le 18 février 2020, et un excellent article d'Amaury Brelet pour *Valeurs actuelles* publié le 31 janvier et intitulé « Retard de l'assaut au Bataclan : le livre explosif sur les policiers de la brigade d'intervention qui accuse ».

Comment les tueurs pouvaient-ils connaître le jour et l'heure de la conférence de rédaction hebdomadaire de Charlie-Hebdo ?

Ce point a été souligné par tous les observateurs, qu'il s'agisse de ceux qui doutent de la version officielle ou de ceux qui y croient : si les tueurs se sont d'abord trompés d'adresse en entrant non pas au n° 6 mais au n° 10 de la rue Nicolas Appert[63] — en même temps l'adresse figurait dans les Pages Jaunes de l'annuaire des téléphones et sur l'ours de chaque exemplaire — ils ont eu la chance insigne de choisir, pour créneau horaire, le seul moment de la semaine où la rédaction de l'hebdomadaire se trouve au complet[64]. S'il est difficile de le trouver et d'y pénétrer, aucun signe extérieur de l'immeuble les hébergeant n'arborant une enseigne « Charlie Hebdo », il était encore moins évident de connaître la date et l'heure de la conférence de rédaction. Voici quelques exemples de réactions surprises ou incrédules :

1) Direct du *Parisien* du 7 janvier : « *14 h 2. L'attentat semblait bien préparé. Les terroristes auraient appelé leurs victimes par leurs surnoms avant de les exécuter. L'attaque s'est produite au moment de la conférence de rédaction hebdomadaire du journal satirique. Tous les principaux journalistes étaient présents.* »

---

[63] Il faut ici signaler que le rapport de la commission d'enquête contredit cette version des faits : « Le 7 janvier 2015, peu avant 11 h 20, Chérif et Saïd Kouachi tentent de forcer l'entrée sécurisée du 10, rue Nicolas Appert, immeuble où se situe la rédaction de Charlie Hebdo. Bien que tuant l'un des agents de maintenance — Frédéric Boisseau — ils ne parviennent pas à pénétrer par cet accès. Ils contournent alors l'immeuble et y pénètrent par l'entrée d'une des sociétés qui y est domiciliée, au numéro 6 de l'allée Verte. Ils y menacent le personnel et les visiteurs avant de réaliser que l'entreprise n'est pas la rédaction visée. Lorsqu'ils ressortent de ce local, les personnes présentes contactent alors les forces de police en composant le 17, avant même que les frères Kouachi aient pu parvenir jusqu'à Charlie Hebdo. Revenant sur la rue Nicolas Appert, les terroristes obtiennent sous la menace le code d'ouverture de la porte principale et pénètrent dans l'immeuble jusqu'à la rédaction de Charlie Hebdo. » Les tueurs ne se seraient donc pas trompés d'adresse, comme tous les journalistes l'ont rapporté, pour souligner l'amateurisme des tueurs ; à moins qu'il s'agisse d'une erreur de la commission d'enquête.

[64] Voici ce qu'en dit Riss dans Une minute quarante-neuf secondes (p.157) : « En semaine, le journal était bien vide et dans la salle de rédaction désertée, Charb était seul, assis derrière son petit bureau à côté duquel il perdit la vie. Dans le silence, on entendait uniquement le bruit de son crayon sur la feuille. »

2) Ruth Elkrieff, le 8 janvier, s'entretenant sur *BfmTV* avec Jeannette Bougrab, la prétendue « compagne » de Stéphane Charbonnier : « *Lorsque vous voyez le profil des deux tueurs, ils étaient au courant de la date de la réunion du comité de rédaction, ils connaissaient l'adresse, ils connaissaient les noms...* » La réponse de son invitée est curieuse : « *ils étaient sans doute entraînés, bien informés, ils ont procédé à une opération punitive comme ils l'ont dit, c'est à peu près le même profil, la plupart du temps, qu'un Mohamed Merah, qu'un Nemmouche, c'est-à-dire des délinquants, des criminels, moi je ne veux pas savoir, en réalité je ne regarde pas les informations... je suis venue pour vous, dès que je vois une photo je me mets à pleurer, je ne veux pas d'explication sur le parcours de ces individus.* » Mais Jeannette Bougrab quelques minutes plus tôt avait elle aussi fait remarquer : « *J'ai reçu un dernier SMS à 10 heures, avant la conférence de rédaction. Chaque mercredi il y avait la conférence de rédaction, et, en gros, c'était le seul moment de la semaine où tout le monde était là. Stéphane travaillait parfois chez lui, mais le mercredi tout le monde était là.* »

3) Alain Soral, le 11 janvier 2015, émission spéciale Charlie Hebdo (vers la minute 40) : « *Comment deux voyous de banlieue réislamisés sur une ligne takfirie pouvaient savoir le jour où il y aurait tous les gens de Charlie hebdo réuni. Comment ces deux frères-là ont pu avoir cette information ? Ce n'est pas évident, il faut qu'on la leur ait donnée. Qui a pu la leur donner, et qui le savait ? C'est la vraie question qui doit se poser. Ceux qui le savaient sont ceux qui étaient chargés de sécuriser Charlie hebdo et qui d'ailleurs les sécurisaient de moins en moins, et il a bien fallu que quelqu'un apporte cette information à ces deux frères.* » Quand on connaît le profil des frères Kouachi, cette préconnaissance est en effet hautement improbable sinon inconcevable.

4) Maryse Wolinski, veuve de George Wolinski, le 24 mai, dans le cadre d'un entretien accordé au *Dauphiné libéré* : '(...) *ce sont des failles dans le système de sécurité à Charlie Hebdo qui ont conduit à ce drame du 7 janvier. D'ailleurs, je mène ma petite enquête de mon côté car j'estime qu'il y a des zones d'ombre dans le déroulé des faits. L'attentat a été commis un jour où tout le monde ou presque était réuni à la rédaction : ça n'arrive jamais mais là, ils avaient prévu de partager une galette des Rois et comme par hasard l'attentat a eu lieu ce mercredi et ça n'est pas anodin. (...) J'ai plein de questions à poser au juge d'instruction dans le cadre de ma contre-enquête.*' Dans son livre publié un an plus tard elle apportera ces précisions : '*[Georges Wolinski] n'assiste pas de façon régulière à la réunion du mercredi (...). Il n'est pas le seul. À l'en croire, Cabu, de temps en temps, fait faux bond à la petite équipe de Charlie. Bernard aussi, Bernard Maris, dit oncle Bernard, homme aux talents multiples. (...) Georges m'a informée que Charb, le rédacteur en chef, a demandé que l'ensemble des collaborateurs soit présent. Ils doivent partager une galette des Rois, l'occasion sans doute de parler de l'état catastrophique des finances du journal et de son avenir plus qu'incertain*[65].' (p. 10)

---

[65] On peut sur ces deux points insérer le témoignage de Philippe Lançon, qui a

5) Soren Seelow, le 8 janvier, pour le journal *Le Monde* : '*Parfaitement au fait du jour et de l'heure de la conférence de rédaction de « Charlie », les agresseurs sont en revanche moins renseignés sur la localisation exacte de leurs bureaux.*'

6) Point de vue de Bernard Willem Holtrop, dessinateur néerlandais, dans algemeen dagblad, le second quotidien du pays : 'Selon lui, le fait que les terroristes aient agi un mercredi n'est sans doute pas un hasard : « *Chaque mercredi a lieu la conférence de rédaction, presque tous les collègues sont présents.* »'

Il est impossible, où que ce soit, de trouver la moindre explication à ce mystère. Les tueurs savaient ; cela est certain, ne peut pas ressortir au hasard, et on sent bien que personne, quel que soit son bord, n'ose défendre cette éventualité. Ils ont forcément été informés par quelqu'un connaissant le fonctionnement du journal de l'intérieur, et le caractère exceptionnel de cette conférence de rédaction du 7 janvier, où presque tout le monde était là. Comment ? Mystère… Là encore la commission d'enquête est muette sur ce point, et le procès n'y a pas apporté plus de lumière.

Rassemblements spontanés massifs le soir du 7 janvier

On perd la trace des tueurs de Charlie Hebdo peu après midi, aux alentours de la Porte de Pantin. À ce moment-là, on sait que se trouvent dans la nature deux hommes lourdement armés, équipés de kalachnikovs et d'un lance-roquette, deux hommes dangereux, déterminés, fanatiques, et ayant vraisemblablement reçu une formation militaire. Grâce à la carte d'identité malencontreusement oubliée par Saïd Kouachi dans la Citroën C3 noire, on sait qu'il s'agit sans doute des frères Kouachi. On n'en sait pas plus. Peut-être ont-ils des complices. Peut-être ne sont-ils que la partie émergée d'une cellule de plus vaste ampleur. Peut-être n'est-ce que le début d'une vague d'attaques du même genre. Avec le recul, on sait que cela aurait pu être le cas puisque la stagiaire policière Clarissa Jean-Philippe sera abattue le lendemain matin à

---

miraculeusement survécu à la tuerie, en sortant toutefois défiguré à vie, expérience qu'il raconte dans *Le lambeau* (Gallimard 2018) : 1) « *Je ne savais toujours pas au moment de partir, si j'allais directement écrire mon article à Libération, ou si j'allais d'abord assister à la conférence de rédaction du journal. Le premier journal était sur le chemin du second. Comme c'était la première conférence de l'année, je serais content de revoir les uns et les autres, et tout d'abord Wolinski, que j'avais tant de plaisir à retrouver.* » (p. 45) 2) « *Nous étions une bande de copains plus ou moins proches, d'un journal désormais fauché, presque mort.* » (p. 49) 3) « *Il était probable que le vieil hebdomadaire satirique finirait ses jours ici, bientôt, nous le savions, et fatalistes, nous en riions.* » (p. 54) Les auteurs d'ESINRP écrivent quant à eux : « *Le grand méchant mou* », c'est ainsi que les Charlie avaient surnommé jusqu'ici le président Hollande, dans leurs dessins ou dans leurs articles. En septembre, ils étaient tous venus déjeuner à l'Élysée pour évoquer avec lui la situation financière désastreuse du journal. » (p.85)

Montrouge d'une rafale de kalachnikov dans le dos par Amedy Coulibaly, dont l'ADN sera identifié pendant la nuit[66], et que le surlendemain ce dernier abattra quatre personnes dans l'Hyper Cacher de la Porte de Vincennes, prenant le reste des clients en otages. Et 10 mois plus tard, le 13 novembre, nous découvrirons un nouveau mode opératoire : le ciblage de civils au hasard dans l'enceinte d'un stade de football par des kamikazes, et de clients attablés à la terrasse de cafés parisiens par un commando de trois hommes armés de kalachnikovs.

Tout cela pour dire que la moindre des décisions à laquelle on se serait attendu de la part des autorités françaises, c'est qu'elles missent sévèrement en garde la population sur le danger qui continuait de la guetter. Ces autorités ne sont généralement pas avares de conseils et de mises en garde infantilisantes contre les excès de vitesse, contre les effets de la canicule, contre l'homophobie, contre l'antisémitisme, contre l'expiration excessive de CO_2, contre le rassemblement de plus de 6 personnes chez soi en raison Sars Cov-2, etc. Or, comme à partir de l'après-midi du 7 janvier il était évident que la population française en général, et parisienne en particulier, était confrontée à un péril autrement plus réel et létal, elles ne vont rien faire pour mettre en garde contre les appels à se rassembler, vers 17 heures, un peu partout dans toute la France.

La ferme mise en garde aurait été d'autant plus fondée que dès 14 heures[67], le Premier ministre Manuel Valls avait décidé de relever le plan Vigipirate à son niveau maximal « Alerte Attentats ». « *L'alerte attentats s'applique soit si des projets d'action caractérisés sont connus des services de renseignement, soit si une ou plusieurs actions terroristes ont été commises sur le territoire national.* » À l'évidence nous nous trouvons dans ces deux cas de figure. En application du plan, à la mi-journée, les organes de presse, les grands magasins, les lieux de culte, et les transports sont placés en « vigilance renforcée ». Parmi les principales « mesures exceptionnelles » prévues par le dispositif « alerte attentats » figure notamment « l'interdiction des grands rassemblements ».

Qu'on s'entende, il n'est pas question de contester le courage de ceux qui voulaient ainsi montrer que « le message est clair, les assassins ne gagneront pas »[68], qu'ils étaient « plus forts que les terroristes », mais en l'occurrence, dans

---

[66] À minuit précisément selon le rapport de la commission d'enquête (p.38).

[67] « Attentat contre "Charlie Hebdo" : à quoi correspond le plan Vigipirate niveau "alerte attentat" ? », *Francetvinfo.fr*, 07/01/2015.

[68] Lire par exemple « Place de la République : "le message est clair, les assassins ne gagneront pas" », Maxime Goldbaum et Olivier Faye, *lemonde.fr*, 07/01/15. Extrait : « *La foule s'est agglutinée sur la place de la République. Il n'est plus possible d'avancer d'un mètre sans marcher sur les pieds de son voisin. (...) À 17 heures, une centaine de manifestants étaient réunis sur la place. Vers 19 heures, ce sont près de 15 000 personnes, selon la police, qui se massaient au pied de la statue de la République et dans les rues adjacentes. Finalement, ils seront 35 000. (...) Un petit groupe de responsables socialistes composé de Jean-Christophe Cambadélis, Claude Bartolone,*

l'ignorance dans laquelle on était alors, le plan Vigipirate ayant été élevé à son niveau maximal, il était tout simplement inconscient et *contradictoire* de ne pas mettre en garde la population en la dissuadant, non, en lui *interdisant* les « grands rassemblements ». Cet avertissement eût été d'autant plus sensé que nombre des manifestants spontanés brandissaient le slogan ayant déjà connu une diffusion mondiale « Je suis Charlie », et que les tueurs, sur deux vidéos — en sortant des locaux de Charlie Hebdo, et après avoir abattu le policier Ahmed Merabet boulevard Richard Lenoir, avaient clamé avec hargne leur satisfaction d'avoir « vengé le prophète Mohammed », et « tué Charlie ». Chauffés à blanc et déterminés comme ils l'étaient, identifiés comme l'ennemi public numéro 1 et n'ayant plus rien à perdre, ils auraient pu être fortement tentés de finir en apothéose en faisant un carton dans la foule, plutôt que d'échouer misérablement dans une imprimerie isolée de Dammartin-en-Goële deux jours plus tard.

Dans son second ouvrage consacré à l'affaire, Maryse Wolinski fait justement remarquer : « *D'après [Marc Trévidic, patron du pôle judiciaire antiterroriste], la mission ne s'arrêtait pas au massacre des dessinateurs de Charlie Hebdo. Elle se poursuivait. "Au vu de ce que l'on sait, explique Marc Trévidic, les frères Kouachi étaient en route pour une campagne d'attentats." Compte tenu du matériel abandonné dans la C3, holster, chargeur garni de cartouches, gants en latex, cagoules noires, talkies-walkies, gyrophare bleu, pare-soleil "Police", caméra Go Pro, ruban adhésif, masques de protection, matraques, tout un arsenal non utilisé dans les locaux de Charlie Hebdo, et même si l'information n'a pas été diffusée en raison de la terreur qu'elle aurait pu susciter, vous aviez, toi et Saïd [dans son ouvrage Mme Wolinski s'adresse fictivement à eux], bien d'autres projets criminels, d'autres missions ordonnées et non accomplies. Pourquoi ? En abandonnant la C3, après un accrochage dû à ta fébrilité*[69], *vous avez aussi laissé derrière vous tout votre attirail.* » On doit toutefois préciser que les deux hommes avaient pris soin de conserver leur lance-roquette, que l'on retrouvera intact et inemployé avec une munition engagée dans l'imprimerie de Dammartin-en-Goële, lance-roquette dont ils auraient pu se servir pour viser les rassemblements du soir, avant d'achever de semer la panique en arrosant la foule à la kalachnikov.

Les appels à se rassembler le 7 janvier place de la République à Paris ont été lancés par la CGT, la fédération CGT des travailleurs du livre, du papier et de la communication (Filpac CGT), le SNJ-CGT, le syndicat national des

---

Anne Hidalgo, Jean-Paul Huchon, François Lamy s'est frayé un chemin au cœur de la place. (...) La nuit est tombée. Des lettres lumineuses et multicolores sont brandies pour former un message : "Not afraid" ("Nous n'avons pas peur"). Chacun entend faire de ce rassemblement un instant de recueillement, pas de controverse ni de débat. »

[69] Il y a beaucoup de passages du livre de Mme Wolinski qui s'apparentent à du roman-quête. Si l'on en croit le « kiosquier de Charlie » Patrick Deschamps, à qui les deux hommes ont volé la voiture, ces derniers au contraire n'ont marqué aucune fébrilité, se montrant au contraire d'un calme impressionnant, extrêmement professionnels.

journalistes (SNJ), Reporters Sans Frontières (RSF), le Nouveau Parti Anticapitaliste (NPA), le Parti Communiste (PC), la Ligue des Droits de l'Homme (LDH), plusieurs syndicats et fédérations d'enseignants, le syndicat étudiant UNEF, le syndicat lycéen Fidl, le Comité Laïcité République, le Parti de Gauche de Jean-Luc Mélenchon.

L'appel est également relayé par une page Facebook rapidement créée pour l'occasion, qui appelle à se rassembler, dans un premier temps à 19 heures, dans un second temps à 18 heures.

Le même jour, le Parti Socialiste appelle à participer à une « marche des Républicains », « *dès que cela sera possible* » avance son premier secrétaire Jean-Christophe Cambadélis. Le lendemain, 8 janvier, c'est un mouvement plus vaste qui se dessine, initié par le PS, le PC, Europe Ecologie les Verts, le Mouvement Républicain et Citoyen, et le Parti Radical de Gauche. L'UMP et l'UDI annoncent dans l'après-midi leur participation à la manifestation, suivis peu après par le Modem. L'union nationale a toutefois ses limites puisqu'il est décidé d'en exclure le Front National. Pascal Lamy, l'organisateur de l'événement s'en explique ainsi : « *Il n'y a pas de place pour une formation politique qui depuis des années, divise les Français, stigmatise les concitoyens en fonction de leur origine ou de leur religion, ou ne se situe pas dans une démarche de rassemblement des Français.* » Quant à la maire de Paris Anne Hidalgo, elle abonde : « *C'est une marche républicaine et un rassemblement républicain donc ne peuvent venir que les partis républicains. Le Front national ne fait pas partie de ces partis qui défendent les valeurs de la République.* »

Initialement prévu pour le samedi, l'événement est déplacé au dimanche pour des raisons d'organisation et de sécurité. C'est un immense succès, avec près de 3,7 millions de manifestants à travers toute la France, dont entre 1,2 et 1,6 million à Paris, un formidable moment d'union nationale, etc. (le FN en moins), mais rappelons qu'au moment où l'appel est lancé, les terroristes sont encore dans la nature, Coulibaly n'a pas encore pris en otage les clients de l'Hyper Cacher, et nous sommes depuis le début de l'après-midi du 7 janvier au niveau « Alerte attentats » du plan Vigipirate, qui interdit formellement les grands rassemblements. Curieusement, cette contradiction ne suscite aucune polémique. Ce point n'est pratiquement pas discuté dans les médias, comme s'il était évident que tout risque était écarté, que la situation, dans tous les cas, se trouvait sous contrôle. Seule polémique qui fait couler de l'encre et des pixels, et en grande quantité : la décision d'exclure le Front National et Marine Le Pen. Un tel niveau d'irresponsabilité est peu croyable, sauf si l'on avance une hypothèse qui expliquerait bien des choses : où que ce soit, dans les sphères du vrai pouvoir, on savait, dès le 7 janvier, que la situation était sous contrôle, qu'il n'y avait pas de risque de contagion, que c'était fini, et même que ce qui allait se passer les deux jours suivants (l'assassinat de Clarissa Jean-Philippe et la prise d'otages de l'Hyper Cacher) consisterait en des phénomènes très limités, et sans lendemain.

Il faut également avoir à l'esprit le contre-exemple éclairant de l'attentat de Nice, dont l'auteur, Lahouaiej Boudajel, au profil invraisemblable[70], n'était coordonné avec personne. Les jours et les semaines suivantes, les rassemblements commémoratifs de grande ampleur ont été interdits ou placés sous très haute surveillance. Marc Magro relate ainsi, dans *Soigner – Nice, 14 juillet 2016* : « *À Nice, quatre dates ont été fixées entre juillet et octobre 2016 pour rendre hommage aux victimes et à leurs familles. Le climat de tension émotionnelle qui régnait dans la ville après l'attentat et la question de la sécurité des foules rendait délicate l'organisation.* » (p. 295) Et donc encore plus difficile dans une ville comme Paris et plus encore dans toutes les grandes villes de France en même temps… Si un rassemblement a été autorisé le 18 juillet autour du monument du Centenaire, survolé par un drone de surveillance, la marche blanche prévue le 31 juillet sur la promenade des Anglais, de l'hôpital Lenval au monument du Centenaire, a été annulée le 28 juillet par la préfecture des Alpes-Maritimes, pour des raisons de sécurité, au grand dam des proches des victimes : « *Malgré les arguments et les bonnes intentions, j'ai ressenti à ce moment-là qu'on amputait la ville, ses habitants, et les familles directement touchées et les victimes blessées mais valides d'une occasion d'avancer tous ensemble pour commencer ou continuer à panser nos cœurs blessés.* » (p. 297) ; poussant ceux-ci à forcer l'interdit en organisant via les réseaux sociaux un rassemblement d'un millier de personnes le dimanche 7 août. Et quand enfin une cérémonie d'hommage national a été organisée le 14 octobre, exactement trois mois après la tuerie, les Niçois en ont pour ainsi dire été exclus, toujours pour des raisons de sécurité ! « *Autour du président de la République devaient se tenir entre 2500 et 3000 personnes, dont 200 proches des 86 victimes décédées, 500 victimes blessées et 1000 impliqués. Plus de 250 personnalités du monde politique et religieux, 400 élus locaux et les représentants de 19 pays étrangers devaient être aussi présents. En revanche, la presse annonçait qu'il n'y aurait pas de rassemblement possible. Les Niçois ne pourraient donc pas assister à la cérémonie dans leur propre ville. Hommage fermé au public, pour des raisons de sécurité. Un choix restrictif qui, pour certains, a été insupportable et incompréhensible.* » (p. 298). Il est vrai que le rassemblement du 18 juillet, à l'occasion de la minute de silence, avait vu les politiques présents se faire

---

[70] Cf « L'activité de Daech en France », francoisbelliot.fr, 30 juillet 2020 : « Mohamed Salmène Lahouaiej-Bouhlel, 31 ans, tunisien disposant d'une carte de résident suite à son mariage avec une franco tunisienne. Il est père de trois enfants. Mari violent, il avait été poussé au divorce deux ans auparavant, et il avait perdu son emploi de chauffeur livreur après avoir eu un grave accident en s'endormant au volant sur l'autoroute. Non seulement il ne *fréquentait jamais la mosquée*, mais il buvait des bières, mangeait du porc, et prenait des drogues. Plus curieux encore, il *multipliait les conquêtes sexuelles*, tant masculines que féminines. Dans son entourage personne ne croit à l'hypothèse de la radicalisation. Il était connu des services de police pour des faits de violence et des vols, mais rien qui puisse laisser prévoir un tel acte. Du reste il était inconnu des services de renseignement et n'avait jamais fait l'objet d'un signalement pour radicalisation. Ses voisins en parlent comme d'un homme bizarre et extrêmement solitaire. »

vertement prendre à partie : « *tout a basculé lors de l'arrivée des responsables politiques. De violentes huées, des cris d'"assassins !", "démission !", des sifflets et des insultes virulentes ont jailli d'une minorité de personnes. (…) Ensuite [après la minute de silence], le départ des hommes politiques a relancé quelques clameurs de protestation, suivies presque aussitôt de forts applaudissements à l'intention des équipes de secours présentes auprès des officiels.* » Chat échaudé craint l'eau froide, et il faut se souvenir que le 14 juillet 2016 sur la « Prom' », le dispositif de sécurité avait affiché des failles béantes, facilitant le traçage du sillon sanglant du 19 tonnes sur près de 1700 mètres, et que les forces de l'ordre étaient en sous-nombre, certaines ne se trouvant pas aux endroits où elles auraient dû être. Chacun sait qu'un accident est vite arrivé, et qu'un train peut en cacher un autre…

Dans son livre de souvenirs publié en 2019, Bernard Cazeneuve raconte ainsi son impuissance, au poste de ministre de l'Intérieur, à faire appliquer strictement le plan Vigipirate à son niveau maximal après le massacre de Charlie Hebdo, la prise d'otages de l'Hyper Cacher n'ayant pas encore eu lieu : « *Devant eux [les préfets], le président de la République lance un nouvel appel à l'unité nationale. Celle-ci doit trouver à s'exprimer pleinement lors de la grande manifestation parisienne du 11 janvier, à laquelle de nombreux responsables politiques appellent depuis mercredi soir. Alors que j'essaie de faire partager à mes interlocuteurs la difficulté de garantir la sécurité d'un tel rassemblement populaire dans un contexte de menace particulièrement élevée, j'apprends que François Hollande multiplie les contacts avec les chefs d'État et de gouvernement du monde entier, pour qu'ils se joignent à la marche des Français dans les rues de Paris. Comprenant qu'il serait vain de prétendre résister à cet élan, dans un moment historique qui dépasse chacun d'entre nous, j'organise un dispositif spécifique, en liaison avec la préfecture de police.* » (p. 120) Apparemment le ministre a levé le doigt pour demander la parole mais personne n'a jugé utile d'écouter son avis, ce qui le soir venu continue de le travailler : « *la grande manifestation de Paris, qui doit se tenir le dimanche 11 janvier, me hante. Je peine à en évaluer l'ampleur, mais je sais qu'elle rassemblera une foule immense, ainsi que de nombreux chefs d'État et de gouvernement avec leurs délégations.* » (p. 128)

Il ne sera pleinement rassuré que le lendemain : « *Pendant le trajet du retour [de l'hôpital où ils ont rendu visite aux policiers du RAID et de la BRI encore hospitalisés], je m'ouvre au président des aléas qui pèsent sur la grande marche du lendemain qui interviendra en pleine crise antiterroriste, en présence des principaux chefs d'État et de gouvernement de la planète et au milieu d'une foule innombrable. Je reçois alors une réponse qui me laisse d'abord dubitatif, mais qui aura pour vertu de me mettre à distance de mes propres angoisses : "Il ne se passera rien, parce que nous sommes la France et que les Français seront là en masse pour le rappeler."* » (p. 130) Quant à nous, s'il s'agit effectivement là de l'argument avancé par le président Hollande, nous demeurons pantois devant une naïveté qui relève rien de moins que de la pensée magique.

Y avait-il un troisième homme dans la Citroën C3 ?

Dès l'après-midi du 7 janvier, les spéculations vont bon train pour établir le scénario de la tuerie et l'identité des assassins qui ont décimé la rédaction de *Charlie Hebdo*. En particulier, un flou entoure le nombre exact de ces derniers. Étaient-ils deux, ou trois ? À l'intérieur des locaux, cela ne fait aucun doute, tous les témoignages convergent, ils étaient deux : l'un était chargé de tuer tout le monde dans la salle de rédaction, l'autre demeurait en retrait, en couverture, dans l'entrée. Deux tueurs, c'est également ce que semblent montrer les vidéos de l'ouvrier polonais Janek, idéalement placé en surplomb de l'angle opposé au croisement de la rue Nicolas Appert et de l'Allée Verte — et dont on ne retrouvera jamais la trace — et celle de l'exécution d'Ahmed Merabet boulevard Richard Lenoir, filmée par le mystérieux Jordi Mir, point sur lequel nous reviendrons plus loin. C'est cette version qui finira par s'imposer et sera tamponnée par le rapport de la commission d'enquête un an et demi plus tard. Et pourtant… Au départ cela n'avait rien d'évident. Ainsi le ministre de l'Intérieur Bernard Cazeneuve, à l'issue d'une réunion de crise avec le Président de la République avec le Premier Ministre, le Garde des Sceaux, le Ministre des Affaires étrangères, et le Ministre de la Défense, après avoir brièvement résumé les faits et présenté ses condoléances aux familles et proches des victimes, déclare notamment[71] : « *Afin de favoriser dans les meilleurs délais la neutralisation des trois criminels qui ont commis cet acte barbare, tous les moyens du ministère de l'Intérieur et de la Justice sont mobilisés de manière à ce que l'enquête avance rapidement.* » Maryse Wolinski, veuve du dessinateur faisant partie des victimes, résumera un an plus tard dans son livre-enquête *Chérie, je vais à Charlie* ces témoignages dont elle a directement contacté les auteurs : « *Comme lui, Joseph, un ouvrier du chantier voisin, observe la voiture qui se gare à l'angle de l'Allée verte et de la rue Nicolas Appert. Suivent des claquements de portières et des éclats de voix. Surpris, Joseph, comme Nathalie et Julien, sortent pour voir ce qui se passe. Ils aperçoivent plus ou moins distinctement trois hommes en noir, cagoulés, masqués, qui sortent de la C3. Le premier, le conducteur, parle avec les deux autres, armés de fusils d'assaut, cartouchière en bandoulière sur des gilets pare-balles. Le troisième, c'est le conducteur, visiblement non armé, mais masqué et cagoulé, et portant un gilet pare-balles.* » (p. 21) Elle confirmera ce point de vue lors d'émission de grande écoute les jours suivants, par exemple face à Anne-Sophie Lapix : « *Là il y a plusieurs témoignages. Il y a le comédien et l'habilleuse de la Comédie Bastille[72], ainsi qu'un ouvrier qui travaillait sur un chantier tout proche, qui a*

---

[71] Entrer sur YouTube : « Charlie Hebdo : tous les moyens sont mobilisés pour retrouver "trois criminels", assure Cazeneuve »

[72] Située au n° 5 rue Nicolas Appert, à une quarantaine de mètres en face en remontant vers le Boulevard Richard Lenoir ; c'est dans cette salle de spectacle qu'ont dans un premier temps été conduits les survivants de la tuerie, « *avec leurs proches et certaines familles de victimes, mais aussi tous les autres impliqués — les salariés des entreprises*

vu *trois personnes* sortir de la voiture, un qui conduisait, et puis les deux frères Kouachi. Il n'y a pas que ça. Un des policiers de la BAC a dit qu'il avait vu sortir *trois personnes*, ensuite, ça je l'ai su récemment par des journalistes, on apprend beaucoup de choses par les journalistes, il y a une femme qui conduisait une voiture qui a eu un accident avec les Kouachi à un moment, et elle aussi elle a dit qu'elle avait vu trois personnes dans la voiture. »

Ce témoignage policier est probablement celui rapporté par Patricia Tourancheau dans un article publié le soir même de la tuerie dans *Libération.fr*, au chapeau dépourvu de toute ambiguïté : « *De Rennes à Paris, l'itinéraire de Chérif K., l'un des trois hommes soupçonnés d'avoir commis l'attaque* ». « *Les trois suspects* » sont les trois premiers mots de l'article, qui cite ensuite les deux frères Kouachi et un certain SDF du nom de Hamid M. Plus loin on lit : « *Selon une source policière, un troisième complice, "un barbu dont le rôle reste à cerner", serait arrivé à bord de la Citroën C3 noire du commando mais serait reparti "seul sur scooter TMax", à l'instar du djihadiste Mohammed Merah qui utilisait, en mars 2012, un engin de marque Yamaha pour perpétrer sept assassinats de militaires et de juifs à Toulouse et Montauban.* »

Le même jour, lors de sa conférence de presse, le Procureur de la République François Molins, cité par la journaliste, livre le détail suivant, dans son résumé — plein d'inexactitudes — de la tuerie depuis l'arrivée des tueurs jusqu'à leur fuite par la Porte de Pantin : « *Les mis en cause, au nombre de trois, selon un témoignage recueilli qui est en l'occurrence le témoignage d'une personne avec laquelle ils allaient avoir un accident, les mis en cause au nombre de trois selon ce témoignage, poursuivaient leur route vers le nord de Paris et percutaient violemment un véhicule Volkswagen Touran, place du Colonel Fabien, blessant la conductrice. Ils tentaient de poursuivre leur route vers le nord de Paris.* » Les auteurs d'*Et soudain ils ne riaient plus*, dont la prétention revendiquée est d'être aussi exhaustifs que possible, expédient quant à eux ainsi la question : « *Certains des témoins qui ont aperçu la Citroën, place du Colonel Fabien, puis rue de Meaux, ont même parlé de trois personnes. Pour parer à toute éventualité, Bernard Cazeneuve a annoncé lui-même à la presse que "trois suspects" sont recherchés. Mais tous ceux qui ont été confrontés de près aux terroristes affirment qu'ils étaient seulement deux, un "grand" et un "petit".* » (p.110) L'explication est rapide quand on se souvient de la clarté des trois témoignages invoqués par Maryse Wolinski, ceux de Joseph, Julien et Nathalie.

Maryse Wolinski affirme en outre que les policiers auraient dissuadé Nathalie de mentionner ce troisième homme. Interrogée à ce sujet à l'occasion de la

---

voisines menacés par les deux terroristes, les habitants qui ont assisté à la fuite depuis leur balcon, de simples passants choqués par les sirènes de pompiers. Au total près de quatre-vingt-dix personnes assises sur des sièges de velours rassemblées dans un abri de fortune, déjà cernées par les caméras et les micros. » (ESINRP, p.117) promotion de son ouvrage de contre-enquête, elle déclare attendre les résultats de l'enquête. Elle les attend encore.

Ce troisième homme aurait pu être Mourad Hamyd, présenté d'abord comme un SDF. C'est ainsi qu'après que l'identité des frères Kouachi a été malencontreusement divulguée trop tôt, est également rendue publique l'identité d'un troisième terroriste présumé en la personne de Mourad Hamyd. Il s'agit en fait du beau-frère de Chérif Kouachi. Affolé de découvrir son nom qui commençait à circuler publiquement, de lui-même il décide de se livrer dans la soirée vers 23 heures (c'est l'heure de publication de l'article de Patricia Tourancheau sur le site *Liberation.fr*) au commissariat de Charleville-Mézières (Ardennes), ville où il réside, à 300 km de Paris. Son alibi est solide et le disculpe rapidement. Âgé de 17 ans, il n'a rien d'un SDF : lycéen, il était en cours au lycée Monge au moment des faits, ce que peuvent confirmer ses camarades. Placé en garde à vue, il est relâché le lendemain, sans qu'aucune charge ne soit retenue contre lui[73]. Sa sœur a certes épousé Chérif Kouachi, mais depuis leurs rapports étaient distants.

Le peu d'éléments disponibles empêche de projeter quelque franche lumière que ce soit sur cette zone d'ombre. On peut d'abord faire une remarque de bons sens : n'aurait-ce pas constitué une prise de risque énorme que de laisser leur véhicule en bas, sans protection, parfaitement en évidence, alors qu'à l'évidence il s'agissait de professionnels bien entraînés qui n'avaient aucune intention de mourir, de même un peu plus tard au beau milieu du boulevard Richard Lenoir. À propos de ce genre d'opération, la capitaine Barril, dans *Guerres secrètes à l'Élysée* explique : « *Toujours un témoin à mes côtés, le plus souvent armé et entraîné à riposter. C'est à ce prix que je suis vivant. Il n'y a aucun miracle là-dedans. Pour "flinguer" un homme, il faut un groupe de trois personnes, du moins c'est la règle habituelle, la norme en quelque sorte : un bon tireur, un homme de couverture qui le protège, et un chauffeur expérimenté. Pour "flinguer" deux personnes, il faut compter six hommes, voire davantage. Cela complique singulièrement les choses.* » (p. 326) Que l'homme se soit éloigné rapidement comme le précisent certains des témoins, pourquoi pas ? mais cela ne veut pas dire qu'il n'était pas en surveillance dans les parages, et qu'il ait rembarqué dans le véhicule un peu plus tard. S'il s'est éloigné, peut-être est-ce pour qu'ils apparaissent deux sur la vidéo de Janek. Qui sait ? L'accidentée de la place du colonel Fabien déclare de façon crédible (puisque le procureur Molins reprend son témoignage) qu'il y avait trois hommes dans le véhicule.

Mais c'est le rapport de la commission d'enquête qui jette le plus gros doute sur cet aspect de l'histoire. On aurait pu s'attendre à un développement un peu conséquent sur ce point, une explication circonstanciée, reprenant les divers

---

[73] Ironie de l'histoire, il finira tout de même par être arrêté en 2016 en Bulgarie, alors qu'il cherchait à se rendre en Turquie, et sera condamné en 2019 à neuf ans de prison pour avoir voulu rejoindre Daech.

témoignages concordants, expliquant au besoin la raison de leur nullité, malgré leur diversité. Las, la question est liquidée en une seule phrase : « *Dans l'immeuble d'en face, il y avait des gens à une fenêtre. Ils nous ont appelés, nous ont dit qu'ils avaient vu trois personnes armées (1) entrer dans l'immeuble et qu'ils avaient entendu des coups de feu.* » La note (1) va-t-elle nous éclairer ? « *En réalité, il s'agit des deux frères Kouachi et de la personne qu'ils ont prise en otage afin d'obtenir le code d'entrée.* » Quand on lit le rapport de la commission d'enquête en connaissance des nombreux détails de l'affaire, on arrive à se demander si les commissionnaires, pour chaque point, ne se sont pas livrés à un concours : celui de savoir lequel d'entre eux était capable d'avancer l'argument le plus lapidaire en même temps que le plus bidon. En tous cas si c'est ainsi que l'événement est censé s'être déroulé, il est parfaitement compréhensible que les témoignages évoqués par Maryse Wolinski, de la source policière, et de l'accidentée de la place du Colonel Fabien — et donc, également des « *gens à une fenêtre* » (encore d'autres témoins, donc !) , aient été ignorés. Ah oui, au fait, le rapport ne donne aucune source sur ce point de l'affaire.

Lors de son audition au procès des attentats, le 8 septembre 2020, Corinne Rey apportera la correction suivante : « *Je ne sais pas si c'est le choc, mais dans ma tête, les terroristes sont arrivés au moment où on sortait de l'immeuble. Or ils sont arrivés quand on était dans la cage d'escalier. Ils ont surgi du couloir en m'appelant "Coco ! Coco !". J'étais stupéfaite. Ça a été d'une fulgurance dingue. L'un m'a immédiatement attrapé le bras pour me pousser dans la cage d'escalier.* » Ce témoignage contredit donc frontalement le rapport de la commission d'enquête, tout en accroissant les soupçons de dissimulation volontaire sur cet aspect du massacre.

Lors du 22ème jour du procès, le 2 octobre, consacré aux expertises génétiques, a également été porté à la connaissance du public le relevé sur la plaque minéralogique de la Citroën C3, à l'intérieur de l'un des fusils d'assaut, et sur une de leurs sangles la trace d'un ADN inconnu, qui a été baptisé M14, dont le titulaire est inconnu et n'a jamais été retrouvé. Cet ADN « *ne figure pas au Fichier national automatisé des empreintes génétiques (Fnaeg) et ne correspond à aucun des protagonistes du dossier* », précise la policière à la barre. Peut-être celui de ce « troisième homme » ?

Le profil de Saïd Kouachi

Chacun sait qu'un être humain banal, voire affligé de déficiences rédhibitoires, peut dans certaines circonstances révéler des capacités insoupçonnables, le kairos (καιρός) aimantant le naturel vers le surnaturel. L'exemple de Hulk ou de Superman vient spontanément à l'esprit. On peut, en étant plus réalistes, penser aux hobbits du *Seigneur des anneaux*. Dans *Koma*, de Wazem Peeters, qui a pour cadre un univers double comparable à celui de Matrix, une petite fille du doux nom d'Adidas, dont le regard entre deux mondes fait songer aux portraits mortuaires du Fayoum, parvient à modifier les paramètres de son vieux père pour décupler ses forces. Elle demande à l'ouvrier humanoïde de l'entre-deux mondes[74] : « *Tu vas tourner les manettes et donner du courage à mon papa, du courage et de la force. Faut qu'il tienne le coup jusqu'à ce qu'on arrive.* », qui l'exauce…

Dans le monde réel, des capacités exceptionnelles peuvent être révélées dans deux circonstances : l'effet d'entraînement du groupe ou d'une personne douée d'une volonté plus forte, ou la prise de drogues désinhibantes comme la cocaïne. Et encore… Ce n'est pas ainsi que l'on peut faire voler un tracteur ! On a beau retourner le problème dans tous les sens, quand on se penche le profil de Saïd Kouachi, tous les chemins mènent à ce genre d'explication.

Contrairement à Chérif, Saïd Kouachi n'a aucun antécédent judiciaire. Extrêmement proche de son frère avec qui il a partagé une enfance à laquelle une Cosette n'aurait rien à envier, il mène une vie de musulman selon une voie des plus rigoristes, comme son frère il est leucophobe au dernier degré, mais strictement rien dans son passé et ses (in) aptitudes ne laissait présager un passage à l'acte aussi soudain, spectaculaire, et professionnel. Les médias se rattrapent toujours à la même frêle branche : Saïd Kouachi, selon les services de renseignement étasuniens, fiables en toutes circonstances comme chacun sait, se serait radicalisé lors d'un séjour d'un mois en Oman à l'été 2011 (25 juillet au 15 août), quatre années auparavant, et c'est tout ! Cela implique en plus qu'il serait demeuré ensuite, comme son frère Chérif du reste, agent dormant pendant cinq ans. Entre-temps il s'est marié et est devenu père de deux enfants, en bas-âge en janvier 2015, de quoi tout de même envisager le reste de son existence sous un angle différent.

Il semble en outre admis par tous en 2021 qu'il n'a jamais fait ce voyage lui-même : c'est en réalité son frère Chérif qui l'a effectué, en lui empruntant son passeport. Il ne pouvait en effet procéder autrement en raison de son placement sous contrôle judiciaire. Son épouse Izzana a clairement évoqué ce séjour en Oman de son mari lors de sa première audition par la brigade criminelle consécutive au massacre de Charlie Hebdo[75].

Les auteurs d'*Et Soudain ils ne riaient plus* donnent à son sujet des précisions pour le moins curieuses, à commencer par ses gros problèmes de vue.

---

[74] Koma, p. 105, les humanoïdes associés, 2010.

[75] Pour plus de détails, nous renvoyons à l'ouvrage de Matthieu Suc, *Femmes de djihadistes*, Arthème Fayard, 2016, p. 69 à 92 & p. 175 à 188. Extrait : « *Concernant le voyage au Yémen, les enquêteurs ont acquis la conviction que c'est Chérif qui, sous le coup d'un contrôle judiciaire, a emprunté les papiers d'identité de son grand frère. D'après les déclarations d'Izzana, Chérif serait de son propre aveu parti en Oman dans le courant de l'état 2011, tandis que Soumya assure aux policiers que son mari ne peut pas s'être absenté à un moment où le couple essayait de concevoir son premier enfant. Saïd couvre même aux yeux de sa femme les périples clandestins de son frère. Ainsi, quand Soumya propose à Saïd de l'accompagner en Algérie pour y voir de la famille, il refuse sous prétexte qu'il n'a plus de passeport et qu'il doit refaire la demande.* » (p. 188)

« *Oui, répond Soumya Kouachi* [la femme de Saïd au lieutenant de la Police Judiciaire qui l'interroge] , *elle possède bien une Renault, modèle Clio, mais elle est la seule à l'utiliser, car son mari n'a pas le permis de conduire. Il a réussi le code, mais suite à un contrôle médical, le médecin l'a alerté sur sa vision déficiente. C'est elle qui l'amène où il veut aller.* »

Le mari (Y.) d'une des sœurs de Soumya (M.) témoigne dans ce sens (p. 237) : « *Saïd joue à la PlayStation… Je ne me rappelle pas l'avoir vu travailler un jour. Il est bête… Il a tout le temps l'air malade… En plus de ses très gros problèmes de vue, il est asthmatique… Je vous le dis, on ne peut pas compter sur lui pour faire quoi que ce soit de physique. Lui un terroriste ? Une fois, il a essayé de monter le cric sur sa voiture pour changer de roue. Et même pour ça, il n'a pas arrêté de souffler.* »

Idem pour un autre beau-frère (B.) : « *Si je n'avais pas vu la photo, je n'y aurais pas cru ! Vous savez, j'ai un niveau DEA en psychologie des sciences sociales à Paris. Et donc, si vous voulez, Saïd, il était gentil avec tout le monde et… c'est un assassin plus un terroriste ! Saïd ne voit pas bien d'un œil, il est myope, il fait de l'asthme. Il a un problème de cheville, qu'il a laissé traîner. Des fois quand il joue au foot il s'arrête net…* »

Si certains des proches interrogés parviennent à imaginer qu'il ait pu se laisser entraîner par son frère Chérif, et peut-être faire ce qui a été fait, tous le décrivent plutôt comme un homme certes très porté sur la religion, mais normal : « *un père plus tendre que bien d'autres et un beau-frère en or dit (M.). Quand il voit que je suis fatiguée ou malade, il passe prendre mes enfants. Il joue tout le temps avec eux au foot… Mes enfants l'adorent… Ils dorment pratiquement tous les week-ends chez lui… Avec Saïd, ils se font des soirées pyjama et des soirées FIFA.* » (p. 236/237)

En 2017, dans *Mon djihad, itinéraire d'un repenti*[76], Farid Benyettou, le mentor qui les a pris comme *étudiants* en 2003[77], lors du montage de la cellule djihadiste dite « des Buttes-Chaumont », se montre tout aussi dubitatif sur la participation de Saïd au massacre : « *Pour le monde entier, Chérif et Saïd sont "les frères Kouachi", une seule entité. Pour moi, jusqu'au 7 janvier 2015, seul Chérif était susceptible de prendre les armes. Il avait la haine. Il protégeait non seulement son grand frère Saïd, mais aussi tous les frères qu'il estimait floués. Je le sentais prêt à passer à l'action. Saïd, au contraire, était un garçon posé, introverti. Son intérêt pour l'Islam était plus théorique que politique. Il voulait*

---

[76] *Mon djihad, itinéraire d'un repenti*, Dounia Bouzzar et Farid Benyettou, Éditions Autrement, 2017. La pagination adoptée ici est celle de la version J'AI LU.

[77] « Les frères Kouachi avaient suivi mes cours à l'été 2003 puis avaient disparu. Plus tard, j'avais appris que Chérif était tombé dans l'alcool et avait lâché la religion. À l'automne 2004, ils sont revenus suivre mes cours. Un frère m'a alors averti que Chérif voulait partir pour l'Irak et souhaitait que je le forme au djihad. » (Itinéraire d'un repenti, p. 97)

apprendre et encore apprendre, mais ses capacités intellectuelles semblaient assez limitées : je le trouvais lent et obtus et son attitude passive m'irritait. Chérif, plus vif, était au moins capable d'argumenter. Je ne peux pas imaginer Saïd acteur de quoi que ce soit. C'est probablement par passivité qu'il a suivi son frère dans l'attentat contre Charlie Hebdo. À mes yeux, il ne peut en aucun cas être comparé au frère de Merah, considéré comme "l'homme de l'ombre" qui aurait poussé et préparé Merah. Saïd n'avait pas cette envergure. Il était plutôt "dans le suivisme". » (p. 99)

« *Comme le 11 septembre, je me suis dit que c'était impossible [il avait été incrédule quant au passeport du terroriste retrouvé avant l'effondrement des tours jumelles, et tout aussi surpris de voir si vite la photo de Chérif Kouachi diffusée dans les médias]. Les flics avaient sorti son nom pour trouver un coupable. C'était absolument inenvisageable à mes yeux. Malgré la fusion entre les deux frères, Saïd n'avait jamais accepté de suivre son frère en Irak. J'ignore encore à ce jour ce qui a pu pousser Saïd à commettre ces meurtres, je n'ai aucune explication, si ce n'est la relation fusionnelle qui existait entre eux. Pourquoi aurait-il commis un attentat en France ? À chaque fois que son frère avait des ennuis, Saïd m'avait accusé de l'avoir embrigadé. Le voir sur l'écran de BFM TV à côté de son frère était complètement surréaliste. J'aurais pu admettre la culpabilité de Chérif s'il avait été avec un autre, mais la présence de Saïd discréditait l'information. Puis les journalistes ont passé la vidéo où on entend distinctement "On a vengé le prophète !" et j'ai reconnu le timbre de voix des deux frères. Impossible de continuer à nier. La réalité s'imposait à moi. Je suis tombé dans un trou noir.* » (p. 139)

Maryse Wolinski dans son second ouvrage sur l'affaire publié en 2020 précise : « *Non, il ne pouvait être le meneur. Il était asthmatique, la découverte dans la C3 d'un inhalateur de ventoline en témoigne, de surcroît il souffrait de graves problèmes de vision. D'après son dossier médical retrouvé chez un ophtalmologue de Reims, la ville où il habitait, il souffrait d'un kératocône très avancé. Avec une altération partielle de la vision du relief et des déformations d'images liées à un important astigmatisme des deux yeux, il ne pouvait pas conduire, et peut-être pas tirer* »[78].

Or tous les témoins qui ont croisé le chemin des deux ou trois tueurs décrivent des hommes au comportement professionnel, entraînés, extrêmement calmes. Sur la vidéo tournée depuis le toit de l'immeuble par le journaliste de Premières lignes, on voit les deux « frères » sortir tous les deux, et viser *tous les deux* avec une grande précision la voiture de police qui leur fait face, au point d'atteindre les deux appuie-tête des sièges avant. Même topo sur la vidéo de « l'exécution » d'Ahmed Merabet Boulevard Richard Lenoir. Si Chérif Kouachi a tout à fait le profil pour participer à une opération comme le massacre de Charlie Hebdo, son frère Saïd est sans doute l'un des pires acolytes qu'il aurait

---

[78] Wolinski Maryse, *Au risque de la vie*, Seuil, 2020, p. 21.

pu se choisir pour le seconder, pour quelque tâche que ce soit. Et n'oublions pas que nous parlons d'un père de famille, certes fiché S, mais au casier judiciaire complètement vierge, si l'on excepte un voyage finalement inexistant de trois semaines en Oman quelques années auparavant.

Malgré toutes ces incohérences, les auteurs — qui en relèvent d'autres, mais ce serait trop long de tout énumérer — concluent : « *Pourtant, il n'y a aucun doute possible : tous ceux qui ont vu les frères Kouachi sans leur cagoule, lors de leur fuite dans Paris, ont été interrogés. Et tous les ont reconnus sur les photos qui leur ont été présentées* [il n'existe aucun témoignage reconnaissant formellement et individuellement Saïd Kouachi] *Les deux hommes n'ont pris aucune précaution pour dissimuler leur visage après le massacre* [mais alors pourquoi en avaient-ils pris avant, et quel dommage qu'aucune caméra de surveillance n'ait pu capter où que ce soit la moindre image !]. *La carte d'identité, retrouvée dans la Citroën, appartient bien à l'un des tueurs, Saïd Kouachi, le plus petit en taille, le plus taiseux aussi, souvent en retrait derrière son frère mais formellement identifié par les témoins* [répétition du même mensonge]. *Comme Chérif Kouachi, le "grand", que ces mêmes témoins ont entendu parler à plusieurs reprises.* » (p. 242)

Il faut dire un mot également sur le niveau de français des deux frères.

p. 40 : « *Toujours réfugiée sous la table, la directrice artistique de la société note, malgré la peur qui la paralyse, qu'ils parlent parfaitement français.* »

p. 52 : « *"Allahou Akbar" puis un coup de feu, et encore. "Allahou Akbar" et encore un coup de feu. C'est ce qu'entendent le dessinateur Riss, les journalistes Philippe Lançon, Fabrice Nicolino et Laurent Léger, Gérard Gaillard de l'association "Il faut aller voir". Ils ont renversé la table, se sont cachés sous un bureau, ou se sont juste aplatis sur le sol. Au-dessus de leurs têtes, le bruit des balles et les mots des assassins dont ils ne saisissent que des bribes. "Charb, Charb, c'est lui..." "Yémen..." Aucune panique dans leurs voix. Aucun accent, ni de l'étranger, ni de banlieue.* »

Ajoutons que lors de l'entretien entre Chérif Kouachi et le journaliste de *BFM TV*, que ce dernier est parvenu à joindre dans l'imprimerie de Dammartin-en-Goële, avant même le négociateur du GIGN, le massacreur présumé refuse de répondre lorsqu'on lui demande s'il est avec son frère. « ça c'est pas ton problème... » lui répond-il.

Ajoutons encore que les trois photos des cadavres sur le site de Dammartin-en-Goële publiées par Paris Match le 19 mars 2015, délivrées par une source de la gendarmerie, et qui sont les seules du genre, *ne montrent presque rien, en tous cas rien qui ressemble indiscutablement à Saïd Kouachi.*

Finalement, l'unique indice indubitable qui relie Saïd Kouachi à la tuerie de Charlie Hebdo, de façon tant factuelle que plausible ou concevable, c'est sa carte d'identité qu'il a oubliée dans la Citroën C5 au 45 rue de Meaux, dans un sac Lacoste que son frère qui conduisait aurait pu saisir d'un geste —

carte d'identité sans laquelle l'enquête n'aurait tout simplement jamais pu démarrer.

Le rapport de la commission d'enquête ne consacre pas une ligne au profil énigmatique, pour ne pas dire invraisemblable de Saïd Kouachi.

La carte d'identité oubliée de Saïd Kouachi

Dans leur fuite vers le nord de Paris, les frères Kouachi abandonnent, à environ 3,5 km du lieu de l'attentat, leur Citroën C3 noire qu'ils viennent d'encastrer — très légèrement[79] — dans un plot à hauteur du 45 de la rue de Meaux. Ils braquent alors le conducteur d'une Renaud Clio grise, Patrick Deschamps[80] lui intimant : « *Tu descends de ta voiture parce qu'on a besoin de ton véhicule.* » La voiture, vieille de 15 ans, renâcle d'abord à démarrer et cale à quelques reprises. Ce qui lui laisse le temps d'ouvrir la portière arrière et d'y récupérer son petit chien in extremis tout en prévenant les hommes de ce qu'il fait. Avant de partir, l'un des deux lui donne l'indication suivante : « *Si les policiers t'interrogent tu n'auras qu'à dire c'est Al-Qaïda au Yémen* ». M. Deschamps est impressionné par leur comportement : « *Il n'y a pas eu d'énervement.* » Il évoque des gens « *très calmes, très froids, très professionnels, pas de stress, des commandos, aucun signe de transpiration ni d'énervement. Rien de tout ça.* » Coïncidence, M. Deschamps, kiosquier à Saint-Germain-des-Prés, avait pour clients réguliers Cabu et Wolinski (ce dernier avait même un compte dans son kiosque). Il avait discuté rapidement avec les deux hommes le matin même à quelques minutes d'intervalle, l'informant qu'ils devaient se rendre à la conférence de rédaction du journal. Seconde coïncidence, M. Deschamps n'aurait même pas dû ce jour-là se trouver dans ce quartier. Changeant son itinéraire de rentrée habituel, il est passé par la Place du Colonel Fabien pour y faire le plein dans une station essence Esso connue pour ses prix relativement avantageux. C'est en arrivant sur la Place du Colonel Fabien avec son véhicule qu'il a même été témoin auditif rapporte Anaïs Ginori dans *Le Kiosquier de Charlie*, de l'accident de la C3 des frères Kouachi avec un autre véhicule, puis visuellement de leur fuite par l'avenue Mathurin-Moreau. Sans évidemment pouvoir l'interpréter, l'auteur, très *Charlie* dans son traitement de l'affaire, est obligé de noter le caractère extraordinaire de la coïncidence : « *Comment le kiosquier de Saint-Germain-*

---

[79] Si certains journalistes rapportent justement que les tueurs ont « abandonné » leur véhicule, la plupart utilisent des termes donnant à penser que les tueurs ont eu un second accident contre un des petits poteaux bordant le trottoir de la rue de Meaux après celui de la Place du Colonel Fabien. Il suffit de voir les images publiques de la Citroën devant le 45 rue de Meaux pour écarter résolument la thèse de l'accident : l'avant du véhicule qui aurait tapé est en parfait état.

[80] Voir son témoignage dans le documentaire « Au cœur des attaques 9 janvier », diffusé sur *France 2* en septembre 2016. Son histoire a également été racontée dans le livre d'Anaïs Ginori : *le kiosquier de Charlie*, op. cit.

des-Prés qui a vendu les journaux aux deux célèbres journalistes assassinés quelques heures après est à son tour braqué par les mêmes terroristes. Le tout se déroulant en deux heures dans trois quartiers différents de Paris. Au cinéma personne n'y aurait cru. » (p 35) Nullement effrayé par une synchronicité aussi frappante, l'homme n'a même pas demandé d'arrêt maladie, et était de nouveau à son poste le lendemain, à 4 h 30 du matin, pour la mise en place de son kiosque.

Le 1er septembre 2020, la veille de l'ouverture du procès, auquel il n'a pas été convoqué en tant que témoin, Patrick Deschamps a été interviewvé par *francetv.info* dans sa maison du sud de la France où il a pris sa retraite. L'homme rapporte à nouveau son histoire en complétant avec certains détails. Nous apprenons qu'il s'agit d'un ancien militaire, et que c'est fort de cette expérience qu'il a vite compris qu'il n'y avait rien d'autre à faire qu'obtempérer. Il a reconnu dans les hommes à qui il avait affaire des professionnels. Contrairement à d'autres qui ont croisé la route des tueurs il n'a éprouvé aucun traumatisme de cette expérience. Il dit qu'il n'a rien risqué et que son seul fait d'armes est d'avoir eu la présence d'esprit de récupérer son petit chien dans la voiture, chien que l'on aperçoit se promener à ses côtés pendant l'entretien : et nous apprenons une nouvelle coïncidence : ce jour-là il a exceptionnellement fermé plus tôt parce qu'il avait une ou deux courses à faire. Même au cinéma, concluait Anaïs Ginori...

Le professionnalisme des tueurs a cependant semble-t-il des limites : en plus de perdre le contrôle de leur véhicule une seconde fois — ils ont déjà eu un accident place du Colonel Fabien une minute plus tôt —, Saïd Kouachi commet la bourde d'oublier dans la Citroën, en plus de divers effets : des cocktails Molotov, un drapeau avec des inscriptions en arabe, un chargeur de kalachnikov, une caméra Go Pro, des talkies-walkies, sa carte d'identité, élément qui, de l'aveu même des enquêteurs, va permettre à l'enquête de faire immédiatement un bond de géant, puisque dès lors les personnes à traquer sont identifiées. Les spécialistes de ce genre d'affaires eux-mêmes, d'ailleurs, demeurent perplexes devant cette incohérence. Le site *bfmtv.com* rapporte ainsi le point de vue exprimé publiquement le 8 janvier sur la chaîne par l'ancien juge antiterroriste Alain Marsault, qui participera en 2016 à la commission d'enquête sur les attentats de 2015 : « *"il y a à la fois un professionnalisme dans la manière d'opérer, et puis on oublie la carte d'identité dans la voiture...", explique-t-il, dérouté. »Je me suis dit : « Est-ce que c'est une manipulation ? Une erreur ? Qu'est-ce qu'il se passe ? » (...) J'ai pensé à une provocation ou à quelque chose comme ça. Pourrait-il alors s'agir d'une façon de revendiquer leur geste ? Si c'était le cas, cela voudrait dire qu'ils sont dans un processus suicidaire de type djihadiste-kamikaze, et donc qu'ils s'apprêtent à faire autre chose », estime Alain Marsaud. Une façon de dire « Nous sommes repérés, et attention, coucou ! Nous allons revenir ! », juge-t-il, avant de trancher :" Je vous l'avoue, je ne comprends pas cette affaire. »* »[81]. Contrairement à tant de criminels « islamistes » désaxés qui

---

[81] « Charlie Hebdo : un "commando organisé" ou des "branquignols" ? », V. R. avec

ont défrayé la chronique depuis 2015, les tueurs de Charlie Hebdo, selon toute apparence, n'avaient nulle envie de mourir en martyrs, une fois leur forfait perpétré. Pas ce jour-là en tout cas... Ils auraient agi, comme leurs cousins radicalisés salafistes, à visage découvert — *quel intérêt de dissimuler leur visage derrière une cagoule ?* — et ensuite se seraient battus jusqu'à épuisement de leurs chargeurs, auraient fait usage de leur lance-roquette, et seraient morts en martyrs en se précipitant toutes armes dehors vers des forces de l'ordre en criant « Allahou akbar ». Non seulement ces hommes n'avaient pas l'intention de mourir, mais ils n'avaient manifestement nulle intention que leur identité soit divulguée.

Une autre précision importante qu'il faut faire ici : dans le coffre de la voiture volée, il y avait toute la recette en liquide de la matinée du kiosque de Saint-Germain-des-Prés. Momentanément hors d'atteinte et hors de vue, dans un lieu pareillement choisi pour sa discrétion telle que la devanture de la boulangerie Patistory, ils auraient pu changer de vêtements, ouvrir le coffre à tout hasard et y trouver de quoi aller subsister plus intelligemment pendant plusieurs jours. Au lieu de braquer une station-service à visage découvert, avec leur costume militaire sombre, ce qui a entraîné leur repérage, qui n'était nullement acquis puisque jusqu'à cette nouvelle péripétie, le GIGN et le RAID, collaborant pour la première fois dans une telle opération, traquaient les deux hommes dans deux vastes zones qui n'étaient pas les bonnes !... Youhou ! On est là !

Remarquons que le lieu qu'ils ont choisi pour mourir, une imprimerie de Saint-Martin en Goël, dans une zone peu fréquentée par la population, cadre mal avec la volonté de faire le maximum de dégâts pour faire le maximum de bruit, ce dont ils étaient amplement capables puisqu'ils étaient encore lourdement armés.

Remarquons enfin de nouveau que le profil de Saïd Kouachi ne colle absolument pas avec le portrait dressé par ceux qui ont été témoins de l'extrême professionnalisme des deux hommes. Son frère Chérif avait certes un passé de délinquant radicalisé, mais lui pas du tout. Nous rappelons un extrait de son profil : « *Au moment de la tuerie de Charlie Hebdo il est marié et père d'un petit garçon de trois ans. Très complice avec lui [son épouse] ne comprend pas comment son mari a pu se rendre coupable d'une telle horreur, en l'abandonnant en même temps que son fils, et sans lui laisser un mot d'explication. À son avocat, elle décrit un mari discret, n'ayant jamais versé dans le prosélytisme, ni fait de remarques sur Daech, la coalition en Syrie ou autres. Essayant de comprendre, elle pense qu'il s'est laissé embarquer dans cette histoire pour protéger son frère.* »[82]

AFP, *bfmtv.com*, 08/01/15.

[82] « Un an après, la veuve de Saïd Kouachi cherche encore "à comprendre" », Caroline Piquet, *lefigaro.fr*, 05/01/2016.

Pour accroître la complexité de l'affaire, l'existence de cette carte d'identité n'aurait jamais dû être diffusée dans les médias quelques heures seulement après sa découverte, mais une fuite a poussé certains à diffuser la nouvelle. C'est ainsi qu'en octobre 2016, Pierre Martinet, ancien de la DGSE, et le journaliste Jean-Paul Ney, sont condamnés à 3000 euros d'amende, pour recel de violation du secret de l'enquête. Cette fuite en effet a ruiné tout espoir de surprise dans la traque des frères Kouachi. L'IGPN[83] ne parviendra cependant jamais a remonter à l'auteur de la fuite initiale[84]. La condamnation de Jean-Paul Ney sera confirmée en appel un an plus tard, Pierre Martinet choisissant quant à lui de se désister.

Les journalistes se perdent en conjectures pour interpréter cette tendance étrange, surtout dans les attentats les plus importants, des terroristes à *oublier* une carte d'identité qui immanquablement mène aussitôt à leur identification ou à leur traque, s'ils sont encore en vie. Et ils en reviennent souvent aux attentats du 11 septembre 2001, qui ont en quelque sorte inauguré cette signature. On lit par exemple dans un article du *soir.be* du 22 décembre 2016 : « *On se souvient qu'après le 11 septembre, le passeport intact d'un des principaux acteurs des attentats avait été découvert dans les décombres des tours jumelles. Un*

---

[83] C'est la troisième fois dans cet ouvrage que nous tombons sur l'acronyme de l'IGPN, la « police des polices ». Pour une plongée en profondeur édifiante dans le fonctionnement de cette institution obscure censée trier le bon grain de l'ivraie au sein des forces de police (on se souvient de l'entretien inquisitorial des hommes du RAID), nous recommandons vivement la lecture de *l'ennemi de l'intérieur*, du policier et syndicaliste Alexandre Langlois, publié aux éditions TALMÀ fin 2019, qui rapporte les « dérives et dysfonctionnements de la police nationale », l'IGPN figurant en bonne place sur le banc des accusés. Après avoir été suspendu de ses fonctions de secrétaire général du syndicat VIGI ministère de l'Intérieur, Alexandre Langlois a finalement été radié de la police nationale le 21 mars 2021, décision provoquée par le ministre de l'Intérieur, contre l'avis de tous les syndicats de police. En janvier 2021, Alexandre Langlois a fondé avec d'autres fonctionnaires de police l'association IGPN Citoyen. Objectif affiché : « *une inspection générale de la Police nationale (IGPN citoyenne), car aujourd'hui l'IGPN est rattachée à la direction générale de la Police nationale, qui dépend du ministère de l'Intérieur. Elle n'est donc pas indépendante.* » Il faut « *En finir avec la proximité entre ceux qui enquêtent et ceux sur qui l'on enquête. Il faudrait transformer "la police des polices" en une autorité indépendante et transparente avec le concours des citoyens.* » L'ouvrage d'Alexandre Langlois, pourtant d'utilité publique, a été presque complètement passé sous silence dans les grands médias.

[84] Cf « Fuite sur l'identité des frères Kouachi : un journaliste brûle son passeport », *lepoint.fr* avec *AFP*, 12/10/2016. Le titre de cet article s'explique par le fait que le journaliste a spectaculairement brûlé son passeport en réaction à cette décision, en direct sur Périscope, commentant ainsi : « *Je suis un receleur, et bien comme je suis un méchant receleur, hé bien je vais montrer à la justice française et au gouvernement français, que je ne suis plus français. Voilà… Merci Molins, merci François, merci Manuels Valls, c'est pour vous (il montre son passeport en flammes dans un plat), votre passeport français, ici, qui va finir d'ailleurs dans les chiottes, dehors dans les égouts, voilà… mon passeport.* »

"mystère" qui, à l'époque déjà, avait alimenté les thèses conspirationnistes les plus délirantes. » Difficile de savoir ici si le journaliste ment ou pèche par incompétence : Après les attentats du 11 septembre ce ne sont en effet pas *un* passeport mais *huit* papiers d'identité divers des terroristes qui se sont crachés avec les avions, à comparer avec les papiers de passagers retrouvés, 5 pièces sur 246 passagers des quatre avions. Une disproportion trop extraordinaire pour ne pas faire naître plus que des doutes.

— Au pied du World Trade Center fut retrouvé le passeport en parfait état de Satam Al-Suqami

— carte d'identité en bon état de Majed Moqed, sur le site du Pentagone

— une partie de la carte d'identité d'Alhazmi (cité comme pièces à conviction lors du procès Moussaoui) (Pentagone)

— passeport de Saeed al Ghamdi sur le site du crach du vol 93

— le permis de conduire d'Ahmed al Nami (vol 93), et sa carte de membre des associations de jeunesse en Arabie saoudite

— la carte de visite professionnelle de Ziyad Jarrah (vol 93)

— une page contenant le visa pour les États-Unis du passeport du supposé pirate Ziyad Jarrah[85].

L'extrait du *soir.be* que nous venons citer n'est pas isolé : ce sont tous les médias qui vont doctement expliquer — et mettre en garde —, que cette trouvaille fortuite, et si importante pour le développement et l'issue rapide de l'enquête, en aucun cas ne saurait être considérée comme un indice possible d'une manipulation, d'une *deception* comme disent les Anglo-Saxons. Toute personne qui manifesterait publiquement des doutes à ce sujet — quelle que soit l'affaire du reste, et le cas n'est pas isolé — est un « complotiste », un

---

[85] Toutes ces pièces d'identité ont été produites lors du procès de Zaccarias Moussaoui en 2006, tenu au tribunal l'Alexandria en Virginie. Surnommé « le 21ème pirate de l'air », Moussaoui est le seul homme à ce jour à avoir été condamné par un tribunal américain pour avoir joué un rôle dans les attentats du 11 septembre 2001. Ayant échappé à la peine de mort, il a été condamné à la réclusion perpétuité. En 2020, il a vu une demande d'assouplissement de ses conditions de détention rejetée. Comme Farid Benyettou, Moussaoui a en effet eu le temps de réfléchir et de changer d'avis. Dans une motion déposée auprès du tribunal fédéral d'Alexandria, en Virginie, qui avait déclaré sa culpabilité, Moussaoui a écrit : « *Je dénonce et répudie Oussama Ben Laden comme un idiot utile de la CIA/des Saoudiens. Je proclame également sans équivoque mon opposition à toute action terroriste, attaque ou propagande contre les États-Unis.* » Il y fait également part de son désir de « *mettre en garde les jeunes musulmans contre la tromperie et la manipulation de ces faux djihadistes* ». (source : *the guardian.com*, 20/05/2020)

« conspirationniste » succombant dès le premier contact aux « rumeurs les plus folles ». Et c'est tout : circulez, il n'y a rien à voir.

45 rue de Meaux, énigmatique épilogue pour la Citroën C3 des frères Kouachi

Nous allons ici résumer l'enquête fouillée réalisée par Panamza et publiée sur son site internet le 31 janvier 2015, dans un article intitulé « Les terroristes de Charlie hebdo ont changé de véhicule devant un local utilisé par l'armée israélienne ».

Mais voyons d'abord comment cette péripétie d'apparence anodine a été rapportée à l'époque dans les médias, dans l'après-midi du 7 janvier, en citant quelques extraits d'articles publiés sur la toile à l'époque.

1) *Liberation.fr*[86] : « *Ils reprennent leur voiture en se dirigeant vers le nord-est de Paris. Ils percutent un piéton au niveau de Colonel Fabien, dans le XIXème arrondissement. Leur fuite s'interrompt au croisement entre la rue Sadi-Lecointe et la rue de Meaux, dans le XIXème arrondissement. La Citroën noire immatriculée CW 518 XV s'encastre dans un plot, lunette arrière et vitre conducteur brisées. Les hommes sortent du véhicule, abandonnant un chargeur de kalachnikov rempli de munitions. Ils braquent alors un automobiliste et lui volent sa Clio grise. Peu avant midi, la police perd leurs traces. Les portes de Paris sont aussitôt bloquées pour les empêcher de fuir.* »

2) *lefigaro.fr*[87] : « *Un peu plus loin, place du Colonel-Fabien, les terroristes percutent une automobiliste, qui sera blessée légèrement. Ils abandonnent leur voiture rue de Meaux, près du parc des Buttes-Chaumont, dans le XIXème arrondissement. Enfin, ils braquent un automobiliste porte de Pantin et s'enfuient vers le nord de Paris à bord de sa voiture, une Clio grise. Les forces de l'ordre perdent alors leur trace.* »

3) *20minutes.fr*[88] : « *Dans leur fuite, le commando à l'origine de la fusillade dans les locaux de Charlie Hebdo, serait passé par la Porte de Pantin, indique i Télé. Une journaliste de Libération raconte à I Télé avoir vu les tireurs embarquer dans une voiture boulevard Richard-Lenoir après avoir échangé des coups de feu avec des policiers. Cette voiture est une Citroën noire à vitres teintées. Selon une source policière, cette voiture a été abandonnée rue de*

---

[86] « Récit : il est 11 h 30, deux hommes tirent "en rafale" dans "Charlie Hebdo" », Marie Piquemal, Patricia Tourancheau, Luc Matthieu, *liberation.fr*, 07/01/2015.

[87] « À Charlie Hebdo, les terroristes ont crié : "Allah Akbar ! Nous avons vengé le prophète" », Édouard de Mareschal et Stéphane Kovacs, *lefigaro.fr*, 07/01/2015.

[88] « Fusillade à Charlie Hebdo : le commando s'enfuit par la porte de Pantin », Fabrice Pouliquen, *20minutes.fr*, 07/01/2015.

Meaux, comme a pu le constater un journaliste de 20 Minutes sur place. (...) Le commando aurait ensuite arrêté un automobiliste pour lui prendre sa voiture et poursuivre leur fuite. Un piéton aurait aussi été renversé. La trace du commando a été perdue ensuite aux abords de la porte de Pantin (19e). Paulo, 45 ans, habitant du 19e arrondissement, traversait la rue de Meaux lorsque le commando y abandonnait sa voiture. "J'ai entendu un gros boum, le bruit de la voiture qui heurtait un poteau au bord de la route. Le temps que je me retourne, la voiture était grande ouverte et il n'y avait plus personne à l'intérieur. Je n'ai pas vu les occupants de la voiture, mais pour moi ils se sont enfuis à pied par un petit passage qui fait angle avec la rue de Meaux, tout près d'où ils ont abandonné leur voiture", a-t-il raconté à notre journaliste. »

4) *leparisien.fr*[89] : « 16 h 10. "Un témoin raconte le changement de voiture des terroristes". »

« Jérémy, un témoin présent dans la boulangerie du 145 rue de Meaux a vu la Citroën C3 noire débouler de la rue Sadi Lecointe. Le véhicule a percuté un plot devant le magasin. "Ils ont braqué la voiture, une Clio blanche, garée juste derrière en criant 'Allah est avec nous'. Ils étaient cagoulés et sont sortis avec des Kalachnikovs, raconte Jérémy. Ils ont ensuite pris la fuite en empruntant la rue de Meaux, direction la porte de Pantin". Selon ce dernier, il n'y a pas eu de coup de feu tiré rue de Meaux. »

Notons déjà pour commencer que les deux témoignages ici rapportés contredisent directement celui de Patrick Deschamps. Quant aux quelques variations et approximations, elles s'expliquent sans doute par le fait que l'attentat vient juste d'avoir lieu et que les journalistes sont forcément un peu flottants. Dans tous les cas, nous n'apprendrons jamais rien de plus sur cette péripétie d'apparence anodine, si l'on peut dire : les frères Kouachi, sous le coup de la panique, ont deux accidents de la circulation à la suite, Place du Colonel Fabien, puis au 45 rue de Meaux, où ils braquent le conducteur d'un autre véhicule — ou prennent la fuite à pieds par un petit passage tout proche faisant angle avec la rue de Meaux, qui se prête à merveille[90] à un tel évanouissement — avant de prendre la fuite vers la Porte de Pantin, ayant oublié dans la Citroën C3 toutes sortes de pièces compromettantes qui vont immédiatement — après quelques minutes à peine, peut-on parfois lire — permettre à l'enquête de s'orienter sur leur piste.

Il y a pourtant énormément de choses à redire. Que sur le moment, rien n'ait pu être développé, cela peut se comprendre, mais qu'aucun, absolument aucun journaliste, ne soit allé par la suite y mettre sa truffe de façon approfondie, cela

---

[89] « Attentat à Charlie Hebdo : la France sous le choc », *leparisien.fr*, 07/01/2105.

[90] L'examen de la configuration du quartier ne peut en effet permettre d'exclure une telle hypothèse : elle saute aux yeux quand on le parcourt à pied.

pose des questions, surtout quand on considère la somme d'anomalies qu'en très peu de temps *Panamza* est parvenu à réunir et mettre en ordre.

La plaque d'immatriculation du véhicule

Après avoir relevé la plaque d'immatriculation du véhicule (CV 518 XV), les enquêteurs se rendent compte que la combinaison renvoie à celui d'une jeune lyonnaise travaillant à Grenoble. La jeune femme est entendue par la police judiciaire de Grenoble tard dans la soirée du mercredi, mais rien ne permet de la rattacher à la tuerie perpétrée à Paris en fin de matinée. L'explication est étonnante : les tueurs non seulement ont pris la peine de mettre une fausse plaque d'immatriculation sur la Citroën C3, mais en plus ils en ont choisi une existante, correspondant à un véhicule de la même marque et de la même couleur, si bien que la doublette[91] est parfaite, « *permettant à la voiture de ne pas apparaître comme étant volée en cas de contrôle* », nous explique une dépêche *AFP* du 9 janvier.

Des rideaux pare-soleil siglés « play boy »

Panamza : « *Un reportage du journal télévisé de France 2, diffusé le soir de l'attentat, dévoile incidemment une image inattendue : le véhicule abandonné rue de Meaux et dans lequel se sont déplacés les terroristes était muni de rideaux pare-soleil siglés du lapin de "Play-boy" — logo d'une célèbre revue érotique américaine. Précision : les frères Kouachi, auteurs présumés de l'attentat, avaient adopté une vision rigoriste de l'islam. Leurs épouses respectives — qui se sont d'ailleurs déclarées "stupéfaites" et dans "l'incompréhension totale" au sujet des actes qui leur sont imputés — arborent ainsi un voile intégral.* »

le silence des propriétaires de la « boulangerie »

Les médias qui évoquent la « boulangerie » du 45 rue de Meaux n'expliquent jamais la spécificité de cet établissement. Il ne s'agit pas à proprement parler d'une boulangerie où l'on viendrait acheter sa baguette, son pain au chocolat, ou son jambon/beurre, mais d'un restaurant/pâtisserie cacher — un vaste Hyper Cacher se trouvant à 100 mètres de là, bien visible dans la même rue, édifié au pied d'une imposante barre d'immeuble d'apparence stalinienne. « *La particularité du lieu ? nous informe Panamza, Patistory est l'un des sept "points de vente"* — *dans toute la France* — *à destination d'un gala annuel dédié à*

---

[91] Le principe de la « doublette » est ainsi expliqué par le capitaine Paul Barril dans Les Guerres secrètes de l'Élysée (Albin Michel, 1996) : « Aujourd'hui, même de petits truands débutants, lorsqu'ils préparent un hold-up, utilisent des véhicules de location dont ils changent les plaques d'immatriculation au moment du repérage des lieux, comme le jour de l'exécution. Les numéros choisis correspondent évidemment à des numéros réels, appartenant à des véhicules en circulation, similaires et de même marque. Cet aspect visuel est important pour la phase de préparation et d'exécution. C'est le principe de la "doublette" d'immatriculation, méthode qui brouille les cartes car le véhicule ainsi "copié" n'est évidemment pas signalé volé et n'est pas davantage recherché. » (p 258)

l'armée israélienne et organisé par l'association française Migdal. »/ « *La double singularité de cette association extrémiste mais reconnue par l'État français : son ultra-sionisme accompagné de son corollaire — un racisme antiarabe.* »/ « *Nulle surprise à ce que les responsables de Patistory puissent participer — avec Migdal — à l'organisation d'un gala de soutien à une armée d'occupation coupable de crimes de guerre. En août, le couple à la tête du restaurant — Martine Bismuth Bellaïche et Patrick Bellaïche — avait été fortuitement sollicité par une journaliste américaine. Le thème de son papier publié par The Christian Science Monitor : l'attitude de la communauté juive française face aux derniers bombardements israéliens de Gaza. Après avoir revendiqué leur participation aux manifestations pro-israéliennes, les Bellaïche ont ainsi confessé leur "espoir" de partir bientôt vivre "en Israël".* »/ « *Résumons : des djihadistes-terroristes-antisémites présumés (dont l'un des "trois" s'est évaporé durant la fuite) se dirigent vers un quartier où vit la plus importante communauté juive de France et décident alors d'y changer de véhicule "volé" devant un commerce cacher tenu par un couple ultra-sioniste collaborant avec le ministère israélien de la Défense.* »

Des témoignages contradictoires et problématiques

À la limite, tout cela relèverait de l'exotisme parisien, si les témoignages recueillis sur place — ou non — au moment des faits n'étaient pas contradictoires et problématiques, jetant un gros doute sur la probité des propriétaires dudit restaurant-pâtisserie (et pas « boulangerie »). Il faut se souvenir que selon la version officielle, à cette étape de leur fuite, les terroristes auraient ôté leurs cagoules et opèrent à visage découvert. Panamza enchaîne donc et en relève six.

1) Cédric le Bechec sortant fortuitement du 45 rue de Meaux[92] : « *Une voiture noire était arrêtée au milieu de la rue. Deux grands blacks habillés de façon militaire étaient sortis, dont un avec un lance-roquettes. Ils ont sorti un homme de la voiture qui était derrière. Et ils sont montés en disant "vous direz aux médias que c'est al-Qaïda au Yémen".* »

2) Habitant anonyme sortant du café-bar le dauphin[93] : « *Ce qui m'a marqué, c'est les chaussures de l'armée. Les mecs ont sorti un vieux de sa voiture et sont repartis vers Porte de Pantin.* »

---

[92] « Attaque à Charlie Hebdo : "Vous direz aux médias que c'est al-Qaïda au Yémen" », Antoine Maes, *20minutes.fr*, 07/01/2015.

[93] Témoignage rapporté par Panamza dans son article « Charlie Hebdo : les terroristes changent de voiture devant un local pro-israélien », émanant de l'*AFP*.

3) Témoin anonyme[94] : « *Alors, le véhicule a descendu la rue Sadi-Lecointe. Ils sont sortis avec des kalachnikovs et ont crié "Allah est avec nous". Ils ont pris l'autre véhicule et sont repartis vers Porte de Pantin, apparemment.* »

4) Témoin anonyme[95] : « *Ils ont sorti la personne qui était derrière la voiture, ils ont dit "Pars de la voiture et dis aux journalistes qu'ils disent 'al-Qaïda in'Allah.* »

5) « Habitant » non identifié rapportant ce que son frère déclare avoir vu[96] : « *Il a vu simplement deux personnes qui ont braqué un vieux qui était juste derrière... Ils avaient plus de cagoule à ce moment-là.* »

6) *Patrick Deschamp (le kiosquier, voir point précédent) :* « *Le conducteur descend, armé d'un pistolet mitrailleur. Ils n'étaient plus masqués... Ils ressemblent aux personnes que vous avez vues [aux photos diffusées, NDA]. Sauf qu'à ce moment-là, ils étaient en tenue paramilitaire avec leurs armes à la main. "En partant, ils m'ont dit : 'Si jamais, tu t'adresses... enfin, si les médias t'interrogent, tu diras : 'C'est al-Qaïda au Yémen'.* »

Outre la coïncidence de sa rencontre avec Cabu et Wolinski le matin même, juste avant de se rendre à la conférence de rédaction, Panamza relève l'anomalie suivante, révélée par le kiosquier lui-même à *Paris-Match* le 9 janvier[97] : « *C'est une fois à l'angle de la rue [correction : avenue] Simon Bolivar et de l'avenue Mathurin Moreau que j'ai à nouveau été face à face avec cette voiture. Un premier homme est d'abord sorti. Il était lourdement armé et ne portait pas de cagoule. Je suis sorti immédiatement de ma vieille Clio, je n'allais pas jouer au cow-boy... Puis un second homme est arrivé. Les deux étaient comme des commandos, calmes et déterminés ! J'ai simplement récupéré mon chien, un terrier gris foncé, et ils sont partis direction la Porte de Pantin.* » La contradiction est évidente : puisque l'angle de rues en question se situe à 300 mètres du 45 de la rue de Meaux. Il suffit de faire l'itinéraire à pied pour se rendre compte que le 45 de la rue de Meaux est un endroit de bascule infiniment plus favorable que l'angle de ces deux avenues, avec tellement plus de témoins non contrôlables potentiels. Il faut passer par là pour rallier le 45, certes, mais cela voudrait dire qu'ensuite il aurait été pris en chasse (?) par les Kouachi jusqu'en ce point, où il aurait été contraint de céder son véhicule sous la contrainte. Et la version officielle dit que Deschamps est arrivé par l'ouest de la

---

[94] Idem, témoignage recueilli par « un caméraman du site du *Parisien* ».

[95] Idem, même source.

[96] Idem, interview de *Tf1* in « Charlie Hebdo : les terroristes ont "demandé poliment" s'ils pouvaient prendre la voiture », vidéo désormais indisponible sur le site de la chaîne.

[97] « Son face-à-face avec les frères Kouachi », Anthony Verdot-Belaval, *Paris Match*, 09/01/2015.

rue de Meaux pour se retrouver à la perpendiculaire de la Citroën des tueurs arrêtée devant le 45…

Un septième témoignage aurait été crucial et facile à obtenir, celui des tenanciers du restaurant-pâtisserie Patistory, naturellement ouvert et fréquenté[98] (il est presque midi) à ce moment de la journée. Las, s'étonne Panamza : « *AUCUN média traditionnel n'a rapporté le témoignage des gérants de Patistory. Une telle lacune médiatique est proprement stupéfiante : voici un restaurant — nécessairement fréquenté par des clients en cette heure du déjeuner — qui fut aux premières loges d'une séquence historique (la seconde fuite des terroristes de Charlie Hebdo) mais dont l'expérience originale est totalement passée sous silence par les journalistes audiovisuels. Contrairement à la pratique récurrente dans des cas similaires, ces derniers n'ont pas jugé utile d'aller, caméra à l'épaule, recueillir le point de vue des restaurateurs et de leurs clients, pourtant témoins clés de la scène. Cerise sur le gâteau : cet étrange profil bas est également adopté par les premiers concernés. Sur la page Facebook de Patistory, nulle mention de l'incident survenu le 7 janvier. Seule une publication de soutien à Charlie a été mise en ligne.* »

On peut rappeler enfin de criantes contradictions dans tous ces témoignages : comme ils étaient, dixit le kiosquier, « *très calmes, très professionnels, etc.* », ils ne peuvent pas avoir crié « *Allah est avec nous !* » comme le prétend le témoin 3. Il ne peut non plus s'agir de « *deux grands blacks* », comme le prétend le témoin 1 qui vu sa position les a vus quasiment face à face. Comme le souligne Panamza, le visionnage des caméras de surveillance aurait permis de trancher dans un sens ou dans l'autre, mais les terroristes ont eu de la chance : ils ont changé de véhicule dans l'un des seuls endroits de Paris à être entièrement dépourvu de système de vidéosurveillance.

Lesquels de ces témoins ont délibérément menti — ou se sont tus — pour égarer les enquêteurs sur l'identité des tueurs, voilà une question qui n'aurait demandé que des moyens minimaux pour être résolue, et une piste différemment solide et crédible de celle des frères Kouachi aurait pu être remontée.

On peut clore cet obscur épisode de transition cette transition obscure par une remarque de bon sens : si les deux tueurs avaient un comportement extrêmement calme et professionnel, comme l'a précisé M. Deschamps, si la complétude de l'opération impliquait de s'en prendre à un lieu juif, et si l'inéluctable issue était de mourir en martyrs en se précipitant sur le feu des forces de l'ordre, comme ils le feront deux jours plus tard, alors pourquoi n'ont-ils pas eu l'idée, vu le quartier et le lieu dans lequel le hasard les a acheminés, c'est-à-dire dans le principal quartier juif de Paris, à une centaine de mètres d'un supermarché Hyper Cacher, et devant un restaurant-pâtisserie Cacher, qui était ouvert et fréquenté au moment de leur transition, pourquoi les deux ou trois tueurs n'ont-ils pas profité de

---

[98] C'est affirmé par le kiosquier qui dans le livre évoque le magasin ouvert avec l'écran diffusant les images de *BFMTV* de l'attentat.

l'occasion pour faire un carton ? Avec des « si », tant d'histoires peuvent être réécrites à plaisir, mais reconnaissons que les frères Kouachi sont bien bêtes d'avoir manqué une occasion aussi magnifique... Et ce n'était pas le temps qui leur manquait, puisque ils ont mis du temps pour démarrer la vieille Clio de M. Deschamps, qui a pu récupérer son chien en demandant l'autorisation des tueurs, qui ont eu le temps de lui dire calmement qu'ils étaient d'Al-Qaïda au Yémen.

Couverture médiatique

Comme je l'ai souligné, aucun journaliste encarté n'a mené d'investigation sur cette péripétie à l'évidence cruciale dans la fuite des tueurs de Charlie Hebdo. Les seules références que l'on peut relever se trouvent dans des articles anticomplotistes (AC) prétendant tordre le cou aux « théories du complot », contestant le fait que les rétroviseurs de la Citroën ne soient pas de la même couleur entre le boulevard Richard Lenoir et la rue de Meaux. Nous reviendrons sur ce point dans la deuxième partie.

Sur cette péripétie le rapport de la Commission d'enquête est succinct et expéditif au possible : « *Place du colonel Fabien, ils entrent en collision avec un autre véhicule, avant de s'engager dans la rue de Meaux et d'y abandonner leur véhicule. Vers 11 h 43, les frères Kouachi stoppent alors un automobiliste et lui volent son véhicule, dans lequel ils reprennent la fuite en direction de la porte de Pantin. L'automobiliste alerte immédiatement la police par un appel passé à 11 h 45. À 11 h 46 la police est présente sur les lieux et découvre le premier véhicule abandonné par les terroristes. Ceux-ci atteignent la porte de Pantin puis quittent Paris et l'agglomération parisienne sans être suivis ni repérés. (…) À 13 h, la carte d'identité de Saïd Kouachi est retrouvée par la police judiciaire dans le véhicule abandonné. (…) À 13 h 45, la cellule de crise de la section antiterroriste du parquet de Paris est informée de la découverte de la carte nationale d'identité de Saïd Kouachi. Celui-ci est également reconnu quelques minutes plus tard sur photographie par plusieurs témoins* [lesquels ? NDA] *comme étant l'un des auteurs de l'attentat. En outre, le matériel découvert dans le véhicule Citroën C3 abandonné (cocktails Molotov, chargeur de kalachnikov, caméra go pro, talkie-walkie) conforte la thèse d'une action terroriste concertée. (…) À 10 h 15* [le 8 janvier], *les empreintes papillaires de Chérif Kouachi sont identifiées sur un cocktail Molotov découvert dans le véhicule* Citroën C3 *abandonné la veille.* » (p.34-35&38)

Le procès, à l'automne 2020, n'a pas non plus permis d'éclaircir ce moment très important de la fuite des tueurs vers le nord de Paris. La journée du 8 septembre a été consacrée à l'audition des témoins ayant croisé le chemin des Kouachi ce 7 janvier lors de leur arrivée près des locaux de Charlie Hebdo. Cinq témoins se sont ainsi succédé à la barre. Mais aucun de ceux-ci ne les a vus sans leur cagoule. Aucun témoin de la phase « rue de Meaux », pendant laquelle ils étaient décagoulés, n'a été convoqué, y compris le kiosquier Patrick Deschamps, ce qui est tout de même bien dommage, vu l'absence malencontreuse de caméras de surveillance.

Le témoignage de Valérie M,
la dernière compagne de Charb

Le 8 janvier, la France, choquée par l'attentat qui a décimé la rédaction de Charlie Hebdo la veille, découvre sur *LCI* celle qui fut, à ses dires, la compagne de Stéphane Charbonnier, alias Charb, le rédacteur en chef de l'hebdomadaire satyrique. Pendant 20 minutes, elle se livre face à une Ruth Elkrief en transe empathique à un émouvant lamento dans lequel elle mêle cris du cœur pour l'amour de sa vie évanoui : « *j'étais avec un héros que j'admirais* »/ « *On ne peut être que très fier de lui, il mérite le Panthéon.* »/ « *j'ai perdu l'être aimé, j'ai perdu mon amour, j'ai perdu une partie de moi* »/ « *Ils ont arraché l'être cher qui m'accompagnait dans ma vie* » ; et appels à la vigilance républicaine pour que plus jamais l'impensable ne se reproduise : « *Il est mort debout, on l'a exécuté parce qu'il défendait la laïcité, parce qu'il défendait l'esprit voltairien, parce qu'il était le fruit de cet idéal, qu'en République on a un peu oublié.* »/ « *Tous ces dessinateurs en vérité méritent le panthéon. Il mérite une cérémonie comme Malraux a pu faire pour Jean Moulins. Ce sont des résistants et si j'étais présidente de la République c'est ce que je ferais, ils sont morts pour défendre la liberté d'expression, pour la laïcité, et ils sont morts pour qu'on puisse demeurer libre dans ce pays qui est le nôtre.* » Pendant toute son intervention, Jeannette Bougrab accomplit l'exploit de rester constante à un certain niveau de trémolos, ne remontant jamais dans la normalité, ne tombant jamais dans les larmes. Jeannette Bougrab a fait partie des premières personnes à s'être rendue sur les lieux du crime se présentant ostensiblement comme « la femme de Stéphane Charbonnier »[99], auquel elle n'a pu cependant accéder.

Ce déballage n'est cependant pas du goût de tout le monde. L'urgentiste Patrick Pelloux, l'un des meilleurs amis de Charb, qui a pu quant à lui découvrir la scène de carnage dans la salle de rédaction et prodiguer les premiers soins aux survivants, tombe des nues : il connaît bien la compagne de Charb, mais il ne s'agit pas de cette Jeannette Bougrab, ancienne présidente de la HALDE, militante UMP, secrétaire d'État dans le troisième gouvernement Fillon, recasée en 2014 au Conseil d'État qu'elle avait intégrée au tour extérieur en 2007[100],

---

[99] cf. Le kiosquier de Charlie.

[100] Voici le portrait qu'en brosse Yvan Stépanovitch dans *Petits arrangements entre amis* (Albin Michel, 2020), ouvrage consacré au fonctionnement et aux secrets du mal connu Conseil d'État : « *La conseillère d'État issue elle aussi du tour extérieur [par le fait du Prince, sans avoir a passé par le concours, NDA] Jeannette Bougrab, quarante-six ans, a multiplié également les activités et les revenus. Fille d'un harki ouvrier métallurgiste, cette spécialiste du droit public a fait de brillantes études à Orléans, puis à la Sorbonne et à Sciences Po. Elle a été nommée maître des requêtes au Conseil d'État le 28 septembre 2007 par le président Sarkozy. Du 7 avril 2008 au 14 avril 2010, elle a assuré ses fonctions de rapporteure au service du contentieux dans 44 arrêts. Sur une période de deux ans pile, cela représente un peu plus de 22 arrêts par an et un peu moins de deux*

mais d'une certaine Valérie M qui dans un premier temps demeure dans l'ombre. Pelloux, scandalisé par ce qu'il interprète comme une usurpation obscène et exhibitionniste, contacte la famille de Charb, poussant son frère à publier un communiqué via l'*AFP* dans lequel ils démentent « *formellement l'engagement relationnel de Charb avec Jeannette Bougrab. La famille ne veut plus que Jeannette Bougrab s'exprime au sujet de Charb dans les médias de quelque manière que ce soit* ». Pire, Pelloux soupçonne Jeannette Bougrab d'avoir soutiré aux parents de Charb les clés de son appartement : il se trouve en effet que lorsque son frère, Valérie M, et quelques intimes dont Pelloux se rendent dans l'appartement de Charb le samedi 10, ils découvrent qu'il a été mis à sac, que des affaires ont été emportées, et que son ordinateur portable a été dérobé.

L'affaire est en fait plus compliquée : Jeannette Bougrab était effectivement l'amante de Charb, mais la façon dont elle a voulu s'annexer sa mémoire en a outré plus d'un, surtout ceux qui ont découvert la liaison, si spectaculairement, le lendemain de l'attentat. Les amis de Charb, dans l'ensemble, ont eu une réaction de rejet brutale, et le climat autour d'elle devient tellement délétère au fil des mois qu'elle parvient, par le truchement de Manuel Valls, à se faire muter au poste de conseillère culturelle à l'ambassade de Finlande, jusqu'au 7 août 2015, réintégrant automatiquement un poste au Conseil d'État.

Il y aurait beaucoup à dire sur cette femme liée à la mouvance sioniste, comme le souligne *Panamza* dans de nombreux articles[101], mais venons-en au fait. En

---

par mois. Ce rythme de sénateur s'explique sans doute par les multiples activités qu'elle avait acceptées. Cette jeune femme énergique fut ensuite nommée, le 14 novembre 2010, secrétaire d'État, chargée de la Jeunesse et de la Vie associative. Elle a quitté ce poste en mai 2012, à l'arrivée de la gauche au pouvoir mais n'avait pas du tout envie de retrouver les cadences infernales du Conseil. Le 16 novembre 2012, elle y retournait, mais pour demander aussitôt sa mise en disponibilité. Le 19 décembre suivant, elle prêtait serment aux côtés de Claude Guéant, l'ancien secrétaire général de l'Élysée, pour devenir avocate [quand on a été collaborateur parlementaire d'un député ou d'un sénateur, ou membre du gouvernement, et à condition d'avoir au minimum une maîtrise de droit, on peut depuis avril 2014 devenir automatiquement avocat sans avoir à passer la formation et le concours, NDA] et entrer comme collaboratrice dans la succursale du gros cabinet américain Mayer Brown. Elle y a dirigé pendant un an et demi une équipe chargée de "conseiller les entreprises face aux nouvelles contraintes juridiques liées à la lutte anticorruption". En avril 2014 elle abandonnait la profession d'avocate. Courant 2013, la maître des requêtes avait rejoint en tant que chroniqueuse Le Grand Journal de Canal+. Elle sera réintégrée, à sa demande, au Conseil, le 11 juillet 2014. » (p. 78)

[101] Lire par exemple : « "La prime Charlie" : Jeannette Bougrab récompensée par un groupe US ultra sioniste et antimusulman », *Panamza*, 27/03/15 : « *Après avoir disparu de la scène médiatique durant plus de deux mois (suite aux propos du frère de Charb qui réfuta vigoureusement les allégations de Bougrab faisant état de son lien conjugal avec le directeur assassiné de Charlie Hebdo), celle qui était redevenue (grâce à son ami Manuel Valls) maître de requêtes au Conseil d'État a participé à un événement singulier : la réunion parisienne (au Plaza Athénée) d'un think tank américain dénommé l'institut*

octobre 2015, Valérie M. sort de son silence pour rétablir quelques vérités et poser quelques questions. Élément important à souligner : aux yeux des enquêteurs, quoiqu'elle ait préféré rester dans l'ombre, contrairement à Bougrab qui s'est aussitôt précipitée en larmes sous tous les projecteurs possibles, elle est considérée comme la véritable compagne de Charb, avec qui elle vivait depuis quatre ans : c'est elle et non Bougrab qui a bénéficié du fonds d'indemnisation des victimes de la tuerie d'un montant total de 4,2 millions d'euros. Le matin du 7 janvier, c'est à ses côtés qu'il s'est réveillé, de même que la veille et l'avant-veille. Il faut ici citer de longs extraits de son témoignage :

« Après le réveil, Charb est parti chercher des croissants à la boulangerie. En revenant, il avait l'air soucieux : il m'a raconté avoir repéré en bas de son immeuble une voiture noire aux vitres teintées, de marque Peugeot ou Renault, je ne me rappelle plus précisément. Il n'était pas du genre à s'inquiéter pour rien, mais là, ça le perturbait. Il répétait : "C'est bizarre cette voiture." (...) À l'automne 2014, la santé financière du journal était catastrophique[102]. Charb

---

Gatestone. Spécificité de cet organisme, maintes fois soulignée par divers journalistes US : son idéologie extrémiste, à la fois ultra-sioniste et antimusulmane. Fondatrice et mécène de ce réseau influent : Nina Rosenwald, ancienne codirectrice du JINSÀ — un puissant groupe proche du Likoud et dévolu (depuis 1976) au rapprochement militaire et stratégique des États-Unis avec Israël. Lundi soir, Jeannette Bougrab prenait ainsi la pose avec Guy Millière, un intellectuel néoconservateur qui collabore avec le site anti-arabe Dreuz et dont la protection physique est assurée, comme l'avait révélé l'auteur de ces lignes, par la ligue de défense juive. (...) Le lendemain après-midi, au terme d'un discours au cours duquel elle déclara "Nous sommes en guerre", Jeannette Bougrab a reçu le "Prix de la Liberté" selon Anne-Élisabeth Moutet, journaliste (Newsweek, The Weekly Standard, Arte) mais également administratrice de l'Institut Gatestone. Celui qui lui a remis la décoration en mains propres ? Un certain Bernard-Henri Levy. »* Ça ne s'invente pas !

[102] C'est l'occasion à ce sujet d'insérer la précision suivante : si de nombreux collaborateurs de Charlie Hebdo, le rédacteur en chef Stéphane Charbonnier au premier chef, mais également Patrick Pelloux et Georges Wolinski déploraient et redoutaient sa très mauvaise santé financière, au point d'envisager le dépôt de bilan dans un proche avenir, Laurent Sourisseau est pour sa part le seul à avoir écrit noir sur blanc, dans son livre de témoignage *Une minute quarante-neuf secondes*, qu'au contraire le problème était inexistant et les préoccupations n'avaient pas lieu d'être : *« Pourtant l'année où Charlie Hebdo faillit bien disparaître ne fut ni 2014 ni 2015, mais 2009. À la fin de l'année 2008, les ventes du journal s'écroulèrent soudain après le déclenchement de ce qu'on appela "l'affaire Siné". L'éviction du journal de ce dessinateur provoqua en quelques semaines une hémorragie de 30 000 lecteurs et abonnés mécontents. Cet effondrement du lectorat entraîna aussitôt un manque à gagner pour le journal qui, dès les premières semaines de 2009, commença à perdre de l'argent. Après le départ de Philippe Val, en avril 2009, Charb et moi, nous nous retrouvions à la tête d'un journal qui coulait. Il ne restait plus que 300 000 euros de trésorerie alors que chaque mois le journal en perdait 100 000. Il fallut contracter en urgence un prêt de 800 000 euros, qui furent utilisés pour négocier une série de départs afin de diminuer drastiquement la masse salariale, imprudemment gonflée les années précédentes. Cet emprunt fut obtenu in*

me disait qu'il devait trouver 200 000 euros avant la fin de l'année pour ne pas fermer boutique en 2015. Les appels aux dons n'avaient pas suffi à redresser les comptes. Il s'est mis à chercher des fonds un peu partout, sans trop en parler à ses copains de "Charlie" parce qu'il ne voulait pas les inquiéter. Dans cette quête, il a été mis en relation[103] avec beaucoup de personnes différentes, parmi lesquels des hommes d'affaires, notamment du Proche-Orient, avec qui il passait des soirées. »

« la veille de l'attentat, Charb m'a dit qu'il avait réussi à trouver l'argent manquant. Je lui ai demandé comment, il m'a répondu : "Mes soirées où je fais du charme à des riches dignitaires, et bien ça a fini par payer !" Je n'ai pas cherché à en savoir plus, mais je lui ai dit que cela pouvait être dangereux. Il a ajouté qu'il restait à se mettre d'accord avec les fournisseurs du journal pour régler les factures restantes. Aujourd'hui, je ne peux pas m'empêcher de trouver cette coïncidence troublante. Qui a payé ? Où se trouve cette somme et comment a-t-elle été réglée ? Peut-il y avoir un lien avec les événements du 7 janvier ? Les enquêteurs doivent s'y intéresser. »

---

extremis car, en 2009, la crise financière s'abattit sur le système financier mondial et rendit les banques extrêmement frileuses. On nous informa qu'elles avaient reçu pour consigne de ne plus prêter d'argent à trois types d'entreprises à l'économie trop fragile : les entreprises du BTP, les maisons d'édition et les sociétés de presse. C'est donc sur le fil du rasoir que cet emprunt providentiel fut obtenu. <u>Quelques semaines plus tard, ce n'aurait plus été possible et Charlie Hebdo se serait retrouvé sans aucune marge de manœuvre financière. Cet argent frais permit de réorganiser le journal et de réduire ses coûts.</u> Année après année, la dette du journal se résorba. À la fin de l'année 2009, la dette du journal s'élevait à 1 417 697 euros. À l'automne 2014, elle n'était plus que de 197 515 euros. En cinq ans la dette avait été divisée par sept. Nous décidâmes alors de lancer une souscription qui rapporta 251 261,68 euros et permit de solder le reliquat de pertes et de terminer l'année à l'équilibre depuis 2008. Le dernier virement à la banque pour rembourser l'emprunt de 800 000 euros contracté en 2009 fut effectué le 3 janvier 2015. Au matin du 7 janvier le journal n'avait plus aucune dette. Voilà la réalité des chiffres de la situation du journal à cette époque. » (p 141-142). Dans *Dessiner encore*, bande dessinée publiée en mars 2021, Corinne Rey semble confirmer ce mieux-être financier : *« Le journal sort le nez des dettes, on commence à me confier des petits reportages. Je me réjouis de cette nouvelle année qui commence. »* (p.86). Comme cette phrase le suggère toutefois, Coco occupait à l'époque une position mineure à *Charlie Hebdo* et ne pouvait être dans le secret des dieux. Dans cette polémique sur la santé financière de *Charlie Hebdo* début janvier 2015, il y a donc forcément quelqu'un qui ment.

[103] Selon Panamza, ce contact est très probablement Jeannette Bougrab : *« Un recoupement avec un récent portrait de Vanity Fair –<u>consacré à l'ambigu Patrick Pelloux</u>– permet d'identifier aisément ce "contact" financier de Charb : il s'agit probablement de Jeannette Bougrab. Lors de la promotion de son dernier ouvrage, celle qui prétend avoir été la compagne sentimentale de Charb se vantait elle-même, notamment sur des radios locales de France Bleu, d'avoir démarché des financiers — non identifiés — pour aider son "amoureux". »*

« *Le samedi qui a suivi le drame, je suis retournée avec le frère de Charb et quelques intimes dans son appartement. Nous avons découvert qu'il avait été visité, mis à sac, et des affaires emportées, parmi lesquelles des dessins et son ordinateur portable. Il me paraît indispensable de retrouver cet ordinateur portable qui contient sûrement des informations utiles à l'enquête. Or je m'étonne que les policiers qui ont recueilli mon témoignage n'aient pas eu l'air intéressés par cet élément. Un tel cambriolage, chez un défunt, quelques jours après le drame, ne mérite-t-il pas une enquête approfondie ?* »

« *j'ai le sentiment que la vérité sur l'attentat de "Charlie Hebdo" est encore loin, et je veux faire tout mon possible pour qu'elle éclate. Je m'étonne que les enquêteurs ne cherchent pas à savoir si d'autres personnes ou d'autres intérêts pourraient se cacher derrière les frères Kouachi. On ne peut pas se contenter de la seule thèse du terrorisme islamiste*[104]. »

Il faut ici rappeler un point important concernant Jeannette Bougrab. Le soir du 7 janvier, c'est la famille de Jeannette Bougrab que le commissaire Helric Fredou a contactée — via une triplette d'enquêteurs — afin d'obtenir des informations sur une relation éventuelle avec l'une des victimes de la tuerie, Charb en l'occurrence. Et nous n'en savons évidemment pas plus, puisque l'homme a été retrouvé suicidé dans son bureau alors qu'il s'apprêtait à passer un coup de téléphone important — malheureusement, nous disent les médias, les penchants dépressifs de l'homme à ce moment semblent avoir pris le dessus. L'excitation de la découverte d'un angle d'éclaircissement fondamental de cet incroyable attentat n'a pas été à même de lui faire différer la décision de se tirer une balle dans le front — semble dire le rapport d'autopsie auquel sa famille n'a pas eu le droit d'avoir accès[105].

Panamza par la suite est entré en contact téléphonique avec Zohra Bougrab, la mère de Jeannette, pour en savoir plus. L'entretien a vite tourné court : « *C'est pas mon affaire, tout ça, allez, au revoir* ». Son décès, des suites d'un cancer du pancréas, est rapporté le 4 juin par le *Figaro* et la *Nouvelle République*. Je renvoie à l'article de *Panamza* du 8 juin 2015 : « *Le mensonge clé de Jeannette Bougrab* ».

couverture médiatique de ces révélations

Si Jeannette Bougrab a été reçue et traitée avec tous les égards dus à une veuve éplorée dans les médias les premiers jours suivant l'attentat, et généreusement pistonnée pour obtenir une sinécure à l'institut culturel français en Finlande, où il semble qu'elle se soit adonnée à la gabegie[106] et se soit signalée par des

---

[104] *Le Parisien*, « "Charlie Hebdo" : les révélations de la dernière compagne de Charb », 18/10/2015.

[105] Témoignage de la sœur de Helric Fredou, rapporté par *Panamza*.

[106] *20minutes.fr*, 06/04/2016, « Jeannette Bougrab épinglée pour son management

méthodes de gestion dictatoriales[107], Valérie M. a au contraire été traitée comme une chienne après ces révélations qui dans le cadre de l'enquête auraient dû avoir une fonction identique à celle de la carte d'identité de Saïd Kouachi retrouvée dans la Citroën C3. *Panamza* rend compte de cette diabolisation et de cet ostracisme médiatique dans un article du 20 octobre 2015. *L'Obs* tweete ainsi : « la "dernière compagne de Charb" expose une théorie complotiste ». *Libération* publie un court article intitulé « attentat à Charlie hebdo une ex-compagne de Charb livre un témoignage aux accents complotistes », dans lequel Valérie M est réfutée avec une rhétorique anticomplotiste (AC) haineuse typique, dont nous décrypterons le fonctionnement dans la seconde partie de cet ouvrage. Caroline Fourest, l'une des premières arrivée sur les lieux de l'attentat avec son amie Jeannette Bougrab, publie sur le site du *Huffingtonpost.fr* une tribune intitulée « La nausée » dans laquelle elle écrit : « *À quoi rime cet étalage de faits tronqués, sortis de leur contexte, sans lien entre eux ? Je suis sûre que l'un des clients de l'Hyper Casher a aussi croisé, sans doute, une fois dans sa vie, un mécène, peut-être même un mécène du "Proche Orient". L'une des victimes décédées a peut-être eu aussi un proche venu récupérer des affaires à son appartement sans le dire à d'autres… De là à penser que l'Hyper Casher est un complot financier impliquant des mécènes du "Proche Orient" (pourquoi pas un coup du Mossad tant qu'on y est ?)…* » Quel rapport entre Valérie M. et l'Hyper Casher ? Caroline Fourest se fend d'autres phrases assassines : « *Difficile de décrire la nausée ressentie en voyant le buzz autour de l'article indécent du Parisien. Des faits connus des proches de Charlie, anodins ou personnels, présentés de façon étonnante, une titraille sensationnaliste, complotiste, et voilà la machine à délires relancée… Décidément, rien n'aura été épargné à la famille de Charb ni à ses amis.* » Selon elle, l'intention de Valérie M. était de « *Régaler ceux qui rêvent de disculper les terroristes ayant assassiné nos amis. Nourrir le cerveau malade de ceux qui dansent, depuis le premier jour, sur les cadavres de ceux qu'on pleure.* ».

À ce jour, aucun media n'a jugé utile, à l'instar de la commission d'enquête, d'évaluer avec rigueur et souci du détail les révélations de Valérie M.

<u>Témoignage de Valérie Martinez au procès des attentats le 10 septembre 2020</u>

Le nom complet de Valérie M. a été rendu public lors de son audition au procès des attentats le 10 septembre 2020. M comme Martinez. Ils se sont rencontrés en 2005 et ont commencé une relation sérieuse en 2010. Elle a rappelé les étrangetés qui ont alerté Charb la matinée du 7 janvier. « *Je ne l'avais jamais vu comme ça* », dit-elle à la barre. Il n'est venu à l'esprit de personne de l'insulter comme a pu le faire Caroline Fourest, l'une des premières personnes arrivées sur le lieu du massacre en compagnie de Jeannette Bougrab, Jeannette Bougrab dont le nom

---

"brutal" à l'institut français d'Helsinki ».

[107] *Marianne.net*, 06/04/2016, « À l'institut français de Finlande, Jeannette Bougrab fait des malheurs ».

n'a pas été cité une seule fois lors du procès, et que personne n'a jugé utile d'auditionner. Aucune allusion non plus n'a été faite au mystérieux cambriolage de l'appartement de Charb, dont Valérie Martinez s'étonnait qu'il n'ait pas suscité la curiosité des enquêteurs. Ce témoignage explosif, qui initialement avançait qu'« *On ne peut pas se contenter de la seule thèse du terrorisme islamiste* » semble ainsi avoir été édulcoré. En tout cas je n'ai trouvé aucune trace de ces éléments dans les médias et sur la toile.

Pourquoi les écoutes téléphoniques des frères Kouachi ont-elles été interrompues en juin 2014 ?

L'abandon des écoutes des frères Kouachi en juin 2014 ne constitue pas une zone d'ombre du même ordre que celles passées en revue dans cette première partie. Néanmoins, puisque la polémique à ce sujet a été publique, à l'Assemblée nationale, dans le cadre de la commission d'enquête, et à l'occasion du procès, et que cet abandon a des implications considérables sur l'interprétation que l'on peut faire des événements, il est essentiel de l'exposer et d'en dégager les implications.

Dans l'hypothèse où ce sont réellement les deux frères Kouachi qui ont mis en œuvre et perpétré, de A à Z, sans aide extérieure, le massacre de Charlie Hebdo, il s'agirait alors d'un énième coup de pouce du destin. De fait, contrairement à nombre de fous de Daech de ces dernières années, dont l'évolution était impossible à prévoir — et ici l'on peut songer en particulier aux trois actions terroristes du mois d'octobre 2020, toutes perpétrées par des migrants ou des immigrés de fraîche date non répertoriés[108] comme une menace potentielle — les frères Kouachi étaient très bien connus des services compétents, qui les avaient placés sur écoute en 2011, cette surveillance ne s'interrompant qu'en juin 2014.

---

[108] 1) Zaheer Hassan Mahmoud, l'auteur de l'attaque au hachoir devant les anciens locaux de Charlie Hebdo le 25 septembre 2020, est un « migrant » pakistanais qui est parvenu à pénétrer en France en se faisant enregistrer comme mineur isolé, prétendant être âgé de 16 ans alors qu'il en avait 21. Il est passé à l'acte alors qu'il était proche de perdre ce statut et de se faire expulser. 2) L'assassin de Samuel Paty le 16 octobre 2020 à Conflans-Sainte-Honorine, Abdoullakh Abouzeezidovitch Anzorov, 18 ans, russe d'origine tchétchène résidant avec sa famille à Évreux, était inconnu des services de renseignement et jamais condamné. Sa famille a bénéficié de l'asile politique en 2011, suite à une décision de la cour nationale du droit d'asile (CNDA). 3) Brahim Issaoui, l'auteur du triple assassinat de la basilique de Nice le 29 octobre, est un « migrant » tunisien âgé de 21 ans, arrivé par boat people en Italie le 20 septembre, puis entré comme dans un moulin en France le 28 octobre après une quarantaine covidienne. Pour plus de détails, cf. François Belliot, *l'été indien terroriste en France*, 7 novembre 2020, *francoisbelliot.fr*.

Toute une série de faits et d'événements, étalés de 2005 à 2011, avait amplement justifié ce placement sur écoute.

C'est le frère cadet Chérif, comme on l'a vu dans la première partie, qui fait retentir le premier le signal d'alarme, avec sa condamnation en 2005 à 3 ans de prison pour sa participation à la filière dite « des Buttes-Chaumont », qui projetait d'envoyer des combattants en Irak et dont Farid Benyettou était la tête pensante. Le second signal retentit cinq ans plus tard, en mai 2010, lorsqu'il est suspecté d'avoir participé à la tentative d'évasion de Smaïn Ait Ali Belkacem, l'un des artificiers des attentats de 1995, avec la complicité de Djamel Beghal, son second mentor, rencontré en 2005 lors de son séjour en prison. Djamel Beghal était depuis mai 2009 assigné à résidence dans l'hôtel « Les Messageries » de Murat, dans le Cantal, après avoir été condamné à dix ans de prison le 15 mars 2005, pour avoir fomenté un attentat contre l'ambassade des États-Unis à Paris en 2001 — date à laquelle il a été arrêté et mis en prison en attente de son jugement. Chérif Kouachi lui rendait visite dans ce cadre plus agréable[109] — et beaucoup plus coûteux pour la collectivité — que la prison de Clairvaux, parfois en compagnie de sa femme Izzana. La perquisition menée à son domicile en mai 2010 dans le cadre de cette affaire confirme la persistance de l'ancrage salafiste de Chérif Kouachi (voir « l'affaire Belkacem » en annexe).

Mais c'est un troisième événement qui va motiver le placement durable sur écoute, de son frère Saïd cette fois — Chérif continuant d'être écouté jusqu'en décembre 2013.

Nous pouvons ici citer un long extrait d'un dense article publié le 12 janvier 2015 par Fabrice Arfi sur le site *Mediapart,* intitulé « Comment les services ont raté les terroristes » :

« *Tout est parti d'une première information des services de renseignements américains datant d'octobre 2011, selon laquelle un membre d'al-Qaïda dans la péninsule arabique (AQPA), mouvement terroriste rapatrié au Yémen depuis 2006, est entré informatiquement en relation avec une personne située dans un cybercafé de Gennevilliers (Hauts-de-Seine). C'est-à-dire non loin du domicile de Chérif Kouachi, qui réside au 17 de la rue Basly. Il n'y a alors — et à ce jour non plus — aucune certitude sur le fait que Chérif Kouachi ait été le*

---

[109] La raison de ce passage de la prison à l'assignation à résidence n'est pas très claire. Il se serait agi d'une sorte de sas en attente de son expulsion en Algérie qui n'est jamais venue. Le village de Murat, dans le Cantal, a été choisi en raison de son isolement géographique sur le territoire français. Le propriétaire de l'hôtel a été contraint de lui trouver une chambre, sur réquisition préfectorale. Comme le montre la procédure concernant la tentative d'évasion de trois islamistes de la prison de Clairvaux en mai 2010, dont Beghal aurait dû être un maillon essentiel, ce dernier recevait qui il voulait dans cet hôtel, ses invités salafistes pouvant même louer des chambres dans l'hôtel même ! Cf *Djamel Beghal, client pas comme les autres d'un hôtel du Cantal,* Angélique Négroni, *le Figaro,* 12/01/15. Djamel Beghal a été libéré en juillet 2018 et aussitôt expulsé en Algérie.

correspondant français d'AQPÀ repéré par les États-Unis, même s'il est tentant de le penser. Un mois plus tard, en novembre 2011, les services américains transmettent à leurs homologues français de la Direction centrale du renseignement intérieur (DCRI, devenue depuis DGSI) une nouvelle information stipulant cette fois que Saïd Kouachi s'est rendu à l'étranger, entre les 25 juillet et 15 août 2011, en compagnie d'une seconde personne. Les Américains sont formels dans leur note de transmission sur un séjour des intéressés dans le Sultanat d'Oman et évoquent une suspicion d'un passage clandestin au Yémen. « Ces renseignements n'étaient alors corroborés ni par des sources humaines ou techniques », nuance aujourd'hui une source proche de l'enquête concernant le Yémen. L'information attire toutefois l'attention de la DCRI, qui lance alors une opération de surveillance administrative — c'est-à-dire non confiée à l'autorité judiciaire. À partir de décembre 2011, Chérif Kouachi est l'objet de filatures et d'écoutes téléphoniques. Elles dureront jusqu'au mois de décembre 2013. Les services secrets français découvrent un homme qui, s'il continue de frayer avec certaines connaissances bien ancrées dans des groupes radicaux, semble petit à petit s'éloigner de la mouvance terroriste. Du moins, en façade.

Saïd Kouachi quant à lui, *"a fait l'objet, en 2012, de huit mois d'écoutes téléphoniques, couplées à quatre mois de surveillance physique, puis de deux mois d'écoutes en 2013, qui s'arrêtent. Le butin était trop maigre. La Commission nationale de contrôle des interceptions de sécurité (CNCIS), autorité qui encadre l'exécution des écoutes, dément aujourd'hui dans un communiqué avoir préconisé une première fois l'arrêt de la surveillance. Mais en février 2014, les services français ont du nouveau. Ils obtiennent un témoignage qui vient confirmer le voyage à Oman de Saïd Kouachi, sans certitude toujours sur un passage — et encore moins d'un entraînement — au Yémen. Ce témoignage provoquera cinq nouveaux mois d'écoutes, finalement interrompus en juin 2014. Certaines sources liées à l'enquête affirment que cette nouvelle interruption a eu lieu en accord avec la CNCIS (ce qu'elle conteste), les interceptions ne laissant apparaître ni projet d'attentat ni activité terroriste manifestes."*

Il sera rectifié par la suite que Chérif a emprunté la carte d'identité de son frère pour ce voyage. C'est beaucoup plus cohérent puisque Saïd n'a jamais manifesté, contrairement à son frère, la volonté de prendre les armes pour aller faire le « djihad » à l'étranger. Du reste, père de famille, très handicapé par des problèmes de vue, sans aucun antécédent judiciaire, son profil était celui d'un salafiste de salon et pas celui d'un djihadiste au long cours.

Hypothétique, éclair, et extrêmement flou, ce séjour de Chérif Kouachi en Oman puis au Yémen est néanmoins fondamental pour la version officielle, puisque c'est en cette circonstance que Chérif aurait reçu un entraînement au maniement de la kalachnikov, et reçu d'Anwar al Awlaki la mission de perpétrer le massacre de Charlie Hebdo.

L'arrêt des écoutes, de Chérif en décembre 2012, de Saïd en juin 2014, peut au minimum être qualifié de malheureux. On peut certes estimer, comme le prétendront par la suite le ministre de l'Intérieur et les services de renseignement, que cet arrêt se justifiait parce que ces écoutes, étendues sur deux ans et demi, n'avaient rien révélé de notable si ce n'est que les deux frères se livraient à un trafic un peu minable de vêtements importés de Chine. Puisque les deux épouses des frères Kouachi, comme elles l'ont dit au procès de façon convaincante, n'ont rien vu venir, et que la perquisition de leurs domiciles dans le sillage du massacre n'a strictement rien révélé, est ainsi avancée l'hypothèse qu'ils auraient été capables de pratiquer une taqiya parfaitement hermétique sur le très long terme, de nature à justifier inéluctablement l'arrêt des écoutes. Maintenant cet arrêt est vraiment très mal tombé, dans la mesure où les conversations téléphoniques entre les deux frères les jours et les semaines précédant le massacre auraient forcément révélé des signes faibles du projet en cours, donné des indices précieux sur leur état d'esprit, permis de reconstituer certains trajets. Bref, nous saurions forcément plein de choses qui auraient permis a posteriori de dissiper ne serait-ce qu'un peu d'un brouillard qui demeure désespérément opaque encore à ce jour.

L'arrêt des écoutes d'Amédy Coulibaly, et en fait de toute forme de surveillance, est en revanche beaucoup moins excusable, en raison de son très lourd passé de délinquant spécialisé dans les braquages, de sa radicalisation salafiste avérée et de longue date, et surtout de sa condamnation en 2013 à cinq ans de prison pour avoir participé à la tentative d'évasion de trois « islamistes » de la prison de Clairvaux au début de l'été 2010 : à partir de mai 2014, date à laquelle, ayant effectué 4/5 de sa peine, il n'est plus obligé de porter un bracelet électronique. Potentiellement plus dangereux que les Kouachi, en particulier que Saïd, il n'a même pas fait l'objet d'un commencement de surveillance lorsqu'il est sorti de prison.

L'abandon de la surveillance évoqué à l'Assemblée nationale

Le 16 janvier 2015, Cédric Perrin pose au Sénat une question d'actualité au Ministre de l'Intérieur : *"Nous devons notamment nous interroger sur la surveillance assurée par les services de renseignement et comprendre ce qui n'a pas fonctionné. En effet, fichés et archiconnus pour de multiples faits ayant un rapport direct avec des personnes peu recommandables et très directement liées à la mouvance terroriste, les auteurs de ces crimes barbares n'étaient plus surveillés depuis près de six mois. Monsieur le ministre de l'Intérieur, comment comptez-vous remédier à la « faille » béante évoquée par le Premier ministre lui-même ? Comment des individus connus aux États-Unis comme des terroristes potentiels et interdits d'entrée sur le territoire américain, ayant notamment séjourné au Yémen et fréquenté Djamel Beghal, peuvent-ils se promener en France librement, sans aucune surveillance ? (…) Quel rôle ont joué la Commission nationale de contrôle des interceptions de sécurité et le cabinet du Premier ministre dans l'interruption des écoutes d'un des frères Kouachi ?*

Confirmez-vous les informations selon lesquelles ils ont refusé d'étendre les écoutes à l'entourage de celui-ci, mettant ainsi fin à toute surveillance ?"

Bernard Cazeneuve répond en plusieurs points :

1) Vous savez bien que les caisses sont vides : *"Tout d'abord, pour ce qui concerne les moyens des services de renseignement, qui sont généralement la condition de leur efficacité, vous êtes trop bien informé, comme en témoigne votre question, pour ne pas savoir qu'ils ont été fortement « rabotés » il n'y a pas si longtemps..."*

2) Heureusement depuis que nous sommes revenus au pouvoir nous avons commencé à relever la barre, notamment Manuel Valls, que je salue : « *C'est la raison pour laquelle, lorsqu'il était ministre de l'Intérieur, le Premier ministre avait décidé d'augmenter de 432 unités les effectifs de la Direction générale de la sécurité intérieure, la DGSI...* »

3) Nous n'avons pas assez de traducteurs, mais j'ai déjà commencé à redresser la barre : « *C'est la raison pour laquelle j'avais demandé, dans le cadre de l'élaboration de la loi renforçant les dispositions relatives à la lutte contre le terrorisme, que soit portée de dix à trente jours la durée d'analyse des interceptions de sécurité. Cela avait suscité des interrogations sur de nombreuses travées...* »

4) Enfin, pour tout de même répondre concrètement : *"la Commission nationale de contrôle des interceptions de sécurité a fait son travail. (...) Les frères Kouachi ont été interceptés à plusieurs reprises entre 2011 et 2014. Dans le cadre de ces interceptions, aucun élément témoignant de leur volonté de s'engager dans des opérations à caractère terroriste n'a été décelé. Comme vous le savez, dans un État de droit, les interceptions ne peuvent pas durer indéfiniment..."*

5) Et comme le président le sermonne sur la longueur de sa réponse, il promet : « *C'est la raison pour laquelle, dans le cadre des propositions que nous allons adresser au Premier ministre et qui déboucheront très rapidement sur des dispositions nouvelles, nous introduirons les moyens juridiques permettant d'aller au-delà de ce qui est possible aujourd'hui, afin que les difficultés se voient contrebalancées par des solutions concrètes.* »

L'abandon de la surveillance évoqué lors des auditions de la commission d'enquête

L'arrêt des écoutes téléphoniques des frères Kouachi et d'Amédy Coulibaly est l'un des très rares éléments problématiques à n'avoir pas été éludés par la commission d'enquête, et pour l'éclairage duquel l'ensemble des acteurs concernés ont été auditionnés. L'explication est la même que celle donnée par Bernard Cazeneuve à l'Assemblée mais forcément beaucoup plus détaillée.

Dans l'avant-propos du rapport de synthèse (p. 11), George Fenech écrit :

Le rapport revient plus en détail sur les parcours de quelques autres terroristes qui illustrent les « ratés » de leur surveillance. Je relèverai ici l'étonnante cessation des écoutes téléphoniques visant Saïd Kouachi ordonnée par la Direction Générale de la sécurité Intérieure (DGSI) en juin 2014, soit seulement six mois avant l'attaque de Charlie hebdo.

À la page 147 du même tome 1, le rapporteur Sébastien Pietrasanta écrit :

« *Pourtant, à sa sortie de prison, Amedy Coulibaly est remis en liberté sans aucun suivi, sans aucune information des services de renseignement par l'administration pénitentiaire ou judiciaire, sans aucune alerte. Le ministre de la Justice, lors de son audition par la commission, reconnaissait à ce sujet, avec courage et lucidité : "Le bureau du renseignement pénitentiaire ne dispose ni de document ni de retour d'expérience sur le parcours de Coulibaly. (…) Le parcours de Coulibaly ne démontre que des carences de notre part ; il nous faudra y remédier." »*

Dans le tome 2 compilant le verbatim des auditions on peut découvrir les témoignages suivants :

1) **Philippe Chadrys, sous-directeur de la SDAT**, le 9 mars, lors de son audition à huis clos : « *Les frères Kouachi et Amedy Coulibaly étaient connus : des services antiterroristes, notamment de la SDAT, puisque Chérif Kouachi et Coulibaly avaient été interpellés en 2010 dans le cadre d'un projet d'évasion de Smaïn Aït AliBelkacem (voir annexe).* »

2) **Didier le Bret, coordonnateur national du renseignement**, le 18 mai, lors de son audition à huis clos (en réponse à une question précise sur l'abandon des écoutes des frères Kouachi posées deux fois par George Fenech pour cause de non-réponse et développements dilatoires de l'interrogé) : « *Vous avez certainement tous participé, à un titre ou à un autre, à l'élaboration des deux lois de juillet et novembre 2015. Vous savez donc combien les interceptions de sécurité, pour ne parler que d'elles, sont encadrées. Aux termes de l'article L. 851-2, je le répète, il faut que la menace terroriste soit avérée ; ce dispositif, qui a tant fait parler de lui, ne peut en réalité être appliqué à n'importe qui : il est très sélectif. En outre, la durée d'écoute ou de collecte des données de connexion ne peut excéder deux mois. Cela signifie que, si nous devions exploiter l'ensemble des sélecteurs qui nous intéressent, il nous faudrait demander toutes les dix minutes à la CNCTR de renouveler une autorisation. Bref, les services de renseignement ne "branchent" pas les gens de manière sauvage, mais dans le cadre de procédures triplement encadrées — par la CNCTR, le Conseil d'État et le contrôle parlementaire. Il y a eu des interruptions, mais celles-ci étaient motivées par le fait que les individus ne semblaient plus particulièrement dangereux à ce moment-là. Le quota maximal d'interceptions simultanées était fixé à 2 190 en 2014. Même en en renouvelant le nombre par tiers, on finit nécessairement par atteindre cette limite.* »

3) **Extrait d'un échange avec Francis Delon, président de la Commission nationale de contrôle des techniques de renseignement (CNCTR),** lors de son audition à huis clos le 18 mai :

M. le président Georges Fenech : *Je mesure l'importance de votre responsabilité, mais la CNCTR n'est pas un service enquêteur, elle est un service administratif de contrôle. Quels sont dès lors les critères objectifs en fonction desquels vous refusez une demande, sans avoir à juger de l'utilité de tel ou tel système de surveillance ? Je rappelle que la CNCIS avait refusé la prolongation des écoutes des frères Kouachi et d'Amedy Coulibaly. Forts de quels critères prenez-vous la responsabilité d'accepter ou de refuser une prolongation ?*

M. Francis Delon. *La CNCIS a publié un communiqué démentant qu'elle ait jamais refusé la poursuite de la surveillance des frères Kouachi.*

M. le président Georges Fenech. *Nous l'ignorions !*

M. Francis Delon. *Ce communiqué a été publié par Le Figaro. Le communiqué de la CNCIS dément l'information donnée initialement par Le Figaro. À notre connaissance, il n'y a pas eu du tout d'interruption de la surveillance à la demande de la CNCIS.*

M. le président Georges Fenech. *D'où est sortie cette affirmation ?*

M. le rapporteur. *Elle précisait en effet que la surveillance avait été interrompue en août 2014.*

4) **M. Patrick Calvar, directeur général de la DGSI,** lors de son audition à huis clos le 24 mai : « *Coulibaly. Son cas était traité par nos collègues de la police judiciaire et aucun indice ne laissait soupçonner que l'intéressé, en tout cas à notre connaissance, était impliqué dans des projets d'attentat terroriste. Les frères Kouachi, quant à eux, nous les connaissions, et ils ont fait l'objet d'une très longue surveillance — même s'il nous a été difficile de savoir lequel des deux s'était rendu au Yémen. Je rappelle que les moyens dont nous disposions à l'époque étaient très simples : écoutes téléphoniques, surveillance physique et données de connexion. Nous n'avions aucun moyen de renseignement intrusif pour pouvoir agir.* »

M. Sébastien Pietrasanta, rapporteur : « *Confirmez-vous que la surveillance des frères Kouachi n'a pas été interrompue ? Un communiqué de la Commission nationale de contrôle des interceptions de sécurité (CNCIS), diffusé notamment par le biais de M. Urvoas, alors membre de la CNCIS, a démenti que les écoutes téléphoniques aient cessé à sa demande à partir de l'été 2014.* »

M. Patrick Calvar : « *La CNCIS n'a joué aucun rôle en la matière. Les demandes n'émanaient d'ailleurs pas seulement de mon service mais aussi de la DRPP. Aucun élément ne permettait d'établir de la part des frères Kouachi une activité terroriste. Je vous rappelle que nous disposons aujourd'hui d'un quota limité d'interceptions de sécurité, interceptions dont l'exploitation implique des moyens. Nous avons affaire à des gens rompus à la clandestinité et qui connaissent parfaitement nos moyens d'action — il leur suffit de lire les* *différents journaux qui ne cessent de les étaler au grand jour, ce qui ne facilite pas notre tâche... C'est pourquoi la loi relative au renseignement a constitué pour nous une avancée considérable puisque, désormais, nous pouvons utiliser des moyens beaucoup plus intrusifs : nous pouvons nous attaquer à l'informatique, pénétrer dans les domiciles afin de les piéger. »*

M. le président Georges Fenech : « *Avez-vous mis un terme à cette surveillance à cause de votre quota d'interceptions de sécurité ? »*

M. Patrick Calvar *: « Les écoutes ont été interrompues parce qu'elles ne donnaient rien au bout de deux ans de surveillance pour l'un et d'un an pour l'autre. »*

5) **M. René Bailly, directeur du renseignement à la préfecture de police de Paris (DRPP)**, le 26 mai (répondant à une question de George Fenech lui demandant si la DGSI a pris le relais de la DRPP quand Saïd s'est établi à Reims) : « *J'en reviens maintenant à l'abandon de la ligne en juin 2014. La DGSI en a bien évidemment été avisée. Nous avons même eu une réunion de travail au début du mois de juillet avec nos correspondants de la DGSI qui ont été avisés de l'abandon de ce dispositif et qui s'étaient engagés à prendre le relais. »*

6) **Bernard Cazeneuve**, seconde audition, le 2 juin 2016 : « *Les frères Kouachi ont été mis sur écoute dans le cadre d'interceptions de sécurité administratives, autorisées par la CNCIS, pendant quelque quatre ans. Ces interceptions n'ont rien donné. Compte tenu de ce fait, la CNCIS a indiqué, dans sa dernière autorisation, que ce serait la dernière si celle-ci ne donnait toujours rien. C'est ce qui s'est passé. »*

L'abandon de la surveillance évoqué lors du procès des attentats

Les 26 et 27 septembre 2020 a été auditionné l'agent SI 562, chef de la section terrorisme islamique à « J », la sous-direction en charge des enquêtes judiciaires au sein du service de renseignement intérieur. Il a intégré la DGSI en 2013. Cette audition était très attendue dans la mesure où c'était la première fois — et la dernière — qu'un membre des services de renseignement en lien avec l'affaire était auditionné lors du procès des attentats. Pour préserver son anonymat, cette audition a eu lieu en visioconférence, le visage et le corps de l'intéressé étant complètement floutés.

L'audition s'est étendue sur deux journées, en raison du malaise de l'un des accusés, qui a forcé une interruption d'audience.

À l'instar de tous ceux qui se sont intéressés sérieusement au volet « frères Kouachi » des attentats, l'agent SI 562, avoue, s'adressant aux parties civiles qu'« *il reste beaucoup de zones d'ombre sur la façon dont les Kouachi sont passés à l'action. C'est un énorme regret. Ce n'est pas faute d'avoir tout essayé pour les entraver. Ça me tient à cœur de vous dire ça ».* Les commentateurs, de Yannick Haenel pour Charlie Hebdo à Matthieu Suc pour Mediapart s'accordent pour noter la vive émotion de l'agent, apparemment au bord des larmes.

La DGSI connaissait Chérif Kouachi depuis le démantèlement de la filière des Buttes-Chaumont en 2004.

Le 3 août 2013, Saïd Kouachi a été placé sur écoute suite au signalement par les services américains d'une menace imminente. À entendre l'agent SI 562, le fait que les écoutes aient été autorisées pendant si longtemps, deux années, tient du petit miracle : *« Les écoutes téléphoniques sont l'exception, et la liberté est la règle. Il faut qu'on justifie la surveillance. Sans quoi on était dans l'illégalité. Réussir à tenir sur Chérif Kouachi pendant deux ans, ça a été un travail constant. Quand il s'agit de faire les fadettes,* idem. *Ce n'est pas simple non plus. On a laissé durer le plus longtemps possible pour avoir quelque chose sur eux. »*

Et comme le président et son assesseur font remarquer que les 41 notes déclassifiées de la DGSI dans le cadre du dossier d'instruction des attentats de janvier 2015, qui couvrent la période s'étalant de 2010 à janvier 2015, sont extrêmement caviardées, et de plus en plus rares à mesure que l'on se rapproche des événements, l'agent SI 562 explique : *« Je comprends la frustration qui peut être la vôtre et de ceux qui ont à connaître de ces éléments,* reconnaît l'enquêteur de la DGSI. *Il y a un caviardage sur certaines notes destinées à cacher tout ce qui est technique. Effectivement, il y a des notes caviardées sur sept pages. Mais si vous faites attention aux titres des notes, ce qui est* [rendu illisible — NDA] *concerne Aqpa et pas Chérif Kouachi. Le caviardage n'avait pas vocation à cacher quelque chose de malsain. »* Nous aurions été pourtant curieux d'en savoir un peu plus sur AQPÀ !

Si la surveillance des deux frères — qui n'a strictement rien donné à ses dires — a été interrompue en juin 2014, c'était pour se concentrer sur une cible plus dangereuse. Matthieu Suc rapporte, dans l'article qu'il consacre à cette audition pour *Mediapart* le 27 septembre 2020 : *« Ce que l'on met sur les uns on ne le met pas sur les autres »,* résume l'agent SI 562 *qui explique que lorsque la surveillance des Kouachi a été abandonnée en juin 2014, le groupe qui travaillait sur eux a été déployé sur une autre fratrie, basée dans la région lyonnaise ; les Bekhaled, dont le plus jeune assigné à résidence pilotait des snipers de l'État islamique depuis son ordinateur. Une écoute téléphonique « très inquiétante » faisait craindre un attentat visant la communauté juive. À l'issue de cette enquête, le réseau allait être démantelé et l'éventuel attentat déjoué. »*

Bilan

Il semble que l'arrêt des écoutes des frères Kouachi, en particulier de Saïd, soit une fausse polémique dans le détail de laquelle il était intéressant de fouiller longuement aux fins de donner à peu de frais l'impression de la transparence.

Les commissionnaires qui tiennent la bride donnent l'impression de traquer le diable qui se niche dans les détails : est-ce la faute du DRPP, du directeur de la DGSI, du président de la CNCTR si les écoutes des frères Kouachi ont été interrompues, si Saïd a été moins bien suivi quand il est passé de la région parisienne à Reims ? Cela n'a peut-être aucune importance car il se peut tout à fait, ainsi qu'en a témoigné l'agent SI 562 lors du procès des attentats, que les écoutes téléphoniques n'aient strictement rien donné, et ce malgré le long temps pendant lequel elles ont duré. Cette fausse polémique a au moins le mérite d'augmenter la résolution de la vue d'ensemble de l'implication des frères Kouachi, à savoir qu'il n'existe *rien*, aucun élément à ce jour, en dehors de la carte d'identité oubliée dans la Citroën C3 au 45 rue de Meaux le 7 janvier, attestant de la préparation par les frères Kouachi d'une opération comme le massacre de Charlie Hebdo, et en particulier, puisqu'il est beaucoup question de lui dans cette polémique, de la participation de Saïd à une telle opération, en raison de ses rédhibitoires limites physiques et intellectuelles et du caractère invraisemblable de son profil. Six mois d'écoutes supplémentaires auraient fatalement indiqué des signaux faibles, ou aucun signe du tout. Particulièrement intéressant à connaître dans son détail aurait été le coup de fil nocturne passé par Chérif à son frère dans la nuit du 6 au 7 pour lui demander de rappliquer fissa le lendemain potron-minet, malgré la gastro qui lui nouait les entrailles depuis deux jours. Dans le premier cas l'implication progressive des deux frères aurait pu être esquissée, dans le second, on aurait de toute façon invoqué l'argument de la taqiya. Cet arrêt des écoutes est en tous cas du pain béni pour la version officielle qui peut développer son roman-quête dans toutes les directions possibles, la feuille étant vierge de tout détail trop contraignant.

Lors du procès des attentats fin 2020, certains commentateurs qui ont approfondi leur connaissance du terrorisme djihadiste à travers les films à grand spectacle et les séries télévisées qui se sont mises à pulluler sur le sujet depuis une décennie, et non par la lecture d'ouvrages sérieux et la personnelle et austère investigation, ont émis l'hypothèse que les frères Kouachi auraient deviné (!) le moment où les écoutes les surveillant allaient cesser pour soudain passer en mode opérationnel : n'échangeant que des banalités pendant des années six fois par jour, ils se seraient soudain senti les coudées plus franches pour discuter ouvertement ensemble kalachnikov, lance-roquettes, repérages, maquillage de Citroën volées. En vérité il s'agit là de délirant roman-quête basée sur le si pratique argument de la taqiya sur lequel nous reviendrons dans la quatrième partie consacrée au procès des attentats, qui permet d'accuser ou de dédouaner tout le monde, en fonction des circonstances. Dans l'hypothèse d'un complot mettant en œuvre l'endoctrinement, la stimulation, l'octroi de facilités logistiques et informationnelles à des *pigeons* dont on ouvre la cage le moment venu pour les *laisser faire*, en s'assurant ensuite de leur silence éternel, l'arrêt de ces écoutes aurait peut-être permis aux deux hommes de passer plus incognito en mode sous-marin, surtout dans la dernière ligne droite.

Farid Benyettou, le mentor de Chérif Kouachi

Dans presque tout parcours de « djihadiste » médiatiquement respectable survient un épisode au cours duquel le sujet se « radicalise » au contact d'un mentor salafiste. La métamorphose peut se produire dans un quartier paupérisé ou dans une mosquée, pendant un séjour en prison pour fait de délinquance, ou encore par internet, parfois du fait de cette combinaison de facteurs. Dans le cas de Chérif Kouachi, le nom du mentor est Farid Benyettou, figure centrale de la filière dite « des Buttes-Chaumont », du nom de ce parc situé au nord-est de Paris. L'objectif de cette filière était d'envoyer des combattants en Irak dans les rangs d'Al-Qaïda. Chérif Kouachi s'agrège à ce groupe vers 2004/2005[110]. Quand la filière est démantelée, en janvier 2005, Farid Benyettou est emprisonné et écope de six ans de prison lors de son procès en 2008. Chérif Kouachi quant à lui en prend pour trois ans, après avoir été intercepté en 2005 par la brigade antiterroriste alors qu'il s'apprêtait à se rendre en Irak en passant par la Syrie. Pour avoir un indice de la nocivité de Farid Benyettou, signalons qu'il avait organisé cette filière avec Boubakeur el Hakim, l'homme qui planifiera en 2013 l'assassinat de deux opposants politiques tunisiens à En'nahda, Mohamed Brahmi et Chokri Belaïd. L'homme est libéré en 2011.

Quel est le rapport avec la tuerie de Charlie Hebdo ? Ce rapport est lointain mais choquant. On aurait pu s'attendre à ce qu'à sa libération l'homme soit complètement relégué dans l'ombre, subisse toutes sortes d'impossibilités administratives, que son nom soit définitivement associé à la notion d'infamie — à l'instar de Dieudonné ! —, surtout après les événements de janvier 2015. Et bien non, la vie au contraire est devenue très facile, et il a bénéficié d'une quasi-réhabilitation à l'occasion de la parution de son livre *Mon djihad, itinéraire d'un repenti*. Revenons sur quelques dates marquantes.

À sa sortie de prison en 2011, bénéficiant d'une bourse de l'État français, il parvient à se faire admettre en formation d'infirmier à l'hôpital La Salpêtrière[111]. Lors de son audition devant la commission d'enquête, le 16 mars 2016, le médecin urgentiste collaborateur de Charlie Hebdo Patrick Pelloux laissera éclater son indignation à ce propos[112] : « *Enfin, je n'ai jamais eu d'explication*

---

[110] Cf « La polémique Farid Benyettou en quatre actes », Benoît Zagdoun, *franceinfo.fr*, 09/01/2017.

[111] Recension médiatique abondante. Par exemple : *lefigaro.fr*, 13/01/2015, « Farid Benyettou, prédicateur du djihad devenu infirmier à la Salpêtrière » ; *Ouest-france.fr*, 11/01/15, « Leur mentor est infirmier en stage dans un hôpital parisien » ; *lepoint.fr*, 25/03/2015, « L'ancien mentor des Kouachi est officiellement infirmier », chapeau : « Condamné pour terrorisme en 2008, Farid Benyettou a obtenu son diplôme mercredi. Dans son école l'embarras est palpable. »

[112] Pour être précis il s'agit des toutes dernières phrases de son audition. Le président de la commission George Fenech lui répond « *Je vous remercie* », et c'est tout. Ce fait « troublant » n'est éclairci nulle par ensuite, Les prénom et nom de « Farid Benyettou », n'apparaissant pas même une seule fois dans les deux volumes du rapport de la commission d'enquête.

sur un fait que je juge troublant. Lors des attentats du 7 janvier, le prédicateur dont les frères Kouachi suivaient les prêches était exactement là où il fallait : au service des urgences de l'hôpital La Pitié-Salpêtrière[113]. En dépit de ses condamnations, cet homme a pu suivre un de ces cursus très "droit-de-l'hommiste" grâce auxquels des individus ayant purgé une peine de prison peuvent faire des études de santé, ce qui était interdit auparavant. Il l'a fait, a validé ce cursus et, le jour des attentats, il se trouvait au-dessus de la salle de réveil, là où ont été regroupés le plus grand nombre des blessés. Je n'ai jamais obtenu d'explications à ce sujet, non plus que Martin Hirsch. La possibilité qu'il exerce est maintenant soumise à la décision du directeur de l'ARS. Il ne faut pas être dupe : on ne sait combien d'individus signalés par une fiche S travaillent dans les hôpitaux publics mais il y en a beaucoup et, contrairement à ce que laisse entendre le satisfecit de l'Observatoire de la laïcité, nous avons un réel problème avec l'exercice de la laïcité à l'hôpital public, notamment avec ceux qui prônent un islamisme radical. » Signalons que les anciennes ouailles aspirants-djihadistes de Farid Benyettou, parmi lesquels Chérif Kouachi, qu'il présente comme « plus qu'un ami, son frère » »[114], sont les premières personnes vers qui il retourne à la fin de son séjour derrière les barreaux.

En 2013, il est placé au service de psychiatrie de l'adolescent où il a « *accès à toutes les données médicales concernant des jeunes très vulnérables* », selon un médecin qui souhaite garder l'anonymat[115]. Fin, 2014, il a toutes les peines du monde à éconduire Chérif Kouachi qui tient absolument le voir. Farid Benyettou raconte ainsi cet épisode surréaliste dans son livre : « *Pourquoi voulait-il me voir ? Avait-il pour projet de me ramener dans le droit chemin ? Où était-il envoyé pour cela ? (…) Aujourd'hui j'ai une petite hypothèse supplémentaire : si Chérif Kouachi avait vraiment des penchants pédophiles, peut-être venait-il me voir parce que j'étais devenu infirmier ? Peut-être s'était-il réfugié dans la religion seulement pour arrêter de boire, de se droguer, de fréquenter plusieurs femmes, mais aussi pour lutter contre ses pulsions pédophiles[116] ? En mars 2014,*

---

[113] Ce fait est confirmé par Farid Benyettou lui-même dans son livre : « La directrice m'a appris que la police lui avait conseillé de me retirer des urgences car des victimes des attentats y passaient et mon visage était de nouveau visible dans les médias. Je comprenais. Mais j'aurais tant voulu soigner les blessés. J'ai donc décidé de donner mon sang, en me disant que Dieu était témoin de ma volonté de réparer ce que je pouvais réparer. » (p. 142)

[114] « Farid Benyettou, mentor des frères Kouachi : "J'ai une part de responsabilité" », Caroline Politi, *leparisien.fr*, 05/01/17.

[115] Lci.fr, 25/10/2015, « Déradicalisation : des ex-collègues de Farid Benyettou doutent de la sincérité de sa démarche », extrait : « Certains praticiens du service se souviennent de la proximité de cet élève infirmier avec des adolescents qui, pour certains, se trouvaient "en proie à des problématiques identitaires liées à l'islam", écrit encore *Le Figaro*. Un médecin conclut, amer : "C'était comme recruter un pédophile en puériculture". »

[116] Dans le cadre de la procédure de la tentative d'évasion de Smaïn Aït Ali Belkacem,

j'ai trouvé un prétexte pour refuser de le voir car je ne savais vraiment plus quoi lui dire. J'ai fait comme si je sortais d'un stage de nuit alors qu'il sonnait à ma porte et il est reparti aussitôt ? Je n'ai plus entendu parler de lui jusqu'à fin 2014. En novembre, il avait insisté soudainement pour me voir, de manière répétitive. Je n'arrivais pas à me défiler. Il aurait fallu que je sois ferme mais je n'avais toujours pas le courage de dire en face de quiconque : "je veux couper avec tout ce qui est lié au djihad." Quand j'ai enfin accepté de le rencontrer, il avait doublé de volume. Chérif avait toujours été sportif mais il semblait alors bourré de protéines et gonflé par la pratique de la musculation en salle[117]. Il était obnubilé par l'État islamique. » (p. 137). Et Le 7 janvier 2015, avons-nous donc vu il est sur la liste des stagiaires infirmiers au service urgences de l'hôpital de la Pitié Salpêtrière, qui accueille les blessés de l'attentat de Charlie Hebdo[118].

Le 7 janvier 2017, date anniversaire de la tuerie, il est l'invité de Thierry Ardisson dans son émission « Salut les Terriens » sur *C8*[119], pour y faire la promotion du livre d'entretiens qu'il a co-écrit avec Dounia Bouzar, *Mon djihad, itinéraire d'un repenti*. Dounia Bouzar est la directrice générale du Centre de prévention des Dérives Sectaires liées à l'Islam (CPDSI), qu'elle a fondé en avril 2014. Cette structure bénéficie la première année de 595 300 euros de subventions publiques[120], jusqu'en avril 2016, date où le CPDSI rompt ses liens avec l'État, dénonçant le projet de révision constitutionnelle envisageant la possibilité de déchoir de la nationalité française les binationaux nés français condamnés pour terrorisme, mis sur le tapis après les attentats du 13 novembre[121]. Ses deux filles travaillent dans l'association, l'une comme

---

pour laquelle Chérif Kouachi a été soupçonné en mai 2011, et Coulibaly condamné à 5 ans de prison, l'exploration de son ordinateur portable a en effet révélé la consultation de clichés pédopornographiques, ce qui fut par la suite pour Chérif un sujet de hantise constante.

[117] Personne à l'occasion du procès des attentats à l'automne 2020 n'a évoqué cette métamorphose physique, qui, pour ce qui nous concerne, nous évoque la légende des « muscle terrorists » du rapport de la commission Kean Hamilton sur les attentats du 11 septembre, qui racontait les séances en salle de musculation des futurs highjackers.

[118] *Lefigaro.fr*, 12/01/2015, « Farid Benyettou, premier mentor des frères Kouachi, devenu élève infirmier à Paris ».

[119] Entrer sur YouTube : « Farid Benyettou, l'ex-mentor des frères Kouachi se livre dans "Salut les Terriens" ».

[120] cf. « Déradicalisation : Dounia Bouzar rompt soudainement son contrat avec l'État », Édouard de Mareschal, *lefigaro.fr*, 12/02/2016.

[121] Ironie de l'histoire, ce projet de réforme initié par le président Hollande, qui a entraîné la démission de la Garde des Sceaux Christiane Taubira fin janvier 2016, et suscité une intense polémique pendant quatre mois, est enterré par Hollande lui-même. Lors d'une allocution prononcée devant l'Élysée il s'expliquera ainsi : « *Je constate aujourd'hui, quatre mois après, que l'Assemblée nationale et le Sénat ne sont pas parvenus à se mettre d'accord sur un même texte et qu'un compromis paraît même hors d'atteinte sur la*

« chef d'équipe », l'autre comme « présidente bénévole ». Dans la section « ouvrages[122] » du site de l'association, on trouve exclusivement des livres de Dounia Bouzar. Faite chevalier de la Légion d'honneur le 12 décembre 2014 — les prix et les distinctions qu'elle a reçues au cours des années sont nombreux — elle a embauché comme salarié en octobre 2016 Farid Benyettou dans son centre. À la fin de son passage dans l'émission, Ardisson demande à Benyettou, vêtu à l'occidentale, blouson de cuir, béret casquette, et lunettes de soleil : « *Êtes-vous Charlie ?* », à quoi ce dernier répond « *Bien sûr que je suis Charlie* », exhibant un badge « Je suis Charlie » qu'il sort de sa poche. Cette séquence suscite aussitôt le scandale, les commentateurs hésitant à déterminer ce qui est le plus choquant : que Benyettou ait toute latitude pour assurer la promotion de son ouvrage dans les grands médias, ou qu'il puisse le faire en profitant de la date anniversaire de la tuerie deux ans plus tôt. L'Association française des victimes de terrorisme et l'Association Onze Janvier font part de leur « *consternation* » et dénoncent « *une réhabilitation à peine déguisée* ». Les sénateurs Nathalie Goulet et André Richarde annoncent leur intention de saisir le CSA, dénonçant quant à eux « *une scène d'une rare indécence* ».

Deux jours plus tard, 9 janvier il annonce tout de même son intention de ne plus intervenir publiquement : « *J'ai pris conscience que mes apparitions médiatiques ont mis plusieurs personnes mal à l'aise. Et puisque je ne cherche pas à offenser qui que ce soit à travers mes propos, j'ai donc pris la décision de ne plus intervenir publiquement à compter de ce jour.* » Et, tout de même, encore, notons que l'on apprend en mars 2019, que finalement le mentor des frères Kouachi ne pourra pas être infirmier, la justice ayant finalement refusé d'effacer la mention d'une condamnation pour terrorisme, ce qui empêche son recrutement dans le public. Il n'est pas interdit d'imaginer que si les frères Kouachi n'avaient pas rencontré leur destin en janvier 2015, Farid Benyettou serait aujourd'hui, ni vu ni connu, infirmier aux urgences de La Salepêtrière.

En guise d'épilogue, voici deux extraits d'interventions de Thierry Ardisson montrant le deux poids deux mesures dans ce genre d'affaires. Qu'est-ce que cela donne quand on met dans la balance la couverture médiatique de Farid Benyettou et celle Dieudonné M'bala M'bala ?

1) Voici comment l'homme de télévision se justifie le 7 janvier 2017 d'avoir invité Farid Benyettou : « *Je sais qu'il y a eu un débat pour savoir s'il fallait vous inviter ou pas, Farid, moi je pense qu'il faut vous inviter, il faut vous écouter, et il faut se faire une idée. Voilà, les spectateurs sont capables de se*

---

définition de la déchéance de nationalité pour les terroristes. (...) Aussi j'ai décidé, après m'être entretenu avec les présidents de l'Assemblée nationale et du Sénat de clore le débat constitutionnel. »

[122] http://www.cpdsi.fr/categorie/ouvrages/

faire leur idée. On n'a pas nous, animateurs, à leur dire ce qu'ils doivent penser. »

2) Comme, dans une émission rétrospective à sa gloire intitulée « Thierry Ardisson, l'inventeur du PAF », on lui demande s'il y a des sujets qu'il ne veut pas aborder, et des personnalités qu'il ne veut pas inviter il répond : « *Écoutez non, j'ai viré Dieudonné en 2004 pour antisémitisme aggravé. Manuel Valls l'a mis hors la loi en 2014. Disons que dix ans avant j'avais senti que le personnage était irrécupérable. Maintenant après ça moi j'accueille tout le monde, même Farid Benyettou, et ça m'a été amèrement reproché, voilà. (…) Que les gens aient été choqués, que ce soit le jour anniversaire je comprends très bien. Moi j'y voyais quelque chose d'intéressant. Les gens ont vu quelque chose de choquant, je me suis sans doute trompé. (…) Vous savez je ne suis pas censeur, je suis libertaire. N'appelez pas la censure de vos vœux. D'une manière générale je pense qu'il faut dire les choses aux gens. Moi personnellement je suis persuadé que les gens sont suffisamment grands pour penser par eux-mêmes quand on leur présente les choses. »*

Vous avez bien lu : on peut inviter le mentor de l'un des frères Kouachi et lui donner la parole dans les grands médias car les gens sont suffisamment grands pour se faire une idée par eux-mêmes, en revanche — c'est implicite — quand il s'agit d'un personnage bien plus dangereux comme Dieudonné, l'intellect de ces mêmes « gens » est beaucoup trop faible et la censure doit être appliquée de manière draconienne. Nous rappelons que c'est au nom de la loi conte l'apologie de terrorisme en ligne votée en novembre 2014, que l'humoriste s'est retrouvé en garde à vue le 14 janvier pour son tweet du 11 janvier dans lequel il disait : « *Après cette marche héroïque, que dis-je… légendaire ! Instant magique égal au big bang qui créa l'Univers… Ou dans une moindre mesure (plus locale) comparable au couronnement de Vercingétorix, je rentre enfin chez moi. Sachez que ce soir, en ce qui me concerne, je me sens Charlie Coulibaly.* ». Entre-temps les plus hautes autorités politiques, parmi lesquelles Bernard Cazeneuve et Manuel Valls s'étaient succédé jusqu'à la tribune de l'Assemblée nationale pour exiger un châtiment exemplaire de l'humoriste terroriste[123].

Couverture médiatique

Pour une fois, la couverture médiatique de ces différents aspects de ce qu'on pourrait appeler « l'affaire Benyettou » est conséquente et unanimement critique voire scandalisée. La montée au front des associations de familles de victimes n'y est sans doute pas étrangère ; celle des journalistes de *Charlie Hebdo* non plus. C'est ainsi que Corinne Rey ironisera dans un dessin « *Et maintenant Salah Abdeslam vigile au Bataclan ?* »

L'audition de Farid Benyettou au procès des attentats

---

[123] Nous renvoyons à notre étude en deux parties : « L'instrumentalisation des lois antiterroristes : Dieudonné et les Gilets jaunes », *francoisbelliot.fr*, 13/08/19 et 21/08/19

C'est peu dire que l'audition de Farid Benyettou au procès des attentats, le 3 octobre, est loin d'avoir convaincu et dissipé le malaise né de l'incroyable mansuétude dont il a bénéficié au terme de son procès[124] en 2008, et par la suite pour sa réinsertion. Âgé de 39 ans, il a commencé à se présenter, à la surprise générale, comme chauffeur poids lourd. Il a fait part de ses regrets de ce qui s'était passé, reconnu sa responsabilité antérieure, raconté comment il s'était présenté spontanément aux services de la DGSI le 8 janvier 2015. Globalement, il a raconté de nouveau le parcours de repenti du djihadisme qu'il résume dans son livre. Concernant son rôle majeur dans la radicalisation des frères Kouachi, il explique que si ce n'avait été par lui, ç'aurait été par un autre. Du reste, après lui pour l'Irak, Chérif ne s'est-il pas tourné vers d'autres ? et a-t-il eu besoin de lui pour être soupçonné dans la tentative d'évasion de Smaïn Aît Ali Belkacem en 2010 (voir annexe) ? Pour une fois, nous tombons d'accord avec le chroniqueur de *Charlie Hebdo* Yannick Haenel pour douter — mais en récusant le terme de *taqiya* (voir partie 4), « dissimulation » est plus français et largement suffisant — de la sincérité de Benyettou : « *On sait à quel point Benyettou est un théologien averti qui n'ignore rien de la taqiya. Il était évident pour tous ceux qui assistaient à son audition qu'il était en train de la pratiquer devant nous*[125]. » Il est vrai, maintenant, que pas grand-chose ne rattache Farid Benyettou à la procédure des attentats de 2015. Farid Benyettou ne risquait strictement rien en comparaissant au procès des attentats : quoi qu'il dît, quelque désastreuse et peu crédible que fût sa prestation, il avait l'assurance, à l'instar de Claude Hermant et Samir Ladjali dont nous parlerons dans la quatrième partie, de sortir du tribunal aussi libre qu'il y était entré. S'il avait fait la rencontre de Chérif Kouachi en 2014, avec l'état d'esprit et la démarche prosélyte dans laquelle il s'inscrivait au début des années 2000, il aurait certainement été condamné à la

---

[124] Cette mansuétude a étonné l'intéressé lui-même, comme il le relate dans son livre : « Le procès eut lieu trois ans après mon incarcération. (…) Le procureur m'avait condamné quelques jours auparavant à huit ans d'emprisonnement, ce qui m'avait plutôt soulagé, car j'étais persuadé qu'il allait demander la peine maximale de dix ans, surtout après la médiatisation de l'affaire. En effet, notre arrestation était relayée par tous les journalistes car nous étions la première filière djihadiste française démantelée en lien avec l'Irak. Ma photo avec mes cheveux longs et mon keffieh rouge s'affichait dans tous les journaux et sur toutes les chaînes de télévision. J'avais déjà effectué plus de la moitié de ma peine. C'est ce soulagement qui m'a permis de m'exprimer avec sincérité. Un mois et demi plus tard, j'ai été convoqué pour connaître le verdict du juge : je n'étais finalement condamné qu'à six ans. Après déduction des jours de sûreté et des remises de peine, il ne me restait plus qu'un an de peine à purger. » (p. 119). À l'époque cette décision de justice incroyablement clémente n'a eu pour seul effet que de remplir Benyettou de haine envers la France et ses institutions : « Lorsque la peine a été prononcée, curieusement mon sentiment [de joie et de soulagement] s'est inversé. Je ne saurais expliquer pour quelle raison, mais j'en voulais au monde entier : à la justice, aux institutions en général, à mon pays tout entier. Je crois que c'est l'absence d'explications qui me déstabilisait. Pourquoi la juge avait-elle été si clémente ? » (p. 121)

[125] Janvier 2015, le procès, p. 90.

prison à perpétuité pour association criminelle de malfaiteurs terroristes — au même niveau qu'Ali Riza Polat et les frères Belkacem.

La vidéo de « l'exécution » d'Ahmed Merabet

préambule : les deux vidéos de la sortie des tueurs des locaux de Charlie hebdo

L'exécution du gardien de la paix Ahmed Merabet pose plus largement la question de l'itinéraire emprunté par les tueurs pour rallier la porte de Pantin après l'attentat, leur comportement sur les trois vidéos dont on dispose d'eux dans lesquels on les voit en action, enfin les vidéos elles-mêmes.

Video1 : cette vidéo a été filmée par Martin Boudot, journaliste à l'agence de presse Premières lignes dont les locaux se trouvaient au même étage que ceux de Charlie Hebdo. Quand ils ont entendu les premiers coups de feu, toutes les personnes sont montées sur le toit, endroit d'où le commencement de la fuite des tueurs a pu être filmé. On voit les deux s'écarter d'une quinzaine de mètres de l'immeuble et ouvrir le feu, puis ils remontent dans leur véhicule après que l'un d'eux ait hurlé à trois reprises — c'est assez indistinct — « *On a vengé le prophète Mohamed !* ». Cette séquence de près d'une minute est rapidement envoyée aux chaînes de télévision qui la diffusent aussitôt en boucle.

Video2 : cette vidéo a été diffusée par l'agence *Reuters* le 13 janvier. On y voit de très près les deux hommes, vêtus de noir de la tête aux pieds, cagoulés, avec leurs kalachnikovs. L'un des deux hommes ouvre la portière, se tourne vers la rue, tend le bras et hurle à trois reprises : « *On a vengé le prophète Mohammed !* », le son étant cette fois-ci parfait. Les deux hommes ensuite montent dans leur véhicule et empruntent l'Allée verte en direction du boulevard Richard Lenoir. Une voiture de police se trouve bientôt face à eux, leur bloquant le passage. Ils sortent et l'arrosent à la kalachnikov, la forçant à reculer. Parvenus au bout de la rue, la caméra, parfaitement stable jusqu'alors, se met à trembler fortement, et il est malheureusement difficile de déterminer la direction empruntée par la voiture. Il semble bien qu'elle tourne à gauche, ce qui est curieux puisque cela voudrait dire que les tueurs ont décidé de prendre le boulevard Richard Lenoir à contresens.

La version officielle énonce qu'ils sont d'abord allés à gauche, puis qu'ils ont rebroussé chemin pour reprendre le boulevard Richard-Lenoir dans le bon sens.

Cette vidéo a été filmée depuis le toit du second étage de l'immeuble d'angle situé juste en face de l'immeuble devant lequel les tueurs ont garé leur véhicule. *Panamza* toujours en pointe dans l'enquête a révélé ceci :

— Cette vidéo amateur a été tournée par deux hommes que l'on distingue à peine dans la video1 en raison de la faible résolution de cette dernière. Une version en haute définition a néanmoins refait surface le samedi 31 janvier dans une émission d'un média américain nommé Vice News. On y voit nettement deux formes humaines filmant, « *en toute décontraction* » ironise Panamza, les deux tueurs d'un point de vue il est vrai idéal — en quelque sorte aux premières loges,

— Aucun media ne s'est intéressé à ces deux hommes ni n'a essayé de retrouver leur trace. *Panamza* : « *Pourquoi avoir caché l'existence de cet individu [celui qui tient la caméra, NDA] ? Après tout, il s'agissait là d'un témoin direct de la fuite des terroristes. Son propre récit, accompagné des images qu'il a lui-même capturées et qui seront finalement relayées (six jours plus tard) par Reuters, aurait suscité, en temps normal, le vif intérêt de la corporation journalistique hexagonale*[126]. »

— « *Quant à l'homme quasi flouté dans la vidéo de Boudot, il s'est évaporé dans la nature après avoir remis ses propres images à Reuters.* »

— *Panamza* a contacté les employeurs de cet homme qu'on lui a présenté comme un ouvrier polonais nommé « Janek ». Ils ont renvoyé cet homme du chantier, indignés qu'il ait pu vendre « *une vidéo capturée depuis le chantier où il était censé travailler.* »

— Cet « ouvrier polonais », a découvert Panamza, « *était employé par une connaissance commerciale et familiale — de longue date — de Laurent Dassault, multimillionnaire ultra-sioniste connecté à la branche militaire et radicale du régime de Tel-Aviv. Et tandis que la chaîne israélienne i24news fut la première au monde à "révéler" la double nationalité franco-algérienne des auteurs désignés de l'attentat, le Premier ministre Benyamin Netanyahou n'a pas tardé à exploiter politiquement un événement "terroriste et islamiste" dont il avait lui-même annoncé, le 7 août dernier, les contours et l'imminence.* » Prophétie que nous allons examiner dans le point suivant.

la vidéo de l'exécution d'Ahmed Merabet

Venons-en à l'exécution du gardien de la paix Ahmed Merabet. Le rapport de la commission d'enquête nous explique que « *les frères Kouachi remontent alors en voiture l'allée Verte, s'engagent sur le boulevard Richard Lenoir en direction du sud, puis contournent son terre-plein central afin de le réemprunter vers le nord en direction du boulevard Voltaire et de la Place de la République. C'est là qu'ils s'arrêtent et sortent à nouveau de leur véhicule, vers 11 h 39 au niveau du croisement avec la rue Moufle, afin d'ouvrir le feu sur d'autres policiers. Ils y achèvent froidement le gardien de la paix Ahmed Merabet, déjà touché à l'aine, puis reprennent leur véhicule et leur fuite.* »

Une vidéo de cette exécution a été postée sur la toile par un témoin particulièrement bien placé — à l'instar de « l'ouvrier polonais » — à une fenêtre d'un immeuble faisant face à la scène. On y voit les deux tueurs, venant juste de sortir de leur véhicule. L'un d'eux vient de perdre sa chaussure. Ils font feu sur un homme qui tombe à terre et implore. Les deux hommes ensuite se dirigent vers lui au pas de course, à une trentaine de mètres. L'un des tueurs dit « *je vais*

---

[126] « Attentat à Charlie Hebdo : la vidéo amateur était falsifiée », *Panamza*, 08/02/2015

le tuer ». Le policier implore : « *c'est bon, chef...* » Le tueur alors l'abat à bout portant d'une balle de kalachnikov. Les deux hommes continuent de courir quelques mètres s'éloignant toujours plus de leur voiture. Le même homme avant de pénétrer côté conducteur hurle à deux reprises « *On a vengé le prophète Mohammed !* », puis « *On a tué Charlie* ». La voiture ensuite redémarre, plutôt tranquillement, l'autre ayant pris soin auparavant de ramasser une chaussure qui avait glissé de son pied au moment de sortir du véhicule.

Cette vidéo a eu une importance fondamentale dans le décuplement de l'émotion collective, en France et dans le monde. Passant au crible les Unes des quotidiens du monde entier ayant couvert l'événement, essentiellement, en Europe et en Amérique du Nord, Pierre Lefébure et Claire Sécail, les auteurs du *Défi Charlie : les médias à l'épreuve des attentats* font ainsi remarquer : « *la vidéo amateur précitée a été rapidement relayée sur le web. Sur la totalité des 654 Unes on note que 70 (10,7%) publient une capture d'écran de cette vidéo en la mettant au premier plan (sur 39 autres elle apparaît en périphérie). Sur 41 unes on voit un des frères Kouachi pointer son arme sur le policier, sur les 29 autres unes, la capture du moment de leur départ en voiture a été choisie. (…) La présence de captures d'écran sur de nombreuses unes donne l'illusion d'une proximité avec ce qui arrivait. Cependant, elles ne font sens qu'en connaissance de leur contexte car une telle scène a été vue et revue à la télévision et au cinéma. Le fait de savoir que ces images ne relèvent point de la science-fiction innerve leur potentiel de signification. Faisant ainsi preuve d'existence ou malgré leur caractère du flou [la capture de vidéo exhibée était souvent floutée, NDA], ces captures ne font pas que signifier l'événement mais également sa manière de se faire dans l'histoire du temps présent. Autrement dit, les images amateurs participent à l'événement en train de se faire et seront peut-être même l'objet ou source d'une future histoire qui reste à écrire[127]. »*

Avant de passer aux révélations de *Panamza* sur l'auteur de la vidéo, un certain Jordi Mir, nous pouvons faire quelques simples remarques de bon sens. Ces deux hommes viennent d'abattre de sang-froid une dizaine de personnes, en en blessant plus ou moins grièvement d'autres. Près d'un quart d'heure s'est déjà écoulé depuis le premier coup de feu ; ils ont déjà eu des échanges de tirs nourris avec des policiers ; nous sommes à Paris, une des villes les mieux quadrillées au monde par la police, à midi, une heure de pointe dans cette ville où la circulation est dense et les embouteillages et ralentissements inévitables ; comme ils sont cagoulés et qu'ils ont pris la fuite ils n'ont à l'évidence aucune envie de mourir ou de se faire prendre ; pourquoi dès lors prendre le risque énorme d'arrêter leur véhicule en plein milieu d'un boulevard ordinairement très fréquenté et s'en éloigner de 50 mètres pendant trente secondes pour se venger d'un policier blessé au sol criant pitié équipé seulement d'une arme de poing de petit calibre ? Pourquoi abandonner *tous les deux* leur véhicule alors qu'un seul homme avec

---

[127] Le défi Charlie : les médias à l'épreuve des attentats, Lemieux éditeur, 2016, p.35 à 37.

sa kalachnikov aurait suffi pour finir la besogne, pourquoi l'un des deux n'est-il pas demeuré près de la voiture pour la sécuriser ? On peut ergoter à l'infini sur le paradoxe de ces deux hommes manifestant un professionnalisme militaire dans leur crime de masse, tout en se montrant à ce point amateurs dans leur fuite... il y a quelque chose qui cloche... Et comme par hasard, les deux reprises où ils hurlent « *on a vengé le prophète Mohammed !* », devant l'immeuble de Charlie Hebdo et sur le boulevard Richard Lenoir, se trouvait opportunément un individu idéalement placé pour tout enregistrer alors qu'apparemment autour d'eux il n'y avait personne pour les entendre revendiquer bruyamment leur forfait. Précisons que dans le quartier de Charlie Hebdo il n'y a aucun commerce et pratiquement aucune circulation. Lors de son audition au procès des attentats le 10 septembre 2020, Corinne Rey expliquera : « *C'était une rue où les gens amenaient leurs chiens faire caca... C'était la rue idéale pour ça tellement c'est désert.* » Voyons à présent ce que *Panamza* va nous dire sur l'homme qui a filmé « l'exécution » d'Ahmed Merabet boulevard Richard Lenoir.

Nul n'a évidemment le choix de se trouver au mauvais endroit au mauvais moment, ou au bon endroit au bon moment. De même qu'il a fallu un concours de circonstances pour que le mystérieux « ouvrier polonais » soit aux premières loges pour filmer les tueurs à leur sortie, il a pu se trouver que quelqu'un soit idéalement placé pour filmer à la fois la séquence que nous avons résumée précédemment de l'exécution d'Ahmed Merabet, et enregistrer les déclarations belliqueuses et non équivoques : « *On a vengé le prophète Mohammed ! On a tué Charlie !* ». Il s'agit d'un certain Jordi Mir qui poste aussitôt la vidéo sur son profil Facebook. La vidéo devient rapidement virale, et les médias du monde entier diffusent bientôt cette scène choquante, diffusion qui suscite la colère de la famille de la victime, son frère Malek Merabet s'indignant ainsi : « *Comment avez-vous osé prendre cette vidéo et la diffuser ? J'ai entendu sa voix, je l'ai reconnu, je l'ai vu se faire abattre et je continue à l'entendre tous les jours* ». Quelques jours plus tard, Jordi Mir fera publiquement ses excuses lors d'un entretien accordé à *Associated Press*, expliquant : « *J'étais complètement paniqué. Il fallait que je parle à quelqu'un. J'étais seul chez moi. J'ai mis la vidéo sur Facebook. J'ai fait une erreur.* » Malheureusement le mal était fait, la vidéo devenue virale, et les jours suivants les plus grands quotidiens du monde faisaient leur une en en reprenant des images frappantes.

Jordi Mir avait cependant posté sur Tweeter à 14 h 30, relève *Panamza* qui en a fait des captures d'écran, ce message sans équivoque : « *À l'intention des journalistes, si vous souhaitez diffuser ma vidéo #Charlie Hebdo, merci de penser aux victimes, elle est libre de droits.* » L'homme a supprimé ce tweet le 13 mars après son exhumation par Panamza, comme il a bloqué — sans explications — Panamza qui via ce réseau lui avait fait une demande d'interview.

Il le débloquera par la suite, mais toujours sans donner suite à sa demande d'entretien[128].

Il faut attendre juillet 2015 pour trouver la seconde et dernière trace d'une intervention de Jordi Mir. *Panamza* : « *Quatre mois plus tard, l'homme refait surface à travers une interview accordée à un étudiant allemand. Le cadre de cette rencontre inattendue : un projet multimédia dénommé "Je reste Charlie" et réalisé par l'Académie Axel Springer, école de journalisme rattachée au puissant groupe de presse homonyme.* » L'étudiant, nommé Karl Philip Walter, explique dans un encadré de précision final que « *Jordi M. n'a accepté ma demande d'interview qu'avec hésitation. Il a finalement consenti à me rencontrer parce que je suis un journaliste étranger. Il ne veut pas parler aux médias français, auxquels il reproche d'avoir diffusé sa vidéo sans son consentement.* »

Rappelant le tweet effacé seulement en mars 2015, Panamza a beau jeu de pointer ce qu'il faut bien appeler un mensonge, et d'apporter des informations complémentaires : « *Au même moment, son colocataire, dénommé Georges Hernandez, disparaissait de l'annuaire en ligne des pages blanches, rendant ainsi impossible tout contact téléphonique et direct.* »

Panamza qualifie lui-même la séquence de l'exécution de Merabet comme « *l'une des plus opaques dans le déroulement de l'attentat [et qui] n'a pourtant pas fait l'objet d'investigations poussées parmi les médias traditionnels. Un seul exemple parmi les anomalies de ce jour : une voiture grise, garée exactement devant la dépouille du policier Ahmed Merabet et devant laquelle s'était tenu un homme (muni de lunettes de soleil et d'une sorte de talkie-walkie), a été autorisée — contrairement à l'usage — à quitter la scène du crime.* » Ce que confirment en effet les vidéos que l'on peut consulter en libre accès sur la toile. Précisons qu'il s'agissait d'une des voitures garées les plus proches du corps. L'exposé des anomalies autour de cette séquence est loin de permettre de l'éclairer complètement, mais à la bizarrerie du comportement des tueurs sur la vidéo s'ajoute la bizarrerie du comportement de celui qui a filmé toute la scène, à présent aussi inaccessible — quoique d'une façon différente — que le vidéaste « ouvrier polonais ».

La menaçante prophétie de Benyamin Netanyahou

En août 2014, Benyamin Netanyahou, était interviewé par la chaîne d'information en continu I télé. Après avoir fustigé les Palestiniens et leurs jets de roquette, il a osé la comparaison entre les situations israélienne et française : la France doit être solidaire d'Israël face au terrorisme palestinien sinon il est inéluctable qu'elle souffre à son tour du terrorisme du son sol :

---

[128] « Affaire Charlie : l'étrange mensonge d'un témoin clé », *Panamza*, 20/07/15.

« Ce n'est pas la bataille d'Israël, c'est votre bataille de la France, parce que c'est la même bataille, s'ils réussissent ici, et si Israël est critiqué, et pas les terroristes, et bien si nous ne sommes pas solidaires, et bien cette peste du terrorisme viendra chez vous. Vous serez visés, vous, en France. Je me rends compte que les gens ne connaissent pas la réalité. Imaginez que vous êtes dans une pièce obscure, comme me l'a dit un grand rabbin, quand tu es dans une pièce obscure, il faut allumer une bougie, la bougie de la vérité. Les gens qui ont un esprit juste, équilibré, verront la lumière de cette bougie, cette lumière de la vérité, et chacun d'entre nous doit allumer la bougie de la vérité, et la vérité, c'est qu'Israël est une démocratie à qui on impose la guerre, qui se bat pour sa sécurité, contre un ennemi particulièrement cruel, qui n'obéit à aucune norme, à aucune loi, qui n'a aucune inhibition, qui attaque nos civils, et qui utilise ses propres civils comme boucliers humains.[129] *»*

On reste rêveur devant une telle déclaration. S'il fut un temps où des Palestiniens se faisaient sauter dans des lieux publics, cela fait belle lurette qu'il n'existe plus d'actions terroristes palestiniennes sur les territoires contrôlés par Israël, ou devrait-on plutôt dire, volés aux Palestiniens par la violence et la purification ethnique. On est en revanche tout à fait fondé à parler de terrorisme israélien envers les populations palestiniennes, et ce depuis des décennies (opérations Plomb durci, Bordure de Protection, etc.). Ensuite, affirmer que si la France ne soutient pas Israël, la France subira tôt ou tard des attentats terroristes de la part des Palestiniens sur son sol, c'est d'une absurdité totale : c'est au contraire le soutien à Israël — État le plus haï du monde arabo-musulman — qui pourrait pousser des Palestiniens ou certains de leurs soutiens à frapper la France par la violence aveugle. Passons le délire religieux sur le rabbin avec sa bougie. Juste l'inversion accusatoire est monstrueuse : *« Israël est une démocratie à qui on impose la guerre, qui se bat pour sa sécurité, contre un ennemi particulièrement cruel, qui n'obéit à aucune norme, à aucune loi, qui n'a aucune inhibition, qui attaque nos civils, et qui utilise ses propres civils comme boucliers humains. »* Ici il faut plutôt lire, dans un miroir : *« Israël est une théocratie raciste qui impose la guerre à tous ceux qu'elle considère comme ses ennemis, qui œuvre pour anéantir la sécurité de ses voisins, de manière particulièrement cruelle, en n'obéissant à aucune norme, sans aucune inhibition, qui attaque les civils, et qui instrumentalise l'antisémitisme et la Shoah, pour s'en faire un bouclier contre toutes les critiques légitimes qui peuvent lui être faites. »* La distorsion opérée ici par le Premier ministre israélien est trop monstrueuse pour ne pas être interprétée comme une menace directe d'Israël d'organiser des attentats sur le sol français, en l'occurrence, puisqu'il s'agit d'une spécialité israélienne quasi exclusive, sur le mode de l'opération sous faux drapeau. Le 2 décembre 2014, l'Assemblée nationale française a adopté une résolution demandant à l'État

---

[129] Quand Benjamin Netanyahu prédisait le terrorisme en France : « Si nous ne sommes pas solidaires cette peste du terrorisme viendra chez vous. », *Europe-israel.org*, 26/07/16. La vidéo a depuis été effacée du site internet.

français de reconnaître l'État de Palestine par 339 voix contre 151, le Sénat la ratifiant quant à lui avec 153 voix contre 146. Le pouvoir exécutif français ne lui a pas donné suite, mais ce geste, même timide a pu certainement, d'un côté attirer la sympathie des Palestiniens victimes du terrorisme de l'État juif, de l'autre l'ire de ce dernier contre la France.

Dans la mesure où Benyamin Netanyahou est le seul chef d'État au monde à avoir émis l'hypothèse que la France aura tôt ou tard à subir le terrorisme djihadiste sur son sol, que l'argumentation à laquelle il recourt est une insulte au bon sens, et que dans toutes les zones d'ombre que nous avons parcourues, de très graves soupçons apparaissent à la marge contre des personnalités juives françaises sionistes — c'est-à-dire pro-israéliennes ; dans la mesure également où Israël est connu historiquement comme le spécialiste mondial des opérations sous faux drapeau, les soupçons auraient dû se porter directement, avant toute autre piste, sur les réseaux pro-israéliens en France, bien plus à même, tant pour des raisons de capacité que de perversité, de mettre sur pied une opération aussi complexe que celle des frères Kouachi.

Outre la prémonition, pour ne pas dire la menace explicite, il faut relever la volonté, de la part de l'inoxydable Premier ministre d'Israël, de capitaliser sur l'événement en appelant aussitôt les Juifs de France, de façon bruyante et dramatique, à effectuer leur alya en quittant la France pour Israël. Le samedi 10 janvier, soit le lendemain de la prise d'otages de l'Hyper Cacher, il déclare dans un communiqué : « *À tous les juifs de France, tous les juifs d'Europe, je vous dis : Israël n'est pas seulement le lieu vers lequel vous vous tournez pour prier, l'État d'Israël est votre foyer.* »

Le même jour, dans la soirée, Netanyahou annonce à François Hollande qu'il s'invite pour le lendemain à la manifestation des chefs d'État, même s'il lui a été clairement signifié que sa présence n'était pas souhaitée[130]. Pour compenser l'effet désastreux de sa présence, François Hollande invite en catastrophe le président de l'autorité palestinienne Mahmoud Abbas qui ne se fait pas prier.

Juste avant de prendre son avion à 5 heures du matin le 11 janvier, Il fait la déclaration publique filmée suivante : « *Je me rends à Paris pour participer à la manifestation au côté d'un certain nombre de dirigeants mondiaux, au nom de la lutte contre le terrorisme islamique qui menace l'ensemble de l'humanité, ce que nous alertons depuis des années. Ce soir, je participerai à un rassemblement spécial, avec le président français François Hollande, en présence des représentants de la communauté juive en France. Je dirai à cette occasion que tout Juif souhaitant immigrer en Israël sera reçu ici à bras ouverts.* »

Dans la soirée du 11 janvier, à la tribune de la grande synagogue de Paris, surplombant le Président de la République française François Hollande et le

---

[130] Barak Ravid, *Haaretz*, 12/01/2015, « Hollande Asked Netanyahu Not to Attend Paris Memorial March ».

Premier ministre Manuel Valls, tous deux coiffés d'une kippa, Netanyahou dans un long discours en hébreu traduit en direct par Meyer Habib, salue la détermination affichée par les autorités françaises à lutter contre l'antisémitisme mais renouvelle son appel : « *Tous les Juifs qui souhaitent faire l'alya seront accueillis avec les bras ouverts et toute notre chaleur. Ils n'arriveront pas dans un pays étranger, dans leur patrie ancestrale, avec l'aide de Dieu.* » C'est en plein milieu et au premier rang, séparé du président Hollande par le président du Mali, que Netanyahou avait participé dans l'après-midi à l'ultra médiatisée et historique marche des chefs d'État.

Le lundi 12 janvier, Benyamin Netanyahou, qui avait participé la veille avec des dizaines de chefs d'État à la marche républicaine a tenu un discours étonnant devant les dirigeants de la communauté juive française : « *Cela revêt une signification profonde que le monde ait vu le Premier ministre d'Israël marcher aux côtés des autres dirigeants du monde, unis dans la lutte contre le terrorisme, ou au moins s'unissant par l'appel à le combattre. C'est quelque chose que l'État d'Israël dit depuis des années, c'est ce que nous disons aujourd'hui en ajoutant simplement ceci : si le monde ne s'unit pas, les coups que le terrorisme a portés aujourd'hui vont s'accroître jusqu'à une magnitude à la limite de l'imaginable. En conséquence j'espère que l'Europe va s'unir, j'espère aussi qu'elle va s'engager dans l'action. Israël soutient l'Europe dans son combat contre le terrorisme, et le temps est venu pour l'Europe de soutenir Israël dans un combat qui est exactement le même.* »

Exactement le même ? Neutraliser les délinquants radicalisés à l'enfance chaotique issus de l'immigration arabo-musulmane = soutenir Israël dans sa solution finale lente du problème palestinien. Le ton n'est nullement compatissant, il est clairement menaçant. Et l'on aurait aimé que des journalistes s'interrogent ouvertement sur la signification profonde de tels propos. M. Netanyahou a l'air d'être au courant de bien des choses que nous ignorons.

L'opération de communication peut être considérée comme un succès si l'on considère que l'année 2015 a vu un nombre sans précédent de juifs pourvus d'un passeport français émigrer en Israël, près de 8000 (contre 7000 en 2014, 3920 en 2013, et 2900 en 2012), et constituant le plus important pays d'émigration des 30 000 « réfugiés » juifs annuels, pour recourir à un terme montrant bien la façon dont ils se perçoivent.

Le 15 février 2015, Benyamin Netanyahou, suite à l'effroyable carnage (un mort et deux blessés) perpétré à l'entrée de la grande synagogue de Copenhague, lancera un appel semblable, dans un communiqué adressé cette fois à *l'ensemble* des Juifs européens : « *Israël est votre foyer. Nous sommes préparés pour accueillir une immigration de masse en provenance d'Europe. À tous les Juifs d'Europe, je dis : Israël vous attend les bras ouverts.* » : de l'art de produire un hectolitre de mayonnaise à partir d'une goutte de jaune d'œuf…

La possibilité d'une comparaison de l'ensemble du schéma esquissé dans ce chapitre avec quelques opérations judéosionistes sous faux drapeau de la seconde moitié du XXème siècle résumées dans la seconde partie, ne peut être balayée d'un revers de main que par les fanatiques acteurs anticomplotistes, dont nous allons passer le discours au crible dans la seconde partie.

Récapitulatif des zones d'ombre et anomalies relevées dans la version officielle du massacre de Charlie Hebdo

— Qui a assassiné Helric Fredou, le numéro 2 de la police judiciaire de Limoges, à minuit le 7 janvier, alors qu'il travaillait sur une piste prometteuse ?

— Pourquoi la sécurité des journalistes et des locaux de Charlie Hebdo a-t-elle été abaissée dans les mois précédents, alors que des menaces concrètes et sérieuses avaient été proférées contre le journal et Stéphane Charbonnier, son rédacteur en chef ?

— Comment les tueurs ont-ils pu prendre connaissance de l'heure de la conférence de rédaction, le seul moment de la semaine où ils étaient certains de les atteindre presque tous ?

— Comment a-t-on pu courir le risque d'autoriser des rassemblements « républicains » le soir même dans les grandes villes, alors qu'on avait dans la nature deux terroristes déterminés équipés de kalachnikovs et d'un lance-roquette ?

— Pourquoi les témoignages divers faisant état de trois hommes à bord de la Citroën C3 et non de deux ont-ils été escamotés ?

— Comment un homme au profil aussi invraisemblable que Saïd Kouachi a-t-il pu participer à une opération de cette envergure, et pourquoi n'existe-t-il aucun autre indice l'incriminant en dehors de sa carte d'identité ?

— Comment Saïd Kouachi a-t-il pu commettre la bourde d'oublier sa carte d'identité dans la Citroën C3 ? Et pourquoi au 45 rue de Meaux ont-ils enlevé leurs cagoules devant des témoins (lesquels témoins se contredisent) alors qu'au moment de sortir des locaux de Charlie, s'ils voulaient être entendus (Allah ou akbar, etc.), ils ne voulaient pas que leur visage soit identifié ?

— Pourquoi les pare-soleil de vitres des portières avant comportent-ils le symbole du lapin Play-boys, alors que les frères Kouachi avaient la réputation d'être des musulmans rigoristes ?

— Comment ont-ils maquillé une plaque minéralogique correspondant en tous points à celle d'un véhicule propriété d'une Lyonnaise n'ayant rien à avoir dans l'affaire ?

— Pourquoi ces nettes contradictions dans les témoins du 45 de la rue de Meaux ? Pourquoi aucun journaliste n'a-t-il pris la peine d'interviewer les propriétaires du restaurant/pâtisserie Patistory ?

— Pourquoi le positionnement idéal d'un « ouvrier polonais », juste au-dessus du carrefour, pile-poil pour enregistrer à dix mètres les cris de défi des tueurs, n'a-t-il pas été questionné ?

— Pourquoi Jordi Mir, idéalement placé pour filmer l'exécution d'Ahmed Merabet, a-t-il menti ensuite en déclarant avoir retiré au bout de quinze minutes cette vidéo ? Comment les tueurs ont-ils pu assumer le risque énorme de sortir tous les deux de leur véhicule sur près de quarante mètres ?

— Pourquoi le témoignage de Valérie M. la vraie compagne de Charb, à la différence de Jeannette Bougrab, a-t-il été ignoré dans tous ses détails par les enquêteurs : l'appartement de Charb visité et son ordinateur portable volé ; le véhicule suspect aperçu par Charb le matin même de l'attentat ; les discussions secrètes que menaient Charb pour trouver les fonds permettant de sauver le journal de la faillite ?

— Comment le mentor des frères Kouachi, Farid Benyettou a-t-il pu obtenir une bourse de l'État français pour apprendre le métier d'infirmier à la Salpêtrière, malgré un dossier accablant ?

— Pourquoi les clairs avertissements de Benyamin Netanyahou, le Premier ministre israélien, quant à l'imminence du retour du terrorisme en France, avec les arguments les plus contraires au bon sens, n'ont-ils pas entraîné un juste vent de méfiance et de suspicion dans les milieux médiatiques et politiques français ?

Voilà quelques-unes des questions légitimes qui peuvent être posées au sujet de la version officielle de la tuerie de Charlie Hebdo. La liste n'est pas exhaustive, et nous n'abordons pas dans le présent ouvrage, la partie Hyper Cacher et Amedy Coulibaly, qui comporte elle aussi de nombreuses et criantes zones d'ombre. Rappelons que toutes ces questions sont justifiées par des faits, des déclarations précises, et présentées avec toute la rigueur journalistique nécessaire. On peut ne pas apprécier — voire haïr, pourquoi pas — *Panamza*, en raison par exemple du caractère radical de son engagement antisystème, et un ton parfois arrogant et triomphaliste, mais on ne peut contester la rigueur et le sérieux de ses enquêtes. Il ne s'agit nullement de logorrhées insanes que l'on serait fondé à balayer d'un revers de main. Rappelons enfin également que des proches des victimes se sont clairement positionnés contre la version officielle :

la veuve de Franck Brinsolaro, le policier chargé de la sécurité de Charb : « *Pour moi,* Franck a été sacrifié, *il n'y a pas d'autres mots, déplore-t-elle ainsi au micro de RTL. Il voyait les dysfonctionnements, il regrettait le manque de sécurité dans les locaux, il disait que c'était une passoire et que c'était impossible de faire correctement son métier dans ces conditions-là* ».

Maryse Wolinski, veuve de George Wolinski, le 24 mai, dans le cadre d'un entretien accordé au Dauphiné libéré : « *(…) ce sont des failles dans le système de sécurité à Charlie Hebdo qui ont conduit à ce drame du 7 janvier. D'ailleurs, je mène ma petite enquête de mon côté car j'estime qu'il y a des zones d'ombre* *dans le déroulé des faits. L'attentat a été commis un jour où tout le monde ou presque était réuni à la rédaction : ça n'arrive jamais mais là, ils avaient prévu de partager une galette des Rois et comme par hasard l'attentat a eu lieu ce mercredi et ça n'est pas anodin. Aussi, j'ai noté beaucoup d'incohérences, de différences entre les mesures de protection réelles à Charlie Hebdo et les préconisations de la préfecture de police. Je voudrais aussi savoir pourquoi l'acte de décès de mon mari a été signé à 11 h 30 alors que les frères Kouachi sont arrivés à Charlie Hebdo à 11 h 33. J'ai plein de questions à poser au juge d'instruction dans le cadre de ma contre-enquête. »*

Valérie M (compagne de Stéphane Charbonnier*), le Parisien,* 18 octobre 2015 : *« Le samedi qui a suivi le drame, je suis retournée avec le frère de Charb et quelques intimes dans son appartement. Nous avons découvert qu'il avait été visité, mis à sac, et des affaires emportées, parmi lesquelles des dessins et son ordinateur portable. Il me paraît indispensable de retrouver cet ordinateur portable qui contient sûrement des informations utiles à l'enquête. Or je m'étonne que les policiers qui ont recueilli mon témoignage n'aient pas eu l'air intéressés par cet élément. Un tel cambriolage, chez un défunt, quelques jours après le drame, ne mérite-t-il pas une enquête approfondie ? »/« j'ai le sentiment que la vérité sur l'attentat de "Charlie Hebdo" est encore loin, et je veux faire tout mon possible pour qu'elle éclate. Je m'étonne que les enquêteurs ne cherchent pas à savoir si d'autres personnes ou d'autres intérêts pourraient se cacher derrière les frères Kouachi. On ne peut pas se contenter de la seule thèse du terrorisme islamiste. »*

Sœur d'Helric Fredou, le commissaire de police chargé de rédiger un rapport sur l'entourage familial de Charlie Hebdo (info *Panamza*) : *« C'était quelqu'un de calme, avec un grand esprit de discernement selon son formateur »/« On nous a enlevé les ordinateurs et son portable perso, on nous a tout pris, ça nous a choqués mais c'est la procédure, nous a-t-on dit »/« Ma maman, qui était très fusionnelle avec lui, est retournée contre la terre entière : elle veut savoir comment il s'est tué. Il a un pansement sur le front. Sur le côté, c'est trépané à cause de l'autopsie. À l'arrière du crâne, il n'y a rien »/« Mon frère avait lui-même trouvé deux suicidés — dont l'un à Melun — et avait dit à maman "je te ferai jamais un truc comme ça", à savoir me tuer et te laisser seule. Il n'était pas dépressif. »*

Partie 2

le massacre de Charlie Hebdo au révélateur du discours anticomplotiste (AC)

Introduction au discours anticomplotiste AC (1) : une fraude sémantique multiforme

Le complotisme, le conspirationnisme…

Les termes « complotiste » et « conspirationniste », quand les examine avec un peu d'attention, apparaissent comme des néologismes des plus douteux.

En français et dans de nombreuses langues, le suffixe « iste » à plusieurs significations et connotations bien précises :

1) Une qualité professionnelle, un spécialiste de : un ébéniste, un flûtiste, un pianiste, un herboriste, un artiste, un paysagiste, etc.

2) un partisan ou un fidèle : un bouddhiste, un communiste, un chaviste, un bachariste, sarkozyste, un trotskiste, un franquiste, un sandiniste, un anarchiste, un nationaliste, un impressionniste, un dadaïste, etc.

3) un trait de caractère : idéaliste, nihiliste, optimiste, conformiste, égoïste, etc.

Si l'on suit la règle, le « conspirationniste » serait, au choix : un professionnel ou un spécialiste de la conspiration (ou du complot) ; un amateur, un passionné de conspirations (au sens de participant) ; une personne ayant tendance à comploter et conspirer.

Nous nous trouvons confrontés d'emblée au dilemme suivant : les termes « complotiste » et « conspirationniste » sont des néologismes dans lequel l'usage du suffixe -iste — ne correspond pas à son usage traditionnel ou le plus courant.

Quand les acteurs anticonspirationnistes (AC) évoquent les complotistes, ils n'entendent pas des partisans du complot ou de la conspiration, qui considéreraient les complots et les conspirations comme une chose bonne et essentielle, ils n'entendent pas, au sens noble et professionnel du terme des spécialistes des conspirations et des complots, ils n'entendent pas non plus un trait de caractère ou une tendance à comploter.

Est conspirationniste (selon eux) toute personne qui est obsédée par les complots et les conspirations, qui a tendance à interpréter toute l'actualité et les grands événements de l'histoire comme résultant de complots et de conspirations. Dans la réalité un tel profil est très rare, mais c'est l'image que veulent donner les acteurs AC des conspirationnistes.

Les suffixes « phobe », « mane », ou « âtre » — conviendraient mieux : un complotophobe, un complotomane, un complotolâtre.

Les mots « conspirationniste » et « complotisme » sont entrés dans le dictionnaire respectivement en 2011 et 2017.

Conspirationniste : « *Se dit de quelqu'un qui se persuade et veut persuader autrui que les détenteurs du pouvoir (politique ou autre) pratiquent la conspiration du silence pour cacher des vérités ou contrôler les consciences.* »

Complotiste : « S*e dit de quelqu'un qui récuse la version communément admise d'un événement et cherche à démontrer que celui-ci résulte d'un complot fomenté par une minorité active.* »

Il est amusant de remarquer que ceux qui ont forgé ces définitions ont tenu à donner à ces deux mots un sens légèrement différent. Dans le premier cas, une sorte de complot permanent et multiforme serait en jeu, dans le second cela se rapporterait à un unique événement, et l'on ne voit pas pourquoi dans un cas le XXX « se persuade et veut persuader autrui », et dans l'autre le XXX « récuse… et cherche à démontrer », les acteurs AC utilisant indifféremment les deux termes dans les mêmes circonstances.

Autre remarque, le dictionnaire donne d'habitude le sens premier et logique d'un mot avant de donner ses dérivés et ses connotations. Or dans ce cas on a défini le terme tel qu'il est employé frauduleusement pas les acteurs AC sans évoquer son sens premier et logique, qui est pourtant celui que la plupart des gens entendent. Il suffit d'interroger au hasard les gens pour s'en convaincre : s'ils ont été peu en contact avec les médias, c'est le sens premier de « fomenter ou participer à un complot » qui leur vient à l'esprit[131], et ils s'étonnent du sens inversé qui lui est donné dans les médias.

Un premier *mensonge* apparaît donc avant même d'entrer dans le cœur du sujet : les termes « conspirationniste » et « complotiste » sont des termes frauduleux comme sont frauduleux les procédés employés par les acteurs AC pour dénoncer ceux qu'ils nomment par la qualification qui pourrait bien plutôt être la leur : il s'agit d'une *inversion accusatoire* ; au sens premier du terme, les acteurs AC sont les seuls « complotistes » ou « conspirationnistes », comme nous allons nous en rendre compte pour le cas particulier du massacre de Charlie Hebdo.

---

[131] Entrer sur YouTube « Complotisme-Conspirationnisme, une vindicte médiatique », François Belliot & Gérard Lazare, décembre 2018.

Le *problème* posé par ce genre néologismes — on pourrait aussi parler de nov. langue — se retrouve dans d'autres termes auxquels « conspirationniste » est fréquemment sinon systématiquement associé : « révisionniste », « négationniste », « antisémite », « extrémiste », dans ce qui ressortit plus à des bordées d'injures haineuses qu'à des argumentaires honnêtes et pédagogiques. Il est important de commencer par ce détour car ces différents termes injurieux se retrouvent très souvent sous la plume des auteurs AC : il est rare que les uns aillent sans les autres. Les combinaisons d'aliments peuvent varier, mais à l'évidence il s'agit toujours de la même recette.

Les occurrences ces dernières années, sur tous les supports, sont innombrables. En voici une dizaine d'exemples :

30 juin 2014, David Berliner, Huffington Post : « Aucun doute que les adeptes du conspirationnisme *qui liraient ce texte n'y voient qu'une énième tentative "du système" destinée à masquer la réalité du complot. De mon côté, je traite avec la plus grande suspicion ces discours qui cherchent à dénoncer inégalités et manipulations en s'appuyant sur une rhétorique antisémite et homophobe moyenâgeuse.* »

12 janvier 2015, Eugénie Bastié, *le Figaro* : « *Le complotisme joue donc un double rôle : il permet de justifier le passage au terrorisme, tout en niant le crime terroriste quand celui-ci a lieu. "Il y a le même lien entre terrorisme et conspirationnisme que celui entre négationnisme et conspirationnisme : le complotisme est un moment du crime, qui crée les conditions pour que ce crime soit à nouveau possible" explique Rudy Reichstadt.* »

20 janvier 2015, Laurent Joffrin, *Libération* (éditorial) : « *Et comme les complotistes, à la manière des négationnistes, sont intarissables sur les détails, les esprits faibles s'y laissent prendre, oubliant les faits évidents.* »

25 mars 2015, Daniel Makonnen, *Huffington Post* : *De nombreux exemples montrent que les théories du complot composent un climat favorable à des appels à la haine répétés : les évocations du « complot juif » (parfois aussi appelé « complot sioniste ») ne sont jamais loin d'appels à la haine antisémite, ni celles de la théorie de la « conspiration des pro-gender » de propos sexistes et homophobes.*

Novembre 2015, n° 419 de la revue *Esprit*, Jean-Baptiste Souffron : « *Antisémite, négationniste, paranoïaque, réactionnaire, le conspirationniste est un partenaire que l'on gagne à éviter.* »

16 août 2016, site de la *LICRA* : « *Le Canard Enchaîné révélait le 27 juillet que Madame Anne Guerrier, professeur d'anglais en classe préparatoire littéraire dite "Khâgne" au Lycée Janson de Sailly de Paris, avait transformé sa page Facebook en bréviaire antisémite, négationniste et complotiste.* »

23 janvier 2018, résumé du documentaire de Rudy Reichstadt diffusé sur *France 3*, « Complotisme, les alibis de la terreur » : « *Dans le sillage de chacun de ces attentats, les théories conspirationnistes les plus folles fleurissent sur la toile et se propagent à travers les réseaux sociaux. Rehaussant l'abjection du crime par l'obscénité d'un révisionnisme inepte, la théorie du complot a fait, à cette occasion, une irruption fracassante dans le débat public, provoquant une prise de conscience collective jusqu'au plus haut niveau de l'État.* »

Février 2016, Philippe Hunneman, n° 09521 de *Philosophie magazine* : « *les conspirationnistes usuels cachent plus ou moins mal des motivations antisémites ou racistes.* »

L'intention d'appeler au lynchage aveugle d'une certaine catégorie de personnes est flagrante, et l'on discerne déjà d'autres termes injurieux et procédés discréditants. Passons à présent au crible, comme nous l'avons fait pour « complotiste » et « conspirationniste », ces autres mots avec lesquelles il est très souvent lié, comme des saucisses dans un chapelet.

Le révisionnisme

Si l'on s'en tient à la structure du mot, avec son radical et son suffixe, un révisionniste serait un spécialiste de la révision, un partisan de la révision, une personne ayant tendance à faire des révisions. De quelle sorte de révision s'agit-il ? Révisions scolaires, révision d'un véhicule, d'une machine, révision d'une version des faits, re-vision d'un paysage, d'une ville, d'un spectacle ?

A priori, le terme de « révision » ne contient aucune charge péjorative, et c'est souvent de cette façon neutre et technique qu'il est utilisé dans les contextes scolaire et mécanique. Le terme de « révisionniste » n'est jamais utilisé dans ces contextes même s'il s'y comprendrait fort bien : serait révisionniste un élève ayant tendance à trop réviser ses leçons, ou une personne qui se passionnerait tellement pour sa voiture qu'il l'emmènerait faire réviser une fois par semaine.

Mais le mot « révisionnisme » est employé dans *des contextes* bien différents qui tiennent à l'histoire.

Le mot apparaît dans les années 1880 à l'occasion de l'affaire Boulanger, du nom de ce général français dont certains s'imaginaient à l'époque qu'il pouvait provoquer une révision de la constitution de la IIIème République naissante et impopulaire. Le mot apparaît tel pour la première fois dans un contexte constitutionnel.

Il éclot plus durablement quelques années plus tard à l'occasion de l'affaire Dreyfus, du nom de ce capitaine juif arrêté pour soupçon de collaboration avec l'Allemagne. Se définissaient comme « révisionnistes » les partisans de Dreyfus qui souhaitaient sa libération et sa réhabilitation. Le mot réapparaît pour la seconde fois dans un contexte juridique.

Il refait surface dans les années 1960 dans certains milieux communistes qui souhaitent sortir de l'histoire hagiographique de la période du règne de Staline en URSS, pour mettre en lumière les travers, les excès et les méfaits du personnage. Il est synonyme de « traître » chez les communistes opposés à cette démarche. Le mot refait surface une troisième fois dans le contexte d'une querelle d'historiens.

Il refait de nouveau surface à l'occasion d'une querelle historique qui prend naissance à la fin des années 1970, quand des historiens remettent en cause la version officielle du sort réservé aux juifs pendant la Seconde Guerre Mondiale : ces historiens veulent réviser le nombre de morts qui pour eux est exagéré, la nature de l'arme utilisée pour ce meurtre de masse (les chambres à gaz), et le fait que des documents officiels allemands existent prouvant explicitement la planification d'un génocide.

La spécificité de cette forme de révisionnisme est qu'elle est passible depuis le 13 juillet 1990, de lourdes amendes et de peines de prison ferme, suite au vote de la loi Fabius-Gayssot. La pénalisation de cette forme ultra locale de « révisionnisme » s'accompagne également de la mise en œuvre d'une loi non écrite : le lynchage médiatique de l'accusé et la mobilisation de tous les rouages de l'État pour réduire au silence et entraîner la mort sociale du sceptique sans que celui ait à aucun moment l'occasion de se défendre dans un cadre honnête et impartial.

Ainsi, alors que le mot révisionnisme revêt potentiellement un panel de dénotations extrêmement large, de même que de nombreuses connotations historiques — dont certaines très positives dans la mythologie républicaine comme dans l'affaire Dreyfus — il a eu tendance ces dernières décennies à voir extraordinairement réduit son champ d'usage, dans le même temps où il a accédé pratiquement — comme « complotiste » et « conspirationniste » — au statut d'insulte gravissime assortie d'une accusation menaçante.

Rappelons par ailleurs que le révisionnisme est consubstantiel à la méthode historique : l'histoire, de fait, n'est jamais gravée dans le marbre ; elle exige de perpétuelles « révisions » à mesure que des données nouvelles sont exhumées, que le caractère frauduleux de certains témoignages est mis à nu, et que les enjeux politiques associés à l'événement, qui sont toujours un frein au dévoilement de la vérité, perdent de leur caractère contraignant. Avoir un tempérament *révisionniste* pour un historien, c'est tout simplement posséder l'une des qualités les plus essentielles à l'exercice de ce métier, quand à l'inverse, on ne voit pas bien à quoi pourrait servir des générations d'« historiens », qui, de siècle en siècle, se relaieraient pour ânonner perpétuellement, sans jamais dévier d'un mot ou d'un chiffre les versions officielles telles qu'elles sont imposées aux masses dans les jours voire les heures suivant immédiatement les événements, comme pour le massacre de Charlie Hebdo ou les attentats du 11 septembre 2001. De tels historiens ne mériteraient du reste même pas ce titre puisqu'un tel positionnement relèverait du domaine de la foi du charbonnier, du ritualisme religieux, d'un authentique *obscurantisme de l'Époque Moderne.*

Le mot étant le plus ancien du chapelet (vers 1880), le dictionnaire mentionne ses différents sens premiers, ainsi que ses différentes connotations historiques, mais il faut bien reconnaître que de nos jours il est utilisé le plus souvent, et très péjorativement, à l'encontre des sceptiques de la version officielle d'un seul des multiples aspects de la Seconde Guerre Mondiale.

Par extension malhonnête, le qualificatif de « révisionniste » est également employé depuis deux décennies pour toute personne adoptant une vision en même temps qualifiée de « complotiste » ou de « conspirationniste » sur un panel très précis d'affaires, toujours les mêmes : l'assassinat de JFK le 22 novembre 1963, les attentats du 11 septembre 2001, l'affaire Mohamed Merah en 2012, la tuerie de Charlie Hebdo le 7 janvier 2015, les attentats de Paris du 13 novembre 2015, le Printemps arabe en général et la guerre en Syrie en particulier, la réalité de l'origine exclusivement humaine du réchauffement climatique.

Il est utilisé comme tazzer idéologique dont la fonction est de stigmatiser et pétrifier de terreur les sceptiques et les agnostiques en suggérant qu'en exerçant leur libre arbitre et en exprimant ouvertement leurs doutes, ils s'exposent à des poursuites pénales et des signalements professionnels.

Au moins la fraude est-elle ici moins complète que pour le « complotisme », dont le sens a été purement inversé ! Ceux qui accusent les historiens sceptiques de la Shoah, de la guerre en Syrie, du Printemps arabe, de la construction européenne, etc., d'être des « partisans de la révision », n'ont pas tort. L'immense problème qui demeure est le statut d'insulte et de blanc-seing pour les persécutions judiciaires auquel il a été élevé en quelques décennies.

Le négationnisme

Dans sa structure sémantique, un négationniste désignerait un professionnel de la négation, un partisan de la négation, ou une personne ayant tendance à pratiquer la négation. Si l'on s'en tient à cette dénotation logique du terme, on a vite fait de se rendre compte qu'il ne correspond à rien de concret dans l'histoire de l'humanité.

Le terme de négation est usuel en linguistique. Une phrase négative comporte un adverbe de négation — « ne » ou « n' » — associé à un autre adverbe de négation — pas, plus, rien, jamais, guère. La phrase négative s'oppose à la phrase *affirmative.* Dans ce sens un négationniste serait une personne qui ne proférerait que des phrases négatives. Comme dans le cas d'un affirmativiste, nous nous situerions dans le domaine de la pathologie mentale ou de l'humour.

Le terme de « négation » renvoie plus couramment au fait de « nier ». Prenons un exemple : quelqu'un entreprend de m'expliquer l'existence d'un phénomène. Soit que je ne sois pas persuadé par l'explication, soit que je juge en connaissance de cause qu'elle est erronée, soit que je refuse par principe ou caprice de lui donner raison, je puis être amené à « nier » la thèse de mon interlocuteur : « Ce que tu dis n'est pas vrai, je ne suis pas d'accord, ton explication n'est pas correcte, le phénomène dont tu parles ne peut pas exister ou avoir existé. » Mais le terme que l'on emploie pour ce cas de figure si fréquent au quotidien, dans les situations les plus diverses, n'est pas celui de « négation », mais plutôt celui de « contestation », de « désaccord », d'« opposition », ou même celui de « dénégation », qui a précisément comme sens premier « l'action de nier quelque chose ». Dans ce sens un négationniste serait un professionnel, un partisan de l'action de nier, ou une personne ayant tendance à nier tout ce qui lui est dit ou expliqué. Là encore nous nous situerions dans le domaine de la pathologie mentale ou de l'humour.

Il faut partir de la logique sémantique du mot, car, comme pour le « complotisme » et le « conspirationnisme », le dictionnaire ne donne pour ce mot très récent que ses connotations contextuelles et non sa dénotation logique, probable ou sainement usuelle (Larousse) : « doctrine niant la réalité du génocide des Juifs par les nazis, et l'existence des chambres à gaz ». Et une flèche renvoie au terme… « révisionnisme », ce qui souligne plus encore l'annexion de ce terme générique par l'une de ses multiples connotations.

Le négationnisme est donc un terme générique, dont le domaine initial n'a *jamais* été l'investigation historique, qui sert à définir un positionnement par rapport à un seul et unique événement de l'histoire.

On ne voit pas très bien pourquoi un tel positionnement serait un crime, dans la mesure où existent de façon pléthorique au XXème et au XXIème siècle des événements qui n'ont jamais existé, qui ont été mensongèrement forgés de toutes pièces, qui plus est pour justifier le déclenchement de guerres illégales et sanglantes. Quelques exemples parmi des dizaines et des dizaines :

Les incidents du Tonkin des 2 et 3 août 1964, accrochage entre des navires vietnamiens et étasuniens dans la baie le golfe du même nom, sert de prétexte à Lyndon Johnson pour déclencher la guerre du Vietnam. L'armée des USA larguera jusqu'en 1973 près de deux fois plus de bombes sur le Vietnam qu'elle n'en avait fait pendant toute la Seconde Mondiale, recourant massivement aux armes chimiques et tuant des millions de Vietnamiens. Les incidents du Tonkin n'ont jamais existé. L'énoncer est-ce être négationniste ?

Le 14 octobre 1990, alors l'armée irakienne a envahi le Koweït, les médias rapportent l'intervention bouleversante de la jeune Nassiriyya devant une commission du Congrès des États-Unis. Infirmière au Koweït dans une maternité, elle aurait de ses yeux vu des soldats irakiens pour en extraire les nouveau-nés et les laisser périr à même le sol. Ce témoignage émeut profondément l'opinion publique et facilite la décision de déclencher une campagne militaire de grande envergure. Des dizaines de milliers de civils sont tués, de nombreuses infrastructures détruites, et l'embargo auquel est soumis l'Irak dans la foulée causent les années suivantes la mort d'un million de civils, dont de très nombreux enfants. En énonçant que cette histoire de bébés sortis des couveuses par d'horribles soldats irakiens est une fable, est-on dans le négationnisme ?

Le 22 décembre 1990, les médias rapportent la découverte, à Timisoara, en Roumanie, d'un charnier contenant les cadavres de 4630 manifestants tués un mois plus tôt par le « régime » communiste de Ceausescu. Ce massacre et son relais unanimement à charge par les médias occidentaux précipitent sa chute, et l'exécution sans procès du dirigeant et de sa femme. Les médias eux-mêmes reconnaîtront quelques mois plus tard qu'il s'agissait d'un bobard de guerre : le nombre de corps exhumés ne dépassait pas la vingtaine, et aucun n'était mort en « martyr du régime ». Énoncer que le nombre de morts de ce massacre a été sciemment multiplié par 200 et que le « régime roumain » n'en était même pas l'auteur, est-ce être négationniste ?

Le 15 janvier 1999, les médias rapportent le massacre de Rachak, au cours duquel les forces serbes auraient tué 45 civils albanais. Ce massacre sert pour l'OTAN, 15 jours plus tard, de prétexte à une intervention militaire contre la Serbie qui est noyée sous les bombes. Son dirigeant Slobodan Milosevic est livré à la Cour Pénale Internationale quelques mois plus tard. Il est aujourd'hui avéré que le massacre de Rachak était une mise en scène montée par les combattants de l'UCK, assisté par l'OSCE, pour fournir un casus belli contre la Serbie[132]. Inculpé de génocide, Milosevic sera blanchi de cette accusation des années plus tard. Le massacre de Rachak n'a jamais existé tel qu'il a été rapporté. L'énoncer, est-ce négationniste ?

En 2003, les médias relaient pendant des mois les soupçons à l'encontre de l'Irak et de son dirigeant, Saddam Hussein de poursuivre un programme d'armes de destruction massive et d'être un soutien du terrorisme islamiste international dont les USA auraient été la cible le 11 septembre 2001. Malgré l'extrême fragilité du dossier, le caractère fantaisiste des accusations, et des performances d'acteurs carrément ridicules comme celle du Secrétaire d'État Colin Powel brandissant son éprouvette devant le Conseil de Sécurité de l'ONU, les USA se saisissent de ce prétexte pour en finir avec Saddam Hussein et entraîner un « changement de régime » en Irak. La guerre achève de plonger le pays dans le chaos et des centaines de milliers d'Irakiens périssent ou prennent les routes de l'exil. La détention d'ADM par l'Irak est l'un des uniques cas pour lequel il est admis qu'il s'agissait d'un bobard de guerre, et qui n'expose pas son « négateur » à l'accusation de « négationnisme ».

Le 17 décembre 2010, dans la ville de Sidi Bouzid, en Tunisie, un jeune marchand de fruits et légumes s'immole par le feu, au désespoir d'avoir vu sa

---

[132] Concernant les très nombreuses manipulations en tous genres de la propagande antiserbe des années 1990 à nos jours, nous renvoyons à l'ouvrage de Jean-Marc Petithory, *Points de vue*, publié en 2021 (ouvrage disponible uniquement sur commande auprès de l'éditeur : thebookeditions.com).

marchandise confisquée et d'avoir été molestée par une policière. Élevé par tous les médias au rang d'icône de la « révolution du jasmin », il devient un levain puissant pour la colère des foules tunisiennes et l'opinion publique occidentale, et précipite la chute du gouvernement et l'exil du président Zinedine Ben Ali en Arabie saoudite le 14 janvier 2011. Les médias eux-mêmes ont reconnu quelques mois plus tard que cette histoire était un bobard de guerre, presque tout y étant faux jusqu'au prénom du vendeur de fruits et légumes. Le principal élément déclencheur de la révolution tunisienne n'a jamais existé. L'énoncer, est-ce être négationniste ?

Début mars 2011, tous les médias occidentaux relaient une information du porte-parole de la ligue des droits de l'homme Ali Zeidan (vivant en exil en Suisse), selon laquelle Kadhafi aurait fait tuer près de 6000 personnes, révélations non documentées produites lors de la 15ème session spéciale du Conseil des Droits de l'Homme. Ces fausses allégations servirent de base au vote de la résolution 1973 de l'ONU, qui entraîna le bombardement massif de la Libye par l'OTAN, causant des dizaines de milliers de victimes, détruisant toutes les infrastructures du pays, entraînant l'effondrement de l'État et le lynchage de Mouammar Kadhafi, plongeant le pays dans le chaos tout en en faisant un nid du djihadisme international, et ouvrant un boulevard vers l'Europe pour les fameux « migrants ». La répression sanglante de Kadhafi fin février 2011 n'a jamais existé. L'énoncer est-ce être négationniste ?

À partir de mars 2011 le « Printemps arabe » s'invite en Syrie. Les médias occidentaux unanimes rapportent la répression brutale par un régime aux abois de « manifestations pacifiques ». Pendant des mois les rumeurs d'exactions et de massacres iront crescendo afin de convaincre l'opinion internationale de la nécessité d'un « changement de régime » en Syrie. Après dix années de guerre, nous savons, à partir de nombreux cas extrêmement documentés, que tous les massacres imputés au « régime » (Houla, Ghouta, Douma, Khan Chaykhoun[133]) étaient des opérations sous faux drapeau montées par les « rebelles », et que l'armée syrienne affrontait des groupes armés dès les premiers jours du conflit. Depuis dix ans — car la machine à mensonge continue, imperturbable, de fonctionner en 2021 ! — la totalité des crimes imputés à Assad et à son régime correspond à des bobards de guerre. L'énoncer, est-ce être « négationniste » ?

De tels exemples pourraient être multipliés, même en se contentant de commencer la chronologie à partir de la deuxième moitié du XXème siècle, et ils pourraient être multipliés à tel point qu'on chercherait en vain, depuis 70 ans, une seule « guerre d'ingérence », de « libération démocratique », « contre un ignoble régime et un dictateur sanguinaire », un seul événement belliqueux aux répercussions gravissimes à la base duquel on ne trouve pas un énorme

---

[133] Toutes ces opérations sous faux drapeau sont détaillées dans le volume 2 de *Guerre en Syrie (quand médias et politiques instrumentalisent les massacres)*, François Belliot, Sigest, 2016.

mensonge concernant une pseudo-exaction révoltante, qu'il s'agisse d'un assassinat, d'un massacre, voire d'un génocide, et dans la majorité des cas, il s'agit d'événements inventés ou mis en scène et rendus impressionnants par le gonflage parfois prodigieux du bilan des victimes avec agitation hystérique du drapeau « Attention, génocide en cours ». Autre particularité révoltante, ces événements fabriqués n'entraînent jamais de conséquences positives pour les populations des pays concernés. Bien au contraire : destruction complète des infrastructures, massacres de dizaines de milliers de civils, y compris avec recours aux armes chimiques, plongée du pays dans le chaos, sont la conséquences systématiques de ces guerres d'ingérence.

Par conséquent, ce qu'on appelle le « négationnisme », qui historiquement ne correspond à *rien* avant la seconde moitié du XXème siècle, est un terme auquel on pourrait donner finalement un sens concret et paradoxal : le « négationnisme », exactement comme le « révisionnisme », est une position intellectuelle généralement saine et éclairée consistant à nier a priori l'existence des casus belli agités comme tels devant l'opinion publique afin de la convaincre d'engager les forces armées de leur pays dans de meurtrières et infondées « guerres de libération démocratique ». Le « négationnisme » s'appuie sur une très vaste et accablante jurisprudence historique qui indique que les promoteurs des guerres modernes ont tendance, pour forger les casus belli dont ils ont besoin, à inventer les exactions les plus abominables, en grossissant le bilan des victimes dans des proportions parfois prodigieuses. Quand nous nous trouvons placés face au rouleau compresseur d'une propagande médiatique diabolisatrice et belliciste envers un autre pays, il n'existe pas moins de 100 % de chances de prendre le bon parti en adoptant une position « négationniste » de principe.

Dans le contexte actuel, ce n'est évidemment pas recommandé, puisque les médias qui ont outrageusement menti pour toutes les guerres d'ingérence de ces 70 dernières années, relayant de manière pavlovienne des crimes et des massacres imaginaires en décuplant voire centuplant les bilans des victimes, sont les mêmes qui, de manière quotidienne, du berceau à la tombe de l'homme occidental, martèlent dans son esprit, par tous les vecteurs possibles et imaginables, que les négationnistes sont par essence, ceux et uniquement ceux qui remettent en cause la réalité des exactions contre les Juifs, niant l'existence des chambres à gaz comme arme du crime, et avançant que le bilan des 6 millions de victimes a été prodigieusement gonflé à des fins de propagande de guerre — et afin de justifier la fondation de l'État juif en 1948, lequel s'est aussitôt attaqué à la Solution finale des populations palestiniennes originelles !

L'antisémitisme

À la décharge des juifs, ce ne sont pas eux qui ont popularisé le terme aujourd'hui frauduleux d'« antisémitisme », mais les populations européennes (France et Allemagne) au sein desquelles ils ont été (ou se sont) émancipés au long du XIXème siècle, suscitant une hostilité croissante à leur endroit. Vu leur tendance à ne contracter que des mariages endogamiques et à se constituer comme un État dans l'État, ils ont fini par été regardés par certains comme une race distincte et hostile — et non pas seulement une religion — contre laquelle les Européens de souche devaient se prémunir par des règlements comparables à ceux qui avaient partout prévalu pendant des siècles.

Le terme a été forgé à partir de la racine « sem », qui désigne l'un des trois fils de Noé qui repeuplèrent la Terre après le déluge : « *Les fils de Noé qui sortirent de l'arche étaient Sem, Cham, et Japhet ; Cham est le père de Canaan. Ces trois-là étaient les fils de Noé et à partir d'eux se fit le peuplement de toute la terre* » (Genèse, 9/18). À la suite d'une histoire obscure et malsaine, Noé décide que Cham et sa descendance seront les esclaves de Sem. Comme c'est de la lignée de Sem dont est issu Abraham, le terme « sémite » ou « population sémite » a été forgé pour marquer la différence raciale entre les Juifs et les populations européennes, le terme de Juif renvoyant insidieusement à une seule différenciation religieuse.

Il paraissait également évident aux commentateurs de l'époque — et c'est toujours le cas aujourd'hui — que le judaïsme était lui-même une doctrine essentiellement raciste, les textes sacrés juifs établissant que la qualité de juif ne peut se transmettre que par le sang de la mère, que les juifs sont la race élue par Dieu pour régner sur toutes les autres à la fin des temps, et que pour ce faire ils peuvent recourir à tous les moyens, en premier lieu desquels l'asservissement par l'usure, le travestissement de l'identité, et le génocide brutal ou progressif en fonction des facilités du moment.

C'est dans cette prise de conscience qu'ont été formées en Europe à la fin du XIXème siècle des « ligues antisémites », en 1879 en Allemagne par Willhem Marr, en 1889 en France par Édouard Drumont.

La connotation racialiste du terme « antisémitisme » s'estompe avec le temps, pour finir par désigner toute forme d'hostilité envers les « juifs ». Voici ainsi la définition de l'antisémitisme que le Parlement européen, le 1er juin 2017, demande à tous les États membres de l'union de partager : « *L'antisémitisme est une perception particulière des Juifs que l'on peut exprimer comme la haine des Juifs. Les manifestations orales, écrites ou physiques de l'antisémitisme visent des Juifs et des non-Juifs et leurs biens, les institutions et établissements religieux juifs.* »

Le gros hiatus, c'est qu'en 2021 nous ne sommes plus du tout dans la situation qui prévalait en 1889, rendant le terme d'« antisémitisme » intenable et frauduleux.

Quand on regarde une carte du Proche-Orient, on repère rapidement une vaste zone désertique, grande comme la France, à cheval entre la Syrie, la Jordanie, l'Irak, et l'Arabie saoudite, appelée « Badiyat as cham », ou encore « Chamiyé » plus connue en français sous le nom de « désert de Syrie ». Le « Cham » racine qui donne « chamal » en arabe, la « gauche », désigne les territoires du Levant situés à l'ouest de l'Euphrate (le Yémen désignant quant à lui, selon le même principe la « droite »). De cette racine émane également le mot « Chams », signifiant « soleil » ou « Levant ». L'acronyme de Daech comporte par exemple cette racine : Dawla al Islamiya fi al Irak ou el Cham : l'État islamique en Irak et au Levant — on pourrait dire aussi « à droite et à gauche » (de l'Euphrate).

Il ne s'agit pas seulement d'une réalité géographique, mais d'une réalité linguistique. Depuis la fin du XIXème siècle, tout un ensemble de langues du Proche-Orient, de la péninsule arabique, et d'Éthiopie ont été baptisées du nom de « langues sémitiques », toujours en référence à Sem, le fils de Noé. Les deux langues sémitiques sont l'arabe et l'amharique.

Si l'on intègre ces réalités, le terme « antisémitisme » prend un sens différent. L'antisémitisme serait la haine et l'hostilité affichée et traduite en acte contre les peuples sémites de cette région du monde, c'est-à-dire les Palestiniens, les Syriens, les Jordaniens, les Irakiens, peuples arabes de langue « sémite » vivant dans le « pays de Sem », ou « pays de Cham ». Si l'on conservait la nuance racialiste du terme au moment de son élaboration, il faudrait ajouter que l'antisémite est quelqu'un qui considère les Sémites comme une race ennemie avec laquelle il est impossible de vivre en bonne intelligence.

Or il n'existe qu'un seul groupe d'êtres humains, qui méritent pleinement cette épithète : il s'agit des six millions de colons juifs israéliens qui occupent illégalement le pays de Sem depuis la fondation de l'État d'Israël en 1948, dont tous les dirigeants, sans aucune exception, depuis l'origine affichent des positions racistes et génocidaires envers les habitants sémites originels dont ils ont rasé les lieux de vie après les avoir massacrés, déportés, ou poussés sur les chemins de l'exil. À ces six millions de colons juifs on doit également ajouter tous les juifs de la diaspora qui affichent ouvertement une sympathie envers leurs frères de race israéliens et qui soutiennent ce projet colonial raciste juif — les juifs *sionistes*.

Ajoutons : l'immense majorité de ces juifs sont des Asiatiques de souche Kazhare dont la langue originelle, le yiddish, est sans doute l'hébreu, mais dont 80 % du vocabulaire dérive de langues germaniques.

Ce qui nous donne le portrait archétypal suivant du véritable antisémite contemporain : un antisémite est un juif de souche non sémite, dont la langue originelle a perdu à la longue son caractère sémite, qui soutient le projet colonial raciste israélien — ce qu'on appelle aussi le projet sioniste —, et que n'émeut pas — voire, que ravit ! — la discrimination raciale, la déportation et le génocide, au besoin, des peuples sémites de la région afin de concrétiser le rêve du Grand Israël. Dans ce sens, Israël et ses soutiens dans la diaspora juive devraient être qualifiés d'États et de communauté les plus antisémites et les plus racistes du monde.

Cette fraude sémantique n'émeut pas grand monde dans les masses. La plupart acceptent volontiers l'emploi de ce terme de préférence à tout autre. Il faut dire que la propagande pro israélienne et contre l'antisémitisme est tellement omniprésente en France qu'il ne se passe guère de journée où l'on n'entende au moins une dizaine de fois dans les médias un développement sur le « problème de la résurgence de l'antisémitisme » en France.

Deux comparaisons permettront peut-être de mieux cerner le problème.

Trouveriez-vous normal que les produits antimoustique s'appellent antipoulet, antirhinocéros, ou antihumain ? Ou, plus fort encore, trouveriez-vous normal que les produits antigazelle s'appellent antilion ou antiguépard ? — puisque l'emploi usuel du mot antisémitisme implique une inversion des rôles entre le prédateur et la proie, entre le bourreau et la victime.

Autre scénario : des colons européens débarquent dans le Nouveau Monde qu'ils baptisent « Amérique ». Ils y découvrent des dizaines de peuples comptant des millions d'individus, installés là depuis des millénaires. Après les avoir baptisés « indiens », ils entreprennent de les spolier de leurs terres, de les déporter et de les exterminer, certains qu'ils sont d'appartenir à une race supérieure et d'avoir débarqué sur une terre promise à eux par Dieu de toute éternité. Après deux siècles d'application méthodique de cette solution finale du peuple « indien », les autres nations du globe finissent toute de même par leur demander des comptes. C'est alors que les colons européens sortent leur botte secrète : professionnels de la propagande et pourvus de moyens financiers gigantesques, ils se lancent dans une vaste « campagne de relations publiques » à l'international pour dénoncer l'« anti-indianisme » dont ils seraient les victimes. Ils pourraient aussi prendre l'une des nations indiennes les plus considérables et se plaindraient d'antiroquisme, d'antipeaurougisme, d'anticomanchisme.

L'extrémisme

Pour grossir la salve de ces injures haineuses et sémantiquement frauduleuses — comme on l'a déjà vu dans la première bordée de citations d'acteurs AC, et comme nous allons le vérifier avec le corpus AC concernant le massacre du 7 janvier 2015 — les « complotistes » sont fréquemment accusés d'être issus des régions « extrêmes » de l'échiquier politique, et plus précisément de « l'extrême gauche » et de « l'extrême droite ». La plupart d'entre nous sont si habitués à entendre au quotidien dans les médias ces expressions, toujours avec une nuance d'horreur, de mépris ou de réprobation (l'expression : « nourrir les extrêmes »), que nous ne nous interrogeons même plus sur la réalité exacte qu'elles recouvrent, et il suffit souvent que nous les trouvions associés à un autre terme, comme « complotiste », pour que nous éprouvions une instinctive et violente réaction de rejet envers l'autre terme — et par ricochet envers ceux qu'ils sont censés désigner.

Remarquons que l'adjectif « extrême » en lui-même n'est pas fait pour inspirer confiance au sein d'une société désireuse dans son ensemble de continuer à vivre dans le calme et l'harmonie. Définition du Larousse : « 1) qui est tout à fait au bout, au terme, ultime 2) qui est au degré le plus intense 3) sans mesure, excessif ». On trouve trace de cette crainte dans des expressions usuelles comme « comportements extrêmes », « vivre dans les extrêmes », « passer d'un extrême à l'autre ».

Il est sans doute vrai que l'on trouve beaucoup de sceptiques et de méfiants envers le système politique, médiatique et financier dans lequel nous évoluons, en France et ailleurs, dans le camp mettons, de la France Insoumise de Jean-Luc Mélenchon et celui du Rassemblement national de Marine Le Pen, mais c'est extrêmement réducteur, et comme les acteurs AC accusent les « complotistes » d'être dans le camp des « extrêmes » (le plus souvent d'extrême-droite) sans jamais fournir la moindre explication, l'intention malveillante de nuire doit être retenue comme pour les comparants précédents.

Des auteurs AC de haut niveau comme Pierre-André Taguieff le reconnaissent eux-mêmes : « *Contrairement au terme de "fascisme", objet de tentatives sophistiquées et récurrentes d'élaboration conceptuelle ou de modélisation, l'expression "extrême droite" n'a jamais été construite pour désigner un idéal type (au sens webérien) ou un modèle théorique. Elle est restée une expression polémique intégrée, sans un travail minimal d'élaboration conceptuelle, dans le vocabulaire usuel des historiens, des politologues, et des spécialistes des sciences sociales, mais aussi des acteurs politiques et des journalistes : une dénomination convenue, certes commode pour se référer à l'ensemble bariolé des ennemis déclarés de la démocratie libérale, de la gauche sociale-démocrate et du communisme, mais conceptuellement vague, aux frontières indéterminées.* »[134](p.48)

« *Malgré son sens équivoque, l'expression "extrême droite" continuera cependant d'être utilisée dans le discours politique courant, parce qu'elle est la seule à pouvoir remplir deux fonctions idéologico-polémiques à la fois : d'une part, permettre aux gauches de diaboliser les droites en les assimilant à leurs franges "extrêmes" ou "extrémistes" (le qualificatif, à la signification confuse, a valeur performative en ce qu'il possède une force stigmatisante, et cela suffit à en justifier l'emploi aux yeux des polémistes) ; d'autre part permettre aux droites qui veulent se présenter comme modérées ou respectables, c'est-à-dire dignes d'être reconnues comme des droites de "gouvernement", de se démarquer de leurs concurrents et adversaires qui se disent aussi "de droite", en les récusant comme des "extrémistes", irresponsables, incompétents, fanatiques, violents et, partant, dangereux, auxquels on ne saurait faire confiance. L'expression d'"extrême droite" est ainsi un puissant moyen d'amalgame disqualifiant pour la gauche plurielle face à ses concurrents de droite, et un utile instrument de différenciation (et de "distinction") pour les droites libérales ou conservatrices confrontées aux amalgames polémiques de la gauche (pour toute gauche) et mode d'autolégitimation pour la droite (pour toute droite) : telle est la double fonction remplie par la désignation "extrême*

---

[134] Pierre-André Taguieff, *Figures de la menace : extrémisme, nationalisme, populisme*, Presses Univrsitaires de France, 2015, p. 48.

droite" dans l'espace des débats politiques. L'action politique ne saurait se passer d'un ennemi qu'il faut identifier et construire avant de l'utiliser à de multiples fins. (…) Et bien sûr, au cas où l'ennemi serait invisible, il faut lui donner un nom et en élaborer la figure répulsive. »[135]

Voici pour clore sur le débat sur le qualificatif « extrême », une nouvelle poignée de citations glanées çà et là dans le toujours plus faramineux Talmud AC.

Daniel Makonnen, 25/03/2015, *Huffington Post* : « *Force est de constater qu'elles [les théories du complot] désignent toutes un bouc émissaire, et qu'elles <u>servent de récit de recrutement pour des mouvements idéologiques haineux, cristallisés à l'extrême droite, mais aussi à l'extrême gauche.</u>* »

Alexandre Sulzer, 24/04/2015, *L'Express* : « *S'il existe <u>une offre conspirationniste</u> en politique, c'est qu'elle <u>répond à une demande, particulièrement avide aux extrêmes.</u>* »

Philippe Huneman, *Philosophie magazine*, février 2016 : « *Enfin,<u> la vision conspirationniste partage avec les extrêmes politiques</u> une répugnance pour tout ce qui représente le "système" ; c'est pourquoi ils se renforcent l'un l'autre.* »

Laurent Joffrin, 11/03/16, DOSSIER de *Libération*, édito, « *l'air du temps* » : « *À juste titre, d'autres remarquent que <u>le complotisme vient souvent de l'extrême-droite.</u>* »

Rudy Reichstadt, 11/03/16, interview dans *Libération* : « *Avec pour navires amiraux les sites qui gravitent dans la galaxie Soral-Dieudonné (lire page 6), qui fonctionnent en circuit fermé, se reprenant et se citant mutuellement avant que leurs théories ne se diffusent vers d'autres plateformes. Mais <u>le conspirationnisme prend aussi corps dans d'autres milieux extrémistes</u> qui peuvent être diamétralement opposés à ceux-là. Des études ont montré que plus on est sympathisant d'extrême droite ou d'extrême gauche, plus ou est susceptible d'adhérer à ces théories. <u>Il semble cependant que le phénomène soit encore plus sensible à l'extrême droite.</u>* »

Conclusion

L'un des moments toujours attendus par le lecteur d'un album de Tintin, à partir du *Crabe aux pinces d'or*, est celui où le capitaine Haddock pour une raison ou une autre — colère, indignation, peur, fureur, accès de tendresse, disparition ou vol d'une de ses bouteilles — explose en une mémorable bordée d'injures.

---

[135] *Id*, p. 53.

Le contexte et la physionomie très expressive du capitaine ne laissent aucun doute sur le fait qu'il doit s'agir des injures les plus terribles que son imagination enflammée a pu lui souffler. Pourtant, quand on y regarde de près, on se rend compte qu'Hergé a glissé, au milieu d'insultes — toujours polies mais de claires insultes — des mots qui en dehors de ce contexte n'en sont pas, et qui même pour certaines ne le sont d'aucune façon.

Le crabe aux pinces d'or : « anacoluthe ! Invertébré ! jus de réglisse ! »

Coke en Stock : « Ornithorynque ! Boit-sans-soif ! Bachi-Bouzouk ! Anthropophage ! "

Objectif Lune : « Cornichon ! Pirate ! Espèce de logarithme ! Ectoplasme ! Sapajou ! Ça se croit gendarme et ça ne sait même pas déboucher convenablement une bouteille ! »

Tintin au Tibet : « Macrocéphale ! Amphitryon ! Rocambole ! Ectoplasme ! Phylloxera ! Cannibale ! Cercopithèque ! Schizophrène !… Heu… Jocrisse ! »

En y réfléchissant, on est frappé de la fécondité du parallèle entre ces célèbres séries d'injures et celles auxquelles se livrent ouvertement les acteurs AC dans tous les médias. Si dans des milliers d'années certaines archives de notre civilisation anéantie étaient découvertes par des visiteurs d'autres mondes, les unes et les autres leur paraîtraient tout aussi énigmatiques et indéchiffrables. Ils demeureraient sans doute perplexes — en l'absence d'indices — face aux chapelets d'injures des acteurs AC dont tous les termes prétendument signifiants violent les règles de la sémantique et de la dérivation. Ils se diront : '*cela a l'air d'injures, le ton d'ensemble est outré, colérique et suintant la haine par tous ses pores, mais « complotiste », "conspirationniste", "révisionniste", "négationniste", "antisémite", "extrémiste"… Qu'est-ce que cela peut bien vouloir dire ?*'

Introduction au discours anticonspirationniste (2) : le cas de la guerre en Syrie

Collecter les preuves étayant une conspiration de vaste ampleur, du genre de celles qui débouchent sur des guerres illégales et sanglantes ou des escroqueries monumentales peut prendre des années voire des décennies, et pour cause : ceux qui en sont à l'origine sont assez puissants pour réduire au silence les témoins gênants et respectent toujours cette règle d'or de s'assurer du contrôle de tous les médias de masse susceptibles de révéler la conspiration en pleine lumière. Et quand il devient enfin possible d'y voir clair, les conspirateurs ont eu dix fois le temps d'engranger le bénéfice de leurs malversations et ne sont plus susceptibles d'être inquiétés. D'où l'intérêt de disposer de révélateurs susceptibles d'accélérer la nécessaire prise de conscience dans l'opinion publique.

Un tel révélateur, facile d'accès, existe : il réside précisément dans le dispositif médiatique mis en place pour placer sous l'éteignoir toute contestation de la version officielle d'un événement manipulé afin d'orienter vers de fausses pistes et de faux coupables, tout en chargeant méthodiquement ses contestataires de toutes les vilénies et turpitudes possibles et imaginables. Appelons un tel dispositif le *dispositif anticonspirationniste,* terme que nous avons précédemment abrégé en AC.

Nous avons démontré tout au long des deux volumes de notre livre *Guerre en Syrie* la complicité évidente et accablante des grands médias dans le maquillage des événements de Syrie depuis mars 2011, maquillage qui se constate à tous les niveaux, qu'il s'agisse des « petits pas » exposés dans le volume 1 (couverture médiatique du père Paolo Dall'Oglio, censure de toutes les autres autorités chrétiennes de Syrie, couverture médiatique systématique et favorable de tous les « événements » antiAssad organisés en France, censure de tous les autres événements dénonçant un complot international contre la Syrie), ou des grands bonds disséqués en détail dans le volume 2, grands bonds qui consistent en sanglantes opérations sous faux drapeau (massacre de Houla du 25 mai 2012, massacre chimique du 21 août 2013) visant à opérer un retournement décisif de l'opinion pour lui faire accepter la nécessité d'aller renverser le « régime » syrien manu militari.

Nous avons souligné à la fin du volume 1 qu'un tel mensonge organisé supposait un haut degré de *perversité* en évoquant les *Liaisons dangereuses* de Choderlos de Laclos : « *Cet exemple littéraire, si on l'applique à la propagande de guerre, montre le caractère infiniment pervers de ce type de manipulation des masses, qui ne peut fonctionner que si une armée de Valmont et de Merteuil a pris en masse les commandes de l'État et des grands médias, que si l'opinion publique, dans sa majorité, demeure naïve, vertueuse, et vulnérable comme Madame de Tourvel* »

Ce caractère hautement pervers se manifeste avec le plus d'éclat dans la pratique de *l'inversion accusatoire.* Il ne s'agit pas d'ignorer, de diffamer, de louer exagérément, il s'agit encore d'imputer à l'ennemi que l'on prétend abattre les crimes commis par les gens de son propre camp et par soi-même — à défaut de les inventer de toutes pièces. C'est ainsi qu'on a vu par exemple les autorités syriennes accusées d'avoir perpétré le massacre de Houla le 25 mai 2012, le tir à l'arme chimique dans la banlieue de Damas le 21 août 2013, le massacre de Khan Chaykhoun du 4 avril 2017, etc.

Cette pratique proprement ignoble se retrouve, sans surprise, dans le traitement appliqué aux rares personnalités et journalistes indépendants qui s'attachent à révéler, pour certains depuis le début du conflit en mars 2011, les mensonges des médias et des politiques sur cette question. Ces voix étant les plus susceptibles de faire éclater en pleine lumière le *mensonge organisé,* et ses responsables principaux devant s'attendre à un procès pour haute trahison et maquillage de crimes contre l'humanité, il est naturel — réaction d'autodéfense — que ceux-ci s'efforcent de réduire au silence les uns ou de briser la réputation des autres, cela en puisant dans une gamme de procédés remarquablement homogène, homogénéité d'autant plus remarquable qu'elle se retrouve à l'identique dans les dispositifs AC mis en place dans le cadre d'autres affaires (ex : génocide rwandais en 1994, attentats du 11 septembre 2011, affaire Mohamed Merah en 2012, tuerie de Charlie Hebdo en 2015, attentats du 13 novembre 2015, et depuis mars 2020 pandémie de Covid-19).

Le premier procédé, le plus simple, est tout simplement le *silence*. Nous avons parcouru maints cas de ce genre dans les deux volumes de Guerre en Syrie. Le passage sous silence s'applique quand le sceptique ne bénéficie pas d'une grande notoriété et d'une grande audience — en France en tous cas. Quand on est à peu près certain que certaines révélations ne franchiront pas les limites d'un certain cercle très limité, on peut se contenter de n'en pas parler. Le jeu démocratique se jouant avec des majorités de plus de 50 % des votants inscrits, on peut tout à fait s'accommoder qu'une frange limitée et peu influente de la population soit lucide quant à certains mensonges d'État, sans avoir besoin de recourir à la diffamation ou à la répression contre elle.

Cependant, quand la contestation commence à prendre de l'ampleur, qu'elle devient menaçante, qu'elle apparaît susceptible de s'étendre par contagion à des proportions beaucoup plus importantes de l'opinion publique, il convient de prendre les mesures qui s'imposent.

La discussion pied à pied, point par point, dans le cadre de débats loyaux, entre thuriféraires de la version officielle, et intellectuels crédibles la remettant en cause, entraînerait mécaniquement la défaite ignominieuse des premiers, et un spectaculaire, complet, et définitif retournement de l'opinion. Les propagandistes n'ont donc qu'une seule solution : si l'on a décidé de faire un sort à un contestataire trop gênant, qui n'aille pas jusqu'au dernier recours de l'assassinat ciblé ou de l'accident mortel opportun, il faut détruire sa réputation et celle de son travail auprès du grand public en recourant exactement aux mêmes méthodes perverses utilisées pour couvrir les événements manipulés dont je viens de rappeler brièvement quelques exemples pour le cas de la guerre en Syrie. C'est ainsi que les conspirateurs et leurs complices, que la logique sémantique autoriserait dans un monde normal à désigner comme les seuls « conspirationnistes » ou « complotistes », sont amenés à déployer une production *anticonspirationniste* (AC), *ou anticomplotiste* (AC), pour tenir la part la plus naïve et grégaire de la population à l'abri de trouble-fête considérés en conséquence par cette dernière comme des hurluberlus, des pestiférés.

Je vais dans cette seconde introduction au discours AC expliquer le fonctionnement de ce dispositif AC, tel qu'il a été déployé pour la Guerre en Syrie par les grands médias français. Ce système, quoique très affaibli en cette fin d'année 2021, reprend encore de temps à autre du service, inchangé comme au premier jour. En partant de ce cas d'école je vais mettre en lumière certaines caractéristiques *immuables* du discours AC. En plus de montrer par encore une autre voie que la guerre en Syrie est couverte depuis dix ans par un mensonge organisé, j'indique ici une grille d'analyse efficace pour repérer n'importe quel

« dispositif AC », lequel est infailliblement l'indice de l'existence d'une authentique conspiration. Il me sera ainsi plus facile d'éclairer le néophyte que la nature fondamentalement suspecte du dispositif AC mis en place autour de la version officielle des attentats de janvier 2015.

Il est saisissant, quand on décortique la production AC concernant des affaires non reliées en apparence (attentats du 11 septembre 2001, affaire Merah, crise ukrainienne, affaire Charlie), de tomber sur des productions dans lesquelles sont utilisées exactement les mêmes batteries de procédés, et qui entrent si peu dans le détail des affaires qu'elles prétendent éclairer, qu'en changeant dans un article une poignée de noms propres, on finit par admettre qu'il s'agit là d'une sorte de passe-partout, utilisé à chaque fois de la même façon et dans le même but : détruire à peu de frais la réputation des thèses alternatives et celle de leurs auteurs, à défaut d'oser les affronter dans le cadre d'un débat public et loyal.

Le cas de la guerre en Syrie est particulièrement approprié pour exposer en pleine lumière le caractère frauduleux des dispositifs et des discours AC en général, et donc du discours AC sur le massacre de Charlie Hebdo. La guerre en Syrie est en effet l'une des très rares séquences historiques récentes où les positions qualifiées de « complotistes » au départ, et vivement dénoncées comme telles, ont fini par l'emporter sur à peu près toute la ligne. Voici ce que j'écrivais dans la conclusion du volume 2, en 2016 :

« *Il fut un temps, certes, où les personnalités ou médias "alternatifs" mettant en doute la cruauté infâme de Bachar el-Assad comme seule explication de la guerre en Syrie étaient largement traînés dans la boue lorsque leur point de vue était évoqué dans le cadre du discours dominant. Alors le discours anticonspirationniste était rayonnant et décomplexé. Cela, c'était jusqu'à la fin 2013. Alors l'opinion publique se trouvait dans son ensemble, formidablement, sous l'emprise d'une sorte d'envoûtement collectif, alors on pouvait expliquer que le terrorisme dans la guerre en Syrie était un phénomène exagéré, qu'il n'existait pas d'infiltration de combattants non syriens, que le seul terrorisme existant était celui de Bachar el-Assad qui avait fait exprès de libérer par milliers les "islamistes" des prisons pour instrumentaliser le terrorisme et justifier la répression des manifestations pacifiques. Depuis la montée en puissance de l'EI en 2014 et la multiplication des exactions de la part de cette organisation, finalement impossibles à passer complètement sous silence, surtout quand elles sont commises en son nom sur le sol français, ce discours a pratiquement disparu des médias, qui reconnaissent ouvertement un certain nombre de faits énoncés en premier lieu par ceux qu'ils qualifiaient d'abord eux-mêmes de "conspirationnistes" : l'orientation terroriste de nombre de groupes "anti Assad" à l'œuvre sur le sol syrien, la complicité de la Turquie et des monarchies du Golfe dans la déstabilisation de la Syrie, les exactions de groupes armés wahhabites contre les chrétiens, les alaouites et les yézidis. Tout cela, qu'il était impossible d'avancer au début des événements sous peine d'être taxé de "conspirationnisme", est à présent reconnu dans les médias, quoi qu'évidemment avec des nuances de rigueur et les traditionnelles accusations radicales contre le régime.* » (p.211)

Il est depuis déjà six ans assez publiquement défendable que l'ensemble des positions AC sur la guerre en Syrie dans les milieux médiatiques et politiques de France — et des autres mal nommés « amis de la Syrie » — constituent une fraude à des fins de propagande de guerre, ce qui est un excellent indicateur de la valeur de la propagande AC en général, puisque d'une affaire à l'autre, on retrouve à l'identique les mêmes batteries de procédés, et souvent les mêmes auteurs (Caroline Fourest, Bernard Henri Levy, Rudy Reichstadt, Jean-Laurent Cassely, Laurent Joffrin, etc.) !

J'ai mis en évidence — pour le cas particulier de la guerre en Syrie — une quinzaine de caractéristiques de la production AC dans ce domaine. La plupart des productions ne les comportent pas toutes, loin de là. Un article d'une dizaine de lignes par exemple n'en comportera guère que deux ou trois. D'autres articles plus longs, en revanche, sont de véritables symphonies dans lesquelles pas un instrument AC ne manque à l'appel.

Le terme de « dispositif » s'impose dans la mesure où les différents discours, commentaires, productions en tous genres relatifs à une affaire, fonctionnent de concert, n'entrent jamais en confrontation, et sont véhiculés par tous les supports médiatiques et institutionnels existants. Je vais m'appuyer ici essentiellement sur des articles, mais il faut avoir à l'esprit que la rhétorique AC se retrouve partout, au détour d'une phrase, d'une question, d'une allusion, à la radio, à la télévision, dans les grands quotidiens, dans les librairies et les Relay des gares, dans les colloques, les manifestations, les « événements » de toutes sortes organisés sur le sol français, dans les écoles de la République, et désormais, de plus en plus, sur internet.

1) Englober les sceptiques dans des étiquettes péjoratives : « complotistes », conspirationnistes », « antisémites », « révisionnistes », « négationnistes »

La première règle, avons-nous vu dans la première introduction consiste à placer tous les contestataires de la version officielle sous l'étiquette collective péjorative de « conspirationnistes », « complotistes », « révisionnistes », « antisémites », « négationnistes », « extrémistes », et ainsi susciter dans l'opinion une réaction de rejet collectif de structure raciste (un peu comme certains parleraient des « youtres », des « bicots », des « nègres », ou des « babtous »). Il s'agit de présenter d'emblée les contestataires comme des gens douteux, peu recommandables, interchangeables les uns avec les autres, réductibles à une armée de clones primaires, sans visage, et mus par des motivations inacceptables. L'efficacité du procédé se constate quand dans une discussion banale sur un sujet sensible on décide de contester toute ou partie d'une version officielle : il est très fréquent qu'un des participants à la discussion sanguinement interrompe : « *mais c'est conspirationniste ce que tu avances !* » ou « *Aha... c'est encore la théorie du complot !* ». Cela suffit souvent à rendre tout débat subséquent impossible, les gens qui font cette objection lapidaire étant aussi sûrs de leur fait qu'ils sont inconscients de ne faire que répéter des réactions qu'ils ont vue ou entendues dans un JT, dans un quotidien, une émission de radio, des affiches, sur un si grand nombre de supports, que le dispositif engendre ce genre de réaction automatique animée d'un sentiment de certitude absolue.

Remarquons que le terme « anticonspirationniste » (AC) est beaucoup plus concret, sémantiquement parlant, que celui de « conspirationniste » dont nous avons détaillé le caractère problématique dans la première introduction. Les premiers se définissent en effet clairement en opposition à ceux qu'ils nomment eux-mêmes, indistinctement les « conspirationnistes » ou « complotistes ». Les seconds, qui ne se définissent pas comme tels, *in fine* ne font que mener un travail de « chercheurs », de « journalistes », d'« écrivains », et d'« historiens », avec une grande variété de sensibilités et de multiples compétences, et ils ne font que leur travail et leur devoir lorsqu'ils tombent sur des complots et des conspirations, si récurrents tout au long de l'Histoire, et entreprennent de les révéler et de les dénoncer.

2) Les présenter comme une cour des miracles fourre-tout et incohérente

En plus d'englober tous les contestataires dans ce genre d'étiquette, on peut suggérer que ceux-ci forment une sorte de cour des miracles fourre-tout et complètement incohérente, avec des expressions fleuries propres à frapper l'imagination. Un article de Vincent Hugueux et de Hala Kodmani intitulé de façon imagée « la légion française d'Assad », publié dans l'Express du 13 septembre 2012[136], commence par le chapeau suivant : « *Le dictateur de Damas peut compter dans l'Hexagone sur le soutien obstiné d'une coalition hétéroclite. De l'extrême droite aux lobbys proarabes radicaux, revue des troupes éparses mais fidèles du "bacharisme" made in France.* » Plus loin dans le corps de l'article on peut lire : « *Le facho y côtoie le gaucho. Le pieux musulman y coudoie l'islamophobe, le laïcard radical, le catho intégriste, l'altermondialiste de stricte obédience, le négationniste impénitent et un peu égaré, l'expert atterré par cet Occident dont la cécité hâterait la venue d'un "hiver salafiste" sans retour.* »

3) En faire des portraits au caca fumant pour épouvanter l'opinion publique

Il est important de présenter de façon caricaturale, lapidaire et infamante, les personnalités contestant la version officielle qui rencontrent le plus d'audience

---

[136] Le maquillage intégral de la guerre en Syrie depuis mars 2011 s'est accompagné d'une féroce et inique campagne de diabolisation des « complotistes ».

dans l'opinion. J'en ai relevé quelques exemples dans le tome 1 de *Guerre en Syrie*. Rappelons en deux diffamant des autorités chrétiennes de Syrie qui contestent radicalement la version officielle.

Dans *la Vie* du 27 juin 2012[137], le théologien proche de l'œuvre d'Orient Christian Cannuyer évoque ainsi l'évêque Philippe Tournyol du Clos : « *Ses allégations sont fausses et manipulées. Il est tout sauf un représentant du "parler vrai". Un prélat l'a rencontré à Damas, revêtu d'habits ecclésiastiques usurpés... (...) ledit Tournyol est un transfuge des milieux catholiques intégristes et d'extrême-droite, inconnu au bataillon de tous ceux qui ont une bonne connaissance et une longue fréquentation des chrétiens d'Orient. (...) Voilà encore un exemple frappant de manipulation venant de cercles douteux à propos de la situation en Syrie.* » Ces allégations de M. Cannuyer sont un tissu de mensonges.

Dans le même article, M. Cannuyer évoque d'autres autorités chrétiennes comme la mère Agnès Mariam de la Croix : « *Certaines personnalités ecclésiales sont manifestement stipendiées ou manipulées par le régime pour attiser les rumeurs le présentant comme le seul défenseur de la minorité chrétienne et soulever le spectre d'un scénario à l'irakienne. Leur attitude confine à la collaboration, qu'ils pourraient payer très cher.* » On note ici le ton de menace à peine voilée, qui constitue un encouragement à l'assassinat pour les groupes armés takfiris qui font la chasse aux Arabes chrétiens sur le sol syrien.

L'article de *l'Express* cité plus haut contient également une belle galerie de portraits. Voici comment est présenté Frédéric Chatillon, créateur en mai 2011 d'un site d'information sur la guerre en Syrie, qui m'a été d'une grande utilité : « *À l'extrême droite du portrait de famille, un personnage retient l'attention : Frédéric Châtillon, 44 ans. Ancien patron du Groupe union défense (GUD), phalange estudiantine encline à singer les rituels néonazis, ce colosse gominé, air rogue et veste de cuir, apparaît notamment en octobre 2011 en marge d'un meeting pro-Bachar ponctué de saluts hitlériens[138].* » Dans le même article, on relève ce portrait du président fondateur du Réseau Voltaire, Thierry Meyssan[139] : « *Assadolâtre certifié, l'"effroyable imposteur" Thierry Meyssan,*

---

[137] « Non, les chrétiens ne sont pas persécutés en Syrie ! ». L'article a depuis été supprimé du site.

[138] Il ne s'agissait pas de « saluts hitlériens », mais de « saluts romains » absolument identiques. Le salut romain a été adopté par le Parti National Syrien fondé en 1932 et n'a strictement rien à voir avec le nazisme. Des Syriens ont effectué ce salut à Paris lors de rassemblements en soutien aux autorités syriennes sans imaginer créer de polémique, ne sachant pas qu'ils se trouvaient dans un pays ou un simple geste comme la « quenelle » est passible de poursuites judiciaires en dehors de toute base juridique.

[139] J'ai démontré dans une série d'articles publiés en 2018 à quel point le cas de Thierry Meyssan posait un grave problème dans le monde de la réinfosphère. Quoiqu'il faille s'en méfier à l'extrême, il n'en demeure pas moins que les procédés qui lui sont appliqués sont

passé à la postérité pour avoir tantôt nié, tantôt imputé à une conspiration ourdie par la CIA les attentats du 11 septembre 2001, mérite de figurer au centre de la photo. »

4) Rattacher les sceptiques à des « réseaux » ignobles

En plus de s'attaquer au messager, on peut suggérer qu'il fait partie d'un réseau dont tous les éléments, déjà diabolisés dans les médias, sont moins recommandables les uns que les autres. On donne ainsi l'impression que le messager gravite dans un certain « milieu » composé de personnages répugnants et évoluant à la limite de la légalité. Les trois extraits précédents en donnaient déjà une idée. Dans un article de Christophe Ayad publié dans le Monde du 6 juin 2012[140], voici comment le site infosyrie.fr et son fondateur Frédéric Chatillon sont présentés :

« Infosyrie est le lieu de rencontre de l'extrême gauche et de l'extrême droite unies dans leur rejet de "l'impérialisme états-unien". Le site est hébergé par Riwal, une société de communication appartenant à Frédéric Chatillon, ancien dirigeant du Groupe union défense (GUD) et proche de la direction du Front national. Chatillon a pour client le ministère du tourisme syrien, est une fréquentation de Manaf Tlass, un commandant de la garde présidentielle proche de Bachar Al-Assad, tout comme Dieudonné et Alain Soral qui ont pris, eux aussi, le chemin de Damas pour un voyage organisé en août 2011. Leur proximité avec le négationniste Robert Faurisson leur vaut des sympathies en haut lieu à Damas. Or on retrouve, parmi les défenseurs de Faurisson, Jean Bricmont, un universitaire belge que Pierre Piccinin présente comme un autre "ami". La boucle est bouclée. »

Dans le même article on relève : *« Animé par Anas Alexis Chebib, radiologue à Tulle (Corrèze), un Collectif pour la Syrie a également épaulé divers journalistes français en quête d'un visa. Au sein de son conseil d'administration siège Michel Lelong, père blanc et pro palestinien radical, témoin à décharge lors des procès du négationniste Roger Garaudy et de Maurice Papon. »*

5) Refuser par principe tout débat public avec les sceptiques

---

typiquement AC.

[140] « Le petit monde composite des soutiens au régime syrien »/ http://www.conspiracywatch.info/Le-petit-monde-composite-des-soutiens-au-regime-syrien_a857.html

Si l'on évite autant que possible d'entrer dans le détail de l'argumentaire des contestataires les plus sérieux de la version officielle, il faut tout de même expliquer pourquoi on a décidé de s'en tenir à cette ligne de conduite. On peut se contenter d'avancer que les théories « conspirationnistes » sont tellement insensées, dangereuses, et immorales qu'il n'y a même pas besoin de s'y attarder un instant. Dans un article du *Courrier International* du 21 mai 2011[141], écrit par Mou'in al Bayari et sobrement intitulé « l'écœurante propagande du régime syrien », on lit : « *Ces convictions bien ancrées chez de nombreux commentateurs et cette perception de la contestation en Syrie montrent en premier lieu une insensibilité totale, immorale et inhumaine, face au drame des Syriens qui tombent sous les balles. Leur argumentation est tellement caricaturale, voire absurde, qu'on serait tenté de ne pas la prendre au sérieux, de l'ignorer ou de l'aborder sur le ton de la dérision.*

6) Ne s'attaquer qu'aux arguments les plus faibles et les moins employés par les sceptiques

Les acteurs AC, pour gagner en crédibilité, s'aventurent parfois tout de même, à essayer de faire un sort aux zones d'ombre évoquées par les sceptiques. Ils peuvent ainsi à peu de frais donner l'impression à des profanes qu'ils ont étudié le dossier en profondeur. Ces incursions dans le fond présentent toujours le même point commun : elles évitent soigneusement les incohérences les plus manifestes pour se concentrer sur celles qui sont les plus fragiles ou les plus fragilement développées par des sceptiques fragiles. Dans des affaires d'aussi grande gravité, des centaines de personnes plus ou moins averties s'expriment, et il est facile de prendre les productions « conspirationnistes » les plus faibles ou les plus attaquables, en négligeant les plus solides et les plus sérieuses, pour donner l'impression que la « nébuleuse conspirationniste » n'est composée que de feux follets à peine plus lucides que des phalènes buttant incessamment sur le verre d'une ampoule afin d'y pénétrer.

On trouve peu d'exemples de ce genre dans le cas de la guerre en Syrie, en raison de la multitude des événements et séquences manipulés qui se sont enchaînés sans discontinuer pendant des années — l'actualité du nouveau venant reléguer le précédent dans l'ombre. Nous verrons ce procédé fonctionner à plein régime chez les acteurs AC chargés de monter la garde autour de la version officielle du massacre du 7 janvier 2015.

7) Pointer le rôle néfaste d'internet dans la diffusion des

---

[141] « Syrie. L'écœurante propagande du régime », Mouin Al-bayari, 24/05/2011, repris de *Al-Hayat-Dubaï.*

« théories du complot »

Si la parole est entièrement verrouillée dans le monde de la télévision, de la radio, de la presse écrite, et des événements organisés sur le sol français, il n'en est pas de même sur internet où la parole « conspirationniste » peut s'exprimer (encore) à peu près librement. L'existence d'internet est à double tranchant pour les marionnettistes. Cet outil leur permet de connaître avec précision l'ampleur de la contestation et les leaders d'opinion dans ce domaine, mais il ne peut empêcher leur émergence et la diffusion de leur discours, un discours d'autant plus efficace que par ses méthodes vérifiablement honnêtes, il donne bien souvent par contraste plus de gages de sérieux que le discours AC. C'est donc un passage obligé que de fustiger le rôle d'internet dans la diffusion des idées conspirationnistes. Voici par exemple ce que développent Vincent Hugueux et Hala Kodmani dans l'article de l'Express déjà cité : *"L'obsession du complot à l'œuvre à propos de la Syrie s'est largement développée grâce à Internet. Dans une « époque saturée par l'information, ceux qui tendent vers le conspirationnisme se piquent de pratiquer un hypercriticisme, qui n'est en fait qu'une fainéantise intellectuelle, explique Stéphane François, chercheur spécialisé dans les sous-cultures de la droite radicale. Les publications à connotation paranoïaque/conspirationniste étaient jusqu'à présent confidentielles, très peu lues. Internet, en dématérialisant les supports, a permis une diffusion accrue de ces thèses, au travers notamment de la démultiplication de ces sites.* » Le modeste chercheur que je suis le confirme : sans des sites comme Arrêt Sur Info ou Infosyrie — et tant d'autres sources non tamponnées ! —, il m'aurait été plus difficile de dénoncer rigoureusement le mensonge organisé des médias et des politiques français sur le sujet de la guerre en Syrie.

8) Recourir à des métaphores et comparaisons aux comparants répugnants et inquiétants

Il est efficace d'utiliser des comparaisons et métaphores puisées dans le champ lexical de la maladie, de la drogue, et de la prolifération. On en trouve dans l'article de *l'Express* déjà cité : « *Mais nombre d'entre eux s'enivrent du même breuvage, cocktail où se mêlent, selon un dosage aléatoire, l'anti-impérialisme, la haine d'Israël — fût-elle affublée des atours de l'antisionisme...* » Catherine Gouësset, dans un article publié dans *l'Express* (encore) du 6 septembre 2013 et intitulé « La Syrie, terre de mission de conspirationnistes » : '*une partie de l'opinion publique se laisse bercer par la complotite très active des « Bacharophiles »*'[142].

---

[142] « La Syrie, terre de mission de conspirationnistes » ; Catherine Gouësset, L'Express, 06/09/2013.

Relevons également cette envolée de Bernard-Henri Lévy à l'époque du tir à l'arme chimique dans la banlieue de Damas le 21 août 2013. Dans un article intitulé « Imposer la Syrie au G20 », et publié dans *le Monde* et sa revue *la Règle du jeu* le 2 septembre 2013, voici comment il commente le recul d'Obama et sa volonté de consulter le Congrès avant toute intervention militaire en Syrie suite au tir à l'arme chimique le 21 août dans la banlieue de Damas : « *peut-être le président américain n'a-t-il pas eu tort, après tout, de prendre un peu son temps, d'entreprendre de rallier le Congrès à sa décision de frapper Damas et de donner donc à l'action promise toute la légitimité démocratique possible. Cela lui permettra de mettre sous les yeux de ceux de ses concitoyens que rongent les virus jumeaux du complotisme et du soupçonnisme, les preuves du massacre chimique.* » Nous avons démontré dans le volume 2 de *Guerre en Syrie* que cette affaire était une opération sous faux drapeau mise en œuvre par des « rebelles » de la brigade Liwa el Islam (ou Jaysh al Islam).

9) Multiplier les expressions péjoratives et insultantes envers les « conspirationnistes »

Tous ces procédés déloyaux visant à faire un portrait au caca fumant des conspirationnistes, le trait le plus typique des productions AC est évidemment la pléthore de termes et expressions péjoratifs voire carrément insultantes à l'encontre des « conspirationnistes », dont le but est d'imprimer dans l'esprit des lecteurs qui ne l'auraient pas compris que les conspirationnistes représentent vraiment la lie de la lie de l'humanité : « *complotite* », « *bacharophile* », « *sirènes complotistes* », « *le régime syrien* », « *l'obsession du complot* », « *complosphère* », « *facho* », « *gaucho* », « *assadolâtre* », « *logorrhée délirante et narcissique* », « *idées nauséabondes* », « *l'impayable Roland Dumas* ». C'est un concours de suffixes péjoratifs.

10) Assimiler les doutes sur la VO de la guerre en Syrie à ceux émis concernant d'autres affaires déjà étiquetées (théorie du complot)

Les attentats du 11 septembre 2001 figurent toujours en bonne place dans ces comparaisons, comme on a pu le constater dans certaines citations précédentes. Lisons un extrait pas forcément relié à la Syrie mais extrêmement typique de ce genre procédé. Son auteur, Caroline Fourest, est une championne de l'exercice. Extrait d'un article intitulé « Ben Laden chez Elvis », publié dans *le Monde* du 25 septembre 2012.

« *Ben Laden n'est pas mort. Il sirote une bière sans alcool avec Elvis. Quelque part dans un coin paumé de l'imaginaire conspirationniste. Un univers de sceptiques, gavés jusqu'au cortex de films hollywoodiens, mais méfiants jusqu'à l'os lorsque l'Amérique fait une annonce officielle. Que ce soit à propos des ovnis ou du 11 — Septembre. Les théories les plus fumeuses sur l'attentat du World Trade Center les ont régalés. La mort sans photo de Ben Laden devrait les tenir en haleine une bonne décennie ».*

C'est ainsi que les versions officielles des événements douteux et enterrés accèdent à une seconde existence. Au lieu d'être placées sur la sellette par des enquêtes impartiales révélant la conspiration qui les a rendues possibles, aboutissant à la condamnation des conspirateurs, et la réhabilitation de ceux qui les ont précocement dénoncés, ils servent par la suite aux acteurs AC comme comparants équivalents de nouveaux événements manipulés. Comme nous allons le constater, lors de la pandémie de Covid 19, à partir de février 2020, c'est le rôle que finira par jouer la VO du massacre de Charlie Hebdo !

11) Remettre en cause la VO de la guerre en Syrie = nier l'existence des chambres à gaz hitlériennes

Cela va fréquemment plus loin, certains journalistes ou personnalités n'hésitant pas à affirmer que remettre en cause la version officielle des événements de Syrie, c'est la même chose que remettre en cause l'existence des chambres à gaz et la version officielle du génocide des juifs pendant la Seconde Guerre Mondiale. Il s'agit du fameux « point Godwin ». J'en ai relevé quelques exemples dans le volume 1 de *Guerre en Syrie*, dans la bouche du père Paolo Dall'Oglio.

'Il [le père Paolo, NDLA] évoque pêle-mêle le Réseau Voltaire et les responsables ecclésiastiques chrétiens ou musulmans qui, selon lui, donnent la parole religieuse au mensonge d'État, nient la révolution et la réduisent à un fait de sécurité liée au terrorisme. C'est un négationnisme incroyable, ajoute-t-il, qui est le fait d'identitaires à l'extrême-droite et d'anti-impérialistes à gauche. Ceux qui ont nié la Shoah nient la révolution syrienne !' (*L'Express*, 27 septembre 2012)

'Dans le fond, il n'est pas étonnant que les derniers alliés objectifs du régime syrien soient ceux qui ont toujours nié le génocide du peuple juif et, aujourd'hui, nient la révolution du peuple syrien. (…) Je voudrais savoir aussi pourquoi les tenants en Europe du négationnisme de la Shoah, parmi les traditionalistes catholiques extrêmes, anti-impérialistes et antiaméricains, alliés aux anticapitalistes et staliniens, sont aujourd'hui du côté du négationnisme syrien et sont sensibles à la sirène Agnès.' (*Libre Belgique*, 17 septembre 2012)

Cette dernière comparaison a pour but secondaire de suggérer que les sceptiques des événements de Syrie tels qu'ils sont présentés dans les grands médias pourraient être condamnés à de lourdes amendes et des peines de prison, comme c'est le cas pour ceux qu'ils appellent les « négationnistes ». Quand on fait le tour d'un dispositif AC, il est fatal de tomber, tôt ou tard, sur ce taser idéologique.

On doit juger discutable, contre-productif, téméraire, à terme, de prétendre associer par arc réflexe la Shoah à des versions officielles fragilissimes voire carrément mensongères d'événements géopolitiques gravissimes, mettant en péril l'existence de millions d'individus, et engageant pour le pire l'avenir de pays entiers pour des décennies, voire de siècles. Les gens pourraient finir par se dire que "si la Shoah et ça c'est pareil, ça veut peut-être dire dire que la Shoah et sa présentation médiatique constituent elles aussi une manipulation de grande ampleur [comme toutes ces affaires auxquelles elle est improprement et pavloviennement associée]". Notre Premier ministre Manuel Valls ayant affirmé début 2014, le visage empreint d'une profonde ferveur religieuse laïque, le caractère « sacré » de la Shoah[143], en comparaison des autres événements historiques du même type, il serait malheureux que l'association systématique de la Shoah à d'ignobles mensonges aux criants airs de famille fasse naître à force dans l'opinion publique une méfiance profonde à ce sujet.

12) Maintenir mordicus ses erreurs ou mensonges passés

Ce type de procédé est propre aux longues séquences historiques comme la guerre en Syrie. Dans la mesure où les « amis de la Syrie » ont tenté à plusieurs reprises, au fil des années, de diaboliser les autorités syriennes, en recourant à des mensonges et des manipulations d'un degré de gravité toujours croissants, une pyramide de mensonges s'est constituée avec le temps dont les acteurs AC ont bien dû tenir compte. Avouer ses mensonges, au moins concéder des outrances et des erreurs d'appréciation, cela revient dans ce cas à avouer sa complicité dans le maquillage de crimes contre l'humanité, et donc souiller le drap de la vertu dans lequel ils aiment se draper pour donner des leçons et inciter à la haine contre une personne ou un groupe de personnes en fonction de leurs opinions. Les acteurs AC optent pour la stratégie inverse, qui consiste à maintenir éternellement tels quels leurs mensonges des premiers jours, et ce même dans les cas où la fraude s'est révélée après coup énorme et avérée. C'est ainsi qu'ils ressassent à l'identique, des années après, la version officielle de ces événements telle qu'elle a été imposée à l'époque des faits, à chaud, dès les premiers jours. C'est ainsi, alors qu'il existe une très grande variété de bilans des victimes, et que toutes sortes de rapports et d'articles ont permis de remettre formellement en cause la version officielle du tir à l'arme chimique dans la banlieue de Damas le 21 août 2013, les médias, aujourd'hui encore en 2021, continuent de rappeler que le génie du mal Bachar el Assad en est bien sûr l'instigateur, et de citer encore systématiquement le bilan prodigieusement gonflé de 1600 morts communiqué par une structure « rebelle » de la Ghouta la nuit même de l'attaque (alors qu'on ne dispose en tout et pour tout que d'une photo d'enterrement des victimes, et sur cette photo cinq corps seulement). Et

---

[143] Entretien avec Maïtena Biraben. Entrer sur YouTube : « Manuel Valls : la Shoah doit être sacralisée » !

c'est le même scénario pour toutes les autres affaires : torture d'un groupe d'enfants à Diraa en mars 2011 l'affaire Hamza el-Khatib de mai 2011, le massacre de Houla du 25 mai 2012, le « rapport César », le massacre de Khan Chaykhoun du 4 avril 2017. Je rapporte dans le volume 2 de *Guerre en Syrie* le cas mémorable d'une lettre de « demande d'ouverture d'une enquête » adressée par l'association antiAssad Souria Houria le 21 février 2015, à la direction de *France Télévision*, suite à la diffusion d'un numéro du magazine de géopolitique « Un œil sur la planète », qui pour la première fois mettait en avant des informations battant sévèrement en brèche la version officielle. Non seulement cette lettre reprend telle quelle la version officielle des événements précités, mais son rédacteur, le juriste Firas Kontar, multiplie sans vergogne les procédés AC typiques et les anathèmes envers les complotistes et les théories du complot. Ainsi peut-on lire : « *Le fameux gazoduc qatari qui n'existe que dans l'imaginaire du régime syrien, des réseaux complotistes et chez les amis de poutine.* »/ « *Pouvons-nous accepter aujourd'hui que nos médias publics reprennent les thèses les plus farfelues des médias conspirationnistes pour expliquer les événements en Syrie ?* »/ « *À chaque fois qu'un dictateur se trouve en difficulté, le complot autour du contrôle est agité, Libye, Venezuela, Syrie, même scénario.* » Fait intéressant à noter : si le magazine « Un œil sur la planète », malgré 15 ans de bons et loyaux services, a très rapidement disparu ensuite de la grille des programmes, officiellement pour des raisons budgétaires, Souria Houria a été débouté de toutes les parties de sa plainte contre le numéro d'« Un œil sur la planète », ce qui a établi une jurisprudence officielle (certes inutile et très rare) où les tenants de la VO ont perdu sur toute la ligne face aux contestataires.

13) Invoquer de pseudo « autorités » pour conférer du sérieux aux dénonciations des « complotistes »

Afin d'avoir l'air sérieux et de haut niveau, il est efficace de citer une plusieurs « autorités » qui accablent les contestataires sans entrer dans le moindre détail. Pour donner une patine sérieuse et impressionnante à l'analyse des théories du complot et de leurs dangereux promoteurs, les auteurs AC citent systématiquement, à un endroit ou à un autre, une ou plusieurs « autorités » dont nous aurions la chance de recevoir l'avis éclairé depuis les sphères supérieures où ils règnent : « politologues », « sociologues », « historiens », « professeurs », « fondateurs de... », « spécialistes de... », ils ont souvent écrit des études ou des ouvrages sur les « théories du complot »[144] que les auteurs citent en même temps

---

[144] Voici quelques exemples d'ouvrages entièrement consacrés à endiguer le flot montant de la marée conspirationniste : *La Foire aux illuminés*, de Pierre-André Taguieff, *Vol au-dessus d'un nid de fachos*, de Frédéric Haziza, *La démocratie des crédules*, de Gérald Bronner. Dans un autre genre on citer le site *Conspiracy watch*, animé par Rudy Reichstadt, et financé par le Mémorial de la Shoah, entièrement consacré à la traque des

qu'ils rapportent leurs « analyses ». Les citations suivantes présentent toutes le même point commun : à l'instar des articles dans lesquels on les relève, elles n'entrent jamais dans le détail des affaires.

« On observe pantois la gauche laïcarde faire des mamours à la droite identitaire et s'émouvoir soudainement du "sort des chrétiens", s'emporte l'historienne Marie Peltier, tandis que l'on découvre cette même droite subitement férue de laïcité et pourfendeuse de la volonté hégémonique occidentale dont elle a pourtant été l'un des plus fidèles apôtres » (Gouësset, l'Express)

« Dans une "époque saturée par l'information, ceux qui tendent vers le conspirationnisme se piquent de pratiquer un hypercriticisme, qui n'est en fait qu'une fainéantise intellectuelle, explique Stéphane François, chercheur spécialisé dans les sous-cultures de la droite radicale". » (même article).

« L'examen attentif de sa logorrhée délirante et narcissique laisse peu de place au doute : le cas Meyssan relève au mieux de la psychanalyse. Au gré d'un parcours chaotique détaillé par Fiammetta Venner dans un essai incisif, ce fabuliste a ferraillé tour à tour en faveur de l'intégrisme catholique, de la cause homosexuelle, de la pornographie, de la laïcité, du kadhafisme et de la théocratie iranienne. »[145] (Hugueux et Kodmani, l'Express).

« Au cœur de tous les malentendus que manifeste la lamentable "complotite" qui paralyse aujourd'hui la solidarité internationale à l'égard de l'opposition syrienne, il y a le fait que des diplomaties occidentales au lourd passé de cynisme impérialiste ont compris, après le désaveu des révoltes tunisienne et égyptienne, les limites tactiques du soutien aveugle qu'elles apportaient à des régimes autoritaires déchus. Et qu'elles ont décidé de "changer", au moins partiellement, leur fusil d'épaule », ajoute encore le chercheur [François Burgat, chercheur à l'Institut de Recherches et d'Études sur le Monde Arabe et Musulman].* »

Ces citations d'autorités aux titres ronflants, qui n'entrent jamais dans le détail des affaires, peuvent être considérées comme des mises en abîme des articles

---

différentes « théories du complot » proscrites existantes, et à la délation des personnalités qui les défendent. Le point commun de tous les auteurs pouvant être rattachés à la mouvance AC est qu'ils sont très proches des cercles étasuniens néoconservateurs pro-israéliens. Les néoconservateurs pouvant être tenus pour partie responsables des manipulations qui ont conduit à déclencher toute une série de guerres au Maghreb et au Proche-Orient, il est logique, somme toute, de retrouver des cousins à eux pour les blanchir dans les milieux littéraires et journalistiques et noircir la réputation de ceux qui les dénoncent.

[145] Cette analyse du cas Thierry Meyssan, par pur hasard, se trouve pour le coup exacte. Mais c'est l'exception qui confirme la règle. En aucun cas Meyssan n'est représentatif des « complotistes » de haut niveau, dont les plus sérieux ne sont jamais cités par les auteurs AC.

qu'elles sont censées cautionner, et auxquelles elles n'apportent jamais la moindre matière.

14) Limiter drastiquement la liberté d'expression des contestataires dans les grands médias

Pour que le dispositif fonctionne parfaitement, un autre principe crucial doit être respecté : la limitation drastique de la liberté d'expression des contestataires dans les grands médias. Le système ne doit pas être totalement étanche car il faut donner l'impression qu'on donne la parole aux deux camps, mais le filtrage doit être extrêmement sévère, et quand des « conspirationnistes » sont invités sur les plateaux télé, il faut les placer dans des conditions dans lesquelles il leur est difficile, voire impossible de s'exprimer, par exemple avec un temps de parole trop court, et/ou face à une meute d'interlocuteurs qui ne cessent de leur couper parole. Si la parole a commencé à se libérer depuis l'intervention russe en septembre 2015, il faut bien reconnaître que ce principe d'exclusion a été parfaitement respecté depuis dix ans pour ce qui concerne la guerre en Syrie.

Un ostracisme aussi complet et prolongé devrait éveiller la suspicion du grand public, mais comme ce dernier ne connaît les « conspirationnistes » que par le truchement du dispositif AC, et qu'il méconnaît la culture du mensonge généralisée dans les grands médias, il se convainc facilement que c'est parce qu'ils sont tels qu'ils sont décrits par les différentes composantes du dispositif AC qu'on ne leur accorde jamais de place pour s'exprimer. D'ailleurs, quand des gardiens du temple avancent des raisons expliquant l'exclusion totale dans le débat sur la guerre en Syrie des « conspirationnistes », il leur est facile de persister dans la même veine diabolisatrice, ainsi Ziyad Majed lors d'une conférence à l'institut du Monde arabe du 24 février 2013 : *« j'entends des arguments sur le fait qu'il faut donner aussi la parole à l'autre camp (…) comme si par exemple pendant l'apartheid en Afrique du Sud on invitait des représentants qui vont défendre le racisme »*[146].

15) N'autoriser que des agents d'influence à soutenir publiquement des positions AC

Si tous les journalistes étaient libres de s'exprimer comme ils le souhaitent sur le conspirationnisme, et si les grands médias ne pratiquaient pas cette censure draconienne, on découvrirait rapidement qu'une grosse poignée d'entre eux, très haut placés, toujours les mêmes, se livrent en toute connaissance de cause à des pratiques ignobles et contraires à la déontologie journalistique. Ces journalistes

---

[146] Je renvoie à la chronique 1 du volume 1 de *Guerre en Syrie*, dans laquelle je résume le débat ou Ziyad Majed a avancé cette explication.

mériteraient en conséquence d'être dénoncés publiquement par des discours « antijournalistiques » de la plus extrême sévérité. Une telle éventualité est malheureusement impensable. Le caractère universellement ignoble de la production AC s'explique par le fait que les journalistes ayant le droit de s'exprimer sur ce sujet sont triés sur le volet (la remarque vaut pour tous les sujets sérieux). La première idée qu'un journaliste honnête aurait en découvrant en même temps, et sans a priori, l'univers « conspirationniste » et la production AC ne serait très certainement pas de se joindre aux aboiements de la meute, mais au contraire de faire le procès des AC et de réhabiliter ceux que ces agents d'influence agressent comme « conspirationnistes ». Par « agents d'influence » nous entendons des agents infiltrés dans les milieux médiatiques et politiques pour défendre les intérêts de groupes occultes et de puissances étrangères. Ces agents sont proches des milieux néoconservateurs étasuniens et israéliens et sont connus pour avoir activement pris part à la propagande antisyrienne en France depuis le début des troubles en mars 2011. Ainsi en est-il par exemple de Bernard-Henry Lévi[147], de Hala Kodmani[148], de Christophe Ayad ; il n'est pas anormal que les propagandistes qui mentent continûment aux Français depuis plus de huit ans sur le sujet de la guerre en Syrie soient les mêmes qui finissent par se coller à la rédaction d'articles AC. Cette remarque sur la qualité des auteurs AC s'applique également aux « autorités intellectuelles » invoquées en cautions dans leurs productions. Évoquons seulement Rudy Reichstadt, l'autorité de très loin la plus fréquemment citée dans les articles AC, toutes affaires confondues. Fondateur de Conspiracy watch, qu'on pourrait traduire par « observatoire de la conspiration », site qu'il anime seul et sur lequel il relaie, avec une présentation AC poussée jusqu'à la caricature, toutes les productions « conspirationnistes » diffusées sur la toile et dans les grands médias, sur tous les sujets qu'il est de règle d'assimiler aux théories du complot (JFK, Syrie, Libye, Ukraine, attentats du 11 septembre, de Madrid, de Londres, de Charlie Hebdo, du 13 novembre, génocide rwandais, covid-19, etc.), et dont implicitement il se présente comme un grand connaisseur alors qu'on ne lui connaît absolument aucune publication dans aucun de ces domaines. Or Rudy Reichstadt n'est pas n'importe qui[149]. C'est un proche du Cercle de l'Oratoire, lié aux néoconservateurs qui ont promu la « guerre de libération démocratique » de l'Irak en 2003, il a été rédacteur de la revue de ce think tank : « le Meilleur des Mondes ». C'est un disciple de Pierre André Taguieff[150], membre du CRIF,

---

[147] Sur les positions de Bernard-Henry Lévi sur la guerre en Syrie, je renvoie à mon article publié sur le site Boulevard Voltaire en août 2015, et intitulé : « Bernard-Henry Lévi et la guerre en Syrie, ce monstrueux révélateur ».

[148] Je renvoie à ma chronique « un débat truqué à l'institut du monde arabe », dans le volume 1 de *Guerre en Syrie*.

[149] Je renvoie à l'article publié le 9 septembre 2013 sur le site de Michel Collon « Investig'action ».

[150] Une fiche complète et édifiante sur cet agent d'influence pro israélien sur le site

auteur d'un ouvrage anticonspirationiste intitulé « la foire aux illuminés », et contributeur du site ultrasioniste et conspirationniste dreuz.info[151]. Il est également proche de Caroline Fourest[152] qui l'interview longuement et complaisamment dans son documentaire anticonspirationniste « les obsédés du complot » passé sur *France télévision* début février 2013. Rudy Reichstadt est également proche de Bernard-Henri Levy. En 2017, il a pu professionnaliser sont site et démultiplier son audience en obtenant le financement du Mémorial de la Shoah, « *dans le cadre de son action pour la lutte contre l'antisémitisme* » Comme aiment à dire les auteurs AC après qu'ils ont exposé mensongèrement en trois coups de cuillère à pot les réseaux « nauséabonds » des personnalités dont ils ont pour mission de flétrir la réputation : « La boucle est bouclée ».

Récapitulatif des caractéristiques du discours anticonspirationniste

Certaines redondances dans la liste des citations que je viens d'adosser aux différents points marquant l'une des caractéristiques du discours AC, il est fréquent que plusieurs procédés soient utilisés en même temps. On trouvera facilement par exemple des phrases contenant à la fois des termes péjoratifs, des métaphores types, des citations d'autorités, et des ponts jetés vers d'autres théories étiquetées « du complot ». Pour rappel, le cahier des charges d'un dispositif AC impose de :

1) Englober les sceptiques dans des étiquettes péjoratives : « complotistes », conspirationnistes », « antisémites », « révisionnistes », négationnistes

2) Les présenter comme une cour des miracles fourre-tout et incohérente

3) En faire des portraits au caca fumant pour épouvanter l'opinion publique

4) Rattacher les sceptiques à des « réseaux » ignobles

5) Refuser par principe tout débat public avec les sceptiques

---

« Anticons » : https://anticons.wordpress.com/2013/06/01/pierre-andre-taguieff-le-neo-con-lajoie/

[151] On peut le qualifier de « conspirationniste » dans la mesure l'un de ses rédacteurs n'est autre que l'historienne israélienne Bat'Yeor qui a développé la théorie d'Eurabia, dans laquelle elle explique qu'il existe une entente secrète entre les élites européennes et maghrébines pour organiser l'immigration massive des transferts de technologie en Europe.

[152] Voir par exemple cet article du 13/02/13 publié sur le site du *nouvelobs.com* : « Caroline Fourest, les obsédés du complot, et l'inquiétante obsession de Pascal Boniface ».

6) Ne s'attaquer qu'aux arguments les plus faibles et les moins employés par les sceptiques

7) pointer le rôle néfaste d'internet dans la diffusion des positions des contestataires

8) Recourir à des métaphores et comparaisons aux comparants répugnants et inquiétants

9) Multiplier les termes et expressions péjoratives et injurieuses contre les contestataires

10) Assimiler les doutes sur la VO de la guerre en Syrie à ceux émis concernant d'autres affaires déjà étiquetées (théorie du complot)

11) Remettre en cause la VO de la guerre en Syrie = nier l'existence des chambres à gaz

12) Maintenir mordicus ses erreurs et mensonges passés

13) Invoquer de pseudo « autorités » pour conférer du sérieux aux dénonciations des « complotistes »

14) Limiter drastiquement la liberté d'expression des contestataires dans les grands médias

15) N'autoriser que des agents d'influence à soutenir publiquement des positions AC

Le massacre de Charlie Hebdo dans le discours AC

Introduction

Beaucoup d'hypothèses et théories farfelues ont évidemment fait florès dans les jours et semaines suivant les attentats de janvier 2015, ce qui est le cas à chaque fois que se produit un événement propre à frapper l'imagination collective, mais, tout au long de la première partie, nous nous sommes référés à une littérature sérieuse, abondante, diversifiée, et dont les auteurs sont parfaitement identifiables. On aurait donc dû s'attendre à ce que les zones d'ombre de la version officielle de la tuerie de Charlie Hebdo, ouvertement questionnées par certains, qu'il s'agisse de proches de victimes ou de journalistes hors système, fussent examinées avec toute la considération nécessaire et sans a priori dans les grands médias ; au moins que les plus incontournables d'entre elles fussent traitées par la commission d'enquête et à l'occasion du procès de Charlie Hebdo.

Au contraire, s'il s'avérait, non seulement que ces zones d'ombre ont été délibérément passées sous silence ou caricaturées, d'autres zones d'ombre loufoques mises en avant pour créer des contre-feux, nous pourrons alors être certains que tout un ensemble de journalistes de premier plan n'avait pas pour but d'informer correctement la population, mais de participer, *en tant que complices*, au maquillage d'un de ces coups fourrés sophistiqués auxquels nous avons malheureusement été habitués ces dernières décennies. Nous retomberions ainsi dans le schéma classique, pour prendre l'exemple très récent de la guerre en Syrie de l'association des « rebelles » sur le sol syrien, qui commettent les massacres et les crimes contre l'humanité, que les patrons de médias dans les « démocraties du monde libre » ont ensuite la charge d'étouffer ou de présenter à l'opinion sur le principe de l'inversion accusatoire, pour inciter à la haine contre l'armée syrienne et le président Bachar el-Assad. J'ai exposé et expliqué cette association, en long, en large, et en travers dans mes deux volumes sur la Guerre en Syrie : *le mensonge organisé des médias et des politiques français*, et *Quand médias et politiques instrumentalisent les massacres*. Comme nous l'avons déjà dit, le cas du traitement de la guerre en Syrie est loin d'être isolé, et je m'y réfère avant tout parce qu'il est très récent, que je le connais sur le bout des doigts, qu'il est exemplaire et abondamment documenté et prouvé, et que, comme nous venons de le constater, toute une littérature AC typique a été développée pour contrer les lanceurs d'alerte de mon espèce. Il est en outre frappant de retrouver pour ces deux événements les mêmes noms, comme BHL, Rudy Reichstadt, Caroline Fourest, etc. parmi les acteurs AC chargés de maquiller la vérité et de jeter le discrédit sur ceux qui la recherchent avec sincérité et compétence.

La production AC est foisonnante et multiforme : magazines, revues, quotidiens, émissions, consignes de l'éducation nationale, prises de position fermes des plus hautes personnalités politiques, déclarations enflammées des dirigeants de la communauté juive organisée, essais composés par des universitaires et des « spécialistes ».

La douzaine d'articles analysés ici ont été publiés sur la toile et en version papier entre le 9 janvier et le 2 février 2015. Ils sont largement représentatifs de ce qui a été publié sur ce problème en particulier, et des autres articles AC sur d'autres sujets. Le patron est à chaque fois très comparable, les éléments de langage très proches voire identiques, les angles d'attaque sont toujours les mêmes. La personnalité des auteurs semble complètement s'effacer dans ce genre de production. Ils peuvent en conséquence être considérés comme s'ils étaient une seule et unique personne, et leurs articles comme des clones les uns des autres.

Nous insérons dans cet échantillon d'articles un long développement oral du sociologue Gérald Brönner prononcé le 11 janvier 2018 à la fondation Jean Jaurès, à l'occasion de la présentation des résultats du premier grand sondage portant sur « le conspirationnisme dans l'opinion publique française » réalisé par l'IFOP et Rudy Reichstadt, directeur du site ConspiracyWatch. Gérald Brönner y intervenait en tant qu'invité d'honneur en compagnie du philosophe AC Raphaël Enthoven. Phare intellectuel pour les acteurs AC manquant cruellement d'arguments d'apparence sobre et honnête, il s'y est exprimé longuement sur le massacre de *Charlie Hebdo* en cette occasion, y laissant de nettes traces d'ADN AC.

Nous insérons également un *ouvrage* de Thomas Foulot publié aux éditions les Arènes début septembre 2015 intitulé *Le complot Charlie*. Comme son titre le suggère, le propos de cet ouvrage est d'analyser le phénomène du complotisme et des théories du complot « *à travers l'exemple des attentats de Charlie Hebdo* ». Malgré l'objectif affiché, l'auteur accomplit l'exploit *de ne pas consacrer une seule ligne aux zones d'ombre de l'affaire pendant 120 pages*. C'est en revanche un formidable feu d'artifice AC très riche en procédés typiques. Admirable opération d'enfumage de la part d'un acteur AC de premier plan, dont la seule qualification est d'être « diplômé en sciences politiques de l'École des hautes études en sciences sociales » comme il le précise dans sa fiche auteur qui suit le titre, fiche qui ne comprend qu'une seule ligne. J'éclate moi-même de rire en écrivant une telle phrase. Malgré ce CV désertique, ce collègue de Rudy Reichstadt, Gérald Bronner et Thomas Huchon a obtenu le droit lucratif de répandre la bonne parole AC dans les lycées afin d'immuniser les futurs électeurs contre le virus du complotisme, avec pour outil un canular conspirationniste de médiocre facture qu'il a baptisé *conspi hunter*, qui a bénéficié dans tous les médias — à l'instar de son ouvrage — d'une incroyable publicité au moment de sa sortie en 2018.

Titres à charge

Les titres annoncent presque tous un positionnement AC radical et agressif :

— *Charlie hebdo : l'affaire agite les complotistes*, Léo Mouren, 09/01/15, *Libération*

— *Charlie hebdo : avalanche de complots, rumeurs et images détournées*, Antoine Kempf, 09/01/15, *Franceinfo.fr*

— *Charlie Hebdo : « les thèses conspirationnistes naissent désormais avant même la version officielle »*, Bruno Fay auteur de *Complocratie* interviewvé par Maxime le Bellec, 12/01/15, *Le Figaro*

— *Charlie Hebdo : les théories du complot sont une « réécriture des événements en temps réel »*, interview de Rudy Reichstadt, 12/01/15, *lesoir.be*

— *« Charlie hebdo » : ce que vous pouvez répondre aux arguments complotistes*, Donald Hébert, 15/01/15, Libération

— *« Charlie » et la théorie du complot*, Jean-Paul Brighelli, 16/01/15, *le Point*. Le titre semble neutre mais le chapeau est sans équivoque : « *Nombre de jeunes voient désormais dans les attentats de la semaine dernière la longue main du Mossad ou de la CIA. Analyse d'un délire très partagé.* »

— *Charlie hebdo : ces théories du complot qui séduiraient 1 jeune sur 5*, Justine Knapp et Thomas Vampouille, 19/01/15, *Metronews*

— *Charlie hebdo : comment se développent les théories du complot*, Antoine Izambard, 19/01/15, *Challenges.fr*

— *Le complotisme est l'antichambre de la tyrannie*, Laurent Joffrin, 20/01/15, *Libération*

— *Pourquoi les théories du complot cartonnent ?* Karine Lambin et Kelly Lafin, 21/01/15, *Bfmtv.fr*

— *La théorie du complot est l'arme politique du faible*, Emmanuel Taïeb, 22/01/15, interviewvé par *le Figaro*

— *Charlie hebdo, les charognards du complot*, Marc Schindler, Meduse.ch, 29/01/15

— *Charlie Hebdo, pourquoi la France a plutôt bien résisté aux théories du complot ?* Jean-Laurent Cassely, *Slate.fr*, 01/02/17

On en a eu un aperçu : les chapeaux, qui sont généralement la seule partie de l'article, avec le titre, que lisent la plupart des lecteurs, sont exactement du même tonneau diabolisateur, l'intention étant d'étouffer dans l'esprit du plus grand nombre, toute possibilité de naissance de doute envers la version officielle des attentats de janvier 2015

Une version officielle éclair

On ne saurait décider ce qu'il y a de plus admirable dans le positionnement de ces commentateurs : l'aptitude à mettre à jour, et exposer avec une confiance inébranlable la version officielle, dans sa quasi-totalité, en deux jours à peine, alors que personne n'a rien vu venir ou voulu voir venir au niveau de la police et des services de renseignement pendant des années, ou l'aptitude à maintenir par la suite cette version inchangée pendant des années sans en changer pratiquement une virgule. Certains journalistes appellent à l'abordage des vaisseaux complotistes alors même que les frères Kouachi sont encore dans la nature et qu'Amedy Coulibaly n'a pas encore fait son coup de l'Hyper Cacher.

Une explication psychologique à cela : le gouvernement, et l'État Profond qui l'agite comme un pantin tenait absolument à optimiser un moment d'Union nationale, que les « complotistes » à l'évidence perturbaient par leurs fausses notes. Il fallait que le maximum de Français, sans arrière-pensée, prenne leur croix et se joigne aux rassemblements spontanés en honneur à ce Jésus Christ new-look qu'était Charlie.

Une explication pratique maintenant, si l'on privilégie l'hypothèse de l'opération sous faux drapeau : pour maximiser l'efficacité de l'intoxication mentale, il est primordial que la version officielle soit diffusée dans un délai minimal, deux trois jours au grand maximum. Cela permet d'amalgamer la perception émotionnelle des événements par la population et une explication toute faite. C'est comme si dans ces moments-là, l'esprit, ordinairement solide et compact, prenait soudain la viscosité et la malléabilité du ciment frais. Le problème c'est que ce moment dure peu : avant que l'esprit durcisse de nouveau, il faut profiter de la circonstance pour le mouler dans la forme voulue. Pour filer l'image, il est ensuite aussi difficile pour le sujet de se déprendre de cet amalgame qu'à une brique de ciment de revenir à son état visqueux antérieur. Et nous parlons de types de ciments mentaux qui ont pour propriété de pouvoir tenir fermement *pendant toute la durée de l'existence.*

Les zones d'ombre exposées à l'exclusive par les acteurs AC

Il y aurait ici un parallèle à faire — ils sont nombreux — entre le traitement médiatique du 11 septembre 2001 et celui du 7 janvier 2015. Dans ces deux affaires, les acteurs AC exposent toujours — c'est une règle immuable et violée uniquement par erreur — les arguments les plus farfelus, les moins sérieux et susceptibles de convaincre, les moins basés sur des faits solides et vérifiables. Le grand public peut ainsi éclater de rire face aux élucubrations des « complotistes », et se détourner avec désinvolture de toute position sceptique sur tel ou tel aspect de l'affaire.

On ne peut reprocher aux journalistes encartés, en ce mois de janvier 2015, d'avoir eu assez de temps pour mettre à jour les zones d'ombre les plus problématiques, d'avoir eu le temps d'accomplir un travail d'un niveau de finesse aussi élevé que Panamza... on est pour autant tout à fait en droit de le faire s'il s'avère que par la suite, jamais plus ils n'avanceront le moindre contre argument nouveau : de même que la version officielle est figée en moins d'une semaine, l'argumentaire AC parvient en à peine plus de temps à ce niveau de rigidité éternelle et inaltérable.

— Michel Houellebecq avait prévu l'attaque de Charlie Hebdo (Kempf) : la coïncidence entre l'attentat et la parution de son dernier roman Soumission, dans lequel on peut relever ce passage « prémonitoire » : « *Il suffit de repenser à ce jour où une poignée de jeunes voulant venger leur prophète tuèrent de sang-froid les blasphémateurs publics, quinze journalistes et caricaturistes.* » Un tel argument n'a jamais été avancé par aucun sceptique sérieux, déjà parce qu'il n'est pas solide, mais surtout parce qu'il s'agit d'une fausse citation d'un article d'infox du site parodique *nordpress.be*.

— le changement de couleurs des rétroviseurs entre les locaux de Charlie hebdo et le 45 rue de Meaux. C'est l'argument *star* présenté en tout premier, avec souvent une grande photo de la voiture en devanture de l'article (Kremlin, Mouren, Hébert, Guégan, Knapp et Vampouille, Izambard, Lambin et Lafin, Schindler, Taïeb, Foulot). Ce détail n'a arrêté l'attention d'aucun sceptique sérieux.

— le selfie de François Hollande, que ce dernier aurait pris devant les locaux à son arrivée devant les locaux de Charlie Hebdo (Kremlin). Que la photo soit authentique ou retouchée n'a aucune importance. On s'en fout, tout simplement. Ce fait n'est repris par aucun sceptique sérieux.

— l'absence de sang sur la vidéo de l'exécution de Merabet (Mouren, Bronner, Hébert, Knapp et Vampouille, Taïeb, Foulot). Ce ne serait pas la moindre des bizarreries de cette vidéo, surtout si l'on connaît les dégâts que peut causer à un corps humain un tir de kalachnikov à bout portant. Cette présence ou absence de sang, sans être exclue comme anomalie par les sceptiques sérieux, n'est jamais un élément mis particulièrement en avant ; de toute façon la vidéo est trop brève et mal cadrée pour qu'on puisse trancher catégoriquement sur ce point.

— la carte d'identité oubliée par Saïd Kouachi au 45 rue de Meaux (Fay, Bronner, Mouren Knapp et Vampouille, Joffrin, Schindler, Cassely, Foulot, Taïeb[153]). Les auteurs s'indignent qu'on puisse trouver louche un tel oubli. Ils

---

[153] Relevons la très grosse erreur suivante dans l'exposé du parallèle par Emmanuel Taïeb : « En mobilisant le précédent du passeport de Mohammed Atta retrouvé dans les ruines du World Trade Center le 11 septembre 2001, les tenants du complot détiennent la preuve que non seulement on place artificiellement un indice pour incriminer les frères Kouachi, tel le miroir de Desdémone, mais qu'en plus on peut tirer un même fil entre le 11 septembre 2001 et le 7 janvier 2015. » 1) il s'agit en réalité du passeport de Suqami.

rappellent à chaque fois les attentats du 11 septembre 2001 pendant et après lesquels on avait découvert un passeport de terroriste, ce qui pour eux est tout à fait naturel. Les journalistes, soit inculture, soit culture du mensonge, n'informent jamais leurs lecteurs que ce n'est pas un papier d'identité de terroriste qui a été retrouvé ce jour-là, mais pas moins de huit, à comparer avec les cinq des quelques 250 autres passagers des quatre avions. La comparaison avec le 11 septembre est parfaitement légitime, et ce n'est pas ce que dix journalistes nous expliquent à la suite, avec force injures, termes péjoratifs, et arguments douteux, que cet oubli constitue la chose la plus banale, et pour ainsi dire habituelle, du monde, que nous sommes tenus de les croire. Sans cette carte d'identité, l'enquête n'aurait *jamais* pu démarrer aussi vite, et même démarrer tout court ; si ces tueurs si bien préparés par ailleurs n'avaient pas commis cette invraisemblable bourde, alors qu'ils avaient pris soin d'opérer cagoulés, ils auraient pu se changer tranquillement dans un endroit discret et s'évanouir incognito dans la nature, voire rentrer tranquillement chez eux !

— l'itinéraire de la marche républicaine du 11 janvier a emprunté un parcours qui reproduit à peu près la forme d'Israël (Bronner, Knapp et Vampouille, Cassely). C'est exact, et notons-le au passage, mais aucun sceptique sérieux ne mobilise ce fait à l'appui de sa réflexion. Du reste il ne s'agirait plus d'une zone d'ombre de l'attentat mais d'une zone d'ombre de la manifestation, ce pour quoi seuls les malveillants acteurs AC, avides de ce qui dégage le plus de puanteur dans les poubelles, sont allés exhumer cette interprétation du trajet de la manifestation.

— l'argument numérologique ou kabbalistique (Mouren, Izambard) : « *l'une des anagrammes de Charlie est Ichrael. Or en hébreu le "s" d'Israël s'écrit avec un "chin", une lettre prononcée parfois "s" parfois "ch". Par ailleurs, le 7 janvier, jour de l'attentat à "Charlie hebdo", peut s'écrire 1/7 en anglais ; comme le 11 septembre s'écrit 9/11. Or le 17 est le numéro de téléphone d'urgence de la police en France, le 911 étant celui aux États-Unis.* » (Mouren) Cet argument, il est vrai, a été repris par certains sites de la réinfosphère, ainsi *artemisia-college.info*. Considéré isolément et décontextualisé, sans citer la source primaire, il donne une image loufoque et rebutante des « complotistes », et c'est évidemment le but recherché par les auteurs AC. Faisons donc le travail qu'ils n'ont pas fait : il s'agit en fait d'un détail mêlé à de nombreuses autres remarques composant un dossier de 32 pages extrêmement solide et rigoureux, parmi

---

Des papiers de Mohammed Atta ont été de fait retrouvés, mais dans un bagage de l'aéroport de Boston, qui par hasard n'a pas été transféré sur le vol AA11 qui se serait écrasé sur la tour nord. 2) ce passeport n'a pas été retrouvé après, mais avant l'effondrement. Il faut voir en plus dans quelles circonstances douteuses. On peut considérer comme l'une des marques de la signature des acteurs AC cette propension à raconter n'importe quoi sur des faits pourtant très facilement vérifiables. Leurs outrecuidances répétées montrent en outre qu'ils n'éprouvent pas la moindre crainte que leurs mensonges et omissions puissent nuire à leur carrière, bien au contraire !

lesquelles nombre de celles synthétisées dans le présent ouvrage — et qui ne se hasarde pas à amalgamer de surcroît des remarques numérologiques sur les attentats du Londres et de New York ; et puisque cette anagramme met en arrêt les braques et épagneuls AC, apportons la précision instructive suivante, relevée encore une fois par Panamza : la première personne à l'avoir publiquement énoncé « dès le soir des attentats à 22 h 4 » est le rabbin de Nanterre David Naccache sur tweeter : « *je suis Charlie=je suis Israël, en hébreu ce sont les mêmes lettres* ». Des sites juifs adeptes de la kabbale y ont même consacré de savantes exégèses en s'en réjouissant. Le site alliance.fr[154], qui se présente comme « le premier magazine juif sur le net » explique le plus sérieusement du monde : « *Israël est très clairement le guide subliminal dissimulé à l'intérieur du mot "Charlie" et se fait prononcer sous le masque. "Charlie" est le masque et sous le masque se cache la vraie identité dévoilée en hébreu.* » Il interprète par ailleurs ainsi la survie miraculeuse du dessinateur Luz, arrivé en retard le 7 janvier, et dont c'était l'anniversaire : « *On remarquera — mais cette fois en prise directe — que l'un des dessinateurs rescapés de la tuerie s'appelle Luz. Lumière ? La lumière serait-elle sauvée ? Oui, à condition que le sens de l'événement soit élucidé. D'où cet article. Luz est également le nom antique de Jérusalem, dans la Torah, l'endroit où Abraham reposa sa tête avant de percevoir l'influx cosmique. Bien d'autres détails mériteraient d'être scrutés et passés au filtre de la lecture initiatique.* » Si délire il y a, si tant est que ce soit un délire, il faut incriminer les kabbalistes juifs qui en sont les auteurs et qui s'en réjouissent ouvertement de façon malsaine sur le mode « À quelque chose malheur est bon ! »

— la vitesse avec laquelle François Hollande s'est rendu sur les lieux (Izambard, Lambin et Lafin). La vraie question est de savoir pourquoi l'on a autorisé le président à se rendre sur les lieux alors que les deux (peut-être trois) tueurs s'étaient évanouis surarmés dans la nature — où ? — et qu'il demeurait un risque sérieux de surattentat[155]. Aucun sceptique sérieux n'a jugé nécessaire de faire un sort à ce détail, tel qu'il est lapidairement rapporté par les auteurs AC.

---

[154] « Nous sommes tous "Charlie", nous sommes tous "Israël". Le sens kabbalistique », *alliancefr.com*, 14/01/2015.

[155] L'épisode est ainsi raconté dans l'émission de *Tf1*, « Au cœur de la cellule de crise », à la minute 25 « *François Hollande quitte l'Élysée trois quarts d'heure après l'attentat, alors que le quartier autour de Charlie Hebdo n'est pas complètement sécurisé. La pression repose alors sur les épaules d'un homme, le commissaire Alain Gibelin, responsable de l'ordre public à la Préfecture de police. C'est lui qui est chargé de sécuriser, dans l'urgence, la visite présidentielle : "C'est toujours un grand moment de solitude, pour un chef de police, de savoir qu'il y a un chef de l'État qui arrive, le ministre de l'Intérieur, il faut s'adapter. Tous les véhicules — je dirais, de mémoire, il y en avait une petite dizaine — ont été tous passés au fichier, reniflés par les chiens détecteurs d'explosifs, donc on avait une relative marge de sécurité". Mais jusqu'au bout Alain va avoir des sueurs froides. Juste avant l'arrivée de François Hollande, on l'avertit d'une information inquiétante : "Je vois une personne affolée vers moi, qui me dit ''Écoutez,*

Rappeler l'existence de complots authentiques mais non polémiques, et gommer la jurisprudence la plus récente et la plus éclairante en la matière

Les auteurs AC ne seraient pas crédibles aux yeux de leurs lecteurs s'ils ne concédaient pas la possibilité d'existence de complots à travers l'histoire. Il s'agit de donner l'impression que si l'on est viscéralement hostile à tout questionnement sur la nature réelle de l'attentat, que pour autant l'on n'est pas naïf, qu'évidemment les complots au cours de l'histoire ça existe. C'est ainsi que pour donner le change ils citent souvent des cas passés anciens qu'ils tamponnent eux-mêmes théorie du complot. D'une affaire à l'autre il s'agit toujours des mêmes. Voyons lesquels.

Joffrin : « *il existe de vrais complots. Ravaillac qui tua Henri IV était probablement membre d'un réseau, tout comme les auteurs de l'attentat de rue Saint-Niçaise contre Bonaparte. Dreyfus ne fut pas victime d'une erreur judiciaire mais d'une action secrète et concertée de l'état-major, qui a produit de fausses preuves à son procès. La CIA a renversé Mossadegh, Diem ou Allende. Enfin, dans beaucoup d'affaires, les autorités commettent des erreurs, cachent des éléments, mentent sur des points secondaires, alimentant la suspicion même quand il n'y a rien à soupçonner. L'attentat du 11 Septembre n'a débouché sur aucun procès, ce qui a laissé dans l'ombre des pans entiers de la vérité. Le complotisme, évidemment, s'engouffre dans ces brèches, même si elles ne mènent à rien. Cette méfiance, souvent, dégénère.* »

Ainsi Laurent Joffrin admet-il par exemple que l'assassinat de Henry IV par Ravaillac en 1610 puisse être le résultat d'un complot, de même que l'attentat de la rue Saint-Nicaise contre Bonaparte en 1800, des accusations de trahison portées contre Dreyfus au tournant du XIXème siècle — l'état-major français étant nommément cité comme responsable —, du renversement de Mossadegh

---

vous êtes de la police, j'ai vu deux personnes rentrer dans le parking, sous le site'". On est quelques minutes avant l'arrivée du chef de l'État, on pouvait imaginer que ces deux personnes étaient armées et auraient surgi au dernier moment, en arrosant la foule avec des armes automatiques. (…) Les policiers n'ont rien trouvé de suspect dans les parkings, même si les deux inconnus n'ont pas été identifiés. » François Hollande s'en expliquera quant à lui ainsi dans son livre d'entretiens publié en 2016 : « *"Quand j'ai confirmation que ce n'est sûrement pas un tireur isolé qui a fait ça", je décide d'aller sur place", explique Hollande. Les services de sécurité tentent de l'en dissuader. « "C'est vrai qu'il y avait un risque, je ne peux pas le nier, constate-t-il avec le recul. Il fallait assumer cette prise de risques, qui n'était pas considérable." Les membres de sa protection rapprochée s'inquiètent, les lieux n'ont absolument pas été sécurisés. Hollande s'en moque, il prévient Patrick Pouyanné, annule son entretien, et fonce. Impossible de s'approcher en voiture des locaux de Charlie Hebdo, même pour le président de la République. Alors, le cortège présidentiel stoppe boulevard Richard-Lenoir, et le chef de l'État parcourt les 300 derniers mètres à pied.* » (p. 990)

par la CIA en 1953, de celui de Diem au Vietnam en 1963, ou encore d'Allende en 1973.

Ainsi Emmanuel Taïeb admet-il que l'assassinat de Jules César en 53 av. J.-C. puisse être l'effet d'un complot.

Ainsi Bruno Fay admet-il que « *ceux qui dénonçaient le sabotage du Rainbow Warrior par les services français étaient accusés d'affabulateurs, et pourtant, c'est bien ce qu'il s'est passé...* »

Ainsi Vincent Nouygarat, dans un dossier généraliste AC d'août 2016 du magazine Sciences & Vie admet-il, dans un encadré au bas de la page 46 : « *"Il serait tout aussi irrationnel de croire qu'il n'existe aucun complot sur Terre", lance Pascal Wagner-Egger (université de Fribourg). "Il n'y a aucune raison de rejeter la possibilité que des gens forment des coalitions secrètes dans l'intention de maximiser leurs gains, parfois à notre détriment", complète le psychologue allemand Roland Imhoff. Les preuves de complots authentiques abondent : l'assassinat de Jules César ; le Watergate ; la surveillance électronique de masse révélée par Edward Snowden ; les manipulations des industries du tabac, de l'amiante, des pesticides contre l'établissement de preuves scientifiques ; des coups d'État comme ceux ourdis par la CIA en Amérique latine...* »

Ainsi Matthieu Foulot admet-il que « *l'attentat de la piazza fontana à Milan en 1969 qui fut attribué au terrorisme anarchiste avait en réalité, été organisé par des néofascistes dans l'optique de réinstaurer un État autoritaire dans le pays.[156]* »

Point commun entre tous ces « complots » qu'il est licite de nommer et d'exposer comme tels :

1) Ils n'ont plus aucune incidence politique actuelle, leur caractère polémique s'est entièrement estompé (assassinat de César, assassinat de Henry IV, attentat contre Bonaparte).

2) Ils sont depuis longtemps admis comme tels (opérations de la CIA en Amérique latine, attentats des « années de plomb » en Italie, Watergate, manipulations de l'industrie du tabac), ou ont été exposés de façon si flagrante et publique qu'il est impossible de ne pas les reconnaître pour tels (surveillance

---

[156] Op. cit, p. 29. Il nous faut ici relever un mensonge de Matthieu Fouloy, au moins par omission : les « néofascistes » n'étaient aucunement les têtes pensantes de cette série d'attentats sanglants qui comprend l'attentat la gare de Bologne du 2 août 1980 qui fit 80 morts et 200 blessés : le pilote était l'OTAN avec ses réseaux *stay behind* implantés à partir de 1945 dans tous les pays d'Europe sous son contrôle. L'objectif n'était pas de faire revenir Mussolini au pouvoir, mais de discréditer le parti communiste italien qui, comme en France, avait un poids politique dangereux : il ne fallait pas que l'Italie bascule du côté de Moscou ! Foulot ment car le code de déontologie AC lui intime de ne jamais porter le discrédit sur l'OTAN et la Communauté Européenne.

de masse révélée par Snowden). Pour cette dernière et unique affaire, notez que l'assassinat de Jules César est mis exactement sur le même plan, ce qui a tendance à la faire passer pour bénigne.

3) Il s'agit de complots ourdis par les militaires, l'État français, les « néofascistes », que l'on peut nommer comme tels (affaire Dreyfus, Rainbow Warrior, Piazza Fontana). En effet, si les acteurs AC veulent à tout prix protéger la réputation d'Israël, en revanche taper sur la France et son armée, ou les néofascistes, afin de salir leur image, non seulement cela n'est pas interdit mais c'est encouragé.

Ces exemples de complots *light*, pasteurisés, rendus inoffensifs, se retrouvent à l'identique dans les discours AC développés sur d'autres affaires. C'est dans une banque de données finalement très limitée et soigneusement sélectionnée que les acteurs AC vont puiser pour à peu de frais donner l'impression à leurs lecteurs qu'ils sont d'érudits historiens à qui, n'est-ce pas, « on ne la fait pas ».

En comparaison jamais, au grand jamais, un acteur AC n'a l'idée, pour cette affaire comme pour tant d'autres, que l'attentat puisse s'interpréter comme un avatar de l'instrumentation de l'islamisme radical dans le cadre d'opérations sous faux drapeau. C'est impossible dans la mesure où, de manière générale, il est a priori interdit pour toutes les affaires récentes pouvant s'y apparenter : double attentat des ambassades américaines de Nairobi et de Dar es Salam du 7 août 1998, attentats du 11 septembre 2001, de Madrid du 11 mars 2004, de Londres du 7 juillet 2005, de Madrid, affaire Mohamed Merah d'avril 2012. Les plus marquants de ces événements sont couverts par des dispositifs AC comparables à celui que nous analysons dans ces pages. Avançons simplement que si l'on intégrait la tuerie de Charlie Hebdo dans cette série, la théorie de l'opération sous fausse bannière islamiste serait beaucoup moins inconcevable. Il est également remarquable que *jamais* aucun auteur AC n'évoque des opérations sous faux drapeau israéliennes, autrement dit des « complots juifs » stricto sensu, dont il existe pourtant de nombreux indubitables exemples tout au long du XXème siècle. Cette omission est du même niveau qu'un professeur de géographie qui ferait un cours sur les montagnes en Amérique du Sud en oubliant de faire état de la cordillère des Andes. En voici une liste non exhaustive :

Résumé de quelques opérations juives ou israéliennes sous faux drapeau

— 22 juillet 1946, attentat à la bombe contre l'hôtel King David à Jérusalem :

Mené par l'organisation terroriste juive Irgoun, dirigée par Menachem Begin, 91 morts et 46 blessés. La partie du bâtiment touchée, l'aile sud, abritait le secrétariat du gouvernement britannique de Palestine, le commandement militaire britannique, et le service d'investigation et de renseignement britannique. Ce service avait réuni de nombreux documents compromettants sur l'organisation terroriste juive. Les terroristes juifs pénètrent par le sous-sol de l'immeuble déguisés en Arabes livreurs de lait. La conséquence majeure de cet attentat est de pousser les Britanniques à se retirer progressivement de Palestine, jusqu'au départ total au moment de la proclamation de l'indépendance d'Israël le 14 mai 1948.

— 1950-1951 : pousser les juifs irakiens à se réfugier en Israël

Campagne d'attentats à la bombe et à la grenade contre des lieux et des rassemblements juifs à Bagdad. Les attentats, imputés aux Arabes nationalistes irakiens, sont suivis de la diffusion de tracts appelant les Juifs à trouver refuge en Israël, et sèment la panique dans la communauté juive d'Irak, les poussant à émigrer en masse vers Israël[157]. Des 120 000 Juifs vivant à l'époque en Irak, seuls 6000 demeureront. L'objectif était, pour l'élite juive ashkénaze à la tête de l'état juif, de faire venir des juifs arabes susceptibles d'accomplir les tâches subalternes accomplies jusqu'alors par les Palestiniens en train d'être expulsés par la force et la ruse[158] de leurs terres ancestrales.

— 1954 : affaire Lavon

Un réseau israélien constitué de 13 juifs égyptiens commet une série d'actes terroristes contre des édifices britanniques et étasuniens au Caire et à Alexandrie. Attribués aux nationalistes arabes nasséristes ils doivent empêcher le rapprochement entre l'Égypte de Nasser et les USA, au moment ou la superpuissance se fait moins critique vis-à-vis des autorités égyptiennes. Il s'agit également de pousser les Britanniques à revenir sur leur décision de retirer les 80 000 soldats, qui pouvaient faire tampons entre l'armée israélienne et l'armée

---

[157] Pour plus de précisions, je renvoie à l'article du juif irakien Naeim Giladi : « Les Juifs d'Irak : "Comment les Britanniques et les sionistes ont provoqué l'exode de 120 000 Juifs d'Irak après 1948". Article facilement accessible en ligne en entrant les mots clés. Cet article a été développé par la suite dans un ouvrage : « Ben Gourion's scandals, How the Haganah and the Mossad eliminated Jews », Flushing, NY : Glilit Publishing Co., 1992.

[158] J'insère ici cet extrait de l'article de Naeim Giladi, Quand des juifs déguisés en Arabes empoisonnaient les puits palestiniens, important relativement au thème de cet article : « Durant la guerre de 1948, les forces juives ont vidé les villages arabes de leur population, souvent par de menaces, parfois en abattant simplement une demi-douzaine d'Arabes désarmés comme exemples pour les autres. Pour s'assurer que les Arabes ne puissent pas revenir vivre dans ces villages, les Israéliens ont mis des bactéries du Typhus et de la dysenterie dans l'eau des puits. (...) Acre était ainsi située qu'elle pouvait pratiquement se défendre avec une seule grosse pièce d'artillerie, alors la Haganah mit des bactéries dans la source qui alimentait la ville. La source s'appelait Capri et elle courait au nord près d'un kibboutz. La Haganah a mis des bactéries du typhus dans l'eau allant à Acre, les gens sont tombés malades et les forces juives ont occupé Acre. Cela a si bien marché qu'ils ont envoyé une équipe de la Haganah habillée en Arabes à Gaza, où il y avait des forces égyptiennes, et les Égyptiens les ont attrapés vidant deux bidons de bactéries du typhus et de la dysenterie, dans les réservoirs d'eau sans motif, et au mépris le plus éhonté de la population civile.

égyptienne. Les médias israéliens eux-mêmes conviennent aujourd'hui de la réalité de ce false flag[159]/[160].

— 8 juin 1967 : attaque de l'USS liberty

Dans les eaux internationales au large du Sinaï, menée par des avions de chasse et des torpilleurs israéliens ; le bilan est de 34 morts et 171 blessés et le bâtiment est gravement endommagé. Si le navire avait été coulé, il était prévu de faire passer l'attaque pour une agression de l'armée égyptienne afin de susciter un casus belli contre l'Égypte, alors alliée de l'URSS. Les marins qui ont tenté de s'échapper en canots de sauvetage ont été pris pour cible par l'armée israélienne. Étonnamment, USA et Israël règlent l'affaire à l'amiable, bien que les survivants aient clairement pointé le caractère délibéré de l'attaque israélienne[161]. le président Lyndon Johnson dit amen à la version israélienne, qui prétend avoir confondu l'USS Liberty avec un navire de guerre égyptien, avant même de l'avoir entendue en entier. Israël paiera par la suite des indemnités aux tués, puis aux blessés, enfin pour les dégâts subis par le USS Liberty. Les organisations juives étasuniennes AIPAC, ADL, etc. se sont démenées pour étouffer l'affaire. Quant aux survivants, ils « *ont par la suite été menacés de procès, d'emprisonnement, ou pire, s'ils parlaient à qui que ce soit de ce qui leur était arrivé* »[162].

— 1979 – 1983 : création du FLLE par les services secrets israéliens

Une campagne à large échelle d'attentats à la voiture piégée tue des centaines de Palestiniens et de Libanais, civils pour la plupart, revendiqués par le « Front pour la Libération du Liban des étrangers » (FLLE). Le général israélien David Agmon indique qu'il s'agissait de « *créer le chaos parmi les Palestiniens et les Syriens au Liban, sans laisser d'empreinte israélienne, pour leur donner l'impression qu'ils étaient constamment sous attaque et leur instiller un sentiment d'insécurité* ». Le chroniqueur militaire israélien Ronen Bergman, qui a publié un livre de révélations sur les pratiques des services de renseignement israéliens[163], explique que l'objectif principal était de « *pousser l'Organisation*

---

[159] https://fr.timesofisrael.com/les-nouvelles-revelations-sur-laffaire-lavon-soulevent-plus-de-questions/

[160] https://www.i24news.tv/fr/actu/israel/diplomatie-defense/117744-160623-israel-revele-de-nouveaux-documents-concernant-l-affaire-lavon

[161] Entrer sur le moteur de recherche : « The day Israel attacked America ».

[162] lire sur *Arrêt sur info* : « Attaque du USS Liberty en 1967 : la preuve qu'Israël voulait vraiment couler le navire US et son équipage ».

[163] *Rise and Kill First : The Secret History of Israel's Targeted Assassinations*, Random House 2018. Il y écrit notamment : « Depuis la Seconde Guerre Mondiale, Israël a assassiné plus de gens que tout autre pays du monde occidental. »

de libération de la Palestine à recourir au terrorisme pour fournir à Israël la justification d'une invasion du Liban »164.

— Avril 86 : attentat de la discothèque la Belle suivi de l'opération el Dorado Canyon

Le 6 avril 1986, une bombe explose dans une discothèque de Berlin-Est, faisant 6 morts et 230 blessés. Un message de revendication venant de Tripoli est intercepté, qui incite Ronald Reagan à déclencher la première campagne de bombardement de la Libye, tuant 60 Libyens et causant d'énormes dégâts. Le Mossad est lié de deux façons à cette affaire : un groupe lié au Mossad a pu participer au placement d'explosifs dans la discothèque, et un commando du Mossad a placé un émetteur dans un immeuble près de la caserne Bab al Azizya, à Tripoli, envoyant de faux messages de revendication. Pour plus de détails je renvoie à l'étude en trois parties que j'ai publiée sur le sujet en 2014 : « l'attentat de la discothèque la Belle, premier casus belli contre Kadhafi »165. contrairement à ce qu'ont pu prétendre pendant la fatidique année 2011 des charlatans comme Thierry Meyssan166, le colonel Kadhafi a été toute sa vie durant un farouche adversaire d'Israël, et un soutien indéfectible de l'OLP et de la résistance palestinienne.

— 17 mars 1992 et 18 juillet 1994 : attentats contre l'ambassade d'Israël à Buenos Aires et le centre culturel de l'AMIA

Le premier fait 29 morts et 242 blessés, le second 84 morts et 230 blessés. Les deux attentats sont mis sur le dos de l'Iran pour casser le partenariat entre l'Argentine et ce pays dans le domaine du nucléaire. Le lobby juif en Argentine pèse de tout son poids pour pousser à l'inculpation de l'Iran, malgré tout un ensemble de preuves accablantes contre les gens de l'ambassade d'Israël et des services de renseignement israéliens167.

— 11 septembre 2001 : arrestation d'agents du Mossad à New York en possession de vêtements « palestiniens »

Le matin du 11 septembre, 4 agents du Mossad sont arrêtés après avoir été repérés en train de faire des highfives et des allumages de briquet sur le toit de leur van, juste après l'impact du *premier avion*. Repérés, ils sont signalés et

---

[164] L'affaire est résumée dans un article de Rémi Brulin sur le site *Investigaction*. Entrer : « Quand Israël créait un groupe terroriste pour semer le chaos au Liban ».

[165] « L'attentat de la discothèque La Belle, premier casus belli contre Kadhafi », *Francoisbelliot.fr*, 5 août 2014.

[166] « L'imposture libyenne de Thierry Meyssan », étude en deux parties, François Belliot, *francoisbelliot.fr*, 27/06/2018 & 04/07/2018.

[167] Je renvoie au documentaire de Maria Poumier. Entrer « AMIÀ repetita » sur le moteur de recherche. Je renvoie à l'article de synthèse que j'ai rédigé en 2014 sur le sujet : « "AMIÀ repetita" de Maria Poumier, retour sur le terrorisme israélien en Argentine ».

arrêtés quelques heures plus tard. Dans le van on découvre une forte somme en liquide et des djellabas et des keffiehs palestiniens. Des résidus d'explosif sont également détectés. L'objectif aurait été de se faire remarquer avec cet accoutrement pour qu'on évoque ensuite un groupe de Palestiniens. Emprisonnés pendant 67 jours, ils seront relâchés grâce à l'intercession de Michael Chertoff, juif étasunien pro israélien ardent qui sera par la suite nommé directeur de la communauté du renseignement nationale, l'instance chargée de chapeauter toutes les autres agences de sécurité étasuniennes suite aux réformes post 11 septembre. Cet élément accablant pour Israël du dossier n'a *jamais* été évoqué dans les grands médias depuis 18 ans, ceux-ci préférant se concentrer sur des zones d'ombre loufoques comme le visage du diable que certains « conspirationnistes » auraient vu apparaître dans la boule de feu consécutive à l'impact du deuxième avion sur la tour sud168.

Il est impossible d'entrer dans le détail de toutes ces affaires, pour certaines très complexes : dans nombre de ces affaires, des juifs ou les Israéliens organisent ces attentats en s'efforçant de faire porter le chapeau à des Arabes ou des musulmans afin de retourner l'opinion occidentale en faveur d'Israël. Ils sont capables de mener ce genre d'opérations dans le monde entier, et peuvent profiter dans de nombreux pays (France, Argentine, États-Unis), de la toute-puissance d'un lobby pour étouffer les soupçons et permettre à Israël d'exploiter politiquement ou militairement les événements fabriqués.

Il s'agit là d'une jurisprudence des plus éclairantes pour ne pas considérer comme a priori farfelue, criminelle, répréhensible, l'hypothèse que le massacre de *Charlie Hebdo* puisse être une opération judéosioniste sous faux drapeau. Plus encore, c'est même la première interprétation qui devrait se présenter à l'esprit de l'enquêteur averti et instruit en approchant d'une affaire présentant tant d'indices étoilés en bleu pâle : nous avons vu dans le parcours des zones d'ombre les plus sérieuses qu'un grand nombre d'éléments inclinent à aller dans cette direction. Mais bon, là encore les acteurs AC ont à leur disposition cette carte qu'ils ne manquent jamais d'abattre pour couper court à ce genre de spéculation : en aucun cas, *jamais* il ne saurait exister de « complot juif », d'« opération judéosioniste sous faux drapeau ». La mise en garde est toujours solennelle, menaçante, et accompagnée de termes péjoratifs ou injurieux.

La tuerie de Charlie Hebdo ne saurait en aucun cas résulter d'un « complot juif »

L'obsession des acteurs AC à dédouaner à tout prix, en toutes circonstances, « Israël », « les juifs », ou « les services secrets israéliens », le « Mossad »,

---

168 Pour plus de détails sur ces révélations édifiantes, voir Hicham Hamza : « Israël et le 11 septembre, le grand tabou », également Laurent Guyénot : « JFK-11 septembre — 50 ans de manipulations ».

occupe une si grande place dans leur production qu'on doit se contenter ici d'une poignée d'exemples, toujours puisés dans le même échantillon d'articles.

— Donald Hébert : « *Ce que l'on en déduit à tort : qu'il y a un <u>lien secret et maléfique entre "Charlie Hebdo" et Israël</u>, et que rien n'a été laissé au hasard, jusqu'au choix de la date, qui répond au 11 septembre 2001. Certains pensent que des pays occidentaux, en général <u>les États-Unis ou Israël, ont provoqué les attentats pour susciter une réaction contre les musulmans.</u> C'est le même genre de théorie que l'on a entendu après les attentats du World Trade Center.* » En l'occurrence il ne s'agit pas d'une théorie puisque des agents du Mossad ont effectivement été aperçus, et arrêtés en conséquence, en train de faire des selfies réjouis avec les tours jumelles en arrière-plan, la deuxième tour n'ayant même pas encore été touchée — pour ne prendre que l'indice le plus flagrant.

— Jean-Paul Brighelli : « *À bien y penser, <u>cette prégnance du Mossad n'est jamais que du racisme à l'envers</u> (les juifs sont tellement plus intelligents — et même, dit un élève de terminale, "on ne parle que de philosophes juifs comme Spinoza") et surtout elle témoigne d'un immense complexe d'infériorité. Un complexe que les attitudes en classe (surtout ne pas "collaborer" avec les enseignants, tous racistes) corroborent chaque jour.* » Si incriminer le Mossad c'est être raciste, alors critiquer la Mafia c'est faire preuve de racisme antiitalien, critiquer le régime des Généraux algériens c'est faire montre d'arabo phobie, etc.

— Emmanuel Taïeb : « *Comme tout discours politique, le discours conspirationniste fonctionne à la répétition de ses cibles, à <u>la même désignation des mêmes ennemis politiques, parmi lesquels figure l'État juif.</u> Ainsi, sur le site d'Alain Soral, le premier commentaire laissé à chaud suite à l'attaque contre Charlie Hebdo, et non modéré, déclare : "Il y a fort à parier que les auteurs sont déjà à Tel-Aviv…"* » Quand *un* commentaire laissé sur le forum d'*un* site internet devient une preuve… À ce tarif-là, les déclarations de Netanyahou pré-Charlie Hebdo menaçant la France d'attentats islamistes sur son sol valent revendication.

— Rudy Reichstadt : « *il ne s'est pas écoulé une heure entre l'annonce de la fusillade à Charlie Hebdo et la publication des premiers commentaires complotistes sur le web, pour certains à coloration antisémite.* » Il ne s'est pas écoulé une heure avant que l'on retrouve dans la Citroën C3 abandonnée rue de Meaux la carte d'identité du bigleux et impotent Saïd Kouachi, qui a mené aussitôt et pour toujours, en masse, sur la piste du terrorisme islamiste.

— Justine Knapp et Thomas Vampouille : « *Au-delà de la seule journée du 7 janvier, <u>les théoriciens de complot n'ont pas tardé à intégrer les événements de la semaine dernière dans leur théorie préférée : le complot sioniste.</u> À l'appui, cette fois, un montage mettant en parallèle le tracé de la marche républicaine qui s'est déroulée dimanche à Paris — tourné à environ 90 degrés — avec… une carte d'Israël.* » Les « complots sionistes » ne constituent pas une « passion » mais une pratique éprouvée et constatable tout au long du XXème siècle. Quant à l'argument invoqué, on a vu ce qu'il fallait en penser.

— Jean-Laurent Cassely : « *Parmi les nombreux signes de fragmentation de la société française laissés de côté qui ont refait surface dans les semaines qui ont suivi les attentats des 7, 8 et 9 janvier figure l'irruption rapide de théories du complot circulant sur Internet, attribuant les attentats au gouvernement français, à une entité "sioniste"* ou aux deux. » C'est la première phrase de son article.

— Matthieu Foulot : « *Pour d'autres, le Mossad se cacherait derrière et la tuerie constituerait un acte de représailles à la reconnaissance de la Palestine par le Parlement quelques semaines plus tôt.* » (p. 29) Il ne suffit pas d'avoir le culot d'énoncer en toutes lettres une piste extrêmement plausible pour en démontrer l'inanité.

On peut comprendre de la part de gens ayant « beaucoup souffert » qu'ils veuillent — la plupart des acteurs AC sont en effet juifs et tous sans exception sont des pro-israéliens inconditionnels —, avec les maigres moyens dont ils disposent, moyens qui semblent tout de même colossaux, prévenir que la vindicte populaire ne s'abatte sur eux en raison d'accusations gravissimes et infondées, mais en s'y prenant d'une façon aussi grossière et irrespectueuse des faits et de l'histoire, ils pourraient donner l'impression de complices de criminels dont la mission première est d'éloigner a priori toute suspicion à l'endroit de ces derniers.

Mettre en avant des sceptiques déjà diabolisés aux yeux de l'opinion

L'objectif étant de toute évidence de mettre le maximum de distance entre l'opinion publique et les zones d'ombre les plus criantes et les plus dérangeantes, les prêtres AC expliquent à leurs ouailles républicaines que dans tous les cas, seuls des personnalités et groupes de sinistre réputation prétendent les exposer à la lumière. On induit ainsi un a priori négatif et l'on donne l'impression à peu de frais que ce qu'ils appellent la « mouvance conspirationniste » vaut à peine mieux qu'une bande de criminels et de mafieux qu'il s'agirait sans doute de mettre hors d'état de nuire. Ce sont toujours les mêmes figures qui sont mises en avant, quand dans le même temps, toutes les figures plus neutres et moins connues, mais tout aussi pertinentes, sont passées sous silence.

— Léo Mouren (09/01) : « *Souvent liés à l'extrême droite, ils contestent la "version officielle" de l'attentat contre Charlie Hebdo (...) Les milieux dieudonné-soraliens se font un plaisir d'orienter les internautes vers des pistes qui les arrangent, souligne Jean-Yves Camus. Depuis jeudi, le site "d'informations" de Dieudonné, Quenel+, multiplie les "articles"*, aux titres évocateurs : "Qui a commandité l'attentat contre Charlie Hebdo ?" ou "Charlie Hebdo, première preuve d'un attentat sous faux drapeau ?"* [autrement dit un attentat commis en se faisant passer pour un autre, NDA]. (...) Maxence Buttey, élu FN récemment viré du parti pour avoir partagé une vidéo intitulée "les*

Miracles du Coran", semble également croire en cette théorie conspirationniste ».

— Schindler (29/01) : « *Mais il éructe dans les médias que le massacre de "Charlie Hebdo" porte "la signature d'une opération de services secrets, mais nous n'en avons pas la preuve (...) la mise en place de la réaction politico-médiatique fut si rapide qu'il ne peut pas y avoir d'improvisation. Un plan média était préparé à l'avance". Le vieux leader frontiste est un spécialiste des plaisanteries douteuses et des amalgames racistes, pour lesquels il a été condamné plusieurs fois par la justice.* »

— Cassely (02/02) : « *Publiée en mai 2013, une étude quantitative a pour la première fois exploré le profil de ces partisans des thèses conspirationnistes. Elle était menée par le think tank britannique Counterpoint et réalisée par le politologue Joël Gombin (qui collabore à Slate) pour le volet français. Il en ressortait que les plus fervents partisans de ces thèses se recrutent parmi les citoyens qui ont le moins de confiance envers les autres et envers les institutions, et qui votent le plus pour les partis d'extrême gauche et d'extrême droite.* »

— Daniel Makonnen (25/03) : « *Force est de constater qu'elles [les théories du complot] désignent toutes un bouc émissaire, et qu'elles servent de récit de recrutement pour des mouvements idéologiques haineux, cristallisés à l'extrême droite, mais aussi à l'extrême gauche.* »

Comme nous l'avons expliqué dans l'introduction de cette seconde partie, ce type d'« argument » se retrouve à l'identique dans la totalité des dispositifs AC : ceux qui adhèrent aux théories du complot sont des gens comme Alain Soral, Dieudonné, Jean-Marie Le Pen, et leurs soutiens, plus généralement les gens « d'extrême gauche » ou d'« extrême droite ». Les témoignages que nous avons rapportés de proches de victimes de la tuerie suffisent à eux seuls pour avancer qu'il s'agit de la part des acteurs AC d'un procédé frauduleux. Et il existe évidemment des centaines d'auteurs, blogueurs, fonctionnaires de police, pas « extrémistes » pour un sou — les positions AC méritant au contraire quant à elles infiniment plus d'être qualifiées ainsi —, simplement les grands médias et les acteurs AC qui y sont reçus comme des membres de la famille font en sorte de n'en jamais parler, afin d'imprimer dans l'opinion publique que seule une catégorie de personnes bien répugnante est capable de tomber dans le panneau des « théories du complot ».

Amalgamer les Théories du complot sur le massacre à d'autres événements estampillés TC aux yeux de l'opinion publique

Quand ils en ont le temps, c'est un passage obligé pour les auteurs AC que d'amalgamer les doutes nés autour de la version officielle du massacre de Charlie Hebdo, avec d'autres événements du même type ayant été protégés en leur temps — et continuant de l'être — par un dispositif AC. Dans ces événements figurent toujours à la première place les attentats du 11 septembre 2001, comme on a déjà pu s'en apercevoir dans quelques citations. Près de 20 années se sont écoulées depuis que ces monstrueux attentats ont été perpétrés, et cet événement, dans ses détails, est à peu près complètement sorti de l'esprit du grand public. Ce que le grand public sait, dans tous les cas, et qu'il doit continuer à savoir, c'est que ceux qui ont remis en cause la version officielle de cet événement sont des êtres répugnants et infâmes, « complotistes », « conspirationnistes ». Le même discours a été martelé pendant tant et tant d'années, sur tant de supports médiatiques que pour le vulgaire ce point de vue a pris force d'article de foi, et tant pis si cette version officielle est l'un des plus invraisemblables gruyères qu'on ait jamais tenté de faire gober à l'humanité tout entière ! Les auteurs AC peuvent ainsi capitaliser sur le travail de la génération précédente sans éprouver la nécessité de prendre des précautions pour ne pas éveiller la suspicion de l'opinion publique.

— Léo Mouren : « <u>Les théories du complot s'étaient vite propagées suite au 11 — Septembre</u>, mais le phénomène s'est accéléré avec Twitter ou Facebook, ajoute Jean-Yves Camus. On l'avait déjà constaté en 2012, quand une partie de la toile avait relayé des théories plus confuses les unes que les autres <u>au moment de l'affaire Merah.</u> »

— Florence Renard (13/01/15) : « Certains pensent que des pays occidentaux, en général les États-Unis ou Israël, ont provoqué les attentats pour susciter une réaction contre les musulmans<u>. C'est le même genre de théorie que l'on a entendu après les attentats du World Trade Center.</u> » On l'a déjà entendu, donc c'est faux !

— Brighelli (16/01) : Ce n'est pas la première fois. <u>Le 11 Septembre a bénéficié des mêmes délires</u>, et ceux qui qualifiaient la chute des tours jumelles d'« effroyable imposture » rééditent leur coup. <u>Plus drôles, mais tout aussi étourdissantes, des théories selon lesquelles la mer Rouge a été peuplée de requins par les Israéliens pour faire fuir les touristes venus en Égypte, ou les vautours chargés d'espionner les territoires palestiniens</u> (à l'heure où j'écris, le site de Slate, qui répertorie ces billevesées, est curieusement en dérangement). » Il faut lire les auteurs AC pour trouver ce genre d'arguments incroyables, qu'évidemment aucun sceptique sérieux n'a jamais fait sien.

— Rudy Reichstadt : « Ceux-là plaquent imperturbablement leur modèle explicatif complotiste sur cet attentat, en le transformant, comme ils ont transformé à peu près la totalité des précédents attentats islamistes qui ont ensanglanté l'Europe, les États-Unis ou le Moyen-Orient, en "opération sous faux drapeau" (false flag), c'est-à-dire une fausse opération terroriste où de pauvres hères — les djihadistes — sont manipulés par des puissances occultes. »

— Izambard (19/01) : [une théorie du complot] est une thèse qui remet en question la version officielle d'un fait. Elle peut concerner tout type d'événement. <u>Le premier homme à marcher sur la lune, les attentats du 11 septembre 2001</u>, ou plus récemment <u>le décès du patron de Total</u>, Christophe de Margerie, ont fait l'objet de plusieurs explications conspirationnistes. (…) <u>À</u>

l'instar du 11 septembre 2001, une fois les premières images de la fusillade diffusées sur les chaînes d'information et le web, la machine « complotiste » s'est mise en route. »

— Knapp et Vampouille : « *Un classique, déjà observé après les attentats du 11 — Septembre notamment, lorsque la crainte d'être manipulé pousse à réviser la version officielle. »*

— Joffrin (20/01) : « *Contre toute raison, contre toutes les preuves, contre toute logique, des groupes plus ou moins étendus affirment avec véhémence une version alternative des grands événements : non, Oswald n'était pas le seul tireur à Dallas, la mafia, la CIA, les Cubains ou la conjonction des trois a organisé l'assassinat de Kennedy. Non, la NASA n'est pas allée sur la Lune, c'est une mise en scène. Non, le 11 Septembre n'est pas le fait d'al-Qaïda mais d'un service secret, ou même du gouvernement américain lui-même... On a beau produire des preuves, convoquer des dizaines de témoins, réfuter sans appel les affirmations des complotistes, rien n'y fait. »* Joffrin est sans doute l'un des derniers journalistes — avec l'inénarrable Rudy Reichstadt — à croire à la version officielle de l'assassinat de Kennedy avec sa fameuse « balle magique » tirée par un fou isolé.

— Sulzer (24/04) : « *Il aurait simplement dit, plaide-t-il quelques semaines plus tard, qu'il y avait "des éléments curieux dans cet attentat, comme souvent, le fait qu'on trouve une carte d'identité dans la voiture, qui n'est pas plus étonnant d'ailleurs que de trouver le passeport du pilote de l'avion qui vient de se crasher le 11 septembre".* C'est tout à fait normal en effet ! C'est même la règle, pourquoi pas une signature ! Pourquoi ? Bah, c'est comme ça...

— Lambin et Lafin : *"Des théories complotistes ont envahi le web après les attentats de Janvier ou novembre en France, comme après ceux du 11 septembre 2001 aux États-Unis. Le crash du vol MH17, les morts de personnes célèbres, les épidémies, le cancer... Sur tout type de sujet, le web propose des théories en contradiction avec un soi-disant discours officiel. Ainsi, Israël ou une supposée élite composée de francs-maçons seraient à l'origine des attentats parisiens. De même, aucun avion n'aurait foncé dans les tours jumelles le 11 septembre 2001 à New York, pas plus qu'un homme n'aurait marché sur la Lune. "*

— Bronner : *"Le drame, on n'en a pas parlé mais c'est très important les recherches sur les théories du complot montrent que quand on croit à une théorie du complot, on commence à croire à d'autres théories du complot, tout ça devient métathéorie du complot, un continent intellectuel qui devient cohérent, et si une théorie il est difficile de prouver qu'elle est fausse, imaginez 10 théories qui sont agrégées, ça forme une représentation du monde un peu marécageuse, de laquelle on ne se sort pas du tout, et donc c'est pas du tout une façon de se grandir l'esprit de... c'est pas un marchepied à la construction d'une pensée méthodique, c'est vous qui êtes enfermés dans le marécage et à mon avis pour un sacré bout de temps. "*

— Foulot : *"Dresser la liste des complots que l'on peut retrouver sur la Toile relève d'un inventaire à la Prévert : Roswell, <u>11 septembre</u>, assassinat de la Princesse Diana, le Sida, Marylin Monroe, les vaccins, Ebola... et face à cet ensemble hétéroclite, on ne peut trouver qu'un dénominateur commun : 'On' nous cache tout !"* (p. 18) Les cuisiniers AC ont l'art de gâcher la plus juteuse côte de bœuf en l'inondant de chocolat, de piment, de jus d'orange, de poudre de coco, en enfournant le tout au micro-ondes pendant vingt minutes au niveau le plus fort : ou comment éteindre en fainéant sagouin l'appétit des estomacs les plus tolérants.

Les acteurs AC qui font ces parallèles systématiques sont tout aussi systématiques quand ils n'expliquent jamais dans le détail la pertinence du ou des parallèles, quand d'aventure ils ne prennent même pas la peine de nommer les théories en question ! Ils mettent parfois dans le même sac plusieurs affaires d'une immense complexité, et sans rapport flagrant les unes avec les autres en deux ou trois phrases. Aux yeux d'un individu ignorant du caractère éminemment gruyéreux de la version officielle des attentats du 11 septembre, la VO étant pour lui un fait de notoriété publique, ce rapprochement est justifié et suffisant dans la forme sous laquelle il est présenté ; aux yeux de celui qui connaît un tant soit peu la polémique à ce sujet, de tels amalgames ressortissent soit à de l'incompétence, soit à de la fraude, et je n'ai jamais perçu que les acteurs AC étaient des imbéciles.

Invoquer des autorités en carton-pâte pour impressionner les lecteurs

Dans tous les articles AC d'une certaine longueur, les auteurs invoquent tôt ou tard une ou plusieurs autorités censées conférer un caractère sérieux indiscutable à leurs dénonciations des "complotistes" et des "théories du complot". Spécialistes de, philosophes, historiens, sociologues, psychanalystes, ce sont souvent des gens qui ont écrit des ouvrages sur le sujet, toujours massivement et favorablement relayés dans les grands médias. Le cas du massacre de Charlie Hebdo n'échappe pas à la règle :

— Mouren (09/01/15) : *"C'est un phénomène qui se répète malheureusement après chaque acte terroriste, <u>explique Jean-Yves Camus, politologue et spécialiste des radicalités</u>. Pour certains, la version officielle sera fausse, quoi qu'elle avance, justement parce qu'elle est officielle. Ces gens-là considèrent Internet comme un espace de contre-culture, de liberté. Ils contestent toute objectivité des faits. N'importe quelle preuve qu'on pourrait leur amener serait disqualifiée au motif de sa provenance."* Cette citation témoigne de l'hostilité radicale de Jean-Yves Camus envers "ces gens-là", mais n'éclaire en rien en quoi "ils" auraient tort, et à propos de quoi d'ailleurs. Converti au judaïsme, Jean-Yves Camus est un spécialiste de l'extrême droite, collabore au site *rue89*, *Charlie Hebdo* où il écrit une chronique hebdomadaire depuis 2015, et *Actualité juive*. Il est directeur de l'Observatoire des radicalités fondé en 2014 par la

Fondation Jean Jaurès. Il a participé à plusieurs conventions du CRIF. Il est depuis 2016 membre du conseil scientifique de la DILCRAH, et participe à la rédaction du rapport du PILCRÀ 2017. M. Camus est un rouage de la communauté juive organisée et se situe au cœur de la machine AC.

— Guégan (16/01/15) : 1) *"'Les partisans de la théorie du complot sont persuadés que les médias et les pouvoirs publics cherchent à dissimuler des secrets d'État', confirme <u>Guillaume, cofondateur de hoaxbuster.com, un site qui référence les canulars circulant sur Internet.</u>"* Commentaire passe-partout déconnecté de l'affaire.

2) *"'Les organes de presse traditionnels sont perçus comme sionistes dans les banlieues', <u>abonde Barbara Lefebvre, professeur d'histoire-géographie et coauteur des Territoires abandonnés de la République (éditions Mille et une nuits)</u>, un recueil de témoignages dénonçant 'l'antisémitisme, le racisme et le sexisme en milieu scolaire'. Si des complotistes se retrouvent dans toutes les classes sociales, ils sont plus nombreux dans les quartiers dits difficiles. Selon elle, le problème ne se limite pas à Internet et aux sites complotistes, il est ancré plus profondément. <u>Barbara Lefebvre pointe du doigt le rôle joué par 'les paraboles'.</u>"Ils ne regardent pas les informations françaises. Les télévisions chez eux sont branchées en continu sur les chaînes de leurs pays d'origine, souvent des états théocratiques ou dirigés par des dictateurs. » Difficile, dès lors, de faire preuve d'ouverture d'esprit, et ce, d'autant que ces élèves n'ont pas accès à la culture et sont donc coupés du monde. »* Cette situation est sans doute dramatique, nonobstant le caractère raciste de la caricature, mais en quoi l'affaire s'en trouve-t-elle éclairée ? Barbara Lefebvre a contribué en 2002 à l'ouvrage collectif Les territoires perdus de la République, sous la direction d'Emmanuel Brenner (pseudonyme de George Bensoussan). Elle a été membre du bureau exécutif de la LICRÀ de 2004 à 2010. De 2006 à 2009, elle a été membre du comité éditorial de la revue le Meilleur des Mondes, émanation du Cercle de l'Oratoire, think tank vecteur des idées néoconservatrices en France dans la décennie 2000. En avril 2018, elle signe le « manifeste contre le nouvel antisémitisme » paru dans le Parisien. Bref, Mme Lefebvre est un rouage de la communauté juive organisée et se situe au cœur du dispositif AC.

— Izambard (19/01/15) : 1) *« La théorie du complot a comme caractéristique d'être fondée sur un effet mille-feuille, explique <u>le sociologue Gérald Bronner, spécialiste des croyances collectives et auteur de La Démocratie des crédules.</u> Chaque argument est faux mais comme il y en a des centaines voire des milliers, cela rend les théories plus résistantes à la contradiction. On ne peut pas défaire tous ces arguments. Les tenants de ces thèses veulent susciter le doute plutôt qu'administrer la preuve, c'est une intelligence collective qui est à l'œuvre. On peut dire qu'on a affaire à un monstre argumentatif. Et cela est rendu beaucoup plus facile depuis que les réseaux sociaux existent ».* » Ce commentaire passe-partout est totalement déconnecté de l'affaire, qu'elle n'éclaire en rien. La métaphore d'« effet mille-feuille » est jolie, et nous saluons les talents de poète de M. Bronner, mais il s'agit d'une inversion accusatoire : il résume parfaitement le fonctionnement du discours AC en général. Dans ses récents ouvrages AC (la *Démocratie des crédules* par exemple), salués triomphalement, sans aucune nuance, dans tous les grands médias, Gerald Bronner, commet l'exploit de ne jamais entrer dans le détail d'une seule des différentes théories du complot qu'il condamne a priori.

2) « *"Jean-Marie Le Pen a encore une fois voulu prendre le contre-pied du politiquement correct", précise le spécialiste de l'extrême-droite, <u>Jean-Yves Camus,</u> auteur d'un article dans le dernier numéro de Charlie Hebdo intitulé : "Les charognards du complot".* » Merci M. Camus pour cet indispensable et savant éclairage.

— Taïeb 26/01/15 : 1) « *Cette logique de négation de la causalité des événements est typique de <u>ce que Pierre-André Taguieff appelle</u> l'« imaginaire du complot »[+] ou « l'idéologie du complot »[+]* M. Taguieff est de loin l'autorité AC la plus citée par les auteurs AC ces dernières années. Ce sociologue a beaucoup écrit contre les conspirationnistes, les théories du complot, tant dans des ouvrages que dans des articles. La lutte contre l'antisémitisme est l'un de ses chevaux de bataille, de même que la défense inconditionnelle de l'État d'Israël. Il a été contributeur de la revue *Le meilleur des mondes*, et rédacteur du site à tropisme sioniste *Dreuz.info* que sa direction définit ainsi : « *site américain francophone, chrétien, pro-israélien et néoconservateur, adverse aux extrêmes et au racisme.* » Bref, M. Taguieff est un rouage essentiel de la communauté juive organisée tout en se situant au cœur du dispositif AC.

2) *"En effet, la pensée du complot est un historicisme qui propose une explication complète du fonctionnement du monde social. Elle est la « logique d'une idée », <u>pour le dire comme Hannah Arendt,</u> qui fait entrer le réel dans une grille de lecture préétablie à laquelle il faudra qu'il se conforme."* Citer Hannah Arendt peut étourdir, mais Hannah Arendt, écrivain juif qui a écrit sur les totalitarismes, n'a rien écrit sur le massacre de Charlie Hebdo et de toute façon il s'agit d'un commentaire passe-partout et déconnecté.

3) *"C'est le sens du nom du mouvement fondé par Alain Soral, « Égalité et réconciliation ». Chez ce dernier, la rhétorique du complot est une litanie permanente, distillant l'idée, <u>note Pierre Birnbaum,</u> que les Juifs 'constitueraient une "communauté" privilégiée, fermée, agissant non à travers l'État mais grâce à ses institutions maléfiques au nom d'un État lointain, Israël'."* Certains juifs de France agissent en effet à travers de nombreuses institutions comme le CRIF, la LICRA, l'UEJF au nom d'un état lointain, Israël, et beaucoup l'affirment ouvertement. Pourquoi le nier, même si l'on déteste Alain Soral ? Commentaire déconnecté de l'affaire. Intellectuel juif, Pierre Birnbaum a beaucoup écrit sur les juifs de France, l'affaire Dreyfus, et contre l'antisémitisme. En février 2016, il est nommé membre du conseil scientifique de la DILCRAH. Bref, M. Birnbaum est un rouage de la communauté juive organisée et se situe au cœur du dispositif AC.

4) « *Certes, les attentats de janvier 2015 ont marqué un retour en force de l'idéologie du complot, mais leur perception a été différente et peut-être leur impact moindre, l'effet de surprise jouant moins. À moins que, <u>si l'on suit Paul</u>*

Zawadzki, elle ne soit en voie d'épuisement, comme se sont épuisées historiquement les théories idéologico-politiques. » Encore un commentaire passe-partout complètement déconnecté de l'affaire… Sa fiche Sciences Po nous indique qu'il "*enseigne la philosophie politique et les sciences sociales à Paris 1, ainsi qu'à l'Institut européen Emmanuel Levinas et à l'école pratique des hautes études. Ses recherches portent sur la démocratie et ses négations (antisémitisme, fanatismes "modernes", croyances "dogmatiques", ethnonationalismes…) et sur les sentiments moraux.*" À l'évidence nous gravitons toujours dans le même système planétaire.

— Schindler (29/01/15) : "*Il a raison, bien sûr, mais son discours ne convaincra pas ceux qui n'ont plus confiance dans les politiciens ni ceux qui sont convaincus que les médias cachent la vérité. Il faut écouter Emmanuel Taïeb, un professeur spécialiste du conspirationnisme, interviewé par le Figaro : « la théorie du complot est l'arme politique du faible… Les théories du complot nourrissent un discours politique de violence, de haine, tout en prétendant faire appel à l'esprit critique de celui qui y adhère ».*" Je te cite, tu me cites… Nous sommes une bande de potes. Commentaire passe-partout déconnecté de l'affaire et conséquemment sans valeur. Emmanuel Taïeb est professeur à Sciences Po Lyon et membre de l'institut universitaire de France. Depuis 2016 il présente sur fréquence protestante une émission appelée la Valeur de l'Homme. Parmi ses thèmes de prédilection : le conspirationnisme et les théories du complot, l'antisémitisme, l'extrême-droite.

— Cassely (02/02/15) : 1) "*Il n'y a rien de nouveau à cela. En 1967, dans un ouvrage de référence sur l'histoire des complots, Richard Hofstadter écrivait à propos de ce qu'il qualifiait de « travaux paranoïaques à prétention intellectuelle » : « Ces travaux sont tout sauf incohérents — à vrai dire, la mentalité paranoïaque présente beaucoup plus de cohérence que le monde réel puisqu'elle ne laisse aucune place aux erreurs, aux échecs ou aux ambiguïtés. »* Merci du compliment, mais pourquoi ne pas citer enfin un auteur faisant référence à l'affaire ? Richard Hofstadter est un intellectuel juif considéré comme le fondateur de la pensée AC avec son livre « le style paranoïaque » publié en 1963, ouvrage dans lequel il prétend analyser et dénoncer la pensée complotiste en analysant des affaires dans le détail desquelles il n'entre jamais — il n'est pas question de savoir si une théorie du complot est vraie ou fausse (le complot communiste par exemple dénoncé par Mc Carthy), puisque toute théorie de ce genre est fausse a priori, et toute personne qui doute un paranoïaque. Quoique décédé en 1970, M. Hofstadter est au cœur du dispositif AC.

2) « *Gérald Bronner, professeur de sociologie à l'université Paris-Diderot, a publié en 2013 La démocratie des crédules, qui décortique pourquoi l'adhésion à ces mythes a tendance à se répandre dans des sociétés où, pourtant, le niveau d'éducation en hausse devrait être un rempart contre les croyances irrationnelles et la libre circulation de l'information marquer une victoire de la raison sur le fantasme. Il n'est pas inutile de revenir sur ses conclusions.* » Commentaire complètement déconnecté du sujet.

— Foulot (septembre 2015) : 1) *'Si Descartes fournissait l'outil du doute méthodique pour appréhender la réalité, la mentalité complotiste en propose une version hypertrophiée, dévoyée, qui aboutit aux résultats inverses de ceux espérés. <u>Comme le souligne Pierre-André Taguieff</u> les récits conspirationnistes : « illustrent la corruption idéologique de l'esprit critique, condition du progrès de la connaissance, devenu l'esprit de critique, expression des passions idéologisées ».'* (p. 48)

3) *'De plus, <u>comme le souligne le sociologue Gérald Bronner</u>, « on peut montrer que quelque chose existe, mais il est impossible de démonter définitivement que quelque chose n'existe pas ».'* (p. 50)

4) « <u>*Pierre-André Taguieff dans son Court traité de complotologie*</u> *a mis en évidence quatre principes structurants des récits conspirationnistes sur lesquels il convient de s'attarder quelque peu pour comprendre la mécanique et le processus à l'œuvre dans ces analyses.* » (p. 51)

5) « <u>*L'essai de Hofstadter est devenu une référence*</u> *pour toute personne voulant comprendre de l'intérieur la nature del'imaginaire complotiste.* » (p. 64)

6) « *Si, comme on l'a relevé précédemment, l'imaginaire du complot accompagne l'avènement de la modernité politique, il faut bien comprendre que la permanence de l'adhésion massive à cette mythologie vient des conditions mêmes des régimes démocratiques. <u>Pour bien comprendre ce fait, il convient de reprendre la théorie de Claude Lefort</u> décrivant la spécificité des régimes démocratiques ; Dans ses ouvrages, etc.* » (p. 83)

Il ne s'agit là que d'un échantillon des nombreuses autorités auxquelles Matthieu Foulot se réfère dans son ouvrage. C'est un peu toujours les mêmes, ça ne concerne jamais l'affaire dont « Le complot Charlie » se fixe pour objectif de débrouiller toutes les théories du complot qu'elle a suscitées, comme annoncé dans le titre, mais ça fait « universitaire » en diable, et ça permet de remplir les pages qu'on a décidé de ne pas consacrer au fond de la polémique.

Aucune des autorités citées à l'appui des dénonciations des complotistes ne peut donc être qualifiée de pertinente. Il y a certes le titre ronflant de l'intellectuel, en soi impressionnant pour la plupart des gens, l'évocation d'un ouvrage — comment quelqu'un qui passe des centaines d'heures à composer un ouvrage pourrait-il ne pas être honnête ? —, le recours à un langage abstrait, pseudotechnique et philosophique, qui vient renforcer l'impression que ces autorités en sont effectivement. Pourtant, quand on entre dans le détail, on se rend compte que jamais ces auteurs n'entrent dans le détail de l'affaire qui nous intéresse. D'une certaine façon, ils n'y peuvent rien puisque leurs citations sont presque toujours extraites de productions antérieures à l'affaire, mais alors c'est la faute du citateur qui devrait négliger ce genre de considérations générales pour se concentrer sur des points concrets. Le malaise devient grandissant quand on se rend compte que presque tous les auteurs cités sont des rouages actifs de la communauté juive organisée, et se situent au cœur du dispositif AC. Autrement dit, aucune de ces autorités ne peut être qualifiée d'indépendante, et dans la mesure où eux-mêmes ne rechignent pas à aller puiser dans la boîte à idées AC pour diaboliser iniquement les « conspirationnistes » et les « complotistes », on peut avancer que ces citations d'autorités dans les articles AC, sous l'apparence d'arguments enfin sereins et détachés, viennent au contraire redoubler l'intention de fraude qui caractérise l'ensemble des autres procédés.

Le trait cardinal de tout discours AC : un discours de haine

À l'heure où le gouvernement et les médias se sont lancés dans une sainte croisade contre la « haine », en général et sur internet en particulier, les « contenus haineux » étant bien souvent confondus avec les « contenus complotistes », il faut remarquer que le discours AC, avant même d'être frauduleux, ce qui est déjà grave, est essentiellement un *discours de haine*. Ce critère est universel et peut même être considéré comme son principal marqueur, et l'affaire Charlie Hebdo n'échappe pas à la règle. La première règle, nous l'avons vu en introduction, consiste à recourir à des termes collectifs péjoratifs pour désigner les sceptiques : « complotistes », « conspirationnistes », « révisionnistes », « négationnistes », « extrémistes ». Nos auteurs s'en donnent à cœur joie avec des variations : les « théoriciens du complot », les « adeptes du complot », « le complotisme », « le négationnisme ». Il s'agit d'une généralisation abusive et stigmatisante structurellement raciste puisqu'elle englobe toute une catégorie de personnes sous une étiquette infamante, sans aucun souci de faire des nuances entre les individus, les seules nuances étant à chercher dans le niveau de haine et de mauvaise foi affiché par les auteurs AC. L'usage de ces termes est systématiquement accompagné de termes péjoratifs, d'insultes, voire de menaces.

— Mouren : « *les complotistes ont commencé à répandre leurs théories fumeuses sur Internet.* »

— Hébert : « *de nombreux détails étonnants alimentent les scénarios conspirationnistes, fomentés par des personnes parfois malintentionnées, et reprises en boucle, au détriment de la vérité* » (chapeau de l'article)/ « *mieux les faits sont décrits, plus les thèses conspirationnistes deviennent visiblement farfelues.* »

— Guégan : « *Les complotistes n'ont pas attendu longtemps avant de s'emparer des attentats meurtriers de la semaine dernière.* »

— Knapp et Vampouille : « *À chaque attentat sa dose de complotistes* » (chapeau de l'article)/ « *Quelques heures seulement après l'attentat contre Charlie Hebdo le 7 janvier, des théories complotistes ont envahi la Toile, à coup de décryptages approximatifs d'images et de rapprochements bancals.* »/ « *Plus globalement, il est de tradition complotiste de mettre en cause les médias.* »/ « *Au-delà de la seule journée du 7 janvier, les théoriciens de complot n'ont pas tardé à intégrer les événements de la semaine dernière dans leur théorie préférée : le complot sioniste. »*

— Reichstadt : « *On est là dans une réécriture des événements en temps réel absolument stupéfiante. Et dans une stratégie de diversion éhontée qui n'est pas sans rappeler la rhétorique négationniste* ».

— Izambard : *"Alors que la machine « complotiste » tourne à plein régime depuis la tuerie de Charlie Hebdo, Najat Vallaud-Belkacem a enjoint vendredi 23 janvier les médias à prendre "une part de responsabilité dans ce qu'ils rapportent", se déclarant "préoccupée" par les rumeurs et thèses conspirationnistes."/* « *Depuis la tuerie de Charlie Hebdo, mercredi 7 janvier, les thèses conspirationnistes les plus improbables se sont multipliées à une vitesse incroyable sur les réseaux sociaux.* »

— Brighelli : « *Les partisans de la théorie du complot ont appris depuis quelques jours deux mots d'anglais de plus, false flag — le faux drapeau ou, si l'on préfère, la revendication bidon.* »

– Taïeb : « *Le complotisme est une vision pessimiste du fonctionnement des sociétés humaines, qui simplifie la complexité du réel et cherche dans tous les faits les signes du grand complot à l'œuvre.* »/ « *les publications des complotistes ne respectent en fait aucun standard établi, journalistique ou scientifique, et se contentent de faire parler les images dans un sens qui préexiste à leur diffusion.* »

— Schindler : « *les charognards du complot* » (titre de l'article)/ « *Le discours complotiste déferle sur les réseaux sociaux.* »

— Cassely : « *Les attentats du mois de janvier ont réveillé les adeptes des complots* » (chapeau de l'article)/ « *Il ne s'agit pas de faire de la sensibilisation à l'esprit critique le responsable du complotisme, mais de comprendre pourquoi, sur des sujets parascientifiques comme les sciences occultes ou chez les membres de sectes, on observe une surreprésentation des populations diplômées.* »/ « *le cas Charlie Hebdo résiste assez bien à la tentation complotiste…* »

— Foulot : *"Ces enquêteurs en herbe, ne craignant pas la contradiction future de leur exposé, d'attachent à noyer l'horreur des faits sous un déluge de supposées incohérences qui décrédibiliserait la version proposée par les médias nécessairement « aux ordres »."* (p. 25)/ « *À travers ces élucubrations pour savoir qui titre les ficelles, on retrouve l'unique question qui anime ces réflexions : à qui profite le crime ?* » (p. 30)/ « *les complotistes* », « *les conspirationnistes* », « *la mentalité complotiste* », etc.

Les images et champs lexicaux mobilisés par les auteurs, qui sont toujours les mêmes d'un article à l'autre et d'une affaire à l'autre, confirment que les acteurs AC suivent à la lettre une stratégie globale, et sur le long terme, de diabolisation et de déshumanisation. En aucun cas le « complotiste » ne doit être appelé « sceptique », « esprit libre », « libre penseur », « chercheur », « historien », « spécialiste de », « lanceur d'alerte » : ce serait lui attribuer une compétence dont il doit apparaître privé. De la même façon, en aucun cas les « complotistes » ne sauraient être guidés par le « doute méthodique », la « lucidité », le « courage intellectuel », la « juste indignation », la « raison », le « bon sens », etc. Ses motivations sont religieuses du plus bas étage : c'est un « adepte », un « partisan », qui ne parvient pas à résister à la « tentation ». Comme tout croyant il s'inscrit dans une « tradition ». Ses thèses sont une insulte permanente à la raison. Ce sont des « élucubrations », des « théories fumeuses », « farfelues », « les plus improbables », ce ne sont jamais des raisonnements construits mais des « scénarios fomentés par des gens mal intentionnés », des « décryptages approximatifs » appuyés sur « des raisonnements bancals », « qui ne respectent aucun standard établi », qui « noient les faits sous un déluge de supposées incohérences ». Son niveau intellectuel est à peine plus élevé que celui d'un gamin qui se réjouirait d'avoir « appris deux nouveaux mots d'anglais ». En déficient mental paresseux, il est réduit à « simplifier la complexité du réel ». Le mouvement dans lequel il s'inscrit s'apparente à celui d'une masse informe et proliférante : Quand elles commencent à apparaître, telles la vermine et « l'ivraie », elles « fleurissent », se « multiplient », « prolifèrent », « envahissent », « déferlent ». Une fois lancé, il s'agit d'une « machine » qui « tourne à plein régime ». Le complotisme n'est pas affaire de raisonnement, de lucidité, de patience, d'abnégation, c'est une affaire de passion, de maladie, de goût malsain : si certains évoquent le « complot sioniste », c'est parce qu'il s'agit de leur « théorie préférée », un peu comme un plat, un vêtement, une peluche, ou un pokemon. Plus généralement, ce sont des « thèses pathologiques », fruit d'une « mentalité paranoïaque ».

Bref si comme les « juifs », les « complotistes » étaient considérés comme une catégorie de personnes se distinguant par la race et la religion, c'est tout le discours AC, en même temps que tous ses acteurs, qui tomberait sous le coup de la loi.

Le discours AC sur le massacre de Charlie Hebdo à partir de 2020 : Un satellite du nouveau discours AC sur la Covid 19

Le procès des attentats de janvier 2015, qui s'est tenu du 2 septembre au 14 décembre 2020, n'a pas été l'occasion d'une nouvelle salve d'articles anticomplotistes sur les deux affaires concernées, le massacre de la rédaction de *Charlie Hebdo* en particulier. Il y a au moins trois raisons à cela.

La première, c'est qu'il ne s'agissait pas à proprement parler du procès du massacre de *Charlie Hebdo* : aucun des dix accusés présents derrière la vitre des boxes n'était lié aux frères Kouachi, de près ou de loin. Tous en effet étaient liés, d'une façon ou d'une autre, de près ou de (très) loin à Amédy Coulibaly et la prise d'otage de l'Hyper Cacher, ce que nous développerons dans la quatrième partie de l'ouvrage.

Deuxième raison : on a vite constaté que le président de la cour d'assises spéciale, Régis de Jorna, peut-être conditionné par la propagande AC, s'est refusé à explorer le moindre aspect dérangeant pour la version officielle du massacre. Il n'a pas cité le nom d'Helric Fredou, ni celui de Jeannette Bougrab. Il a ignoré l'hypothèse du troisième homme. Il ne s'est pas intéressé au cambriolage de l'appartement de Charb les jours suivant le massacre. Il ne s'est pas demandé comment les deux tueurs pouvaient connaître la date et l'heure de la conférence de rédaction. Il ne s'est pas ému du profil invraisemblable de Saïd Kouachi. Il n'a pas vu l'intérêt de mettre sa truffe sur l'épisode du changement de véhicule au 45 rue de Meaux. Il a refusé de citer à comparaître Bernard Cazeneuve sur l'abaissement à tous les niveaux de la sécurité de Charlie Hebdo, tout en acceptant de citer à comparaître Anne Hidalgo à la demande de Patrick Klugman, un des avocats des parties civiles et de SOS racisme, qui, avant même que le procès ne commence, avait publiquement déclaré qu'on ne devait rien en attendre pour ce qui était de la révélation de la vérité.

La troisième raison tient tout simplement à l'actualité : les élections présidentielles étasuniennes et les nouvelles mesures pour lutter contre l'interminable et de plus en plus bénigne épidémie de Covid-19 ont bien souvent volé la vedette au procès des attentats, et les inquisiteurs AC ne pouvaient pas être sur tous les fronts à la fois : pour ces deux sujets, ils étaient tous mobilisés 24 heures sur 24 pour produire des « argumentaires » AC afin de ridiculiser les « théories du complot » suscitées par les gigantesques fraudes du camp démocrate pour voler l'élection, et pilonner ceux qui remettaient radicalement en cause la gestion de la crise sanitaire par les autorités, dénonçaient l'augure feutré de l'installation d'une dictature, et finalement refusaient de reconnaître le saint vaccin comme le messie.

Bref, côté Charlie Hebdo il n'y avait pas le feu au lac, tandis que sur ces deux sujets, il fallait que tous les créneaux de la forteresse fussent occupés jour et nuit.

Le thème des « théories du complot sur le massacre de Charlie Hebdo » a toutefois refait surface en cette occasion en application d'une des règles générales de fonctionnement du discours anticomplotiste : afin de discréditer une position abusivement qualifiée de « complotiste », tout en donnant l'impression d'être un observateur attentif et éclairé de l'histoire, il est efficace de l'amalgamer avec d'autres événements qui ont été par le passé, tout aussi abusivement, associés à l'étiquette « théories du complot » par le passé. Dans le cas de l'affaire Charlie Hebdo, nous avons vu qu'au milieu d'un échantillon d'événements récurrents, figuraient en bonne place les attentats du 11 septembre 2001, essentiellement — mais pas que — pour expliquer pourquoi il était tout à fait naturel de retrouver presque à chaque fois des pièces d'identité des terroristes dans ce genre de circonstances. Je rappelle pour mémoire une formulation typique de l'époque (13 janvier 2015) : « *Certains pensent que des pays occidentaux, en général les États-Unis ou Israël, ont provoqué les attentats pour susciter une réaction contre les musulmans. C'est le même genre de théorie que l'on a entendu après les attentats du World Trade Center.* »

On pourrait énoncer que toute interprétation devant être cataloguée comme « complotiste » d'un événement historique passe par deux phases à peu près immuables :

phase 1 : au moment de l'événement, et tant que l'incendie complotiste n'est pas éteint, recourir à tous les trucs AC pour marteler dans l'opinion que tout doute est impossible, que les autorités sont dignes de confiance, que les pseudo lanceurs d'alerte sont des salopards, etc. C'est ce qu'on pourrait appeler la phase *pédagogique*.

Phase 2 : L'opinion publique, comme un chien de Pavlov bien dressé à éprouver une certaine réaction attendue en réponse à un certain stimulus, n'a plus besoin que de la reproduction du stimulus sous une forme très simplifiée pour ressusciter instantanément la réaction inculquée, de rejet, de dégoût, au mieux d'indifférence, pour le cas qui nous concerne. C'est ce qu'on pourrait appeler la phase *automatique*.

C'est ainsi que, à défaut de tomber sur des articles et analyses de phase 1 concernant le massacre de Charlie Hebdo, on en relève un grand nombre sur les élections étasuniennes ou le coronavirus où il est intégré aux éléments de phase 2, aux côtés de son grand frère des attentats du 11 septembre 2001 !

Examinons une poignée d'exemples de ce recyclage, dans lesquels on relève fatalement d'autres traits typiques de la signature AC (fausses autorités, accusations d'antisémitisme, accusation de collusion avec l'extrême droite, menaces contre les douteurs, lexique de la prolifération, de la maladie, de la religion, amalgame avec des théories du complot délirantes, etc.) :

1) Lucie Soullier, *Le Monde*, 28/03/20. titre de l'article : Comment le coronavirus est devenu un terrain fertile pour les théories du complot ? Chapeau : Des fausses nouvelles et théories conspirationnistes aux relents parfois antisémites circulent, notamment chez les plus jeunes et les électeurs du RN, selon une étude.

« *Pour Rudy Reichstadt, fondateur de l'Observatoire du conspirationnisme, "c'est la même chose à chaque fois... Comme après le 7 janvier 2015 [jour de l'attentat contre Charlie Hebdo] ou après l'incendie de Notre-Dame de Paris, tout à coup, on s'aperçoit qu'il existe des théories du complot et que certains y adhèrent. Mais on a été si complaisants pendant des années !"* »

2) Paul Gratian, *Ouest-France*, 17/11/20, interview d'Antoine Bristelle, « professeur agrégé de sciences sociales », travaillant « pour la Fondation Jean Jaurès », ayant produit des travaux sur les anti-masques et la défiance envers les vaccins. Titre : Pourquoi les théories du complot se répandent-elles si facilement ? » Extrait :

– « *Pourquoi tant de théories conspirationnistes émergent depuis la crise du coronavirus ?*

— *Le Covid-19 est extrêmement fertile pour ces théories. La particularité de la période actuelle de pandémie est qu'il est difficile de comprendre ce qu'il nous arrive. Or à partir du moment où l'on n'a pas confiance dans les institutions qui vont produire les discours officiels, on va se réfugier dans les théories alternatives, et en particulier dans les théories conspirationnistes. Elles permettent d'expliquer différemment une réalité que l'on cherche à appréhender.*

— *Un peu comme lorsque des attentats surviennent ?*

— *Oui, c'est le même mécanisme : on a besoin d'explications, face à une situation qui peut paraître incompréhensible. D'ailleurs, les périodes d'attentats ont souvent vu un nombre important de théories conspirationnistes se développer, comme au moment de l'attentat de Charlie Hebdo.* »

3) Thibault Cojean, l'étudiant, 27/11/20. Titre de l'article : « Comment reconnaître une théorie du complot ? » Chapeau : « Du documentaire "Hold Up" aux vidéos sur le 11 septembre, les théories du complot utilisent souvent les mêmes codes. Un professeur et deux journalistes spécialistes des conspirations nous aident à ne pas tomber dans le panneau. » Extrait : « *Si le documentaire a réussi à trouver son public, c'est parce qu'il a utilisé tous les codes qui font mouche. "Ces théories prospèrent sur un désir de fantastique, de formidable, qui donne accès à ce qui sort du naturel", analyse Fabrice Erre. Ce professeur d'histoire-géo en lycée a souvent entendu ses élèves évoquer ces idées en classe. Selon un sondage réalisé par l'IFOP en janvier 2019, les jeunes sont plus sensibles aux théories du complot que leurs aînés (28% des 18–24 ans croient à cinq théories ou plus, contre 9% des 65 ans et plus).*

"Ça a commencé avec le 11 septembre, et c'est revenu peu après les attentats contre Charlie Hebdo", poursuit l'enseignant. Parfois, elles sont tellement ancrées qu'elles ressortent à l'oral du bac : "Un élève m'a raconté qu'Hitler était manipulé par des extraterrestres qui vivaient sous terre", relate Fabrice Erre, également auteur de la bande dessinée "Les Complotistes". Sur un ton humoristique, il y passe en revue différentes théories du complot en mettant en scène un prof conspirationniste qui essaie de convaincre ses élèves. »

4) Marie Telling, *slate.fr*, 15/12/20. Titre : Un château de cartes qui s'écroule, ils sont sortis de l'engrenage complotiste. Chapeau : « Les théories les plus fumeuses les ont séduits. Jusqu'au jour où ils ont eu le déclic. Témoignages de conspirationnistes repentis. » Extrait : « *Cette quête de sens et de contrôle peut expliquer le succès que semblent rencontrer les théories du complot auprès d'un large public, depuis plusieurs années. "D'un point de vue mondial, on pourrait remonter ça au 11 — Septembre. D'un point de vue franco-français, on voit que, lors des attentats de Charlie Hebdo et du Bataclan, très rapidement, de nombreuses thèses complotistes ont émergé et ont trouvé un écho auprès du grand public", estime Sylvain Delouvée.* »

Pendant toute la décennie 2010, les chercheurs AC ont déployé d'immenses efforts pour fournir des parades intellectuelles crédibles aux argumentaires des lanceurs d'alerte, la principale difficulté résidant en ce que, ayant pour ordre de mission de couvrir des mensonges, ils doivent respecter comme règle d'or de ne jamais s'approcher de trop près du détail des faits des événements concernés. Il faut avoir lu comme je l'ai fait toute la littérature AC pour prendre conscience de cette obsession de la pierre philosophale AC[169], ou quête de l'argument magique propre à convaincre les bestiaux de continuer à jouer à la baballe dans l'enclos sans réfléchir à ce qui se trame au-dehors. C'est dans ce contexte de fiévreuse attente messianique que fut accueillie en 2013, la parution de *La démocratie des crédules* du sociologue AC Gérald Brönner, à mes yeux la meilleure boîte à outils AC mise à la disposition des bonimenteurs ces dernières années. Son concept de « produit fortéen » et sa métaphore de « mille-feuille argumentatif », en particulier, on suscité un engouement dans les milieux inquisitoriaux, jusque sur les sites gouvernementaux et les fameuses « ressources » mises à la disposition des enseignants pour mettre en garde les élèves contre la mauvaise odeur et la toxicité des « théories du complot ».

---

[169] Voici quelques résultats de cette quête du Graal AC. Les explications psychologiques sont les plus prisées, mais certains tombent en arrêt sur des pépites rigolotes : 1) Luc Boltanski : « *Ainsi, l'apparition et le développement très rapide du roman policier puis du roman d'espionnage, l'identification de la paranoïa par la psychiatrie, le développement des sciences sociales et particulièrement de la sociologie – processus qui sont à peu près concomitants – seraient solidaires d'une façon nouvelle de problématiser la réalité et aussi de travailler les contradictions qui l'habitent.* » 2) Sarah Mezaguer : « *La théorie du complot constituerait donc un ersatz de religion en répondant à une quête de sens tout humaine : si tout a été ourdi par des volontés malsaines, du moins cela signifie-t-il que tout n'est pas le fruit d'un hasard aveugle. (…) Comme nous l'avons vu au cours de la première partie, il existe au sein de l'adhésion à des théories conspirationnistes une part de conviction indépendante de toute preuve, une propension à croire, en tous points comparable à la foi du croyant.* » 3) Pierre-André Taguieff : *Tout se passe comme si le spectacle de la violence imprévisible et incompréhensible, image du chaos, poussait les humains à chercher dans l'imaginaire complotiste des repères définis et des explications simples, bref des substituts paraissant acceptables de modèles d'intelligibilité ayant perdu leur validité. (…) l'impératif étant d'échapper à tout prix à l'anxiété liée au sentiment de la marche chaotique du monde. (…) Connaître l'existence du complot mondial, c'est voir au-delà des apparences, passer dans les « coulisses de l'Histoire », devenir en quelque sorte un initié. (…) Ce démasquage équivaut à un acte de guerre symbolique, susceptible d'affaiblir l'ennemi. Il s'agit en réalité d'un acte de magie conjuratoire, qui permet d'échapper à l'anxiété ou à l'angoisse, mais au prix d'une fuite dans un monde de chimères.* 4) Philippe Huneman : « *De plus l'anomie, c'est-à-dire le sentiment d'être aux marges de la société, et le mistrust, le manque de confiance envers autrui et envers la société, annoncent aussi une plus grande porosité aux théories du complot, tandis que les traits de personnalité comme le schizoïde ou la paranoïa n'influent que faiblement sur la disposition aux théories du complot.* 5) Charles Rozjman : "*Il permet d'expliquer les difficultés de la vie sans en donner la responsabilité aux individus eux-mêmes. Il promet une revanche à ceux qui vivent dans l'échec. Il joue sur le sentiment de culpabilité (qui est différent de la responsabilité), car il est différent de reconnaître qu'on s'est mal conduit en ne suivant pas des préceptes extérieurs à soi-même plutôt que d'examiner avec sa raison critique l'ensemble complexe des causes qui ont provoqué la situation d'échec.*"

Voici comme Gérald Brönner en explique le principe :

« *Il faut sans doute parcourir l'un des livres de [Charles] Fort pour comprendre comment il concrétise son programme, mais à la vérité, de nombreux ouvrages du XXème siècle, dont certains ont connu un immense succès, peuvent être qualifiés de "fortéens", en ce qu'ils mobilisent des arguments puisant tout à la fois dans l'archéologie, la physique quantique, la sociologie, l'anthropologie, l'histoire, etc. La référence à ces disciplines s'est plus que désinvolte dans la plupart des cas, mais permet de constituer un argumentaire qui paraît vraisemblable au profane, impressionné par une telle culture universelle et pas plus compétent que motivé pour partir en quête d'informations savantes qui lui permettraient de le révoquer point par point. Chacun des arguments, pris séparément, est très faible, mais paraît convaincant comme un faisceau d'indices peut l'être. C'est cela qui fait l'attrait des produits "fortéens" sur le marché cognitif : il est difficile de contester terme à terme chacun de ces arguments car ils mobilisent des compétences qu'aucun individu ne possède à lui seul. De sorte que, sans nécessairement entraîner l'adhésion, il reste toujours une impression de trouble quand on est confronté, sans préparation, à ce type de croyances. (...) Ce Mille-feuille argumentatif caractérise de en plus fréquemment les produits frelatés qui peuvent s'échanger sur le marché cognitif contemporain.* » (p. 90 à 93)

De tels « mille-feuilles argumentatifs » existent, à l'évidence, mais le domaine où on le trouve en plus grande quantité n'est pas celui désigné par Gérald Bronner, la si mal nommée *complosphère*, ou *fachosphère*, mais dans le milieu anticomplotiste lui-même, au premier chef et loin devant tout le monde ! C'en est même une des spécialités !

Cela devient évident dès lors que l'on a admis que le procédé cardinal, contre-intuitif au possible mais d'une efficacité redoutable, de *tous les acteurs AC* est *l'inversion accusatoire*. La nature humaine est ainsi faite, attirée par la binarité, qu'il est extrêmement efficace, pour prévenir ou se défendre d'un crime que l'on a commis, auquel on a participé, ou que l'on accepte de couvrir, d'accuser avec force son dénonciateur d'en être l'auteur ou d'être animé par un esprit essentiellement criminel. La plupart de ceux qui ont reçu une éducation traditionnelle sont incapables de concevoir qu'on puisse avoir la laideur d'âme et la culture du mensonge pour s'abaisser à des turpitudes aussi infâmes, et ont tendance à prendre aussitôt violemment parti contre les salopards dont on leur fait le portrait au caca fumant.

En voici un magnifique spécimen à la page 99, qui nous permettra en outre de revenir à notre sujet : « *Ce processus d'agrégation des preuves est particulièrement utile à l'imaginaire conspirationniste car, contrairement aux autres systèmes de croyances qui se fondent sur des témoignages ou des "faits", il suffit souvent au mythe du complot de débusquer des anomalies et des éléments énigmatiques pour générer un vide inconfortable qu'il se propose bien vite de combler par un récit. Ce récit sera fondé sur un effet de dévoilement, c'est-à-dire qu'il proposera de mettre en cohérence des éléments intrigants qui paraissent disparates jusque-là. L'effet de dévoilement, un peu comme lorsque l'on comprend enfin la solution à une énigme logique ou mathématique, procure une grande satisfaction cognitive, inspirant un dangereux sentiment de certitude.* »

Le procédé qui consiste à énumérer que douter de l'assassinat de JFK c'est comme douter de la Shoah, douter du 11 septembre, c'est comme douter de l'assassinat de JFK, douter du génocide rwandais, c'est comme douter du 11 septembre, douter de l'incendie de Notre-Dame c'est comme douter de l'effondrement naturel des tours WTC 1, 2 et 7, douter de la Covid 19 c'est comme douter de Charlie Hebdo, constitue métaphoriquement parlant une sorte de *mille-feuille* argumentatif. Il s'agit d'un procédé persuasif consistant à empiler les assertions les unes sur les autres en posant a priori pour acquis qu'elles soient fausses. Il permet de réduire à des dessins enfantins des affaires d'une immense complexité, qu'elles emboitent grossièrement comme ces grosses pièces de puzzles de 9 pièces à destination des enfants de 3 ans.

La particularité du mille-feuille argumentatif AC est qu'il s'agit d'un assemblage vivant et en croissance constante. Chaque nouvelle affaire douteuse est transmutée en « théorie du complot » pendant la phase pédagogique, avant d'être posée telle quelle, sans même le souci de lier logiquement la partie nouvelle (un peu de crème pâtissière tout de même !) avec les précédentes, quand la conscience collective est suffisamment court-circuitée pour que l'on passe en phase automatique.

Comme il s'agit aussi de dégoûter a priori le bétail humain, de tenter un coup d'œil dans le détail, un autre procédé de constitution du mille-feuille AC consiste à intercaler çà et là entre les feuilles sérieuses, arbitrairement, des *couches* de théorie du complot loufoques, marginales, voire complètement débiles, pour conférer encore plus de force répulsive aux zones d'ombre qui hurlent leurs besoins d'enquêtes honnêtes. C'est ainsi qu'entre Charlie et le 11 septembre, on mettra une feuille de théorie de la terre plate, qu'entre le printemps arabe et le trucage des élections on mettra une feuille de « réptiliens », qu'entre l'affaire Merah et l'assassinat de JFK on mettra la mort douteuse d'Elvis Presley, etc. Cela permet au passage à peu de frais de donner l'impression aux crédules abrutis qu'ils sont des malins à qui on ne la fait pas.

Bilan

La seule excuse de la plupart des auteurs AC dont nous passons au crible la production, c'est finalement d'avoir pris ces positions d'une agressivité extrême les jours suivant l'attentat, donc avec peu de recul. L'essentiel de la production AC sur l'affaire Charlie hebdo se concentre peu ou prou sur le mois de janvier 2015. Par la suite, cette production se raréfie rapidement, et il faut attendre, par exemple, la sortie du témoignage de Valérie Martinez, la principale compagne de Charb, pour voir des acteurs AC comme Caroline Fourest remonter au créneau avec leur plume trempée dans l'acide sulfurique. Ce qui est en revanche inexcusable, c'est que par la suite, les différents acteurs du dispositif AC ont décidé que le travail avait été fait, et définitivement fait : à leurs yeux, les journalistes dont nous avons analysé les articles ont fait un travail suffisamment solide et incontestable pour décider que, à partir de février 2015, toute critique envers la version officielle de la tuerie de Charlie Hebdo était nulle et non avenue et méritait d'être dénoncée et poursuivie au nom de la Sainte Croisade décrétée par la nouvelle Inquisition contre les « théories du complot », les « conspirationnistes », et la « haine ».

Les « zones d'ombre », pour certaines extrêmement obscures et inquiétantes, et méritant toute l'attention ! que nous avons premièrement passé en revue ont été presque intégralement ignorées par les grands médias, ceux-ci préférant se concentrer sur d'autres zones d'ombre, pointées par aucun chercheur sérieux, mais picorées pour faire croire à l'opinion que les « complotistes » sont une bande de débiles profonds et pervers se précipitant comme des morts de faim sur la moindre miette un peu bizarre. Le contraste entre l'omerta frappant certains faits sérieux, et le concert de tam-tams accompagnant d'autres ridicules est si complet qu'il peut être considéré comme le révélateur d'une intention de maquillage de l'événement de la part de *tous les* acteurs AC.

Plus encore, la production AC sur l'affaire Charlie se caractérise, comme on l'a vu, par le recours systématique, jamais démenti, à une batterie de procédés argumentatifs tous plus ignobles les uns que les autres, signale ce que l'on est fondé à qualifier *d'escroquerie intellectuelle en bande organisée*. Remplacez le mot « complotiste » par « juif » — dans ces articles écrits majoritairement par des juifs qui hurlent en même temps contre la résurgence de l'antisémitisme et la croyance en un « complot juif » — et vous obtenez des brûlots antisémites si extrémistes qu'on devine l'intention en filigrane de placer les cibles désignées à la vindicte dans des camps de concentration où on pourrait les mettre enfin en masse hors d'état de nuire.

Comme pour me faire écho au moment où je mets la dernière main à cette démonstration, le discours de politique générale du 15 juillet 2020, prononcé sans masque à l'Assemblée nationale par le nouveau Premier ministre Jean Castex, successeur d'Édouard Philippe sous la présidence d'Emmanuel Macron, comporte de trop prévisibles mises en garde :

« *La France c'est la République. Et celle-ci aussi se trouve aujourd'hui ébranlée dans ses fondements par la coalition de ses ennemis : terroristes, extrémistes, complotistes, séparatistes, communautaristes, dont les armes habituelles de la violence — dans la rue comme dans l'espace privé — et de la lâcheté — souvent garantie par l'anonymat permettant un recours dévoyé aux réseaux sociaux — ont pris ces dernières années une intensité inquiétante. Vous le savez, car vous en êtes régulièrement les victimes. (…)* »

« *La République, c'est la laïcité comme valeur cardinale, comme fer de lance de la cohésion de la société. Mon Gouvernement la défendra avec intransigeance. Aucune religion, aucun courant de pensée, aucun groupe constitué ne peut s'approprier l'espace public et s'en prendre aux lois de la République. En* » *particulier, il faut nommer les choses telles qu'elles sont, lutter contre l'islamisme radical sous toutes ses formes est et demeure l'une de nos préoccupations majeures. Tout le Gouvernement est concerné. »* (…)

« *Il n'est pas davantage acceptable que des violences soient perpétrées sur des personnes à raison de leur pratique religieuse, de leur orientation sexuelle ou de leur couleur de peau. Toutes ces formes de violence notamment conjugales, de discrimination, de racisme, d'antisémitisme seront combattues avec la dernière énergie.* »

C'est ce qui s'appelle ratisser large !

Partie 3

L'ombre d'Israël sur les travaux de la commission d'enquête parlementaire

Introduction

Nous avons dit en introduction de cet ouvrage que le massacre de *Charlie Hebdo* avait été survolé à très grande hauteur et très haute vitesse par la commission d'enquête parlementaire française. L'exploration de la piste israélienne était d'autant plus inconcevable que ses travaux d'investigation ont été menés avec le concours et le soutien de cet État, à tout le moins en le considérant comme un exemple à suivre dans la lutte contre le terrorisme islamiste. C'est là en effet l'un des éléments d'analyse que l'on découvre en épluchant son tome 1 de synthèse et son tome 2 transcrivant toutes les auditions auxquelles elle a procédé, entre le 15 février et le 16 juin 2016. Le nom d'Israël revient en effet très souvent dans la bouche ou sous la plume des commissionnaires et des intervenants, au premier rang desquels les députés Meyer Habib et Pierre Lellouche, et toujours sous les traits d'une expérience inspirante ou d'un modèle à imiter. En effet, les deux pays seraient confrontés exactement à la même menace, les frères Kouachi et leurs dizaines d'avatars s'étant distingués ces dernières années étant mis sur le même plan que les résistants palestiniens.

Restituons pour commencer une poignée de déclarations de sympathie du tome 2 clamées par des commissionnaires ou des personnalités auditionnées :

David Bénichou (vice-président chargé de l'instruction au pôle antiterroriste du TGI de Paris, lors de son audition le 30 mars 2016) : « *En 2014, j'ai effectué un séjour d'étude en Israël. Ce pays a développé une jurisprudence et des procédures en la matière, et il était intéressant d'examiner la façon dont un État démocratique réussissait à intégrer l'usage de la force dans son fonctionnement. Une démocratie moderne doit disposer des outils juridiques lui permettant d'employer la force selon des conditions prévues et écrites. Les autorités israéliennes évoquent souvent leur procédure de détention administrative, mais elles rêveraient de disposer de notre détention provisoire[170]. (...) Il y a des*

---

[170] En droit français, la détention provisoire d'un mis en examen peut être décidée pour une durée de quatre mois en matière correctionnelle, prolongeable pour une durée de

échanges féconds à développer entre la France et Israël dans ces domaines, Israël bénéficiant malheureusement d'une certaine expérience. »

Les Palestiniens bénéficient eux aussi, plus malheureusement encore, d'une certaine expérience du terrorisme israélien, et cela fait belle lurette qu'ils ont compris que le *rêve* démocratique *israélien* concernait exclusivement les juifs, les autochtones arabes dont les terres ont été annexées, tout en étant exclus pour motif de non-appartenance à la race supérieure élue par Yahvé pour régner sur l'humanité, ainsi que préconisé à longueur de chapitres dans la Torah, le livre sacré barbare qui tient lieu de constitution à l'État juif.

Pierre Lellouche (à Bernard Cazeneuve, ministre de l'Intérieur le 16 mars 2016) : « *Vous dites que vous avez déjoué beaucoup d'attentats, mais si l'on considère le ratio entre, d'une part, ce qui a été déjoué et les cas où nous avons eu de la chance et, d'autre part, le nombre d'attentats, honnêtement, je suis inquiet. Je vous le dis parce qu'il se trouve que j'ai passé plusieurs jours en Israël récemment et, là-bas, le taux de prévention des attentats est très, très élevé — parce qu'ils ont des attentats tous les jours... Et je crains qu'à mesure que nous remporterons des victoires sur Daech, nous n'ayons malheureusement beaucoup de candidats à l'attaque chez nous. Il faut donc augmenter le taux de prévention. »*

Où l'on apprend que les Arabes commettent des attentats « tous les jours » en Israël... Si l'on fait le bilan du nombre de Palestiniens tués par l'armée israélienne et les colons juifs ces vingt dernières années, on atteint un ratio qui dépasse largement un sur deux cents[171], ce qui correspond à peu près au nombre de vies que l'on perd en tant que joueur dans un shoot'em up. Un ratio aussi extraordinaire pourrait du reste expliquer pourquoi certains Arabes natifs, par

---

quatre mois, jusqu'à un an, et même deux ans pour des faits commis hors du territoire ou pour certaines infractions spécifiques (trafic de stupéfiants, terrorisme, association de malfaiteurs, proxénétisme). En matière criminelle, elle ne peut excéder plus d'un an mais peut être étendue jusqu'à quatre ans pour les mêmes infractions précitées. À titre exceptionnel, la Chambre de l'instruction peut prolonger ces délais pour une durée de quatre mois supplémentaires, renouvelable une fois. C'est ainsi que la plupart des accusés du procès des attentats ont pu rester en détention provisoire pendant plus de quatre ans et huit mois. Cette durée a du reste été largement dépassée puisque le procès a commencé cinq ans et sept mois après les premières arrestations. On comprend mieux pourquoi une telle procédure « fait rêver » les Israéliens.

[171] Contentons-nous d'un seul exemple récent : juin 2014, le meurtre de trois jeunes colons juifs, attribué au Hamas, entraîne une campagne d'humiliation collective qui prend toutes les formes possibles : centaines d'arrestations, confiscations des biens par la violence, bouclages de villes, assassinats. La population palestinienne étant chauffée à blanc, des roquettes sont tirées depuis la bande de Gaza. En rétorsion, Israël engage l'opération militaire « Bordure de protection » qui fait 2200 morts côté palestinien, dont 1394 civils et 526 enfants. Lors de cette brutale et indiscriminée intervention militaire, 72 Israéliens dont 62 militaires perdent la vie.

désespoir, en viennent à fomenter des attentats sur une terre qui fut celle de leurs ancêtres depuis des temps immémoriaux, jusqu'en 1948.

Pierre Lellouche (à Jean-Yves le Drian, ministre de la Défense, le 1er juin) : « *La commission d'enquête revient d'un voyage très instructif en Israël où, je crois, l'on a une certaine expérience de la lutte antiterroriste puisque le terrorisme sévissait dans cette région avant même la naissance de cet État. Qu'y avons-nous constaté ? Que l'armée ne s'occupe pas du tout de la question : ce sont des forces spécialisées de la police, des gardes-frontières qui luttent contre le terrorisme. Les forces militaires, elles, font la guerre. On ne peut pas mélanger les genres. On ne peut pas avoir des soldats pourvus d'armes longues automatiques dans les rues de Paris : ils ne font que servir de cibles. Ils ne sont en outre d'aucune efficacité parce qu'ils ne sont pas formés pour appréhender une situation comme celles que nous évoquons, ce n'est pas leur métier, ils n'ont pas l'instinct policier. Vous ne pouvez pas demander à un soldat qui, demain, va aller faire la guerre à Gao de faire la police à Roissy — c'est impensable. D'ailleurs, à l'aéroport de Lod, à Tel-Aviv, vous ne verrez pas un seul soldat : les forces de protection sont composées de policiers en civil.* »

En Israël on a surtout l'expérience des mesures d'apartheid, de purification ethnique, et du terrorisme fabriqué et sous fausse bannière, ces spécialités pouvant évidemment engendrer à la longue une frustration incontrôlable — de la haine — chez ceux qui en sont les victimes quotidiennes. Pour le reste, la remarque sur les militaires de Sentinelle cibles potentielles qui pourraient être remplacées par des agents en civil est fort juste, ce qui rendrait certes la protection des lieux israélites à laquelle ils sont majoritairement dédiés invisibles, puisque jamais ceux-ci par une enseigne ou l'apparence ne se signalent au promeneur qui les confond aisément avec des pavillons ou des hangars appartenant à de discrets particuliers.

Meyer Habib (vice-président de la commission d'enquête, 19 mai, à l'occasion de l'audition de M. Jérôme Léonnet, chef du service central du renseignement territorial [SCRT]) : « *La dimension humaine du renseignement prime, et il s'avère nécessaire que de nombreuses personnes accompagnent l'utilisation des nouvelles technologies. Des rémunérations de sources ne dépassant pas quelques dizaines d'euros sont insuffisantes ! En Israël, le Shabak, qui est le service de sécurité intérieure, déploie une technologie très performante et salarie des sources infiltrées pour prévenir les attentats. L'imam Chalghoumi est protégé par la police car il reçoit des menaces ; des dizaines et des dizaines d'imams devraient être en contact régulier avec la police. Cela ne ferait pas d'eux des délateurs, mais on ne peut pas se taire face au terrorisme.* »

Vive les services de renseignement israéliens ! Si l'imam Chalghoumi a besoin d'une protection policière, c'est parce qu'il s'agit d'un escroc unanimement considéré comme une honte et un traître par sa communauté religieuse, toutes nationalités confondues, et qu'il est l'un des très rares « imams » à avoir ostensiblement vendu son âme aux intérêts sionistes, et que faute de mieux, on a besoin de lui sur les plateaux de télévision, comme bougnoule judéophile de service, à chaque événement resserrant le nœud coulant du choc des civilisations.

Françoise Dumas (commissionnaire, à Bernard Cazeneuve, 2ème audition du 2 juin 2016) : « *Pour avoir participé à un certain nombre de déplacements à l'étranger, je peux témoigner de la très bonne appréciation dont bénéficient les services français ; ils y sont souvent loués. Ainsi, en Israël, les services de la police israélienne se félicitent de la qualité des relations qu'ils entretiennent avec nos services. D'une certaine façon, c'est extrêmement rassurant et je tenais à le souligner. Je reste persuadée que la prévention et la permanence des personnels sont les deux outils d'une lutte efficace. C'est d'ailleurs ce qu'on nous a répété partout — Israël a, malheureusement, une expérience très ancienne en la matière.* »

George Fenech (président de la commission d'enquête, à Bernard Cazeneuve, lors de sa seconde audition du 2 juin 2016) : « *Après quelque deux cents heures d'auditions, et des déplacements à l'étranger — nous revenons d'Israël où je sais que vos services vont chercher une coopération efficace —, notre commission d'enquête est bien décidée à passer nos failles au crible, et à faire des propositions fortes pour y remédier. Vous-même, d'ailleurs, avez commencé à tirer les conséquences de ces événements, tant pour la nouvelle organisation du renseignement que s'agissant des doctrines d'emploi de nos forces d'intervention et de secours.* »

Pour être exhaustif, il nous faut préciser que le voyage effectué en Israël n'est pas le seul du genre. Les commissionnaires se sont en effet également rendus en Belgique, aux Pays-Bas, en Grèce, en Turquie, et aux États-Unis, cela « *afin de faire le point sur la coopération européenne et d'examiner les solutions retenues par certains de nos alliés dans la guerre contre le terrorisme* ».

Les 7 et 8 avril, une délégation composée MM. Georges Fenech, président, et Sébastien Pietrasanta, rapporteur, Christophe Cavard, David Comet, Jean-Jacques Cottel, Olivier Falorni, Philippe Goujon, s'est rendue pour une série d'entretiens à Bruxelles et à La Haye.

Les 3, 4, et 5 mai, une délégation de la commission composée de MM. Georges Fenech, président, et Sébastien Pietrasanta, Mme Françoise Dumas, MM. Serge Grouard, Meyer Habib et Jean-Michel Villaumé, s'est rendu à Ankara et à Athènes.

Les 13 et 14 juin, Georges Fenech, et Sébastien Pietrasanta se rendent aux États-Unis, où ils rencontrent des représentants d'États et des spécialistes de la sécurité. C'est la journée du 14 juin qui nous intéresse, avec présentation et série d'entretiens spécialisés avec des responsables du *National Counterterrorism Center* et de l'*Office of the Director national of intelligence (*bureaux du directeur national du renseignement) : ils échangent dans l'ordre avec M. Philip Zelikow, ancien secrétaire général de la Commission américaine d'enquête sur les attentats du 11 septembre, M. Bill Keating, représentant démocrate du Massachusetts au Congrès, M. Robert Pittinger, représentant républicain de la

Caroline du Nord au Congrès, M. Peter King, représentant républicain de l'État de New York au Congrès et président du sous-comité de la Chambre sur le contre-terrorisme et le renseignement.

Voyage de la commission d'enquête en Israël

Le voyage en Israël s'est déroulé du 29 mai au 1er juin. Y participaient MM. Georges Fenech, Sébastien Pietrasanta, David Comet, Mme Françoise Dumas, MM. Meyer Habib et Pierre Lellouche. Il faut premièrement remarquer que toutes les personnalités rencontrées en cette occasion, à Jérasulem et à Tel-Aviv, sont dans le rang protocolaire très au-dessus de toutes celles rencontrées dans les autres pays :

M. Alon Roth, directeur général des affaires stratégiques du ministère des Affaires étrangères

M. Eytan Ben David, chef du bureau contre-terrorisme du Conseil de sécurité nationale

M. Avi Dichter, membre de la commission affaires étrangères et défense et président de la commission cyberdéfense de la Knesset

Mme Ayelet Shaked, ministre de la Justice

M. Daniel Halevy Goetschel, directeur des affaires internationales au Centre de recherche politique

M. Benyamin Netanyahou, Premier ministre

le Juge Amon Straschnov, ancien procureur général dans les territoires palestiniens

Major Général Zohar Dvir, chef de la police d'Israël, ancien commandant du Yammam (équivalent Raid)

Il faut secondement remarquer que dans cette liste de pays visités, Israël est le seul dont on ne voit pas de justification évidente, sinon qu'il s'agit d'un ami fidèle et allié sûr ayant la valeur d'un modèle dont il faudrait s'inspirer à tous les niveaux.

Interviewvé à Tel-Aviv par Paul Amar172 lors de ce voyage, dans son émission Paris/Jaffa diffusée par la chaîne francophone israélienne *I24 News*, Georges

---

[172] Issu d'une famille juive pratiquante, ancien présentateur du 20 heures de *France 2* au début des années 1980, ce partisan sioniste a été de mai 2016 à mars 2017, directeur de l'information d'I24 news basé à Tel-Aviv, propriété du milliardaire franco-israélien Patrick Drahi, qui a acquis la nationalité portugaise en 2015.

Fenech a largement troqué l'argumentaire pédagogique pour la déclaration d'allégeance :

« *Je suis venu en Israël avec ma délégation, ma commission d'enquête et nous sommes là pour apprendre, nous sommes venus avec beaucoup de modestie.* »/ « *Dans le cas d'Israël, le pays a une plus grande et douloureuse expérience et il est normal que nous soyons venus ici pour voir comment se passent les choses. Il y a un savoir-faire israélien qui ne peut être que profitable et pour observer le niveau de coopération qui existe entre Israël, la France et l'Europe.* »/ « *Nous avons le même combat, le même ennemi : l'islam radical et nous avons tout intérêt à coopérer.* »

En apprenant la teneur de cette intervention, Benyamin Netanyahou lui-même a dû se sentir gêné de se trouver à ce point repris mot pour mot.

Voyage de la commission d'enquête aux États-Unis et rencontre au sommet entre George Fenech et Philip Zelikow

Après avoir évoqué le voyage enthousiaste de certains commissionnaires en Israël — ils ont en particulier adoré la visite de l'aéroport Ben Gourion, cruciale pour comprendre ce qui a frappé en France tout au long de l'année 2015 —, il faut toucher un mot du voyage effectué par George Fenech et Sébastien Pietrasanta aux États-Unis les 13 et 14 juin, qui signe au mieux l'incompétence crasse, au pire la duplicité des commissionnaires clés de la commission d'enquête parlementaire

Des travaux de la commission d'enquête Kean Hamilton, qui a rendu ses conclusions en juillet 2004 le député Pierre Lellouche a retenu qu'il fallait « *créer une Agence Nationale de lutte contre le terrorisme directement rattachée au Chef de l'État qui disposerait d'une base de données commune à l'ensemble des acteurs de la lutte antiterroriste, consacrée exclusivement à l'antiterrorisme mais exhaustive, avec des niveaux d'accès adaptés aux besoins des services* » (tome 1) L'objectif est d'améliorer les communications entre les différents services et agences de renseignement, pour éviter les cafouillages, les informations non transmises, les doublons. Le député Pierre Lellouche fait ainsi remarquer que « *le système de l'Office of the director of national intelligency (ODNI), mis en place après les conclusions de la grande commission sur les attentats du 11 septembre 2001, a permis de rassembler les dix-sept agences existantes en un même lieu et de coordonner l'information et l'action de façon plus efficace* ». Fervent partisan des États-Unis d'Amérique quand ils sont cornaqués par des néocons pros israéliens va-t'en-guerre, Pierre Lellouche est rempli d'admiration envers la commission Kean-Hamilton qu'il présente — à l'instar d'Israël — comme un modèle à imiter : « *c'était une "grande Commission", allant au-delà des partis politiques, installée sur une durée beaucoup plus longue, dotée de moyens considérables (tant d'investigation que financiers), Commission qui a abouti aux réformes très importantes qui ont été adoptées aux États-Unis, s'agissant notamment de la réorganisation complète des systèmes de renseignement et de coordination de l'action antiterroriste. Avec de surcroît la possibilité pour cette Commission de s'assurer que ses recommandations étaient suivies d'effet. »*

Deux remarques :

1) Méconnaissance du dossier, enthousiasme juvénile dans le cadre d'une relation de structure parent/enfant ? Toujours est-il que Pierre Lellouche n'informe pas que cette commission n'a jamais bénéficié de moyens considérables. Son budget initial n'était que de 3 millions de dollars, et il fallut des plaintes publiques des membres de la commission et des familles de victimes pour qu'il soit — tardivement — porté à 14 millions de dollars, à comparer avec les 40 millions de dollars alloués à l'enquête consacrée à l'affaire Clinton Lewinski en 1998, ou les 50 millions de dollars alloués pour élucider le crash de la navette Columbia en 2004.

2) Concernant le temps alloué, la commission étasunienne a certes bénéficié de 16 mois, au lieu de 6 pour son homologue française, mais sa durée initialement prévue était de 12 mois et, couplée au manque de moyens, elle a pu conduire à affirmer aux président et vice-président Kean et Hamilton dans leur livre *Without Precedent* que la commission d'enquête fut « *mise en place pour échouer*[173] ». Le comité de direction des familles de victimes a relevé que la commission n'avait répondu de façon satisfaisante qu'à 30 % des questions que les familles lui avaient adressées, laissant environ 250 questions en suspens. « *Pour finir, note Cristo pour reopen911, un point de vue qui contraste avec les propos tenus par Lee Hamilton lui-même au cours d'une interview menée par la chaîne canadienne CBC en août 2006 : "je ne sais pas", "je ne me souviens pas", "je n'ai pas la réponse à votre question" sont les leitmotivs qui ponctuaient cette conversation*[174]. »

Il ne s'agit là que d'une infime portion des masses de critiques et réactions indignées que cette commission d'enquête a suscitées de tous les côtés, avant, pendant, et après son déroulement. Pour un panorama complet de ce scandale, je renvoie aux travaux de David Ray Griffin, en particulier *Omissions et manipulations de la commission d'enquête sur le 11 septembre*, publiés en français en 2006 aux éditions Demi-Lune.

Dans sa recommandation finale, Pierre Lellouche, le membre de la commission qui fut à l'origine du voyage aux États-Unis et en Israël, se réjouit de la rencontre outre-Atlantique avec le secrétaire général de la commission d'enquête Philip

---

[173] *Without* precedent, T. Kean et L. Hamilton, 2006, chap.1

[174] Les dossiers du 11 septembre : *L'interview surréaliste de Lee Hamilton, vice-président de la commission* ; émission de CBC Canada le 21 août 2006 traduite par le collectif reopen911.

Zelikow. J'entends les connaisseurs du dossier des attentats du 11 septembre 2001 éclater de rire à la lecture de cette phrase.

Cet homme a en effet été extrêmement décrié pour sa place de choix dans la constellation néoconservatrice et ses conflits d'intérêts avec l'administration Bush, son espoir affiché à la fin des années 1990 qu'un événement de type 11 septembre se produise, enfin la façon dont il a manipulé de bout en bout les travaux de la commission d'enquête pour aboutir à un résultat écrit à l'avance, rendant invisible la piste de l'opération judéosioniste sous faux drapeau, et reportant toute la culpabilité sur les épaules de 20 bicots :

1) À l'image de Benyamin Netanyahou, mais avec des arguments différents, Philip Zelikow a prophétisé avec une gourmandise non dissimulée, dans un article de *Foreign Affairs* publié en 1998, co-écrit avec John Deutsch et intitulé « Catastrophic terrorism », un nouveau Pearl Harbor : « *Un tel acte de "terrorisme catastrophique" qui tuerait des milliers ou des dizaines de milliers et affecterait les nécessités vitales de centaines de milliers, peut-être de millions, serait un point de non-retour dans l'histoire des États-Unis. Il pourrait provoquer des pertes humaines et matérielles sans précédent en temps de paix et réduirait à néant le sentiment de sécurité de l'Amérique à l'intérieur de ses frontières, d'une manière similaire au test atomique des Soviétiques en 1949, ou peut-être pire. [...]. Comme Pearl Harbor, cet événement diviserait notre histoire entre un avant et un après. Les États-Unis pourraient répondre par des mesures draconiennes, en réduisant les libertés individuelles, en autorisant une surveillance plus étroite des citoyens, l'arrestation des suspects et l'emploi de la force létale.* » Philip Zelikow est-il prophète ou complice des attentats du 11 septembre ?

2) Philip Zelikow était un proche collaborateur de la secrétaire d'État Condoleeza Rice et membre du gouvernement de transition de Bush fin 2000 et début 2001. Il était également proche du think tank néoconservateur Project for a New American Century (PNAC), composé essentiellement de juifs sionistes détenteurs d'un passeport étasunien, qui dans un rapport de 1998 intitulé « Reconstruire les défenses de l'Amérique », appelaient également de ses vœux un nouveau Pearl Harbor : « *une stratégie d'adaptation qui viserait la capacité de projection de l'armée depuis les seuls États-Unis, par exemple, et ferait l'impasse sur l'établissement de bases avancées et la présence militaire à l'étranger, serait en désaccord avec les buts plus larges de la politique américaine ; elle jetterait le trouble chez nos alliés. En outre, le processus de reconversion, même s'il introduit un changement radical, sera vraisemblablement long, à moins d'un événement catastrophique jouant le rôle de catalyseur — comme un nouveau Pearl Harbor.* » Dans un tout autre contexte, celui de l'Évangile selon Matthieu, on peut lire (7/7) « *Demandez, et l'on vous donnera ; cherchez, et vous trouverez ; frappez, et l'on vous ouvrira.* »

3) De l'aveu même de Kean et Hamilton, c'est Philip Zelikow avec sa propre équipe qui fut chargé du travail d'enquête. Sous la plume de Cristo, sur le site de reopen911, on peut lire : « *Les Commissionnaires quant à eux étaient chargés*

de conduire les audiences et les entretiens sur la base des éléments que leur mettaient à disposition Philip Zelikow et les services gouvernementaux (T. Kean et L. Hamilton, 2006, pp. 269-270). Dans une interview à CBC News le 21 août 2006, le vice-président Lee Hamilton a reconnu que "de nombreux sujets soumis à l'attention de l'équipe [dirigée par Zelikow] n'ont pas été transmis à la Commission. [...] La plupart des sujets ne sont pas parvenus directement jusqu'à moi. [...] Le groupe de travail a filtré nombre de ces choses" (CBC News, 21/08/06, pp.5 et 8). Par ailleurs, comme l'a montré le célèbre journaliste du New York Times Philip Shenon dans son livre d'investigation The Commission : The Uncensored History of the 9/11 Investigation, non seulement Philip Zelikow dirigea l'enquête, mais c'est également lui qui dirigea la rédaction du rapport final que les Commissionnaires ont simplement annoté et cosigné. Le plan détaillé et les conclusions du rapport avaient même été rédigés dès mars 2003, avant même que ne commencent les auditions de la Commission (P. Shenon, 2008, pp. 388-389, 317-324 et 394-396). »

Ce détour obligé par les attentats du 11 septembre 2001 donne encore un aperçu sur la façon dont les travaux de la commission d'enquête sur les attentats de 2015 ont été cadrés. La poignée d'informations que je viens de donner est tout à fait officielle, et facilement accessible depuis plus de 15 ans. Ne peut les ignorer que celui qui ne connaît strictement rien à ce domaine, ou qui ne le connaît que par le prisme des médias de masse. Or les politiques chevronnés comme Fenech, Lellouche ou Pietrasanta, savent parfaitement ce qu'il faut penser de ces médias tenus par des collègues, des amis et des frères : la vérité est évidemment toujours ailleurs. La décision, soufflée par Pierre Lellouche, d'envoyer George Fenech et Sébastien Pietrasanta en voyage d'études aux États-Unis pour recueillir les avis éclairés et les conseils Philip Zelikow, pro-israélien madré et sans complexe, faussaire en chef de la commission d'enquête sur les attentats du 11 septembre 2001, ne pouvait en aucun cas être profitable aux travaux de la commission d'enquête française sur les attentats, à moins bien sûr d'imaginer que deux Judas nourrissent naturellement une curiosité réciproque sur la façon dont ils sont parvenus à noyauter un groupe de travail pour en fausser les résultats, au plus grand bénéfice d'une puissance étrangère officiellement alliée mais dans les faits hostile et déloyale[175], et hautement suspecte de complicité dans le crime censé être élucidé par la commission. Il est regrettable qu'on ne trouve sur la toile aucune relation un peu détaillée de cette rencontre qui à n'en pas douter dut être riche en flairages d'arrière-train et œillades enamourées.

Le noyautage de la commission d'enquête parlementaire

---

[175] Sur ce sujet, on ne saurait trop conseiller la lecture de l'ouvrage de Mearscheimer et Walt : *le lobby pro-israélien et la politique étrangère américaine*, publié en français en 2009 aux éditions de La Découverte.

par les partisans d'Israël

L'évidente orientation pro-israélienne des travaux de la commission d'enquête parlementaire se comprend mieux quand on passe au crible le CV des députés qui ont été élus pour en faire partie. La structure de cette troisième partie diffère des deux précédentes en ce qu'il consistera, à partir de maintenant, en une galerie de 19 portraits des principaux députés qui y ont participé. Derrière le titre en apparence neutre et rassurant de « commission d'enquête parlementaire », se trouvent en effet des hommes et des femmes avec leur ascendance, expérience, chaînes, inclinations et liens d'intérêt. Ce chapitre pourra par ailleurs servir de base de données à tout travail révisionniste ultérieur sur les attentats du 13 novembre 2015, qui se taillent la part du lien dans les deux tomes du rapport de la commission d'enquête.

« *Une commission d'enquête comprend des parlementaires de tous les groupes, dans la limite de 30 députés et de 21 sénateurs, et dure six mois au plus.* », peut-on lire sur le site gouvernemental vie-publique.fr. Leur représentation doit être proportionnelle à leur poids dans les rangs de l'Assemblée. Parmi eux sont élus un président, issu de la formation politique qui a fait la demande de la constitution de la commission (Georges Fenech, du groupe Les Républicains), un rapporteur, issu de l'autre bord, qui rédige le rapport (Sébastien Pietrasanta, du Parti Socialiste, mais de fait le rapport qui nous intéresse a été signé par les deux hommes), quatre vice-présidents (Jacques Cresta, PS ; Meyer Habib, UDI ; Guillaume Larrivé, LR ; Anne-Yvonne le Dain, PS) et quatre secrétaires (Christophe Cavard, PS ; Françoise Dumas, PS ; Olivier Falorni, Radical ; Serge Gouard, LR). La commission d'enquête a pouvoir de citer à comparaître tout individu dont l'audition lui semble utile au dévoilement de la vérité, à l'exception du Président de la République, pour respecter le principe de la séparation des pouvoirs. En vertu du même principe, la commission « *ne peut être créée sur des faits ayant donné lieu à des poursuites judiciaires et aussi longtemps que ces poursuites sont en cours* » (ordonnance du 17 novembre 1958) : l'indépendance des trois pouvoirs : exécutif, législatif, et judiciaire, ne doit en aucun cas, respect des Tables de la loi républicaines oblige, se trouver compromise, de telle sorte que les travaux de la commission d'enquête puissent être présentés comme vraiment indépendants et impartiaux.

S'ils le souhaitent, les commissionnaires peuvent ajouter au rapport de synthèse une « contribution finale », qui est l'occasion pour eux de se démarquer, voire de se désolidariser, de certaines conclusions et préconisations du rapport. C'est ainsi par exemple que Pierre Lellouche jouera, au moment de la remise du rapport par le rapporteur Sébastien Pietrasanta, un grand numéro de théâtre faisant croire qu'il aurait envisagé purement et simplement de refuser de signer le rapport, le verbatim des échanges houleux échangés en cette occasion pouvant passer à peu de frais comme un gage supplémentaire de transparence totale aux yeux des médias et de l'opinion publique.

La participation aux travaux de cette commission d'enquête parlementaire, et l'influence sur sa synthèse finale est inégale selon les 29 députés qui la composent, et le rang qu'ils occupent dans l'organigramme ne reflète pas nécessairement l'importance du rôle qu'ils y ont joué.

Si la commission compte, comme le règlement de l'Assemblée nationale le stipule, quatre vice-présidents, Meyer Habib semble de très loin celui qui avait le plus de pouvoir, avec 63 interventions, pour 5 à Guillaume Larrivé, 6 à Anne-Yvonne le Dain, et 0 pour Jacques Cresta, qui n'a publié aucune contribution personnelle finale et n'a participé à aucun voyage. Les deux fois où George Fenech a dû se faire remplacer, c'est Meyer Habib qui a pris sa place au sommet de la pyramide. L'activité des quatre secrétaires a été un peu plus homogène : avec 62 interventions, un voyage et une contribution finale pour Patrick Cavard, 24 interventions et deux voyages (dont Israël) pour Françoise Dumas, 24 interventions et un voyage pour Olivier Falorni, et 55 interventions et un voyage pour Serge Grouard. Pour ce qui concerne les 19 autres membres de la commission, six n'ont apparemment posé aucune question en près de 200 heures d'audition, quand d'autres se sont montrés extrêmement actifs et impliqués, en premier loin devant tous les autres Pierre Lellouche, avec 180 interventions, un voyage (Israël), et la plus développée des sept contributions personnelles au rapport final, Alain Marsaud (53 interventions et une contribution finale), Olivier Marleix (25 interventions et une contribution finale), François Lamy (65), Jean-Jacques Popelin (29), Olivier Falorni (27), Jean-Luc Laurent (15), Philippe Goujon (12). Pour souligner la place cruciale de Pierre Lellouche dans le dispositif, c'est lui qui, de son propre aveu dans sa contribution finale, est à l'origine de la tenue des débats à huis clos, et de l'organisation des voyages en Israël et aux États-Unis.

Si dans cette commission parlementaire sont représentés tous les courants politiques de confession républicaine, donnant ainsi l'impression d'une pluralité de points de vue transpartisans, tous sont, à deux exceptions près, des soutiens fervents d'Israël, parfois jusqu'à la caricature. Et à mesure que l'on monte dans la hiérarchie, il devient total et, en fait, le véritable marqueur de cette commission d'enquête. Reprenons à présent la liste des députés que nous avons cités en raison de leur influence dans les travaux de la commission d'enquête en allant du bas vers le haut de la pyramide. Pour chacun d'entre eux nous commençons par un bref passage en revue de sa place et de son rôle dans l'échiquier politique, puis relevons les systématiques signes de soumission ou d'allégeance à Israël, les nuances ne résidant que dans le pourcentage de la surface du corps nu en contact pieux avec la dalle sacrée. Ces portraits seront fatalement plus étoffés et documentés à mesure que nous approcherons de l'Olympe. Eu égard à son caractère hors-norme, même dans une photo de famille exclusivement composée de caricatures vivantes, nous avons été obligés de consacrer une salle entière du musée à Meyer Habib.

Membres : les sept députés les plus actifs

Philippe Goujon

Né à Paris en 1954, Philippe Goujon est maire du XVème arrondissement de Paris depuis 2008. Il a été sénateur de Paris de 2004 à 2007 et député UMP de la 12ème circonscription de Paris de 2012 à 2017, membre à l'Assemblée de la commission des lois. S'il a été un soutien de la manif' pour tous contre le mariage homosexuel et la GPA, il a soutenu en 2015 le polémique événement estival parisien Tel-Aviv-sur-Seine, et fait partie des opposants au mouvement Boycott Désinvestissement Sanction (BDS) visant à isoler politiquement et commercialement Israël sur la scène internationale. Le 16 juillet 2017, il a participé en tant qu'officiel parisien, aux côtés d'Emmanuel Macron et d'Anne Hidalgo à la cérémonie visant à célébrer la culpabilité de la France dans la rafle du Vel d'hiv, dont Benyamin Netanyahou était l'invité d'honneur, avec le clan Klarsfeld.

Jean-Luc Laurent

Né à Paris en 1957, encarté au PS depuis 1977, Jean-Luc Laurent doit habilement jongler, afin de ne pas tout cumuler en même temps, avec les différentes fonctions de maire du Kremlin-Bicêtre, vice-président du conseil régional d'Île-de-France en charge du logement, président du Mouvement Républicain et Citoyen fondé par Jean-Pierre Chevènement dont il est un proche, délégué spécial auprès du président pour le Grand Paris, et député de la 10ème circonscription du Val-de-Marne de 2012 à 2017 sous la bannière du MRC. À l'Assemblée il était membre de la commission des affaires économiques. C'est un participant assidu aux réunions communautaires juives du Val-de-Marne, dont les jérémiades sur la montée inquiétante de l'antisémitisme sont le thème obsessionnel. « *Huit ans après le meurtre d'Ilan Halimi, nous ne devons rien laisser passer* " déclare-t-il le 5 décembre 2014, suite à l'agression d'un couple d'israélites. S'il a voté le 4 décembre 2014 pour la résolution appelant à reconnaître un État de Palestine, et s'il a dénoncé en décembre 2017 la reconnaissance par Donald Trump de Jérusalem comme capitale d'Israël, c'est un opposant au mouvement BDS, se justifiant ainsi : « *Beaucoup de Français ont des liens affectifs, familiaux, culturels avec l'État d'Israël et ses habitants ; beaucoup de Français se sentent solidaires du sort injuste réservé au peuple palestinien. Nous l'avons vu par le passé, il est très facile d'envenimer les choses et de causer exactions et agressions... les événements des dernières semaines nous l'ont malheureusement montré. Les amalgames, les slogans et les agressions antisémites sont inacceptables en France.* » Si dans sa contribution finale au rapport, à l'instar de la plupart de ses collègues, il a dénoncé l'opération Sentinelle, demandant son arrêt pur et simple : '*Aujourd'hui « Sentinelle » se déroule dans de mauvaises conditions de vie qui pèsent sur le moral des troupes et leur entraînement opérationnel. L'opération "Sentinelle" qui vient s'ajouter à de véritables opérations militaires, sur des théâtres extérieurs, doit être arrêtée.*', il avait déclaré lors des auditions : « *En tant que député du Val-de-Marne, je salue l'intérêt de la mission Sentinelle du point de vue de la sécurisation des lieux de culte.* ». Dans le doux Val-de-Marne il y a beaucoup de synagogues, très peu de mosquées, et les églises n'y sont pas spécialement protégées.

Pascal Popelin

Né à Paris en 1967, Pascal Popelin a fait toute sa carrière au PS, dont il est adhérent depuis 1985, y occupant de multiples fonctions jusqu'à son retrait de la vie politique en 2017. Député de la 12ème circonscription de Seine-Saint-Denis de 2012 à 2017, il a été de 2016 à 2017 président du groupe d'amitié France-Israël à l'Assemblée nationale, où il était membre de la commission des lois constitutionnelles, de la législation et de l'administration générale de la République. Lors d'un voyage en Israël de « diplomatie parlementaire », début juillet 2016, il déclare : « *Nous représentons les Français qui regardent vers Israël avec passion* »176, voyage qui est l'occasion de participer à une émission sur la chaîne *I24 news* en compagnie de Meyer Habib177. Il a approuvé le 3 décembre 2019 la résolution visant à amalgamer antisionisme et antisémitisme : « *En déclarant que l'antisionisme est synonyme d'antisémitisme, Manuel Valls a suscité le débat mais la réalité est celle-là aujourd'hui.* »

François Lamy

Né en 1959 dans l'Essonne, François Lamy, proche de Martine Aubry, a fait toute sa carrière au PS. Élu député de l'Essonne de 1997 à 2012, puis de 2014 à 2017, il a été ministre délégué à la ville de 2012 à 2014 dans les gouvernements de Jean-Marc Ayrault. Pour son second mandat de député, il avait pour suppléant le militant communautaire sioniste Jérôme Guedj. À l'Assemblée il était membre depuis 1997 de la commission de la défense nationale et des forces armées. C'est François Lamy qui a organisé178 l'immense manifestation d'union nationale transpartisane du 11 janvier 2015, validant la décision prise par François Hollande179 d'en exclure le Front National. S'il a voté pour la résolution en

---

176 « Des députés français à la (re) découverte d'Israël », Héloïse Fayet, *timesofisrael.com*, 05/07/2016.

177 Entrer sur YouTube : « Meyer Habib invité sur Le Journal du Soir i24news 22 052 016 ».

178 L'idée d'organiser la célèbre « marche des chefs d'État » a toutefois été initiée par l'ancien secrétaire général du PC Robert Hue, comme on l'apprend dans le livre de Gérard Davet et Fabrice Lhomme « *Un président ne devrait pas dire ça...* » : « *Sait-on seulement que l'accommodant Robert Hue, l'ancien leader communiste désormais à la tête du petit Mouvement des progressistes, est celui qui a lancé tout le processus ? Le vendredi 9 janvier, dans le bureau de Hollande, avec qui il entretient une relation amicale, c'est en effet lui qui soumet l'idée d'ouvrir la manifestation du11 janvier aux dirigeants de toute la planète. Heureuse suggestion.* » (p. 1009)

179 Même ouvrage : « Sarkozy pose la question de la participation du Front National à la manifestation, prévue pour le dimanche 11 janvier. "Il vaut mieux que ce soit entre partis républicains", dit-il au président. Hollande opine. "Sur Le Pen, sa position était assez légitime, reconnaît Hollande". Pour lui ce n'était pas souhaitable qu'elle soit partie

faveur de la reconnaissance de l'État de Palestine, c'était au zénith de sa carrière politique un invité régulier et participant assidu aux dîners du CRIF.

Olivier Marleix

Né à Boulogne-Billancourt en 1971, fils du député Alain Marleix, Olivier Marleix a lancé sa carrière politique à l'UMP dans l'orbite de Nicolas Sarkozy. Il a été maire d'Anet de 2008 à 2017 et est député LR dans la 2ème circonscription d'Eure-et-Loir depuis 2012. Cumulant de nombreuses autres responsabilités, il est lui aussi contraint de jongler avec ses différents mandats en fonction des circonstances. Il a voté contre la résolution appelant à reconnaître un État de Palestine, suivant les consignes de son groupe parlementaire qui a présenté un front uni face au PS, lequel était tout aussi uni dans l'autre sens. Le 3 décembre 2019, il a voté, dans le même mouvement grégaire, pour la résolution amalgamant antisionisme et antisémitisme. Moins marqué communautairement que d'autres, il a osé poser la question suivante à Didier le Bret, le Coordonnateur National du Renseignement (CNR), le 18 mai 2016 : « *En novembre 2015, Bernard Squarcini, ancien patron de la DCRI, révélait qu'il aurait transmis à la France un message des services de renseignement syriens proposant, à condition que nous reprenions contact avec eux, de nous transmettre une liste de djihadistes français présents en Syrie ; cette proposition se serait heurtée à une fin de non-recevoir. Êtes-vous au courant de cette affaire et de la façon dont elle a été traitée ?* » À quoi M Le Bret a répondu : « *En ce qui concerne l'offre supposée des services syriens, je n'ai rien vu de pareil. Comme vous le savez, nous n'avons aucun contact avec ces services. Même dans des domaines plus ordinaires où ils auraient pu nous aider, sans même que nous ayons à le demander, par l'intermédiaire de la Russie ou de la Jordanie, ils ne nous ont jamais fourni le moindre renseignement utile. Je songe par exemple aux séries de passeports vierges récupérés par Daech et sur lesquelles il nous serait très précieux d'avoir des informations. De mon point de vue, tout ce qui a été dit sur la bienveillance et les dispositions à coopérer de M. Mamlouk et de ses affidés est donc dénué de fondement. Quand bien même la situation serait différente, il n'est pas conforme à notre vision des choses, comme vous le savez, de travailler avec un service qui torture et se fait le principal exécuteur des basses œuvres de Bachar el Assad. Nos services sont tenus de respecter cette injonction politique.* » Il était facile de se dégager de cette question gênante en s'abritant derrière les éléments de langage diabolisateurs traditionnels, dont M. Le Bret placé à un tel poste ne peut pas ignorer la nature mensongère. En fait, les autorités syriennes ont bien fait cette proposition à la France par un canal parallèle, la condition qu'elles posaient à la fourniture de la liste étant le rétablissement des relations diplomatiques, coupées en même temps de façon concertée avec tous les pays autoproclamés « amis de la Syrie » suite au massacre sous faux drapeau de Houla le 28 mai 2012[180], mis en scène par les

---

prenante à la manif. » (p. 100)

[180] Cf François Belliot, *Guerre en Syrie (volume 2) : Quand médias et politiques*

« rebelles » pour en faire porter le chapeau à Bachar el-Assad et créer un casus belli contre la Syrie. Pour que rien ne manque à l'absurdité du tableau, il n'est sans doute pas inutile de préciser que c'est grâce aux informations fournies par les services de renseignements syriens, que la filière dite « des Buttes-Chaumont », dirigée par Farid Benyettou et qui comptait les frères Kouachi dans ses rangs, put être démantelée en 2005. Christophe Dubois, et Éric Pelletier rappellent ainsi, dans *Où sont passés nos espions181* : « *La Syrie étant un passage quasi obligé pour les volontaires moyen-orientaux et européens en route vers la zone de combat, Damas joue le rôle de vigie avancée pour Paris. Pour la DST et la DGSE, s'allier avec le Moukhabarat permet de repérer les djihadistes français en route vers le front, ou mieux encore, de détecter ceux qui rentrent avec la ferme intention de continuer le débat en France.* » (p. 68) '*C'est bien grâce aux Syriens que la filière dite « des buttes Chaumont » fut détectée puis démantelée en 2005.*' (p. 75) Le refus de coopérer avec la Syrie est donc teinté d'ingratitude en plus d'être dénué de justification. Dans sa contribution finale, M. Marleix a justement fait remarquer : « *S'il faut saluer la qualité du travail et des auditions qui ont été menées par la commission d'enquête, le rapport élude toutefois dans ses conclusions un certain nombre de sujets qui soulèvent débat : S'agissant tout d'abord de la genèse des attentats du 13 novembre 2015, aucun des représentants des pouvoirs publics auditionnés n'a cité spontanément la date du 7 septembre 2015, date à laquelle le Président de la République a annoncé sa décision d'intervenir en Syrie, comme un tournant. Quelles précautions nouvelles ont alors été prises pour prévenir des répliques ? L'alerte maximum, qui a été déclenchée après le 13 novembre, aurait dû l'être à ce moment. Or cela n'a pas été le cas, au moins du point de vue du renseignement.* »

Alain Marsaud

Né en 1947 à Limoges, Alain Marsaud, magistrat, a été le fondateur et premier chef du service central de lutte antiterroriste en 1986. Il a été, sous les couleurs du RPR puis de l'UMP, député de la 1ère circonscription de la Haute-Vienne de 1993 à 2012, puis de la dixième circonscription des Français établis hors de France de 2012 à 2017, qui englobe de nombreux États d'Afrique et presque tous les pays du monde arabo-musulman. Peu marqué communautairement, il envie toutefois Israël pour son absence de complexe à décider ouvertement de mener des opérations homicides à l'étranger : '*Lorsque les Israéliens s'en vont commettre des attaques homicides à l'extérieur du territoire, même l'opposition applaudit. Est-ce que la France a véritablement les moyens aujourd'hui de faire cela, je ne pense pas. Est-ce qu'elle en a la volonté ? (…), On devrait passer par les méthodes israéliennes : j'ai moi-même proposé lors d'un débat que nous*

---

instrumentalisent les massacres, SIGEST, 2016. Une cinquantaine de pages y sont consacrées à l'analyse de l'épisode du massacre de Houla.

181 *Où sont passés nos espions ?* Christophe Dubois & Éric Pelletier, Albin Michel, 2017.

mettions en place, comme Israël, des opérations homicides, pour tuer les types les plus dangereux partis en Syrie ou en Irak.' Comme on l'apprendra de la bouche de François Hollande lui-même en octobre 2016, des opérations homos à l'étranger ont en réalité bien été décidées pour se prémunir de ce danger[182].

Au lendemain des attentats du 13 novembre 2015, Alain Marsaud a fait publiquement part de sa honte, en tant que spécialiste, que les services de renseignement aient connu autant de ratés, et qu'il n'ait pas été possible de les empêcher. Parmi tous les commissionnaires tant soit peu impliqués, Alain Marsaud est celui qui a posé le plus de questions un peu gênantes. Au coordinateur national du renseignement (CNT) Didier Le Bret il a ainsi demandé : « *Vous avez expliqué devant la commission de la défense que la France serait le pays le plus visé par des actions terroristes en provenance du Moyen-Orient. Du moins c'est ce que j'ai vu dans la presse, car je n'ai pas encore lu le compte-rendu qui a été réalisé de votre audition. Pourquoi sommes-nous ainsi les plus visés ? Est-ce, selon vous, parce que nous aurions mené une politique étrangère aventureuse au Moyen-Orient ces dix dernières années ? Il fut une époque "bienheureuse" où c'étaient les Américains, éventuellement les Britanniques, qui étaient en tête de liste et nous à la suite. Ou bien le fait que nous soyons subitement passés en tête de liste tient-il à la politique intérieure — je pense aux affaires liées au voile islamique, aux accusations d'islamophobie ? Même si, après les attentats du mois de novembre, nous nous doutions bien que nous étions ciblés, je vous avoue que votre déclaration m'a surpris. Or vous n'avez pas dit pourquoi nous étions le premier pays visé.* » Et dans sa contribution finale, c'est également lui qui se montre le plus critique sur les

---

[182] Cf François Belliot : L'*activité de Daech en France de 2015 à 2019 (synthèse)*, francoisbelliot.fr, 20/09/2020 : « On parle d'opération "homo" pour "homicide". Des opérations homo peuvent être décidées, au plus haut niveau de l'État, dans des circonstances exceptionnelles. En France elles sont menées par la Direction générale de la sécurité extérieure (DGSE) et couvertes par le secret Défense. Dans le livre des journalistes Gérard Davet et Fabrice Lhomme, "*Un président ne devrait pas dire ça...*", publié le 12 octobre 2016 par les éditions Stock, le président Hollande a reconnu avoir recouru à quatre opérations de ce genre contre des combattants ayant rejoint l'EI dans les zones syro-irakiennes tenues par cette organisation. Ces révélations, qui ne doivent pas être tenues pour exhaustives, ont à l'époque suscité une vive polémique. Nicolas Sarkozy, en pleine campagne pour les primaires de la droite pour les élections, et apparemment bon connaisseur de ce levier présidentiel, les a vivement dénoncées : "*Je suis sûr qu'un jour ou l'autre monsieur Hollande aura à rendre compte de cette violation manifeste du secret défense. Imaginez que je me sois laissé aller à montrer à des journalistes des plans secrets confidentiels défense d'intervention de nos avions, que j'aie indiqué à des journalistes que j'avais donné des ordres secrets à nos forces spéciales pour éliminer tel ou tel ennemi de la France. C'est une forfaiture. Si c'était moi, il y aurait déjà eu une association qui aurait été constituée pour déposer plainte, et une enquête préliminaire engagée. Le président de la République a des obligations, et notamment l'obligation du secret. Il y a la vie de nos hommes qui est en cause, c'est pas une plaisanterie. Pour faire le malin devant deux de vos confrères, il va révéler des choses qui sont secret défense.*" »

orientations des investigations de la commission et le rapport final : « *Après consultation du rapport, je souhaite apporter la contribution suivante. En premier lieu, le rapport m'apparaît insuffisant en ce qui concerne la recherche des causes des attentats qui ont frappé la France au cours des deux dernières années. On doit en effet considérer que la politique étrangère de notre pays, quelle que soit l'opinion que l'on peut en avoir, soit vraisemblablement le principal élément ayant déterminé les auteurs à commettre leurs assassinats de masse. D'autant qu'un certain nombre d'entre eux provenaient directement des pays dans lesquels nous sommes militairement engagés. J'aurais souhaité que le débat devant notre commission recherche ces éléments de responsabilité, d'une part pour les décrire et d'autre part pour éviter de nouvelles fautes ou maladresses. On aura ainsi à travers des centaines de pages, évoqué des opérations qualifiées de guerre par les plus hautes autorités de l'État sans en évoquer les causes. C'est à mon sens la carence la plus importante de ce rapport qui semble ignorer la politique étrangère de la France.* » En décembre 2018, il est le premier député très lourdement condamné pour l'emploi fictif de sa fille, à un an de prison avec sursis, 300 000 euros d'amende, et 3 ans d'inéligibilité. L'homme paraît pourtant autrement plus compétent et patriote, comme nous le verrons plus loin, que le vice-président Meyer Habib, mouillé dans tant de magouilles qu'un livre entier ne suffirait pas pour toutes les passer en revue.

Pour rappel c'est Alain Marsaud qui avait été l'un des seuls officiels français à exprimer publiquement sa stupéfaction concernant la carte d'identité oubliée dans la Citroën C3 rue de Meaux : « *il y a à la fois un professionnalisme dans la manière d'opérer, et puis on oublie la carte d'identité dans la voiture...* », explique-t-il, dérouté.» *Je me suis dit :* « *Est-ce que c'est une manipulation ? Une erreur ? Qu'est-ce qu'il se passe ?* » (...) *J'ai pensé à une provocation ou à quelque chose comme ça. Pourrait-il alors s'agir d'une façon de revendiquer leur geste ? Si c'était le cas, cela voudrait dire qu'ils sont* « *dans un processus suicidaire de type djihadiste-kamikaze, et donc qu'ils s'apprêtent à faire autre chose* ». *Une façon de dire* « *Nous sommes repérés, et attention, coucou ! Nous allons revenir !* », *juge-t-il, avant de trancher :*» *Je vous l'avoue, je ne comprends pas cette affaire* »[183].

En compilant les différentes interventions des différents commissionnaires depuis le 7 janvier 2015 Alain Marsaud apparaît, malgré son éloge des opérations homicides de l'armée israélienne contre les terroristes, comme le moins porté de l'attelage à suivre, servilement ou avec conviction et enthousiasme, la trajectoire imposée au traîneau de la commission d'enquête. De quoi expliquer son avilissante disgrâce ?

Pierre Lellouche

---

[183] « *Charlie Hebdo :* les tireurs, un *"commando organisé"* ou des *"branquignols"* », V. R. avec *AFP, bfmtv.com*, 08/01/2015.

Né à Tunis en 1951, Pierre Lellouche débarque à l'âge de cinq ans en France, où sa famille s'établit dans le XIXème arrondissement. D'origine juive, il passe dans sa jeunesse deux étés dans un kibboutz en Israël. Il a fait toute sa carrière au RPR, puis à l'UMP, élu sans discontinuer depuis 1993 dans la 4ème circonscription de Paris. En novembre 2014, il fait ardemment campagne contre la résolution visant à reconnaître un État de Palestine, et en juillet 2016, il dénonce les propositions de dépénaliser le boycott des produits d'Israël et soutenir l'action des militants de BDS, exerçant pour l'occasion un chantage à l'alya : « *Chaque année, 10 000*[184] *de nos compatriotes juifs partent désormais pour Israël, ce qui est une catastrophe pour notre pays et aussi pour ce que cela révèle des relations entre les communautés de notre pays. Ces chiffres tristes, regrettables, sont révélateurs d'une vraie crise au sein de notre société. Dans ce texte consacré à l'égalité et à la citoyenneté, déposer des amendements défendant la campagne BDS, chercher à assimiler Israël à l'Afrique du Sud de l'apartheid est, pour moi, scandaleux. Je connais bien Israël, les Territoires palestiniens et la région en général : la situation est complexe et difficile.* » Sur le site *allgov.com*, qui lui consacre un portrait incisif et bien documenté, on peut lire : « *Connu pour son soutien appuyé à Israël, il défend ardemment une approche atlantiste des relations internationales, c'est-à-dire qu'il est favorable à une alliance politique, économique et culturelle avec l'Amérique du Nord. (...) De confession juive, Pierre Lellouche affirmait en 2006 que sa religion lui aurait valu d'être évincé de certains postes, notamment au ministère des Affaires étrangères et européennes, dont il considère le "corps diplomatique [trop] proarabe" pour l'accepter à la tête de cette institution. Très sensibilisé à la question de l'antisémitisme, l'actuel secrétaire d'État est l'auteur de la loi du 3 février 2003, votée à l'unanimité à l'Assemblée nationale, instituant l'aggravation des peines liées aux infractions à caractère raciste ou antisémite.* » Concernant ses ambitions politiques déçues pour discrimination religieuse, nous devons rappeler, pour refréner les larmes d'indignation que nous sentons déjà embuer les yeux du lecteur, que deux des plus emblématiques ministres des Affaires étrangères du début du XXIème siècle, Bernard Kouchner sous Nicolas Sarkozy, puis Laurent Fabius sous François Hollande, étaient à la fois juifs et inconditionnels défenseurs d'Israël. Le titre de sa contribution finale, « opinion divergente de Pierre Lellouche », est également trompeur : il commence par louer sans réserve le président et le rapporteur, se livre ensuite à des critiques de pure forme. Il regrette, a-t-on pu lire, de n'avoir pas disposé d'autant de temps et de moyens que la commission Kean-Hamilton sur les attentats du 11 septembre 2001, dont il salue les résultats, ce qui est drôle quand on sait qu'il s'agit d'un gruyère truffé d'omissions et de mensonges, constitués

---

[184] Ce chiffre est très exagéré. Si l'année 2015 a en effet constitué un pic des alyas d'israélites tentés par l'aventure de l'État juif, avec 8000 départs. Dès 2016, ce chiffre est retombé à 5000, puis à 3500 en 2017, et 2600 en 2018. En 2012 on avait enregistré 1920 départs, et 3400 en 2013. Ces chiffres ne prennent pas en compte les nombreux retours annuels de Français déçus par l'expérience de la Terre Promise.

« pour échouer », de l'aveu même ultérieur de son président ! D'autres critiques sonnent en revanche fort juste : 1) « *Ce qui reste proprement incompréhensible et inadmissible, c'est le fait que des groupes et commandos terroristes aient pu entrer puis sortir de Paris, après s'être livrés à des attentats, avoir "rafalé" des terrasses de café, etc. Près de 200 morts en un an, plusieurs centaines de blessés : le tout sans qu'aucune sanction n'ait été prise contre ceux qui étaient en position de responsabilité au cours de ces attentats. On prend les mêmes et on continue...* » Pourquoi alors ne pas être allé plus profondément dans certaines zones d'ombre des affaires, et posé les bonnes questions à Bernard Cazeneuve ? 2) « *Enfin, les attentats de novembre montrent les limites de l'opération Sentinelle, pourtant en place depuis le mois de janvier 2015, en plus du fait que les soldats déployés sur le terrain n'avaient aucun ordre leur permettant d'utiliser leurs armes au Bataclan.* » Tous les commissionnaires tombent d'accord sur ce point, ce qui n'a, malheureusement pour les soldats, entraîné aucun accommodement ou arrêt de l'opération Sentinelle, en particulier devant les écoles juives et les synagogues... 3) « *J'ajoute que le contexte géopolitique des guerres du Proche-Orient n'a été que survolé durant les travaux de la Commission, et que sur ce point également, il existe des désaccords de fond entre l'actuelle Majorité et l'Opposition — s'agissant notamment des options diplomatiques choisies par François Hollande et son Gouvernement. L'attentisme du Gouvernement français après l'alternance de 2012 sur la Syrie, auquel a succédé le suivisme aveugle d'une stratégie américaine parfaitement erratique dans la région (on se souvient de la fameuse "ligne rouge" de Barack Obama sur l'utilisation des armes chimiques par Bachar El Assad en 2013[185]), auxquels s'ajoute le soutien financier et militaire à une opposition "modérée" que l'on ne connaît toujours pas, plusieurs années après, sans oublier le refus de dialoguer avec la Russie sur la sortie de crise, et le tropisme saoudien de la politique extérieure de la France face à l'Iran : tout cela aurait largement mérité de faire l'objet de discussions au sein de la Commission. Celles-ci n'ont guère eu lieu.* » C'est très juste, mais M. Lellouche oublie le problème cardinal du soutien à Israël en toutes circonstances, qui est devenu au XXIème siècle un axiome de la politique étrangère de la France ; sa critique de l'Arabie saoudite, autre allié récent tout aussi peu recommandable, est extrêmement molle, et il ne met pas en cause la politique antisyrienne de la France depuis 2011. M. Lellouche formule d'autres vives critiques sur un ton acerbe, en particulier sur la proposition retenue par Sébastien Pietrasanta d'envoyer des troupes françaises sur le sol syrien, mais la conclusion, qui paraît couronner un exposé allant *dans le sens inverse*, est là pour nous indiquer qu'il s'agissait de cinéma :

---

[185] Comme le massacre de Houla du 25 mai 2012, l'attaque à l'arme chimique du 21 août 2013 dans la banlieue de Damas était une opération sous faux drapeau perpétrée par des rebelles, avec le soutien de la Turquie, visant à créer un « franchissement de ligne rouge » artificiel, un casus belli contre la Syrie. Cf François Belliot : *Guerre en Syrie (volume 2) : Quand médias et politiques instrumentalisent les massacres*, SIGEST, 2016. Près de 100 pages de cet ouvrage sont consacrées au décryptage de cette seule affaire.

« *En conclusion, je veux dire à nouveau ma fierté d'avoir été associé à ce travail et insister sur le sérieux et l'esprit collectif au service de l'intérêt général qui ont présidé, quatre mois durant, nos auditions. Si le rapport est incomplet ou défaillant sur nombre de points, comme je viens de le rappeler succinctement ci-dessus, c'est, j'en suis convaincu, parce qu'il ne pouvait guère en être autrement, compte tenu du format strictement parlementaire de la Commission.* » Et de conclure : « *Ma conviction est que la France va devoir faire face pendant de longues années, et peut-être plusieurs décennies, à une guerre larvée que lui livre le djihadisme mondialisé* » Nous voilà rassurés !

les quatre secrétaires

Serge Grouard

Né à Paris en 1959, Serge Grouard a accompli sa carrière politique à l'UMP. Élu député du Loiret de 2002 à 2017, à l'Assemblée nationale il a été en 2010 et 2012 président de la commission du développement durable et de l'aménagement du territoire. Il a été en même temps maire d'Orléans de 2001 à 2015, de nouveau élu à cette fonction en 2020. Le 31 mars 2004, il participe à une cérémonie de remise du dictionnaire des Justes, organisé par le CRIF de la région Centre, sur la demande de Richard Prasquier, président de Yad Vashem France et conseiller du président du CRIF. Dans les salons de la mairie d'Orléans, afin de rendre hommage aux Justes, il a dénoncé « *la mollesse confortable des renoncements et des lâchetés quotidiennes* ». Le 27 février 2006, il participe à Orléans aux manifestations nationales en hommage à Ilan Halimi, afin de dénoncer le racisme et l'antisémitisme. En juin 2011, il refuse d'apporter le soutien de la ville d'Orléans à Salah Hamouri[186] en ne validant pas la proposition de le faire citoyen d'honneur de la ville d'Orléans, idem pour le prisonnier politique Marwan Barghouti, au motif, pour ce dernier, qu'« *après s'être renseigné sur les raisons de sa détention, il subsiste des doutes sur les agissements de ce prisonnier politique, qui aurait participé à la lutte armée.* » Pour comprendre le sens de ce refus, et du signe de soumission qu'il manifeste, c'est après avoir fait citoyen d'honneur de la ville de Grigny (Rhône) Salah Hamouri que son maire René Balme, poids lourd du Front de Gauche, a subi une violente campagne de lynchage médiatique[187], l'inquisiteur Rudy Reichstadt, du

---

[186] Né en 1985, Salah Hamouri est un journaliste franco-palestinien arbitrairement emprisonné en 2005, pour soupçon de complicité dans le projet d'assassiner un rabbin, et qui a effectué de longs séjours dans les geôles israéliennes et les fameux camps de rétention administratifs, au mépris du Droit. Il est devenu avec les années un symbole de l'arbitraire et de la cruauté de la justice israélienne envers les citoyens israéliens non-juifs.

[187] Cf François Belliot : *Un dossier truqué du journal Le Monde du 21 juin 2012 sur l'affaire Merah, françoisbelliot.fr*, 25/08/2012.

site de délation Conspiracy Watch, montrant un zèle très révélateur du sens à porter à cette curée. Le 15 janvier 2013, il participe à la remise des insignes de chevalier de la Légion d'honneur à Éliane Klein, déléguée du CRIF pour la région Centre aux côtés de nombreuses personnalités dont Mme Mouchard Zay, Présidente du Cercil, de François Guggenheim, délégué du CRIF de Tours et de Claude Hampel, Président de la Commission du Souvenir du CRIF. Le 9 janvier 2014 il signe l'arrêté d'interdiction du spectacle de Dieudonné au zénith d'Orléans.

Françoise Dumas

Née à Alès en 1960, Françoise Dumas, protégée de Georges Frèche, est élue vice-présidente du Conseil Régional du Languedoc-Roussillon en 2010, puis députée de la première circonscription du Gard en 2012. Elle soutient Manuels Valls lors de la primaire du PS puis, refusant de soutenir le vainqueur Benoit Hamon, s'engage en 2017 auprès d'Emmanuel Macron, passant du PS à LREM. Elle est vice-présidente puis présidente en 2019 de la commission de la Défense nationale et des forces armées Le 18 juillet 2011, elle représente la région lors de « *l'hommage aux justes de Nîmes, qui ont résisté aux forces du mal* », peut-on lire sur le site du CRIF, cérémonie au terme de laquelle fut prononcée une prière en hébreu par Paul Benguigui, président de l'Association culturelle israélite du Gard et animateur de l'événement. Elle participe en juillet 2019 au voyage de 35 parlementaires en Israël, pour célébrer le 70ème anniversaire des relations entre la France et Israël, voyage organisé par le réseau d'influence sioniste Elnet « *œuvrant au renforcement des relations entre l'Europe et Israël* », orientant son action vers « *les responsables européens de haut niveau, considérés comme la cible la plus efficace pour influencer les politiques et les liens stratégiques entre Israël et l'Europe* ». Le 4 décembre 2019, elle vote pour la résolution intégrant l'antisionisme à la définition de l'antisémitisme. En avril 2020, elle est nommée co-rapporteure de la commission d'enquête sur l'impact, la gestion, et les conséquences de l'épidémie de coronavirus. On ne relève de sa part aucune sortie remarquable lors des auditions de la commission d'enquête. Nous rappelons le petit bisou collé sur la joue d'Israël cité au début de cette partie : « *Pour avoir participé à un certain nombre de déplacements à l'étranger, je peux témoigner de la très bonne appréciation dont bénéficient les services français ; ils y sont souvent loués. Ainsi, en Israël, les services de la police israélienne se félicitent de la qualité des relations qu'ils entretiennent avec nos services. D'une certaine façon, c'est extrêmement rassurant et je tenais à le souligner.* » Comme ses frères elle est très heureuse du travail qu'ils ont accompli : « *Je salue à mon tour la qualité des travaux de la commission d'enquête. Le fait que nous les ayons conduits en bonne intelligence montre que nous sommes capables de reformer un front républicain s'agissant de questions aussi fondamentales.* »

Christophe Cavard

Né à Die en 1970, Christophe Cavard a été député de la sixième circonscription du Gard de 2012 à 2017 pour Europe Ecologie Les Verts. Membre de la commission des affaires sociales de l'Assemblée nationale, il était aussi vice-président du groupe d'amitié France-Israël et vice-président du groupe d'étude sur l'antisémitisme. En juin 2013, il participe à un voyage d'une douzaine de parlementaires d'EELV, monté par l'organisme de propagande sioniste Elnet. Pour mémoire, de 2009 à 2012, les membres d'EELV étaient blacklistés au dîner du CRIF en raison d'antisémitisme et antisionisme présumés, péchés qui équivalent dans la France post-moderne à la remise en cause de la mission divine du Christ sous l'Ancien Régime. Lorsqu'en juillet 2014, le député d'EELV Pierre Minnaert déclare sur Twitter qu'il n'est pas étonnant que les synagogues subissent des attaques, en raison de leur soutien à la politique israélienne, il fait partie de la meute qui se met aussitôt en chasse pour anéantir la nouvelle bête du Gévaudan, l'obligeant à retirer de son compte toute mention d'appartenance à EELV. En juillet 2016, il participe, en compagnie notamment de Pascal Popelin à un voyage du groupe d'amitié France-Israël. Lors de la conférence de presse donnée en leur honneur à l'Ambassade de France à leur arrivée, la députée des Bouches-du-Rhône Marie — Arlette Carlotti commence par ces mots : « *Quel bonheur de revenir en Israël, je me sens comme chez moi.* » Nous rappelons que son confrère Pascal Popelin s'était en cette occasion abandonné au lyrisme : « *nous représentons les Français qui regardent vers Israël avec passion* ».

Olivier Falorni

Né en 1972, Olivier Falorni a été élu député pour le PS de la première circonscription de Charente-Maritime en 2012, battant Ségolène Royal. Fin 2014, il a été nommé secrétaire de la commission d'enquête parlementaire sur la surveillance des filières et des individus djihadistes. Le 4 décembre, il a voté pour la résolution visant à reconnaître un État de Palestine, et le 4 décembre 2019, il s'est abstenu lors du vote de la résolution visant à assimiler l'antisionisme à de l'antisémitisme. Un peu moins marqué du sceau du chandelier à neuf branches que ses collègues, mais adepte de la franc-maçonnerie, certaines de ses contradictions sont néanmoins révélatrices. Ainsi, rapporte Panamza : « *Le député radical-socialiste (PRG) franc-maçon Olivier Falorni veut interdire Civitas qu'il accuse d'être contre la laïcité188. Mais le député Olivier Falorni qui préside actuellement la Commission d'Enquête parlementaire sur les "Conditions d'abattage des animaux de boucherie dans les abattoirs français" n'a pas été gêné que des juifs portent la kippa lors des auditions de cette commission à l'Assemblée Nationale : ce qui était le cas de Joël Mergui* [président du consistoire israélite de France] » Son hostilité aux

---

[188] Pour être plus précis, Olivier Falorni a vivement dénoncé la reconnaissance comme parti politique, le 12 juin 2016, de Civitas, mouvement catholique traditionaliste antisystème, proche de la fraternité sacerdotale Saint-Pie X ; ce qui permet à ses donateurs de bénéficier d'une déduction fiscale de 66 %. Comparant Civitas à la mouvance salafiste, il est surtout scandalisé par l'hostilité affichée par l'association catholique contre l'homosexualisme et la religion démocratique. cf. « Olivier Falorni part en croisade contre Civitas », *francetvinfo.fr*, 29/06/2016.

religions ne peut pas non plus être qualifiée d'inconditionnelle : c'est ainsi qu'en 2017 il a participé à l'inauguration par le grand rabbin de France Haim Korsia de la maison communautaire juive de La Rochelle, lieu de prière où sont dispensés aux enfants des cours de Talmud-Torah. Dans un autre domaine, il a été en avril 2021 le très engagé rapporteur de la proposition de loi visant à légaliser l'euthanasie, s'enthousiasmant ainsi face à Christophe Barbier sur les ondes de Radio J[189] : « *c'est une première victoire historique. Ce 8 avril restera marqué dans ce combat pour une in de vie libre et choisie.* »

Les vice-présidents

Guillaume Larrivé

Né à Mulhouse en 1977, conseiller municipal d'Auxerre de 2008 à 2020, conseiller régional de Bourgogne de 2010 à 2020, Guillaume Larrivé — qui porte son nom à merveille — a été élu député dans la première circonscription de l'Yonne de 2012 à 2017 pour Les Républicains, dont il a brigué en vain la présidence en 2019. À l'Assemblée il est membre de la commission des lois et membre du groupe d'amitié France-Israël. Pro-Israélien décomplexé, il a participé avec Éric Ciotti en août 2016 à un voyage en Israël « pour trouver des solutions contre le terrorisme », rapporte le site du CRIF. À son retour, interrogé par Raphaëlle Chemin sur le plateau de *BFM TV*, il se montre dithyrambique : « *On a vu une vraie mobilisation citoyenne, le fait que chaque Israélien, les hommes et les femmes, fasse un service militaire (…) Il y a là une mobilisation des volontaires qui sont totalement impliqués au service de la sécurité, et puis il y a aussi ce service de rétention administrative, qu'avec Éric Ciotti nous avons proposé à l'Assemblée nationale, que Manuel Valls et Jean-Jacques Urvoas ont rejeté. (…) Il ne s'agit pas de faire de copier-coller [avec Israël], mais il y a une expérience opérationnelle et il y a des résultats… En 2002 en Israël, il y a eu malheureusement 450 victimes du terrorisme, l'année dernière 30. C'est beaucoup trop mais c'est quinze fois moins. Je rappelle qu'en France, hélas, nous avons eu 250 morts. Il y en effet, dans ce pays ami, qui est une grande démocratie, un certain nombre de pratiques, qu'il faut effectivement regarder de très près, et il faut aussi que la coopération entre nos services continue à rester à un niveau très élevé, car c'est un pays ami, c'est un pays allié.* » Jean-Jacques Urvoas, réagissant à l'enthousiasme manifesté pour ces camps, ironise en réponse sur Twitter : « [des camps] *dans lesquels les informations justifiant la détention ne sont communiquées ni au détenu, ni à son avocat, un modèle ?* » Jean-Jacques Urvoas est par ailleurs un soutien de Salah Hamouri, et défenseur des activistes du mouvement BDS. Ces précisions pour indiquer que ce genre de

---

[189] Radio J est une station radio communautaire juive qui partage ses ondes avec radio Shalom et RCJ (Radio Communautaire Juive). « *La plus traditionnelle* » des trois, « *elle diffuse également des informations communautaires et israéliennes, et des chroniques religieuses et culturelles* » (Wikipédia).

profil, même s'il est très rare, existe à l'Assemblée nationale, et qu'on n'en rencontre aucun dans cette commission d'enquête. Guillaume Larrivé, sans répondre à l'objection, reste droit dans ses bottes sur les réseaux sociaux : « *Jean-Jacques Urvoas, Israël, oui, est un exemple de résilience antiterroriste et une démocratie vivante, une Nation courageuse, qu'il faut respecter.* » Dans sa contribution finale il dénonce par ailleurs justement : « *La responsabilité politique des autorités ayant laissé s'installer un véritable chaos migratoire doit être mise en cause. Il est totalement déraisonnable que le continent européen ait pu tolérer, en 2015, 1,8 million de franchissements irréguliers de ses frontières extérieures sans aucun contrôle effectif sur l'identité des personnes ainsi accueillies en Europe. L'accélération de ces entrées à compter de septembre 2015, alors même que la France avait été frappée en janvier 2015, est une faute historique. Le rapport démontre que, parmi les auteurs des attaques de la France en novembre 2015, des individus étaient arrivés en Europe, avec de faux passeports syriens, en passant par la Grèce, parmi les flux de migrants clandestins.* » Et plus loin : « *Dès lors que tous les Français ayant frappé le territoire national en 2015 étaient déjà connus, à un titre ou un autre, des services judiciaires, pénitentiaires ou de renseignement, la question nationale centrale me semble être de réussir — en aval de l'identification mais en amont du passage à l'acte — à mettre hors d'état de nuire les individus repérés comme susceptibles d'attenter à la sécurité nationale. Certains de ces individus doivent être incarcérés en vertu des dispositions pénales. D'autres ne le peuvent pas. C'est pourquoi je crois nécessaire de donner au ministre de l'Intérieur le pouvoir d'assigner, dans un centre de rétention fermé, tout individu à l'égard duquel il existe des raisons sérieuses de penser qu'il constitue une grave menace pour la sécurité nationale ; ce nouveau pouvoir de police administrative serait soumis à un contrôle juridictionnel ad hoc.* » Où l'on comprend d'où vient l'idée israélienne des camps de rétention ! Plus judicieux aurait été de se demander plus simplement comment il a été possible que se produisent tous ces attentats, « *Dès lors que <u>tous</u> les Français ayant frappé le territoire national en 2015 étaient déjà connus, à titre ou un autre* », c'est-à-dire qui dans les rouages de l'État a *laissé faire et laissé passer*. La comparaison de la France avec Israël, au demeurant, est surréaliste, monstrueuse à la fois pour les Français et pour les Palestiniens, ne tient pas la route une seconde : ce pays a refusé farouchement, depuis le début des flux en 2015, à l'instar d'autres pays douteux comme l'Arabie Saoudite, d'accueillir le moindre migrant sur son sol, au motif de préserver son homogénéité raciale et culturelle. Et les « terroristes » qui sévissent contre les Israéliens ne sont pas des migrants salafisés, ou d'ex délinquants issu de l'immigration maghrébine ou africaine désaxés, bas de plafond, et en manque de repères, mais les véritables et originels habitants d'une terre qui leur a été volée par des millions de colons juifs à l'idéologie raciste et génocidaire, qui, après avoir fui l'inexplicable antisémitisme dont ils se sentaient victimes partout dans le monde, se sont immédiatement mis à les massacrer, les déporter, leur voler leurs terres, les interner dans des camps de rétention, ou les transformer en citoyens de seconde zone, les bombardant massivement au moindre jet de pierre ou de ballon de football[190].

Anne-Yvonne le Dain

Née à Versailles en 1955, Anne-Yvonne le Dain est une autre proche de feu le maire de Montpellier Gorges Frèche. Élue municipale puis régionale, en 2012 elle est devenue députée sous les couleurs du PS dans la deuxième circonscription de l'Hérault. Son soutien à Emmanuel Macron en 2017 lui coûte son investiture PS. Alors qu'en plus d'un candidat PS, elle fait face à une candidate LREM, sa circonscription passe dans le camp de La France Insoumise. On apprend sur le site *lagglorieuse.info* : « *prise d'une boulimie pantagruélique, elle fait partie des groupes d'amitié suivants : Algérie, Allemagne, Arménie, Brésil, Cambodge, Chine, Côte d'Ivoire, Espagne, États-Unis, Éthiopie, Ghana, Inde, Indonésie, Israël, Liban, Libye, Maroc, Sénégal, Tunisie, Turquie, Vietnam. Soit une kyrielle de 21 balades potentielles.* » L'appartenance à un groupe d'amitié permet en effet de « *voyager à l'œil aux quatre coins du monde pour des séjours d'une durée de quatre à huit jours* » Le blog qu'elle a tenu de 2010 à 2020 témoigne d'une naïveté confondante sur les questions géopolitiques. Ainsi, croyant à fond à la fable des « printemps arabes » elle conclut ainsi un article[191] : « *Tunisiens, Libyens, Égyptiens, Syriens témoignent ainsi que tous les peuples du monde aspirent à la démocratie.* » Peu marquée communautairement, elle assiste néanmoins en tant qu'élue à tous les événements sionistes et chaotiques dans sa région, où sa présence est inéludable. Sans être fantomatique comme son collègue Jacques Cresta, son rôle en tant que l'un des quatre vice-présidents de la commission d'enquête peut être résumé en deux adjectifs : négligeable et symbolique. Peut-être fallait-il faire figurer une photo de femme dans le haut de l'organigramme…

Jacques Cresta

Le nom de Jacques Cresta, dans les deux volumes du rapport de la commission d'enquête, n'apparaît, avec la charge de vice-président, que dans la liste préliminaire des 29 députés la composant, d'où la périphrase de « fantôme de la commission » qui résume bien le rôle nul qu'il a pu y jouer, pourtant pourvu d'un titre qui semble vouloir dire quelque chose. Né à Alger en 1955, Jacques Cresta a fait toute sa carrière politique au PS où il a adhéré en 1980. Député de la 1ère circonscription des Pyrénées-Orientales de 2012 à 2017, il a été membre de la commission des affaires étrangères de 2012 à 2014. Il a participé avec ferveur et enthousiasme à la création et l'inauguration, le 17 octobre 2015, du Mémorial du camp de Rivesaltes, et, en tant que vice-président de la région Languedoc-

---

[190] Authentique ! Entrez dans le moteur de recherche « Pub israélienne douteuse, la réponse fuse de l'autre côté du mur ».

[191] « 2011 aura l'année des révoltes du peuple », *anne-yvonne-le-dain.over-blog.com*, 30/12/2011.

Roussillon, a prononcé dans un discours un vibrant hommage à la culpabilité de la France pendant les-heures-les-plus-sombres-de-notre-histoire : « *Dans le Drancy de la zone Sud, comme le qualifiera Serge KLARSFELD, 2300 juifs en sont partis pour les camps d'extermination et des centaines de personnes y sont mortes de malnutrition, de froid et de dénuement, dont une très grande majorité de femmes et d'enfants.* » Le lexique de la piété, de rigueur en ces circonstances religieuses, n'en a pas été absent : « *Après un appel d'offres Rudy RICCIOTTI est retenu pour ériger ce Mémorial. Son projet est admirable de sobriété autant que de puissance. Son architecture qui est à la fois enfouie et surgie de terre amène par sa force et son monolithe à la contemplation et au recueillement.* » Plus généralement, il est l'un des ambassadeurs de l'Association Zakhor Pour la Mémoire, association sous le haut-patronage de son excellence l'ambassadeur de l'État d'Israël en France. Le 3 décembre 2014, il a voté, suivant l'immense majorité de ses collègues socialistes, pour la résolution visant à reconnaître un État de Palestine, mais on ne trouve pas trace dans son parcours — à la différence d'un Manuels Valls avant le retournement de veste qui permit à sa carrière de passer du point mort à la cinquième vitesse[192] — d'un engagement invitant au devoir de mémoire pour le peuple palestinien.

Meyer Habib, vice-président de la commission d'enquête

Pour Meyer Habib, principal vice-président de la commission d'enquête, et caricature de militant sioniste à passeport français, il est inévitable que nous nous étendions un peu plus. Il me semble en outre de bonne pédagogie, quitte à dévier quelques instants du sujet de cet ouvrage, de montrer avec tous les détails frappants quel type d'individu peut être choisi dans ce genre d'affaire pour occuper les postes-clés et orienter les enquêtes. Comme on va s'en rendre compte, le choix — comment imaginer un instant qu'un tel homme ait pu être « élu » ! — de Meyer Habib au poste de vice-président principal de la commission d'enquête est une monstruosité qui à elle seule suffit à légitimer la profonde méfiance qu'elle doit susciter.

Une carrière tout entière consacrée au sionisme et à la défense des juifs

---

[192] Cette étonnante histoire, si emblématique de l'état de pourriture et de dévoiement avancés des institutions françaises, est racontée dans « le vrai visage de Manuel Valls », publié aux éditions Facta en 2014 par feu le fondateur de la revue *Faits & Documents* Emmanuel Ratier.

Né à Paris en 1961, Meyer Habib est le fils d'Emmanuel Habib, l'un des dirigeants de la communauté juive de Tunisie, ami de l'ancien terroriste de l'Irgoun et Premier ministre israélien Menahem Begin. Il grandit dans le XIXème arrondissement de Paris où il reçoit une éducation juive traditionnelle à l'école Lucien de Hirsch puis au lycée Yabné. Dans sa jeunesse il a milité au Betar, une milice juive sioniste, à l'idéologie raciste et adepte de la manière forte pour convaincre ceux qu'elle considère comme ses adversaires. C'est ainsi que le 8 mai 1988, il a participé à l'agression de la manifestation nationaliste annuelle d'hommage à Jeanne d'Arc, au cours de laquelle sept personnes ont été blessées, dont une très grièvement. S'assagissant, il est passé dans les années 1990 de la lutte armée à la lutte intellectuelle en entrant au Conseil Représentatif des Institutions Juives de France (CRIJF). Sur son profil LinkedIn, on lit qu'« *il est successivement élu au comité directeur, au bureau exécutif, puis à la Vice-présidence. Il a par ailleurs été président de la commission "Israël". Meyer Habib est à l'origine de nombreux événements dont, le 22 juin 2003, les "12 heures de l'Amitié France Israël", qui a réuni plus de 50 000 personnes et plus de 100 parlementaires.* » En 2010, il manque même de devenir président du CRIF, battu par Richard Prasquier par 106 voix contre 61.

9 juin 2013, élection à la députation dans la 8ème circonscription des Français de l'étranger

Lors de sa campagne pour la députation à la 8ème circonscription des Français de l'étranger193, il a reçu l'appui public de Benyamin Netanyahou qui l'a présenté comme « *un bon ami de moi et un bon ami d'Israël* »194. Ses seuls concurrents sérieux195 affichaient tous le même pedigree ethnique et idéologique, plus de la

---

[193] C'est à la suite de la réforme de la constitution française de juillet 2008 que 11 circonscriptions des Français de l'étranger ont été créées (une première sous la République française) Chacune de ces circonscriptions compte en 2017 entre 137 000 et 185 000 électeurs inscrits). Pour donner une idée de la représentation, la 11ème circonscription, qui englobe toute l'Asie, toute l'Océanie, l'Europe de l'Est, compte 150 000 électeurs, le seul Israël de la 8ème en comportant 75 000 ! Les 11 circonscriptions ont été créées en même temps qu'ont été redessinées les autres circonscriptions métropolitaines. Le précédent redécoupage remontant à 1986.

[194] Nous recommandons le visionnage de la courte vidéo postée par Meyer Habib sur sa chaîne YouTube le 13 juin 2013, extraite du journal télévisé de la chaîne de télévision israélienne *Aroutz 10*, qui rend compte de son élection. Tout est en hébreu, mais comme l'homme répète inlassablement le même discours au long d'années, les quelques noms propres clés dont le reportage est parsemé permettent de tout reconstituer facilement. Mots-clés sur YouTube : « le député Meyer Habib sur Aroutz 10 ».

[195] Même si le taux de participation à l'élection a été le plus bas de toute l'Assemblée nationale, avec 4,27 % des inscrits, c'est avec une faible marge qu'il a battu la candidate UMP Valérie Hoffenberg (53,5 % vs 46,5 %).

moitié196 des 150 000 électeurs de la circonscription composant les bataillons de Français de papier sionistes ayant fait leur *alya* dans l'État juif, comme d'autres ces dernières années ont fait leur *hijra* et sont allés participer à l'aventure de l'État islamique, dont le succès fut certes plus éphémère que celui de l'État juif. Sa circonscription avait été créée et découpée lors de la réforme constitutionnelle de 2008, comprenant l'Italie, la Turquie, la Grèce, Chypre, Saint-Marin, le Vatican (!) et les « Territoires palestiniens »(!). À défaut d'œuvrer pour le bien commun, la représentation nationale est au moins dotée d'un solide sens de l'humour. Quand on passe en revue les interventions du très extraverti Meyer Habib, on se rend vite compte de son peu d'intérêt pour tous ces pays, à l'exception d'Israël, qui concentre l'écrasante majorité de ses électeurs, binationaux Franco-Israéliens comme lui197. Le 10 juin 2013, au lendemain de son élection, à laquelle il s'est présenté au pied levé, suite à l'invalidation de la députée Daphna Pozanski il a déclaré : « *Avec l'aide de Dieu, j'ai été élu au parlement français, et c'est une grande victoire pour le peuple juif.* » Lors de cette intronisation, l'hebdomadaire *Marianne* pointe le grand écart idéologique entre ce genre de déclarations et les valeurs revendiquées198 par l'Union des Démocrates et Indépendants (UDI), sous l'étiquette de laquelle il s'est présenté : « *Alors que sa circonscription comprend huit pays, dont l'Italie, la Grèce ou la Turquie, Meyer Habib se concentre exclusivement sur Israël pour faire campagne et amasser le plus de voix possible pour l'État hébreu. Pratiquant très fervent, il n'hésite pas à remercier le "tout puissant" dans une célébration n'ayant pas grand-chose à voir avec la laïcité... pour un candidat élu sous l'étiquette de l'UDI, parti pourtant héritier de la tradition radicale et républicaine* ». Sur son profil LinkedIn on lit encore : « *À l'Assemblée nationale,*

---

196 Cf « Législatives : en Israël, duel acharné entre Meyer Habib et Florence Drory », par Cyrille Louis, *le Figaro*, 14/06/2017.

197 Meyer Habib a acquis la nationalité israélienne à la fin des années 1970. Source : « Législatives partielles, Meyer Habib à l'Assemblée », *l'express.fr*, 10/06/2013.

198 Sur le site de l'UDI, sur la page « Nos valeurs », on peut ainsi lire : « L'UDI est l'héritière politique des Girondins de la Révolution française. Face à cette crise de la France jacobine, l'UDI propose donc de bâtir une France girondine. (...) Héritière des grands combats du Parti radical, qui est une de ses composantes, l'UDI est intransigeante sur la neutralité du pouvoir politique envers toutes les opinions spirituelles, sur l'absence de stigmatisation de telle ou telle orientation spirituelle, et sur la protection de la vie religieuse que chacun peut avoir, s'il le souhaite, dans sa vie privée. (...) Grande œuvre de progrès social du libéralisme républicain, la méritocratie est le droit pour chacun de réussir dans la société, à mesure de ses talents et de ses efforts. (...)La définition que l'extrême droite donne de l'identité française est en réalité ethnique : une couleur de peau, une culture, une religion. Sous couvert de nationalisme, elle défend ainsi le concept raciste d'une ethnie française blanche. En cela, elle n'est pas républicaine. Par conséquent, l'UDI rejette catégoriquement toute alliance, toute proximité d'idées, et tout vote, en faveur de l'extrême droite. » Il semble bien que, non sans humour, Meyer Habib ait choisi pour se présenter l'étiquette la plus antinomique avec les valeurs qui l'animent en réalité !

Meyer Habib est Vice-Président de la commission des affaires étrangères et est associé à la plupart des travaux parlementaires liés aux questions de lutte antiterroriste. Il fut ainsi vice-président de la commission d'enquête sur la surveillance des filières et des individus djihadistes en 2015, vice-président de la commission d'enquête sur les moyens mis en œuvre par l'État pour lutter contre le terrorisme depuis le 7 janvier 2015 en 2016, vice-président de la mission d'information sur les moyens de Daech. Il a aussi été également secrétaire du groupe d'études sur les chrétiens d'Orient, vice-président du groupe d'études sur l'antisémitisme. » Bref, Meyer Habib a imposé sa large carrure aux créneaux idéaux pour influer sur la politique intérieure et étrangère de la France pour le bénéfice d'Israël. Son implication aux côtés des chrétiens d'Orient est certainement encore plus factice que les diamants qu'il prétendait faire convoyer à ses gardes du corps (voir ci-après) : son engagement hostile et résolu contre les autorités syriennes qui en sont les premières protectrices dans la région suffit à éclairer l'insincérité de cet engagement.

Une activité inlassable en faveur des Juifs et d'Israël

— Le 23 décembre 2013, traumatisé par l'affaire Dieudonné qui occupe le devant de la scène, et reprenant sa casquette de membre du comité directeur du CRIF qu'il n'a pas quittée, Meyer Habib annonce qu'il réfléchit à une proposition de loi visant à faire interdire le geste de la quenelle, le geste antisystème popularisé par Dieudonné. Aveuglé par son imagination malade, il explique y voir « *un nouveau salut nazi et antisémite* ». Selon lui, « *la France ne doit plus tolérer sans réagir ces nostalgiques du IIIème Reich* ». Passant à l'acte, il fait enregistrer cette proposition de loi le 29 janvier 2014, heureusement en vain, avec le concours de huit autres députés parmi lesquels Jean-Louis Borloo. Ne pardonnant et n'oubliant jamais, et inquiet de sa reprise par nombre de Gilets jaunes dans les manifestations, il récidive le 24 janvier 2019 en la déposant sous forme d'amendement (rejeté) à la loi anticasseurs défendue à l'époque par le gouvernement.

— Le 14 juillet 2014, interviewvé par skype sur la chaîne israélienne *Aroutz 2*, il est invité à commenter une manifestation en faveur de la Palestine occupée dont il rend compte par un de ces énormes mensonges qui sont comme la ponctuation de sa respiration quand il enfile le masque du patriote français : « *Ce shabbat pour la première fois des offices et des prières ont été annulés dans le quartier de Belleville en raison de manifestations qui appelaient au meurtre des juifs, où l'on pouvait entendre "Mort aux Juifs", "nous allons vous tuer". Ils ont presque réussi à rentrer dans une synagogue hier. Ils sont arrivés jusqu'à l'entrée de la synagogue. S'il n'y avait pas eu une dizaine ou quinzaine de jeunes juifs pour la défendre, dont l'un d'entre eux est à l'hôpital en ce moment, ils seraient rentrés dans la synagogue. C'était comme lors de la "Nuit de Cristal", une intifada en plein Paris. Des dizaines de milliers de musulmans et de membres de l'extrême gauche. (...) Je l'ai dit, je l'ai écrit, ils vont tuer des juifs. (...) En plein cœur de Paris, sur la place de la République, non pas des centaines ou des milliers, mais des dizaines de milliers de personnes qui crient "Mort aux juifs", "Nous allons vous tuer".* » Il se présente par ailleurs comme « *très proche du ministre de l'Intérieur* » Manuel Valls, avec qui il s'est entretenu dans la matinée et clame sans complexe « *Je suis sioniste et j'en suis fier. Je suis le seul député sioniste du parlement.* ». Cette situation est au contraire très loin d'être unique, en revanche il est vrai qu'il est le seul à le crier sur les toits en toutes circonstances, au grand dam de ses collègues qui eux le sont uniquement par obligation politique, préférant dissimuler cette position infamante aux yeux de leurs électeurs.

— Le 25 juillet 2015 (article de *20 minutes199*), il appelle le commissariat du 19ème arrondissement de Paris, qu'il assimile sans doute à une portion de sa circonscription200, pour obtenir des informations sur une garde à vue en cours de deux voyous juifs arrêtés dans le cadre d'une bagarre de rue avec des musulmans. Retrouvant l'énergie qu'il déployait dans sa folle jeunesse de voyou juif, il s'est montré « *véhément. Il arguait que ses fonctions l'autorisaient à avoir instantanément accès au dossier de deux individus de confession israélite* », a précisé le policier sidéré qu'un élu de la République puisse tenter d'intercéder de la sorte. « *Il finissait par chercher à obtenir ma clémence en vue d'obtenir une levée de garde à vue immédiate des deux protagonistes car arguant selon lui qu'ils bénéficiaient de garanties de représentation et qu'ils ne pouvaient faire l'objet d'une telle mesure en cette période de jeûne de Tisha Beav* ».

– info *Le Parisien*[201] : « *Le 3 juillet [2018], le député s'est présenté à la réception du 126 rue de l'Université, une des entrées de l'Assemblée, accompagné de quatre personnes et d'un officier de sécurité armé. Ce dernier n'ayant pu présenter de badge d'accès, le chef de groupe a « légitimement expliqué qu'il ne pouvait entrer* », peut-on lire dans ce courrier. Le ton est monté et l'officier de sécurité a fini par tourner les talons pour entrer par le 128 rue de l'Université. Un peu plus tard, cet officier est revenu accompagné de Meyer Habib et a "délibérément provoqué les agents en ouvrant sa veste pour montrer (…) une arme portée à la ceinture." Meyer Habib a verbalement pris à partie le*

---

[199] « Coup de fil musclé entre le député Meyer Habib et un policier au commissariat du 19e », William Molinié, *20minutes.fr*, 05/08/2015.

[200] Le XIXème arrondissement de Paris est peuplé d'une très importante communauté juive organisée, dans lequel se sont installés de nombreux juifs d'Afrique du Nord dans les années 1950 et 1960, à l'époque de la décolonisation et des indépendances. C'est dans cet arrondissement qu'il a grandi et été formé communautairement, à l'instar du député Pierre Lellouche, dont l'influence sur les travaux de la commission a largement dépassé son statut de simple membre. Pour rappel, c'est en plein dans ce quartier juif du XIXème arrondissement, au 45 rue de Meaux, à 100 mètres d'un vaste Hyper Cacher, que les auteurs du massacre de Charlie Hebdo ont changé de véhicule dans des circonstances extrêmement opaques.

[201] « Sécurité : le député Meyer Habib perd ses nerfs », Jannick Alimi et Ava Djamshidi, *leparisien.fr*, 26/07/2018.

chef de groupe en insinuant qu'il lui était personnellement hostile pour « des raisons évidentes », « l'insinuation d'antisémitisme ne laissant aucun doute au chef de groupe », précise encore le secrétaire général de la questure. Contacté, Meyer Habib explique que les personnes qu'il accompagnait étaient des représentants de l'armée israélienne, invités par la commission des Affaires étrangères de l'Assemblée dont il est vice-président. Selon le député, la délégation n'entrait pas dans les locaux de l'Assemblée mais en sortait « ce qui ne posait donc aucun problème de sécurité. Nos invités se sont seulement trompés de sortie. » On ne demande évidemment qu'à le croire.

– Le 25 mai 2017, dans un entretien accordé à *Actualité juive* il explique : « *Sur le plan national, ma priorité reste la lutte antiterroriste. Il est essentiel de s'inspirer des méthodes israéliennes, les meilleures au monde, pour renforcer notre dispositif et anticiper la menace. À ma demande, le Premier ministre Netanyahou s'est d'ailleurs proposé de partager avec la France le savoir-faire israélien.* »/ "*Je continuerai à occuper le terrain sans rien lâcher sur mes grands combats : défense du judaïsme (shehita, kippa, mila, kavod hamèt), lutte contre l'antisémitisme et l'antisionisme, contre le boycott, pour la reconnaissance de Jérusalem, capitale d'Israël...*"/ "*Malgré toutes les propositions qui m'ont été faites, je reste fidèle à ma famille politique (LR-UDI), une valeur hélas en perdition. (…) J'ai un engagement républicain et défends la cause sioniste depuis plus de 40 ans. Sur Israël, tout nous oppose. Je suis croyant et profondément attaché aux valeurs de la Torah, ils sont laïcs, voire antireligieux. Je suis sioniste et viscéralement attaché à l'intégrité territoriale d'Eretz Israël, ils ne cessent de dénoncer les "colonies" et sont propalestiniens. Dois-je vous rappeler qu'en décembre 2014, lors du vote pour la reconnaissance unilatérale d'un État de Palestine à l'Assemblée nationale, sur 151 voix contre, une seule venait de la gauche ?*" Bref : en tant que défenseur inlassable de la Torah et du judaïsme, je reste fidèle aux valeurs laïques et républicaines de l'UDI. Est-ce que c'est du lard ou du cochon ?

– Le 15 novembre 2018 (*Marianne*[202]), "*Dernière frasque de Meyer Habib : il a utilisé son statut d'élu de la nation française pour tenter d'influer sur le cours d'une élection israélienne. Ce lundi 12 novembre, dans un courrier adressé aux habitants de sa circonscription, signé de sa fonction de député et à en-tête de l'Assemblée nationale, il livre une consigne de vote concernant le second tour de l'élection municipale à Jérusalem. « Le choix du prochain exécutif municipal impactera de manière déterminante le devenir de la capitale indivisible d'Israël et du peuple juif depuis 3 000 ans », écrit-il, affirmant qu'il est « essentiel de voter en conscience ».* Et de comparer les mérites respectifs des deux candidats en lice pour devenir maire de Jérusalem, entre lesquels notre député a clairement fait son choix : '"*Si je ne connais pas Ofer Berkovitch, je connais bien en revanche Moshé Léone depuis plus de vingt ans. C'est un ami. Par-delà ses*

---

[202] « Quand le député Meyer Habib utilise son mandat pour influencer une élection en Israël », Hadrien Mathoux, *marianne.net*, 15/11/2018.

qualités humaines évidentes, je peux aussi témoigner de son attachement sans faille à l'intégrité d'Eretz Israël (la terre d'Israël, NDLR), à l'indivisibilité de Jérusalem, aux valeurs du judaïsme ainsi que de sa forte implication sur les questions sociales". Le député souhaite donc à Moshé Léone *'bonne chance et lui exprimer publiquement donc [son] amitié et [son] soutien dans cette élection cruciale'.* Bref : en cette circonstance, Meyer Habib s'est activé, en faveur d'un « ami », comme si Israël était un département français, ou si, pour mieux refléter sa vision du monde, la France était un département d'Israël.

– En février 2020, il appelle sur Facebook les Français à ne plus se rendre en Tunisie qu'il compare à l'Iran sur l'échelle des pays hostiles à Israël : « *La Tunisie érige la haine d'Israël en politique d'état, boycotte un sportif franco-israélien. Allez-vous continuer à vous y rendre et cautionner ?! Alors que l'Égypte et la Jordanie ont conclu des accords de paix, que l'Arabie Saoudite, les Émirats arabes unis, le Bahreïn ou le Maroc ont engagé une normalisation des relations avec Israël, la Tunisie s'enfonce dans la haine obsessionnelle et suit les traces de l'Iran. Même le sport n'est pas épargné. Quelle tristesse !* »

— Début avril 2020 : Meyer Habib, malgré son statut de vice-président de la commission des affaires étrangères à l'Assemblée nationale, est l'un des quatre députés à décider de se confiner à l'étranger, en l'occurrence la station balnéaire d'Eilat, en Israël. Une fois sur place, il tweete sa colère quant au non-respect par les Gazaouis des gestes barrières, illustrant son propos par une photo de fidèles dans une mosquée datant de... 2017. *L'humanité* qui signale cette grossière manipulation rapporte également : *'Deuxième tweet du ci-devant Meyer Habib, le même jour : "Pour info #Israël envoie tous les jours des camions humanitaires à #Gaza et à l'AP [Autorité Palestinienne, NDA]." Pour info au VP [vice-président] de la commission des Affaires étrangères : cette "aide" israélienne se borne à généreusement consentir à laisser passer des convois internationaux dans la bande de Gaza. Que l'on sache, le blocus inhumain imposé depuis treize ans par Israël n'a pas été levé, aggravant les conditions de vie des Palestiniens et donc favorisant la propagation du virus.'*

Ce qui est *comique*, et signe d'une mauvaise foi tout de même carabinée, c'est qu'il n'a de cesse de se plaindre d'être catalogué dans certains articles et par certains députés pour sa très grande proximité avec Benyamin Netanyahou, qu'il est le premier à afficher en toutes circonstances. Une proximité qui va si loin qu'il a payé pendant de nombreuses années des voyages privés du Premier ministre israélien et sa famille à l'étranger, parfois financés par le Groupe de joaillerie Vendôme dont il est toujours Directeur Général en 2020, et dont sa femme Virginie est la présidente du conseil d'administration depuis 1996. Venons-y.

Autres activités professionnelles et mélange des genres

L'inlassable activité communautaire qu'il a commencé à mener dès sa venue au monde ne l'a pas empêché de mener en parallèle une carrière d'homme d'affaires qui l'a mené de directeur adjoint du groupe d'horlogerie Citizen à la direction générale du groupe de joaillerie Vendôme, spécialisée dans le diamant. Il lui arrive toutefois de s'emmêler les pinceaux dans ses différentes activités, au point de mélanger douteusement les genres, Aziz Amouri rapporte ainsi dans *Le point* fin 2014 l'anecdote suivante : *'Depuis cet été et ses prises de position favorables à Israël, le député UDI Meyer Habib est protégé par quatre policiers du Service de la protection (SDLP, ex-SPHP). Directeur général de Vendôme SA, spécialisé dans le diamant, le parlementaire poursuit ses activités professionnelles si l'on en croit sa déclaration d'intérêt et d'activité remise à la Haute Autorité pour la transparence de la vie publique. Alors qu'il souhaitait transporter de la marchandise dans le cadre de sa fonction de chef d'entreprise, il s'est heurté à une fin de non-recevoir de la part des policiers chargés de sa protection. Ils ont exercé leur droit de retrait. "Il voulait convoyer près de 20 000 euros de diamants. Nos collègues de la protection rapprochée ne sont pas formés à ce genre de mission qui relève du transport de fonds privés", assure un syndicaliste. "Ils se sont trompés, il s'agissait de produits factices", rétorque l'élu au Point. Sa protection a été maintenue par le ministère de l'Intérieur, mais, désormais, les officiers de sécurité ne l'autorisent plus à monter dans leur véhicule.'* Cette protection aurait été certainement plus utile aux journalistes de *Charlie Hebdo*.

Par on ne sait quel concours de circonstances obscur, le nom de Meyer Habib est apparu de façon lancinante — un peu à la façon du « kiosquier de Charlie » Patrick Deschamps — dans « l'escroquerie du siècle » à la taxe carbone, qui a permis au début des années 2000 à un groupe de malfaiteurs juifs franco-israéliens, de détourner près de deux milliards d'euros de TVA fictive soutirée à l'État français en achetant et revendant des droits à polluer mis en bourse par les sociétés émettant trop ou pas assez de CO_2, cette substance aussi mystérieuse insaisissable que la « terreur » ou le Sars Covid 2, contre lesquels nous sommes officiellement entrés en guerre afin de « sauver le climat », « défendre la démocratie », et éviter une plus qu'incertaine résurgence de la terrible peste noire du XIVème siècle. Cette affaire est très bien résumée par l'écrivain Hervé Ryssen dans *Les milliards d'Israël*, dont nous pouvons recommander la lecture, puisque seule sa couverture suggestive a contribué à mener son auteur en prison[203]. La

---

[203] Hervé Ryssen a été condamné à plusieurs mois de prison ferme le 20 septembre 2020 pour « injure, de provocation et de diffamation publique en raison de l'origine, de l'ethnie, la nation, la race ou la religion ». Il est frappant que les médias qui ont discrètement rendu compte de cette condamnation scandaleuse pour délit d'opinion aient soigneusement évité d'aller dans le détail de l'œuvre considérable et fort bien documentée de cet écrivain, dont la tare est sans doute de se focaliser sur le radicalisme juif plutôt que sur le radicalisme musulman. Il a été également condamné pour l'image de couverture de son livre *Les milliards d'Israël* (Baskerville, 2014), la justice n'ayant pas considéré comme circonstance atténuante son méticuleux et convainquant exposé sur l'escroquerie à la taxe carbone, escroquerie malheureusement — concernant son volet français – juive d'un bout à l'autre de la chaîne, et qui a coûté près de 3 milliards d'euros à l'État français.

figure centrale de cette escroquerie est un certain Arnaud Mimran, un homme avec beaucoup de loi judaïque mais très peu de loi humaine. Non seulement il n'a pas donné l'exemple aux écoliers à qui on bourre le crâne avec le réchauffement climatique provoqué par leurs expirations trop fréquentes, mais son parcours est proprement semé des cadavres de ses ex-complices. Ainsi son principal associé Samy Souied, qui tombe le 14 septembre 2010 de six balles lors d'un rendez-vous donné à la Porte-Maillot, où il devait récupérer une bague à tête de mort fabriquée par le groupe Vendôme, estimée entre 12 000 et 15 000 euros, imitation de celle portée portée par la femme de Mimran, bague livrée gratuitement à toute vitesse par le groupe parce que, dixit Virginie Habib, Arnaud Mimran « *est un ami* ». L'escroc Arnaud Mimran et le républicain Meyer Habib sont en effet tellement amis, qu'au-delà de s'être affichés publiquement ensemble pendant de longues années, ils ont partagé leurs relations et fait des affaires ensemble. Ainsi c'est Meyer Habib qui a présenté Arnaud Mimran à son meilleur ami Benyamin Netanyahou, ce qui a donné le désir à Mimran d'imiter son ami en faisant un don d'un million d'euros au Premier ministre israélien et en lui ouvrant les portes de sa luxueuse maison de vacances (dont le voyage était payé par Meyer Habib ?). Dans la vaste enquête que le site *Mediapart* a consacrée à cette affaire, on peut lire que « *Des documents officiels montrent qu'Arnaud Mimran a créé en Israël une société avec le député français Meyer Habib, homme de confiance de Benjamin Netanyahou. L'entreprise a été constituée juridiquement et domiciliée par le cabinet de l'avocat et confident du Premier ministre israélien.* » Interrogé sur cette révélation, Meyer Habib n'a évidemment pas eu trop de mal à trouver une explication : oui il a bien ouvert une société avec celui qu'à l'époque il considérait blanc comme juif, un entrepreneur honnête dont rien ne pouvait laisser présager au début des années 2000 les dérives futures, mais « *Elle n'a pas fonctionné, même pas une journée. Il n'y avait pas de compte bancaire, pas de transactions.* » Arnaud Mimran "*souhaitait [le] faire figurer dans cette société parce qu'[il] connaissait bien Israël*". « *Mais, à ma connaissance, cette société n'a jamais eu la moindre activité, n'a jamais fait le moindre chiffre d'affaires, n'a jamais eu de compte en banque et, en toute certitude, ne m'a jamais rapporté le moindre centime.* »[204] À quoi aurait-elle pu bien servir ? Telle est la question que personne n'a eu l'idée de lui poser, mais à l'évidence, Meyer Habib n'est pas un homme à qui l'on ose poser beaucoup de questions, et dont on se paie sans trop sourciller des éclairages, même s'ils semblent toujours loufoques, dans le meilleur des cas. Enfin bon, en France, *Israël uber Alles* ; il y a plus de risque à aller en prison quand on s'y attaque de front, comme Hervé Ryssen, qu'à s'en faire le défenseur inconditionnel.

Autre exemple mineur de mélange des genres — en comparaison ! — : en 2014, pour justifier l'embauche de son fils Emmanuel, qui par ailleurs se répand sur

---

[204] cf. « Mafia du CO2 : les nouvelles connexions d'Arnaud Mimran avec le clan Netanyahou », par Fabrice Arfi, 09/06/2016.

tweeter en propos haineux contre les Français, comme « assistant-chauffeur » sur sa cassette de député, en CDD à temps partiel, il s'est contenté d'arguer que ce dernier avait eu « la mention au BAC »205, ce qui n'a pas entraîné de cabale médiatique et judiciaire contre lui, à l'instar d'un François Fillon ou d'un Alain Marsaud. C'est passé tel quel !

De suspectes réactions après le massacre de Charlie Hebdo

Revenons à notre sujet… Par un hasard étonnant qu'il faut souligner, même s'il n'est pas significatif, Meyer Habib est l'un des premiers[206] arrivés sur les lieux du massacre de *Charlie Hebdo*, rue Nicolas Appert, sur les talons (à trois mètres de distance sur la photo) de son ami le Premier ministre Manuel Valls, mais ce sont ses déclarations à chaud qui ont surtout défrayé la chronique. Le 7 janvier, le jour même donc de l'attentat, il établit un lien entre le massacre et l'adoption par le Parlement le 4 décembre 2014 de la résolution appelant à la reconnaissance d'un État de Palestine. Il écrit ainsi dans un communiqué : « » *On a tué Charlie Hebdo », ont proclamé les islamistes armés après avoir pris 12 vies ce matin. Demain, si l'importation du conflit israélo-palestinien continue d'être favorisée en France par des textes comme celui de la résolution de reconnaissance unilatérale de la Palestine, et si les mesures législatives contre les terroristes ne sont pas plus téméraires, ils crieront "On a tué la France". La responsabilité des membres de l'Assemblée nationale sera alors pleinement engagée[207]. »* Dans la soirée il livre à la deuxième chaîne d'information d'Israël d'autres éléments d'analyse et de mise en perspective : « *C'est un triste jour. C'est notre 11 septembre. Les terroristes ont frappé de façon meurtrière pour la première fois à l'école juive de Toulouse en 2012, et ensuite au Musée juif de Bruxelles (en 2014). Nous avons averti que cela toucherait aussi toute la France,*

---

[205] « Transparence : 20 % des députés ont embauché un membre de leur famille », Ivan Valerio, *lefigaro.fr*, 28/07/2014.

[206] On relèvera aussi l'arrivée quasi instantanée des avocats Richard Malka et Patrick Klugman, qui défendront à l'automne 2020 des parties civiles du procès des attentats, axant toute leur plaidoirie sur le mobile antisémite et la terrifiante montée de l'antisémitisme en France. Comme l'a fait remarquer Me Klugman dans un long entretien accordé au *Point*, premiers arrivés sur les lieux du massacre, ils ont été les derniers à plaider lors du procès : « *Le 7 janvier 2015, quelques minutes après les faits, je me suis trouvé aux abords de la rue Nicolas-Appert.(…) Plus de 5 ans plus tard, les circonstances indépendantes de notre volonté, le bouleversement de votre calendrier ont voulu, comme une boucle qui se referme, que nous finissions ensemble les plaidoiries des parties civiles… Que ma voix devancerait la sienne pour que s'achèvent enfin par un verdict ces froides journées de janvier qui ont fait basculer notre pays dans la tristesse et la peur.* »

[207] « *Charlie Hebdo* : Habib (UDI) fait un lien avec la Palestine », *lefigaro.fr* avec *AFP*, 07/01/2015.

et à notre grande tristesse, cela s'est produit. » Le site *timesofisrael.com* qui rapporte cette intervention s'étonne par ailleurs : « *Bien que l'attaque n'était pas antisémite et que les Juifs n'y ont pas été particulièrement visés, "les Juifs sont toujours en première ligne", a-t-il déclaré. Je suis menacé, comme tous les autres Juifs* ». *Dans l'ensemble, a-t-il dit, les djihadistes* « *veulent détruire toute l'infrastructure de la France* ». *Il a déclaré que les responsables juifs étaient concernés par l'impératif de protéger 200 synagogues et des dizaines d'écoles.* « *Il y a 400 000 Juifs dans la seule région de Paris* », *a-t-il noté. Pour la première fois depuis la fondation de l'État, la France est arrivée en tête de la liste des pays d'où les immigrants sont partis pour rejoindre Israël — Environ 7 000 personnes ont fait l'alya. C'était le mouvement le plus important de Juifs français vers Israël depuis la fondation de l'État. En 2013, l'alya. Des Juifs de France avaient concerné seulement la moitié de ce chiffre.* »

Trois remarques ou rectifications d'inégale importance ici s'imposent :

1) Meyer Habib reprend exactement le même argument délirant, *et très suspect,* employé par Netanyahou en octobre 2014 pour expliquer un attentat *à venir* en France : le soutien ostensible à la cause palestinienne va entraîner en rétorsion l'organisation d'attentats djihadistes sur le sol français, ce qui est répétons-le, aussi absurde que si l'on disait que « la lutte enfin résolue contre la pédophilie va avoir pour conséquence une flambée sans précédent des viols d'enfants », ou que « si l'on pousse l'on pousse les radiateurs, la température va baisser », ou encore que « le passage de l'alcoolisme à la sobriété augmente radicalement les risques de faire un coma éthylique ». Et c'est *le jour même du massacre* qu'il ose répéter les prophéties menaçantes de son ami Netanyahou de toujours dont il est le « représentant en France », et dont il sera le poisson-pilote lors de sa venue en France quelques jours plus tard pour participer à la manifestation du 11 janvier en tête du cortège des chefs d'État.

2) À la date du 7 janvier, l'attaque de l'Hyper Cacher n'a pas encore eu lieu, aucun juif n'a été menacé, aucune recrudescence des agressions antisémites n'a été observée. Pourquoi dès lors si tôt tirer toute la couverture vers les juifs ? C'est comme s'il anticipait le passage à l'acte d'Amédy Coulibaly deux jours plus tard, en développant à contretemps des éléments de langage prévus de longue date.

3) Il étale un culot formidable quand il s'effraie de l'augmentation des « alyas ». Dans l'un de ses spots de campagne électorale de mai 2013, il évoque, sa femme à ses côtés, la ville de Jérusalem en arrière-plan, l'engagement sioniste passé et présent de toute sa famille, évoquant comme un titre de gloire familiale que son frère soit commandant dans l'armée israélienne, que son fils aîné ait fait son alya, et que son second s'apprête à la faire, affichant ainsi sans complexe sa préférence pour un pays étranger qu'il n'est pas hyperbolique de qualifier d'État le plus raciste du monde. Et remarquons que sans cette alya massive jamais Meyer Habb n'aurait eu la moindre chance d'être élu un jour député à l'Assemblée nationale puisque la moitié des 150 000 électeurs de la 8ème circonscription des Français de l'étranger est composée de Français sionistes ayant fait leur alya en Israël !

Même en ne tenant pas compte de ces contradictions, toutes ses sorties médiatiques sont frappées du sceau de la malhonnêteté, du délire, de la haine, du radicalisme judaïque le plus échevelé — qui eussent dû être rédhibitoires — cette seule série du 7 janvier 2015, aurait dû lui interdire l'accès à quelque rôle que ce soit dans la commission d'enquête parlementaire sur les attentats ayant frappé la France en 2015.

Une contribution finale qui signe sa duplicité

Dans sa contribution finale au rapport de la commission d'enquête, il ne peut s'empêcher comme à son habitude, l'intellect déformé par son obsession, de tordre les faits dans les intérêts d'Israël. Ainsi s'indigne-t-il : « *On ne peut adopter des lois contre le terrorisme et, dans le même temps, entretenir des relations avec des États qui soutiennent le terrorisme, l'abritent, le financent ! Le terrorisme ne se développe que parce que des États lui apportent leur concours logistique, financier, idéologique, et militaire. Et ces États islamistes, sunnites ou chiites, nous les connaissons et, hélas, les fréquentons : l'Iran, la Syrie, l'Arabie Saoudite, le Qatar, d'autres encore.* » À elle seule cette remarque jette la suspicion sur la nature véritable de son rôle dans cette commission d'enquête. Contre toute évidence, il a placé la Syrie et l'Iran en première position des pays soutenant le terrorisme, alors que ce sont les premiers à en être victimes : en Syrie c'est par milliers que se comptent les attentats et assassinats et massacres perpétrés par des groupes djihadistes depuis 2011, dont certains combattants ont été soignés dans les hôpitaux israéliens, la Syrie qui a proposé à la France son aide dans la lutte antiterroriste en échange du rétablissement des relations diplomatiques, la Syrie, un pays *martyr* que ce sombre individu ose aligner sur le banc des coupables pour la seule raison qu'il s'agit d'un soutien historique indéfectible à la cause palestinienne, et adversaire résolue de l'entité sioniste… L'Iran, de son côté n'a menacé ni meurtri aucun pays depuis des lustres, ayant en revanche à déplorer régulièrement les assassinats ciblés des dirigeants de son programme nucléaire, perpétrés par le Mossad, l'Iran qui est comme la Syrie l'un des seuls pays au monde à afficher ouvertement sa franche hostilité à Israël… Le placement du Qatar et de l'Arabie saoudite dans cette liste est correct, mais dans cette position, leur rôle en effet fondamental s'en trouve fortement atténué. Il semble bien que suivant un accord non formulé il ait été décidé de ne pas trop charger ces deux derniers pays dans le cadre de la commission d'enquête.

Dans leur contribution finale ou lors des auditions, certains commissionnaires pointent cette énorme lacune. Ils n'ont pas le courage ou la latitude d'appeler un chat un chat, mais quand on connaît le virage net adopté par la France dans sa politique étrangère au Proche et Moyen-Orient depuis les années 2000, l'enjeu est transparent :

Alain Marsaud a été, rappelons-le, le plus clair sur ce point : « *Après consultation du rapport, je souhaite apporter la contribution suivante. En premier lieu, le rapport m'apparaît insuffisant en ce qui concerne la recherche des causes des attentats qui ont frappé la France au cours des deux dernières années. On doit en effet considérer que la politique étrangère de notre pays, quelle que soit l'opinion que l'on peut en avoir, est vraisemblablement le principal élément ayant déterminé les auteurs à commettre leurs assassinats de masse. D'autant qu'un certain nombre d'entre eux provenaient directement des pays dans lesquels nous sommes militairement engagés. J'aurais souhaité que le débat devant notre commission recherche ces éléments de responsabilité d'une part pour les décrire et d'autre part pour éviter de nouvelles fautes ou maladresses. On aura ainsi à travers des centaines de pages, évoqué des opérations qualifiées de guerre par les plus hautes autorités de l'État sans en évoquer les causes. C'est à mon sens la carence la plus importante de ce rapport qui semble ignorer la politique étrangère de la France. »*

Et tous, Meyer Habib en tête, oublient bien évidemment Israël dans la liste d'États soutenant le terrorisme, alors qu'il devrait apparaître en toute première position en lettres capitales. Je renvoie à la liste sommaire des opérations sous faux drapeau énumérées dans la seconde partie, dont l'État juif est le spécialiste mondial, depuis sa création en 1948, et en fait bien avant la progressive agrégation de la diaspora juive, tout au long du XXème siècle, après la déclaration de lord Balfour de 1917 autorisant la constitution d'un « foyer national pur le peuple juif en Palestine », en une entité géopolitique matérialisée par des frontières sur la carte du monde.

Bref, si l'on avait voulu rendre impossible l'exploration de la piste de l'opération israélienne sous faux drapeau, la nomination à la vice-présidence de la commission d'enquête de Meyer Habib, *député d'Israël*, représentant de Benjamin Netanyahou et porte-parole du Likoud en France, était le verrou idéal.

Tout sonne faux chez cet Israélien à passeport français qu'est Meyer Habib : son rattachement au parti laïc et républicain l'UDI, les diamants « factices » qu'il fait convoyer par ses gardes du corps, l'innocence de son association avec Arnaud Mimran, figure principale du casse du siècle de l'escroquerie à la TVA sur le marché d'échange des droits à polluer de CO_2, l'emploi d'assistant-chauffeur donné à son fils néobachelier sur sa cassette parlementaire, sa dénonciation des États terroristes que seraient la Syrie et l'Iran, son engagement aux côtés des chrétiens d'Orient, sa promotion inlassable d'Israël comme modèle de la lutte contre le terrorisme, ses jérémiades sur la multiplication des alyas que chacun dans sa famille fait par inclination et qui lui ont permis de devenir député, ses récits de manifestations propalestiniennes où des dizaines de milliers de manifestants crieraient « morts aux juifs », ses appels à enfoncer économiquement la Tunisie, le pays qui l'a vu naître, pour sa réticence à coïter tout de bon avec Israël, son interprétation-éclair du massacre de Charlie Hebdo, son arrivée tout aussi éclair sur les lieux dans les talons de Manuel Valls, son inlassable promotion d'Israël comme l'État le plus moral et le plus humaniste du monde, le contraste entre le poids énorme qu'il a pris dans la vie politique française et les affaires de l'Assemblée nationale sur des enjeux stratégiques depuis 2013, et son statut de parlementaire néophyte et représentant pour l'essentiel des Français de papier ayant pris fait et cause pour Israël.

Et quand on entre le mot « polémique » associé à son nom sur un moteur de recherche, on tombe sur des dizaines d'affaires, dérapages, outrances verbales, qui signalent un homme dérangé mentalement, déformant sans cesse les faits, s'exprimant sur un ton hystérique et insultant, dont la fixation passionnelle sur Israël et l'antisémitisme relève d'un fanatisme obsessionnel imbibé de graisseuse mauvaise foi. Sa nomination à la vice-présidence de la commission d'enquête est une hérésie parlementaire qui ne peut s'expliquer que par la volonté d'avoir dans la place des hommes au bon endroit pour surveiller le déroulement des travaux, aboyer sur les téméraires qui oseraient franchir certaines lignes rouges. Bref : protéger Israël, *über Alles.*

Le cancre Meyer Habib lors de l'examen en commission

Je clorais ce portrait en citant un extrait du chapitre *Examen en commission*, figurant à la fin du tome 1 de synthèse, qui est le verbatim intégral de la dernière discussion entre les commissionnaires, juste après la finalisation du rapport par Sébastien Pietrasanta. Tous ses collègues y ont eu accès et ont pu le consulter et c'est l'occasion pour chacun de s'en féliciter et de s'en démarquer sur certains points. Les « contributions finales » des sept commissionnaires ressemblent beaucoup aux interventions qu'ils ont prononcées en cette occasion. C'est pour nous également un moment émouvant puisque l'on découvre pour la première fois ces députés timides qui pendant six mois n'ont pas osé lever le doigt pour prendre la parole, le seul manquant à l'appel étant encore et toujours ce pauvre Jacques Cresta. Voici la transcription de la réaction de Meyer Habib. Si tu éclates de rire lecteur, je te rappelle que nous ne sommes pas dans une comédie et que l'échange suivant a réellement eu lieu :

M. Meyer Habib. *J'ai eu moi aussi beaucoup de plaisir à travailler au sein de cette commission, mais, pour être franc, je suis déçu par les propositions du rapport : la montagne accouche d'une demi-souris ! Nous ne sommes pas allés assez loin.*

Il n'y a rien dans le rapport sur la doctrine d'intervention. Certes, à cet égard, le ministre a anticipé sur nos conclusions, mais en grande partie grâce à nos travaux. Ainsi le délai maximal d'intervention a-t-il été limité à vingt minutes. On sait bien que les doctrines d'intervention sont très défectueuses, que ce soit ici ou aux États-Unis — à Orlando, le délai a été de deux heures et demie ! Il ne me semble pas non plus que le rapport évoque les primo-arrivants ni la possibilité de permettre à tout policier de tirer immédiatement, comme l'a fait le commissaire divisionnaire X, qui a certainement sauvé ainsi des dizaines de vies.

M. le président Georges Fenech. *Cette possibilité existe déjà !*

M. Meyer Habib. *Alors on n'en parle pas ?*

M. le président Georges Fenech. *Si : on le dit dans le rapport.*

M. Meyer Habib. *Comme Pierre Lellouche, je note aussi que certaines propositions sont beaucoup plus importantes que d'autres. Il aurait donc été* *préférable de classer les propositions en grands blocs avant d'entrer dans le détail.*

Comme Guillaume Larrivé, j'aurais aimé que le rapport revienne davantage sur les mosquées salafistes et leur financement. Le texte ne contient rien non plus sur l'éducation.

On pose des rustines partout, mais c'est à la source que nous devons combattre et détruire le djihadisme et le terrorisme mondial. S'il faut intervenir en Irak, en Syrie, au Yémen, faisons-le, et ne laissons pas certains pays avec lesquels nous entretenons des relations, avec lesquels nous flirtons, soutenir le terrorisme en fermant les yeux sur leurs activités, car il n'y a pas de bons terroristes, qu'ils soient chiites ou sunnites. Là-dessus non plus, pas un mot !

Qu'en est-il de la lutte cyber et sur les réseaux sociaux, en particulier Facebook ? On a dénombré 30 000 ou 40 000 tweets « Je suis Kouachi » ou « Je suis Coulibaly ». La loi devrait permettre d'intervenir immédiatement car, à cette échelle, il n'est pas possible d'ouvrir chaque fois une information.

Le rapport reste léger s'agissant de la faillite absolue du renseignement. Il formule des propositions, mais ménage tout le monde et en reste à la surface. Évidemment, il ne s'agit pas là d'une question politique : de tels événements auraient et ont pu arriver sous la droite comme sous la gauche. Mais, en termes de responsabilités, cette faillite devrait être clairement établie ; or le rapport ne le fait pas.

M. le président Georges Fenech. *Il aurait fallu le lire en entier : vous y auriez trouvé ce que vous dites. Nous y énumérons toutes les failles.*

(…)

M. Meyer Habib. *Vous avez raison, monsieur le président : je rentre tout juste d'une semaine en circonscription, et je n'ai pas encore lu le rapport.*

Voilà… Pour ce qui concerne la « circonscription », je mettrais sans trembler un gros diamant (factice) ou une bague à tête de mort du groupe Vendôme, sur Israël.

Sébastien Pietrasanta (rapporteur)

Né en 1977 à Asnières-sur-Seine, Sébastien Pietrasanta, fils d'une juive russo-égyptienne ayant fui l'Égypte de Nasser et d'un père italien, a fait toute sa carrière politique au PS, auquel il a adhéré dès 1994. Vice-président du syndicat lycéen Fédération Indépendante et Démocratique Lycéenne (FIDL), fondé en 1987 par des lycéens proches de SOS racisme et piloté par le militant sioniste Julien Dray, il a été également un militant très actif dans sa jeunesse de cette association fondée en 1983 par le même et Harlem Désir grâce à des fonds de l'Élysée, fondant lui-même une association pour lutter contre le racisme et les discriminations. Le choix de cette chasuble lui permet de rencontrer trois fois

François Mitterrand alors qu'il n'a pas encore 17 ans. Après deux années comme professeur d'histoire dans l'Éducation nationale (sa maîtrise avait porté sur des figures de l'extrême-droite française des heures les plus sombres de « notre » histoire), il est devenu le plus jeune conseiller municipal d'Asnières en 2001, avant d'en devenir le maire de 2009 à 2014. Il est également devenu conseiller régional d'Île de France de 2004 à 2012, puis député de la deuxième circonscription des Hauts-de-Seine en 2012, jusqu'à son retrait précoce de la vie politique en 2017. Lors de son unique mandat à l'Assemblée nationale il était membre de la commission des lois, et a été vice-président en 2013 de la Commission d'enquête sur le fonctionnement des services de renseignement français dans le suivi et la surveillance des mouvements radicaux armés, et co-rapporteur en compagnie de Guillaume Larrivé de la loi du 13 novembre 2014, qui a modifié la loi sur la liberté de la presse de 1880 afin de pénaliser les propos faisant l'apologie de terrorisme, en particulier sur internet et les réseaux sociaux, avec procédure de comparution immédiate à la clé. Le 27 février 2015, il a été nommé par le ministre de l'Intérieur Bernard Cazeneuve « parlementaire en mission », en compagnie de l'ancienne figure de SOS racisme Malek Boutih, pour produire un rapport, remis le 16 juillet, sur la « déradicalisation, outil de lutte contre le terrorisme ». Il a « *analysé les profils des personnes concernées par le phénomène de la radicalisation violente en lien avec les filières terroristes, et proposé un ensemble de 37 propositions visant à les réinsérer dans le socle républicain.* »

Son retrait de la vie politique en 2017 est en fait plus apparent que réel. À l'instar de tant de ses frères et sœurs républicomanes, il est parti dans le secteur privé faire fructifier ses réseaux constitués au service du bien commun en tant qu'élu. C'est ainsi qu'il est devenu consultant terrorisme pour la chaîne de désinformation *BFM TV*[208], puis qu'en 2020 il a co-fondé avec Georges Fenech et Patrick Menucci FMP (initiales de Fenech, Menucci et Pietrasanta), une société agréée par le ministère de l'Intérieur qui propose des séminaires de formation individuelle ou collective à la détection et à la lutte contre la radicalisation islamiste, à l'intention des agents et élus territoriaux.

Sinon, en parcourant son compte Twitter des derniers mois, on se rend compte qu'il « hait » Donald Trump, adore l'opposant à Poutine Alexei Navalny, est traumatisé par les insultes antisémites dont Miss Provence a été victime, est fan inconditionnel de l'avocat de Charlie Hebdo Richard Malka, est choqué par les violences policières racistes, ne s'est jamais remis du massacre d'Oradour-sur-Glane du 10 juin 1944, est très préoccupé par le réchauffement climatique, et considère Jean-Jacques Bourdin comme un modèle.

Anecdote éminemment symbolique, le 11 janvier 2015, suite à la réaction sur les réseaux sociaux de Dieudonné : « Ce soir, je me sens Charlie Coulibaly », il dénonce sur Twitter : « *Je souhaite que Dieudonné soit poursuivi par la justice*

---

[208] C'est en effet l'une des compétences qu'il affiche sur son profil LinkedIn.

pour apologie du terrorisme suite à ces propos scandaleux. » Et c'est en effet au nom de la loi du 13 novembre 2014 condamnant l'apologie en ligne de terrorisme dont il a été le rapporteur que l'humoriste a été poursuivi[209]. Ça ne s'invente pas !

Pour résumer : que serait la carrière de Sébastien Pietrasanta si la France, à peu près à l'époque où il en a reçu les papiers, n'avait pas ouvert en grand, et chaque année de plus en plus grand, ses frontières à tous les vents de l'immigration ? Lui-même fils d'immigrés chassés d'Égypte « parce que juifs », il s'est engagé corps et âme et avant même son BAC en poche dans la défense des immigrés et de l'immigration de masse, et la lutte contre l'inexplicable et pathologique défiance des Français originels contre cet apport génétique et culturel inestimable, puis quand les « chances pour la France » ont commencé à se révéler des malchances, il s'est mis en tête de les soigner en masse. Bref : l'itinéraire classique du pompier pyromane, ou plutôt du pyromane devenu pompier. Pour le reste, ses prises de position contre l'antisémitisme, contre Dieudonné, contre l'extrême-droite, en faveur du mariage pour tous, sont toutes également des marqueurs de l'adhésion aux valeurs de l'État profond. On relève peu de liens directs avec Israël sur la toile, mais pour que le système avance efficacement ses pions, tout le monde ne peut pas se permettre d'éructer grossièrement en première ligne comme Meyer Habib. Pour la plupart, comme Pierre Lellouche et Sébastien Pietrasanta, la taqiya sioniste est de mise.

George Fenech (président)

Avec Georges Fenech nous ne sommes pas dans la caricature du militant juif fanatique et obsessionnel, mais l'engagement inconditionnel en faveur d'Israël est encore là, net et sans bavure. Né en 1954 à Sousse en Tunisie, d'un père d'origine maltaise, et d'une mère « italienne de Tunis », nous dit Wikipédia, Georges Fenech a fait sa carrière dans la magistrature jusqu'à être élevé au grade de premier juge d'instruction à Lyon en 1994, puis vice-procureur au TGI de Bobigny en 2002, année où il est élu député du Rhône sous les couleurs de l'UMP. En mars 2008, il est sanctionné d'un an d'inéligibilité par le Conseil constitutionnel en raison d'infractions électorales liées à ses comptes de campagne. De 2008 à 2012, il a tout de même été choisi pour présider la MIssion interministérielle de VIgilance et de LUtte contre les Dérives sectairES (MIVILUDES), traversée du désert à la suite de laquelle il retrouve son siège de député aux élections législatives de 2012. À l'Assemblée nationale, il est

---

[209] Le mercredi 14 janvier 2015, à 7 heures du matin, dix policiers débarquent chez lui pour le placer en garde à vue, en application de la loi du 13 novembre 2014 condamnant l'apologie du terrorisme. Dans une vidéo depuis censurée, Dieudonné donnera les jours suivants des détails à peine croyables sur cette rencontre surréaliste. Le 18 mars 2015, Dieudonné a été condamné à deux mois d'emprisonnement avec sursis ainsi qu'à une amende de 10 000 euros, condamnation confirmée en appel le 21 juin 2016.

secrétaire des groupes parlementaires France-Qatar et France-Israël, membre de la commission des lois, et vice-président des groupes d'études sur l'antisémitisme, les chrétiens d'Orient, et la diversité et les discriminations liées à l'origine. Comme Meyer Habib, mais au poste inférieur de membre, il a participé de décembre 2014 à juin 2015 à la commission d'enquête sur la surveillance des filières et des individus djihadistes. En septembre 2014, rapporte *Panamza*[210], « *il a rejoint — en tant qu'avocat* [titre qu'il a obtenu mécaniquement grâce à son statut d'ancien député, NDA] *— le cabinet de Gilles-William Goldnadel, son "ami de 25 ans". Citoyen franco-israélien et agent médiatique de la mouvance sioniste, ce dernier est membre du comité directeur du Crif, ancien secrétaire national de l'UMP en charge des médias, avocat de Gregory Chelli alias Ulcan*[211]*, camarade du député UDI Meyer Habib, "ami" de Jeannette Bougrab et polémiste régulièrement invité par Audrey Pulvar (I-Télé). Détail à souligner : président de l'association France-Israël, Goldnadel se déclare "fier" d'être également "l'ami" du Premier ministre Benyamin Netanyahou* ». En 2015, puis en 2016, il participe en tant qu'intervenant à la

---

[210] « Attentats de Paris : la commission d'enquête célèbre Israël », *Panamza*, 01/06/2016.

[211] Les expressions de « djihadiste juif » ou de « judaïste radical » vont comme un gant à Gregory Chelli, alias Ulcan. Il est né en 1982, de parents, d'origine tunisienne, comme Meyer Habib et Pierre Lellouche. S'associant en 2008 à la Ligue de Défense Juive, il est condamné à 18 mois de prison avec sursis pour avoir participé à l'incendie de la moto de Thomas Werlet, le président du parti solidaire français. En 2009 Il a participé, encore avec la LDJ, au saccage d'une librairie « pro-palestinienne ». Mais il est surtout connu pour ses canulars téléphoniques malveillants aux conséquences parfois gravissimes, contre ceux qu'il considère comme des ennemis d'Israël. Pour n'en résumer qu'un : en juillet 2014, il a appelé, en se faisant passer pour la police, les parents du journaliste de *rue89* Benoit le Corre, pour leur faire croire que leur fils était mort. Il a ensuite appelé la police pour déclarer un meurtre à leur adresse afin de déclencher une intervention du GIGN. Terriblement secoué par ces événements, le père a fait un infarctus dont il est mort deux semaines plus tard. Ulcan a poussé le sadisme jusqu'à appeler ensuite le journaliste pour le narguer. Pour échapper à la justice française, Gregory Chelli, imitant la démarche des frères Belkacem et d'Hayat Boumediene (voir quatrième partie, chapitre « trois complices en cavale ») qui ont fui vers l'État Islamique la veille des attentats de janvier 2015, s'est réfugié dans l'État Juif, où il a l'assurance de bénéficier de l'immunité raciale : comme l'État islamique, l'État Juif n'a en effet pas d'accord avec la France permettant d'extrader les milliers de criminels juifs qui y affluent du monde entier afin d'y trouver refuge avec l'assurance d'y bénéficier d'une impunité totale. Dans le même esprit, les criminels psychopathes de son espèce n'y sont pas considérés comme des parias, mais parfois comme de véritables héros, à l'image d'un Baruch Goldsteïn, qui le 25 février 1994, a ouvert le feu à la Kalachnikov sur des Palestiniens en train de prier dans la mosquée du Caveau des Patriarches à Hébron, tuant 29 personnes et en blessant 125 autres, avant d'être abattu à son tour. Lors de ses obsèques, le rabbin Yaakov Perrin a osé clamer : « *Un million d'Arabes ne valent pas un ongle juif* », Le rabbin qui a contribué à sa radicalisation a quant à lui expliqué que Goldsteïn « *était plus saint que tous les martyrs de la Shoah* ». Baruch Goldsteïn continue d'être un objet de vénération en Israël.

sixième et à la septième convention nationale212 du CRIF. Le 4 décembre 2016 il anime en cette occasion un déjeuner-débat thématisé « la France face au terrorisme », en présence du président du CRIF Francis Khalifat. En septembre 2016, George Fenech effectue un voyage de deux jours en Israël pour étudier la détention préventive de prisonniers palestiniens soupçonnés de passer à l'action terroriste. Il s'est rendu dans la prison d'Ofer, un centre de détention implanté en territoire palestinien. Les personnes qui y sont emprisonnées, parfois pour une durée illimitée, ont été arrêtées sur décision du pouvoir politique, et non du pouvoir judiciaire. Le député est revenu enthousiaste de ce qu'il a vu, et dont il souhaiterait que la France s'inspire : « *Je pense qu'elle a un système qui a fait ses preuves, qui aujourd'hui est tout à fait conforme de mon point de vue au respect des libertés individuelles même si l'individu n'est pas passé à l'acte. Mais autant agir avant qu'il passe à l'acte quand on sait qu'il a toutes les caractéristiques pour commettre un attentat terroriste.* » Le 26 mai 2017, il publie une vidéo de soutien à la réélection de Meyer Habib à la députation de la 8ème circonscription des Français de l'étranger à destination des Français résidant à Malte, qui doivent être moins nombreux que ceux résidant en Israël, si l'on en juge par les 106 vues que comptabilise la vidéo en 2020 : « *Chers compatriotes de Malte, je dis bien "compatriotes" car mes ascendances sont maltaises. Mon*

---

212 L'événement est ainsi résumé sur le site Actualité Juive : « La 7e Convention Nationale du Crif s'est tenue le dimanche 4 décembre 2016 au Palais des Congrès, porte-Maillot, à Paris. Cette journée intense de réflexion et d'analyse a réuni de nombreux intellectuels. Placée sur le mode d'ateliers et de sessions actives pluridisciplinaires, les intervenants - philosophes, historiens, sociologues, politologues, juristes et journalistes - sont venus parler de laïcité, d'antisémitisme et d'antisionisme, de terrorisme, d'islamisme, d'immigration et de politique étrangère. Divisés en ateliers citoyens, en déjeuners ou en sessions plénières, les intervenants ont fait part de leurs préoccupations, analyses et sollicitude devant des sujets et des thèmes qui font l'actualité. Le public se pressait et assistait à toutes les sessions animées par de nombreux journalistes. On sentait ainsi que les problématiques soulevées suscitent quelquefois l'intérêt, l'émotion, le doute ou la peur. Francis Kalifat, Président du Crif remarquait à cet égard que "les thèmes les plus sensibles suscitent les réactions les plus citoyennes. Notre rôle, au Crif, est de provoquer le débat". En choisissant d'inviter des experts et de laisser place à l'analyse intellectuelle fine, en évoquant autant de questions citoyennes qui interpellent et intéressent l'ensemble de nos concitoyens, le Crif mettait en actes, en musique et en valeur l'attachement des Juifs de France à la République. En même temps, de nombreux thèmes plus spécifiques montraient également que les Juifs de France sont soucieux d'être entendus et respectés. Enfin, la problématique du boycott ou du conflit israélo-palestinien, par exemple, suscitait un grand intérêt. (...) Au final, ce sont près de 2 000 personnes, autour de quelque 50 intervenants qui ont assisté à cette journée intensive (...) Tout au long de la Convention, des centaines de posts ont été diffusés sur les réseaux sociaux (Facebook, Twitter, Instagram), faisant de la convention annuelle, une fois de plus, le sujet le plus discuté de la journée sur les réseaux, avec le hashtag #ConvCrif. Beaucoup de moments forts, d'interventions passionnantes autour des préoccupations des Juifs de France et plus généralement de la France. »

nom "Fenech", qui l'ignore à Malte, c'est votre plat national[213] ! Et donc je suis particulièrement légitime aujourd'hui, en tant que député français de vous dire : "Faites confiance à mon ami Meyer Habib, qui est votre député, dont la circonscription est très grande : Israël, l'Italie, mais la plus petite région maltaise fait partie de sa circonscription, et je sais à quel point il y est attaché." Meyer Habib est comme un frère pour moi. C'est un humaniste, généreux, dévoué, euh... compétent, qui est capable de traverser toute cette région pour aller sur un problème particulier. Vraiment, vous pouvez lui faire confiance. Meyer Habib, je l'ai vraiment encore plus apprécié lorsqu'il m'a accompagné lors de la commission d'enquête parlementaire sur les attentats de Paris, notamment le Bataclan, et j'ai vu à quel point il s'est investi dans la lutte contre le terrorisme. Voilà toutes les raisons qui me font dire que Meyer Habib mérite votre confiance. Il vous mérite mais vous le méritez aussi. Maha tarin, massa... Amitiés franco-maltaises. » On appréciera le caractère exclusivement tribaliste ou clanique de l'argumentaire.

Après sa défaite aux élections législatives, en 2017, il devient, comme Sébastien Pietrasanta, avec qui il fondera trois ans plus tard la société de conseil FPM, consultant TV pour le terrorisme, mais sur une autre chaîne de désinformation en continu : *CNEWS*.

Le 5 novembre 2017, il est reçu à New York par l'association Friends of ELNET (European Leadership NETwork), qui œuvre notamment « *au renforcement des relations bilatérales entre la France et Israël* », ce qui a été l'occasion d'échanger « *sur son engagement dans la lutte contre le terrorisme, la nécessaire coopération entre la France et Israël dans ce combat, et les perspectives politiques en France et au Moyen-Orient* ».

Après avoir constaté la faillite complète des médias à rendre compte des failles béantes de la version officielle du massacre Charlie Hebdo ; l'absence totale de sanction prise envers qui que ce soit au niveau des politiques, de la police, ou du renseignement ; révélé dans son détail l'existence d'un dispositif anticomplotiste (AC) destiné à dissuader et diaboliser les sceptiques un peu trop curieux, dispositif fonctionnant comme une escroquerie intellectuelle en bande organisée ; établis que la commission d'enquête parlementaire sur les attentats de 2015, au moins pour la partie Charlie Hebdo, consistait en une opération d'enfumage et de maquillage sous étroit contrôle israélien ; reste à nous rendre compte si le procès des attentats, qui s'est enfin tenu, plus de cinq ans après les faits, à l'automne 2020, a enfin ouvert certaines possibilités au niveau de l'enquête et de la compréhension des faits. Ayant commencé la rédaction du présent ouvrage un an avant sa tenue, je puis d'emblée dire que la rédaction de cette quatrième et dernière partie n'a pas du tout, bien au contraire, remis en

---

[213] « Mariné et cuit dans une sauce au vin rouge, servi en croûte ou bien frit assaisonné d'ail et de laurier et cuit dans du vin blanc, le ragoût de fenek (lapin) est en effet le plat national maltais. » (source : visiter-malte.com).

cause, la pertinence de son titre : « Charlie Hebdo : l'enquête impossible ». Le lecteur en a déjà eu un aperçu dans la première partie consacrée aux zones d'ombre, où je n'ai pu manquer d'insérer, a posteriori, les impasses faites par la cour d'assises spéciale, mais il y a plus grave : plutôt que d'honorer Thémis en confessant son impuissance à condamner des accusés en l'absence complète preuve, elle a livré au Moloch de la vengeance dix pigeons qui devaient aux yeux du grand public servir de boucs émissaires, tout en minimisant de façon flagrante les évidents signaux d'alerte envoyés par d'autres suspects. Nous allons à présent raconter comment nous sommes passés de l'enquête impossible à la mascarade judiciaire.

Partie 4

De l'enquête impossible à la mascarade judiciaire : automne 2020, le procès des attentats de janvier 2015

Introduction

L e dessein de cette quatrième et dernière partie n'est pas de fournir au lecteur un résumé complet du procès des attentats, qui s'est tenu, du 2 septembre au 16 décembre 2020, au flambant neuf Tribunal de Grande Instance de Paris, mais de mettre en relief les éléments tendant à montrer, si besoin était, que l'enquête sur le massacre de Charlie Hebdo a bel et bien été, du début du mois de janvier 2015 à décembre 2020, une *enquête possible*.

La lourdeur de certaines peines : perpétuité, 30 ans, 20 ans, 17 ans, la une triomphale du n° 1482 Charlie Hebdo titrant « Dieu remis à sa place », les éloges de la presse unanime à l'égard de la plaidoirie finale de l'avocat de Charlie Hebdo Richard Malka, ont pu donner l'impression aux masses flâneuses, à l'esprit castré et la capacité de concentration aussi limitée que celle d'un enfant de cinq ans, que le dernier mot avait été dit, qu'enfin la tragédie avait trouvé son épilogue juste et définitif. Rien n'est plus éloigné de la réalité. Comme nous allons le constater, malgré sa durée-fleuve, étalée sur près de deux mois si l'on rabote l'interruption due à un cas de Covid parmi les accusés, le procès n'a pas apporté le *moindre* élément supplémentaire permettant d'éclairer la planification et la mise en œuvre du massacre de Charlie Hebdo. Aucune des zones d'ombre cruciales passées en revue dans la première partie n'a été exposée et explorée avec toute la rigueur et la minutie nécessaires. Nous y avons déjà évoqué certaines graves lacunes, comme celle concernant l'abaissement de la sécurité des locaux de l'hebdomadaire politico-pornographique, dont l'escamotage — tout bien pesé — peut difficilement s'expliquer autrement que par la répugnance à provoquer le dévoilement de la vérité. Ainsi peut-on avancer que le procès des attentats s'inscrit idéalement dans la lignée de la commission d'enquête parlementaire qui a rendu ses conclusions en juillet 2021 : beaucoup de bruit pour rien.

Mais il y a pire : comme étaient présents dans le box des accusés une dizaine de pauvres diables, tous moins recommandables les uns que les autres, mais à l'évidence, pour presque tous, de pauvres diables, pour certains en détention provisoire *depuis plus de cinq ans*, pour qui les médias et certaines associations spécialisées dans les jérémiades et les persécutions judiciaires, annonçaient des sanctions exemplaires à grand renfort de tam-tam et de mégaphones, le procès s'est transformé en machine infernale pour ces derniers, débouchant sur un réquisitoire final délirant, exclusivement enraciné dans les sables mouvants de l'intime conviction, un verdict dans l'ensemble plus clément que les réquisitions du parquet mais une série de peines finalement extrêmement lourdes, disproportionnées, et peut-être, ce qui était sans doute inévitable vu l'issue qui avait été décidée à l'avance — à savoir la désignation de boucs émissaires —, des erreurs judiciaires avec la condamnation à 30 ans de prison, pour complicité d'assassinats terroristes d'Ali Riza Plat, un bandit proche d'Amédy Coulibaly, considéré comme son bras droit et qui n'a cessé de clamer avec aplomb et truculence son innocence tout au long du procès, ou la condamnation à 20 ans de prison d'un autre proche de l'assassin de l'Hyper Cacher.

Les noms d'Ali Riza Polat et D'Amar Ramdani, les plus lourdement condamnés à l'issue du procès, ne sont même plus ne serait-ce que prononcés dans les émissions de radio ou de télévision qui reviennent en 2021 sur le déroulement du procès, en s'émerveillant du fonctionnement de la justice française.

Tous les accusés sont liés de près ou de loin, parfois de très très loin, à Amédy Coulibaly, et donc à la prise d'otages de l'Hyper Cacher, et donc, par ricochet, puisque les deux affaires sont considérées comme n'en formant qu'une seule, au massacre de *Charlie Hebdo*. Ils sont accusés, à des niveaux divers, d'avoir participé au trafic d'armes qui a permis d'approvisionner Coulibaly, de lui avoir apporté une aide logistique, en étant au courant ou non de ses intentions. Ils sont censés former un réseau de complices de l'opération terroriste de l'Hyper Cacher de la Porte de Vincennes et sont jugés comme tels. *Aucun d'entre eux n'est lié aux frères Kouachi*, de près ou de très loin, ou alors de si loin et de manière si floue et isolée que toutes les accusations de collusion — et Dieu sait quelles tentatives désespérées l'accusation a faites dans ce sens ! — ressortissent avec le recul à de l'extrapolation abusive, raison pour laquelle, de l'avis unanime des commentateurs, ce qui est tout de même assez extraordinaire, les plaidoiries finales des avocats de la défense sont apparues dans l'ensemble plus convaincantes que celles des avocats des parties civiles ; raison pour laquelle, lors du verdict, la qualification « terroriste » de la participation à l'association de malfaiteurs a été abandonnée pour six des accusés, et les peines requises contre ces derniers divisées par deux lors du verdict.

Même si les onze[214] accusés présents dans le box, et les trois autres morts ou en cavale dans les zones syro-irakiennes, étaient exclusivement liés à

---

[214] Ils étaient en fait dix accusés puisque Christophe Raumel, l'ombre de Willy Prevost, comparaissait libre, en tant que prévenu, après avoir passé 39 mois en prison. Par commodité et souci de clarté nous utiliserons l'expression « onze accusés » tout au long

Amedy Coulibaly et à la prise d'otages de l'Hyper Cacher, il m'a semblé également important donner à voir qui étaient ces hommes et ce qui leur était reproché et les a menés en prison pour de longues années : pour comprendre en quoi a consisté au bout du compte le procès des attentats, dans lesquels figurait évidemment en bonne place le massacre de *Charlie Hebdo*, sujet central de cet ouvrage, mais aussi pour redonner relief et humanité à des hommes qui, aussi peu recommandables soient-ils pour la plupart, ont été complètement escamotés des commentaires dithyrambiques à la fin du procès, et ont joué pour la plupart — c'est mon intime conviction, qui en vaut d'autres — le rôle de boucs émissaires.

Je vais dans cette quatrième et dernière partie procéder en deux temps. Je vais d'abord brosser le portrait de chacun d'eux, en m'appuyant sur mes notes prises lors des quelques journées du procès auxquelles j'ai assisté, les entretiens que j'ai pu avoir avec certains de leurs avocats, et les récits des journalistes qui ont rendu compte du procès avec le plus de précision et d'assiduité, en particulier Karl Laske pour *Mediapart*, Yannick Haenel pour *Charlie hebdo*, et Sophie Parmentier et Charlotte Piret pour *franceinter.fr*.

Contrairement à d'autres aspects de l'affaire, les médias subventionnés[215] peuvent en effet ici être considérés comme des sources à peu près fiables, ce qui est finalement très rare en ces temps d'obscurcissement galopant de la liberté d'expression et de conscience. Cette exceptionnalité s'explique au demeurant de façon assez simple : le procès s'étant déroulé sur près de 60 jours, les audiences étant accessibles tous les jours à tout le monde, il n'était pas vraiment possible de mentir, déformer les faits, inventer, truquer ou dissimuler les déclarations et les faits comme il est d'usage quand il est question d'affaires brûlantes se déroulant dans des théâtres lointains, comme la guerre en Syrie depuis 2011 ou les élections étasuniennes de 2020. Par ailleurs, la première partie du procès a consisté en la succession des témoignages des survivants et proches de victimes du massacre de Charlie Hebdo à qui une place démesurée a

---

de cette partie. Nous n'oublions pas les trois autres accusés qui ont été les plus lourdement condamnés, Hayat Boumediene, ayant fui en Syrie le lendemain de la prise d'otages, et Mohamed et Mehdi Belhoucine, partis faire la guerre en Syrie cinq jours après le 9 janvier, présumés morts à ce jour.

[215] Nous n'incluons évidemment pas dans cette liste *Mediapart*, qui fonctionne sans publicité et atteint l'équilibre financier chaque année grâce aux abonnements payants de ses lecteurs. Force est toutefois de faire remarquer que malgré la pugnacité, le sérieux et le souci du détail de certaines de ses enquêtes sur lesquelles nous nous appuyons dans le présent ouvrage, cette quatrième partie en particulier, que la clairvoyance de *Mediapart* est à géométrie variable, et ses positionnements bien souvent complètement alignés sur celles du mainstream : pour prendre deux exemples récents qui nous tiennent à cœur et que nous maîtrisons sur le bout des doigts, le traitement de la guerre en Syrie et du « complotisme » par *Mediapart* n'a pas grand-chose à envier à celui de *Charlie Hebdo, le Monde, France inter*, ou *Libération, etc.*

été accordée, et qui ont permis de grands moments d'émotion utiles : le procès avait à l'évidence une autre fonction que celle de rendre la justice : tenter de raviver dans l'opinion publique « l'esprit Charlie », dérouler une grande leçon publique de morale républicaine. Pris dans leur élan, les commentateurs pouvaient d'autant moins se sentir freinés dans la relation de l'ensemble du procès, et de ses incohérences, *qu'il ne s'agissait pas du procès des attentats*. Avalés dans un labyrinthe d'intrigues toutes plus loufoques les unes que les autres, les journalistes n'ont pas cru prendre beaucoup de risques en les rapportant souvent avec un grand luxe de détails, à l'exemple de la poignée que j'ai citée et sur laquelle je me suis largement appuyé dans cette partie. Chacun sait que rien ne passionne plus les êtres humains, narrateurs comme auditeurs, qu'une série d'histoires intrigantes. Et puis, pour pimenter le tout, raviver l'intérêt du public, tenir en éveil les journalistes, et justifier le rappel en trois doses du vaccin charliste, il y a eu cette série d'attentats édifiants et ma foi merveilleusement opportuns[216] !

Je développerai dans un second temps ce qui, au minimum, aurait dû constituer le second fil directeur du procès et a été passé par pertes et profits, au grand scandale des avocats de la défense, et au grand malaise des parties civiles, à savoir la disjonction arbitraire et très suspecte de la procédure des attentats d'une autre procédure close en 2017, relative à un énorme trafic d'armes organisé par Caude Hermant dans la région lilloise, qui a permis, au moins indirectement, de fournir à Amedy Coulibaly presque toutes les armes qui lui ont servi pour sa prise d'otages meurtrière de l'Hyper Cacher de la porte de Vincennes. Ces deux axes étant déblayés, il sera plus facile de comprendre en quoi ce que l'histoire appellera le procès des attentats, et même sans doute le procès du massacre de *Charlie Hebdo*, était une *mascarade judiciaire*, une imposture aux multiples facettes, qui a laissé au final complètement dans l'ombre le volet frères Kouachi, mettant un point final hautement symbolique à ce qu'il faut décidément appeler, nonobstant le clin d'œil à Bernard Cazeneuve et son ouvrage sur l'attentat de Karachi du 8 mai 2002, une *enquête impossible*.

Commençons *in médias re*, par passer en revue ce qui était reproché à chacun des 14 accusés.

Onze pigeons dans la cage

Abdelaziz Abbad

Abdelaziz Abbad, 36 ans, est originaire de Charleville-Mézières, ville de naissance d'un célèbre trafiquant d'armes, érigé au rang de précurseur génial de

---

[216] Pour une revue détaillée des trois attentats terroristes qui ont émaillé le procès, je renvoie à l'étude très fouillée que j'y ai consacrée et publiée sur mon site le 7 novembre 2020 : « Octobre 2020 : l'été indien terroriste en France », *francoisbelliot.fr*.

la littérature moderne en raison d'une centaine de poèmes hiéroglyphiques écrits à l'âge de 17 ans, et d'étendard de la communauté LGBT pour ses expériences prophétiques dans le domaine fondamental : on aura reconnu Arthur Rimbaud. Abdelaziz Abbad a neuf ans quand il est victime d'un très grave accident domestique qui le mène à l'hôpital où il reste pendant quatre ans. À sa sortie, incapable de reprendre le fil de sa scolarité, et influencé par ses mauvaises fréquentations, il bascule dans la délinquance. Défavorablement connu des services de police dans sa ville natale pour complicité d'assassinat, et pilotage d'un trafic d'héroïne, il était déjà incarcéré dans le cadre d'une autre affaire, à Maubeuge, quand il a été interpellé pour sa complicité supposée dans les attentats de janvier 2015. Lors de son interrogatoire il a fait un aveu aux enquêteurs dont il ne mesurait sans doute pas les conséquences immenses sur le moment : dans le garage que Metin Karasular tenait à Charleroi, un ami de sa sœur nommé Marwan H. serait venu en novembre 2014 en compagnie d'un homme portant des lunettes et coiffé d'un béret pour lui demander des armes. Comme on lui montre une photo de l'un des deux frères Kouachi, Il dit que cet homme « *pouvait ressembler à Saïd Kouachi* ». Il est revenu par la suite sur cette révélation : « *J'ai dit que j'avais vu un mec qui aurait pu ressembler à Saïd Kouachi. Si on m'avait montré d'autres photos pendant la garde à vue, j'aurais dit que ça pouvait pas être lui, il avait pas de la barbe !* ». Révélation qu'il aurait faite pour mouiller ce Marwan H., qui avait une dette de stup envers lui et surtout avec qui sa petite amie l'avait trompé. C'est ce qu'il a expliqué lors de l'instruction. L'épisode de la demande d'armes est pourtant bien réel. Karl Laske la résume ainsi pour *Mediapart*[217] : « *Quoi qu'il en soit, il cherche des armes pour Marouan et l'homme au béret. Il demande à Karasular, qui l'oriente sur Ali Polat, le factotum de Coulibaly. Abbad va donc chercher des armes chez Polat à Grigny, mais il refuse de les prendre car elles sont rouillées et semblent hors d'usage. Embarras dans la "filière belgo-ardennaise" : Karasular les récupère quand même, par le truchement de son associé Catino, et les rend à Martinez qui les remet à Abbad, qui les propose à Marwan, qui n'en veut pas.* » Ce qui peut tout à fait être déconnecté des attentats et de Coulibaly : « *Coulibaly n'avait par ailleurs aucun besoin d'un tel circuit pour remettre des armes aux frères Kouachi. Sur cette base factuelle, il est bien difficile de faire d'Abbad et Martinez un réseau d'approvisionnement d'armes des frères Kouachi, c'est pourtant l'exploit du Parquet.* » L'aveu d'une hypothétique rencontre entre Abdelazziz Abbad et Saïd Kouachi fin 2014 a eu une conséquence juridique majeure puisqu'elle a sans doute poussé à inclure les Belgo-Ardennais (Abbad, Martinez, Catino, Karasular), dans la procédure des attentats, ce à quoi ont échappé Claude Hermant et Samir Ladjali que nous évoquerons au chapitre suivant[218]. La cour a pointé ses liens fréquents avec Michel Catino, Metin

---

[217] « Armes de Coulibaly : "ce n'est pas un flic qui est mouillé, c'est toute l'institution" », Karl Laske, *Mediapart*, 12/12/2020.

[218] Me David Appelbaum, avocat d'Abdelaziz Abbad : « *Si à la fin de cette histoire on n'avait eu que ces quatre-là [qui dès février 2015 étaient derrière les barreaux, Prevost,*

Karasular — envers qui il avait une dette de 5000 euros —, et Ali Riza Polat, tous accusés dans ce dossier. Un bornage de son téléphone le situe ainsi, le 3 janvier 2015, à proximité du garage de Metin Karasular, le jour où Ali Riza Polat et Amédy Coulibaly s'y sont rendus — aux dires du premier pour récupérer l'argent de la vente d'un BMW mini cooper obtenu par l'épouse de Coulibaly Hayat Boumediene, grâce à une arnaque au crédit, véhicule pour lequel Karasular avait été chargé de trouver un acheteur, lequel acheteur s'était évaporé dans la nature sans avoir réglé toute la somme. L'accusation s'est également ancrée au fait qu'Abdelaziz Abad était un ami d'enfance de Soumya Bouarfa, l'épouse de Saïd Kouachi : ils avaient fréquenté le même collège et habitaient le même quartier. Alors que 18 ans de réclusion étaient requis contre lui pour association de malfaiteurs terroristes, Abdelaziz Abbad est finalement condamné à 10 ans de réclusion pour association de malfaiteurs, le qualificatif de « terroriste » n'étant pas retenu. Il ne ressortira toutefois pas de sitôt puisqu'en 2018, il a été reconnu coupable en appel du meurtre pour lequel il avait d'abord été relaxé, prenant 25 ans de prison ferme dans le cadre de cette procédure.

Miguel Martinez

Miguel Martinez, 38 ans, est originaire de Charleville-Mézières comme Abdelaziz Abbad, qui se trouve être un ami très proche qui lui a fourni par le passé une aide financière décisive pour ouvrir un garage dont il a fait une entreprise tenant la route. Converti à l'Islam dans un contexte familial douloureux — morts précoces de son père, puis de sa mère —, très croyant, ne s'en cachant pas, il porte habituellement la barbe et un qamis. Il a épousé une Française du nom d'Émilie qui s'est convertie à son tour et dont il a eu une fille. La vie de Martinez bascule en avril 2017 quand les enquêteurs, épluchant la téléphonie de Metin Karasular et Michel Catino, tombent sur lui et son compère Abbad. Son apparence physique et sa vêture à l'évidence le desservent. Il a le malheur, sans penser à mal, de déclarer devant les enquêteurs que Saïd Kouachi s'est présenté à deux reprises à son garage au printemps 2014 pour se renseigner sur des pneus, qu'il vendait à ses dires à des prix défiant toute concurrence. Il admet aussi une activité illégale dont il ne mesure pas alors la portée : par reconnaissance envers son ami Abbad qui se trouvait en grande difficulté financière suite à son inculpation pour complicité dans un meurtre, il a accepté, pour lui rendre service, de se rendre chez Karasular pour s'enquérir d'un éventuel business dont pourrait profiter son ami. De fil en aiguille il se trouve ainsi impliqué, à contrecœur, dans ce qui sera baptisé la « filière d'approvisionnement belgo-ardennaise », d'armes en fait inutilisables, que nous

---

Polat, Alwatik, Ramdani, NDA], devant la cour d'assises, ça n'aurait pas été choquant que la procédure de Lille soit disjointe, le problème c'est qu'on a eu ensuite trois ans et demi d'investigation pendant lesquels on est allé chercher des gens de plus en plus loin des cercles initiaux, pour essayer de mettre la main sur d'autres membres du premier cercle de Coulibaly. Quand on arrive au tribunal et qu'on se rend compte qu'il y a Catino et pas Hermant, il y a un problème. » (entretien avec l'auteur)

avons évoquée dans le portrait précédent. Il avoue avoir supervisé le voyage de Catino à Paris pour y récupérer un sac d'armes auprès d'Ali Riza Polat, puis récupéré ce sac pour le mettre dans le camion d'Abbad et l'entreposer ensuite dans une planque. Avec son profil apparent d'« islamiste », il déclenche la sirène mentale des enquêteurs, d'autant que ceux-ci en perquisitionnant son domicile trouvent dans sa bibliothèque une dizaine d'ouvrages consacrés à l'Islam, qui, pris en gros plan, isolés du reste de la bibliothèque, sont du plus désastreux effet. Et puis, surtout, il y a le témoignage de son beau-père, qui révèle aux enquêteurs qu'il a vu son gendre se bidonner devant une vidéo où l'on voyait une décapitation. L'affaire est dans le sac pour les enquêteurs ! Lorsque la juge d'instruction le reçoit pour l'interroger, en présence de son avocat, ses premiers mots sont : « *Ah je suis vraiment contente de vous avoir en face de moi parce que je n'avais pas encore de barbu dans ce dossier !* » Placé en détention préventive depuis trois ans et demi, Miguel Martinez attendait avec impatience l'occasion de pouvoir enfin s'expliquer devant la cour, et lorsque le 38ème jour de l'audience survient, les inquiétant ballons se dégonflent les uns avec les autres. Malgré les apparences, tout son discours et tous les témoignages de proches entraînent l'effondrement de l'hypothèse de la radicalisation, denrée effrénément quêtée dans cette procédure. La vidéo de décapitation ? On découvre en fait qu'il s'agissait d'un extrait du film Bernie d'Albert Dupontel, qui a dû susciter l'hilarité d'un million d'autres téléspectateurs : le beau-père a décuplé le trait pour assouvir son ressentiment : il n'a en effet jamais accepté la liaison de sa fille avec cet homme, jamais accepté sa conversion à l'Islam qu'il considère comme un déshonneur, jamais accepté qu'elle ne se nourrisse plus que de produits hallal. Cela peut se comprendre, mais cette vidéo a pesé extrêmement lourd dans la balance, et a été péremptoirement objectée à chaque demande de libération conditionnelle faite par Martinez. Sa connaissance de Saïd Kouachi ? La téléphonie ne laisse apparaître aucun contact en dehors des deux brefs entretiens physiques portant sur des pneus. Quant au transport d'armes, puisque de toute façon ce ne sont pas celles qui sont tombées entre les mains de Coulibaly mais celles d'Hermant… Et il avance un argument qui dans d'autres contextes pourrait jouer en sa faveur : « *Je laisse pas un mec dans la merde, je laisse pas un pote en galère. À l'époque je me sens redevable, je lui dois de l'argent, donc déjà il y avait l'histoire de la dette.* » Sa barbe de poseur de bombe ? « *En garde à vue on me parle de ma barbe, comme si c'était une catastrophe. Mais s'il suffit de porter une barbe et un qamis pour être considéré comme un radical, il faut peut-être prévenir les gens, comme ça on le saura.* » Accordons à l'accusation que quoique illuminé par la foi, M. Martinez n'était pas une lumière. Quant à ses mauvaises fréquentations il concède, philosophe : « *J'ai pas toujours eu une vie propre, j'ai un passé et je ne m'en cache pas. Y a plein de trafiquants de stups autour de moi. Je côtoie pas d'avocat dans la vie ni de juge, c'est une affaire de milieu.* » Opaques à ce faisceau d'éclaircissements, les avocats généraux requièrent 15 ans d'emprisonnement pour association de malfaiteurs terroristes criminelle. Et sa pugnace avocate Daphnée Pugliesi de s'indigner en réaction, lords de sa plaidoirie : « *On est allé chercher sa radicalisation, pour en faire le ciment de l'association de malfaiteurs terroristes. L'enquêtrice l'a dit, ce n'est pas un homme radicalisé. On a regardé chez lui, sa bibliothèque, aucun élément ne le raccroche à l'islam radical. Si : sur sa tablette, il y a une photo de lui, barbu, à La Mecque. Il faut que l'association de malfaiteurs terroriste tienne, à bout de bras.* » La cour revoit fortement l'accusation à la baisse : seulement 7 ans, et le qualificatif de « terroriste » est de nouveau raboté.

Metin Karasular

L'audition de Metin Karasular a eu lieu le lundi 19 octobre ; 3 jours plus tôt avait été perpétré l'assassinat du professeur d'histoire-géographie Samuel Paty à Conflans-Sainte-Honorine. C'est ainsi que cette audition a été précédée par une succession de déclarations solennelles émues sur la liberté d'expression, les valeurs de la République, l'épée de Damoclès éternellement suspendue au-dessus de nos têtes du terrorisme islamiste, malgré les inlassables efforts des autorités pour nous en protéger[219] : cette précision liminaire pour donner une idée du contexte très pesant dans lequel ont été jugés les onze individus présents dans le box des accusés. Comme tous ses autres compagnons de magouille et d'(in) fortune, Metin Karasular, 50 ans, Belge d'origine kurde résidant à Charleroi, marié, père de six enfants, entretenant une maîtresse, n'a aucune espèce de rapport, de près ou de loin, avec la radicalisation et le terrorisme islamistes. Magouilleur et truand aux multiples facettes, ayant des contacts dans les milieux de vendeurs d'armes, opportuniste, c'est avant tout un joueur et un organisateur de parties de cartes clandestines, qui se déroulaient dans le café dont il est propriétaire. Il évolue dans un milieu interlope où se mêlent joueurs invétérés, proxénètes, malfrats et trafiquants en tous genres. Bien malgré lui, Karasular a été l'un des acteurs comiques majeurs de la farce du procès des attentats : avec son air tragique, ostensiblement geignard, son fort accent belge, ses approximations, contradictions, revirements, ses expressions et images pittoresques, ses irrésistibles anecdotes de malfrat et de taulard, l'impression générale qu'il donnait de tomber de la lune, d'errer à tâtons dans un cauchemar éveillé permanent, il a bien malgré lui arraché à l'assistance — à maintes reprises — des rires quand ce n'étaient pas des fous rires. Il a été happé dans l'enfer de la procédure des attentats de janvier 2015 avec la rencontre d'Ali Riza Polat, qui vient chez lui un jour, cherchant à se procurer des armes. Les deux hommes sont kurdes, parlent la même langue, et ont la même conception plutôt relâchée de la justice : ils se lient d'amitié. Ses malheurs commencent le jour où Ali Riza Polat débarque en compagnie d'Amédy Coulibaly dans le garage miteux dont il est propriétaire par ailleurs avec Michel Catino, pour lui proposer une affaire : la revente au rabais du mini cooper d'une valeur de 27 000 euros qu'ils ont acquis à Bordeaux grâce à une arnaque au crédit d'Hayat Boumediene. Ils sont passés

---

[219] En ne considérant que cette affaire, on peut tout de même faire remarquer qu'une mesure simple aurait consisté à ne pas donner l'asile politique à tour de bras, au début des années 2000, à des dizaines de milliers de familles tchétchènes, au seul motif qu'elles étaient des victimes de la « féroce-répression-du-régime-de -Vladimir-Poutine », et sans se soucier des antécédents terroristes et de radicalisation takfirie de nombre d'entre elles.

en Belgique car il leur est impossible de s'en défaire en France. Karasular marche dans la combine et trouve un acheteur, à hauteur de 12 000 euros en la personne d'un Grec du nom d'Epaminondas. Ce dernier néanmoins le roule et parvient à prendre le véhicule sans régler toute la somme, à l'immense colère de Karasular qui la laissera éclater de façon spectaculaire lors du procès. Cependant Polat et Coulibaly veulent rentrer dans leurs frais, et reviennent voir Karasular pour lui réclamer leur dû le 3 janvier 2015. Ce dernier n'a que 2000 euros à leur remettre, l'échange est extrêmement tendu. Le 6 janvier Coulibaly envoie de nouveau, seul cette fois, Polat qui ne parvient à récupérer que 3500 euros. À son retour à Paris, Coulibaly signale à Polat que sa dette de 15 000 euros est revue de 12 000 à la hausse. Trois jours après la prise d'otages de l'Hyper Cacher, paniqué, Karasular se manifeste de lui-même par le biais de son avocat à la police pour les informer de ses contacts récents avec Coulibaly. Deux mois plus tard, il consent à ce que les gendarmes perquisitionnent son garage, et c'est là qu'ils trouvent, dans un sac poubelle, deux listes d'armes, correspondant à peu près à l'arsenal de Coulibaly, voire des frères Kouachi puisque sur l'une figure un lance-roquettes. L'une de ces listes est de la main de Polat, ce que confirme l'expertise graphologique. Les enquêteurs voient alors se dessiner une piste, qui va mener aussitôt Karasular en détention provisoire illimitée : Karasular aurait en fait réglé la différence de la vente du mini cooper avec des armes, sorte de trafic auquel il admet avoir participé : c'est la fameuse histoire du sac d'armes rouillées qui va passer de mains en mains, celles de Polat, de Catino, de Martinez, d'Abbad, enfin de Marwan qui n'en voudra pas, avant de finir dans la Meuse. Autres éléments en sa défaveur : le caractère miteux de son garage sur le toit duquel il dit avoir trouvé par hasard deux armes qu'il a essayé ensuite de revendre, ses activités louches, il faut bien le dire des mensonges initiaux, des revirements, des explications fumeuses, une mémoire défaillante qu'il explique par sa consommation quotidienne à l'époque de 5 grammes d'une herbe très forte : l'amnesia. Il a bien des arguments à faire valoir : comment pourrait-il aller dans un coup sponsorisé par Daech alors qu'il est originaire du Kurdistan, alors en guerre avec Daech dans le nord de la Syrie ? Du reste son frère n'est-il pas le président du PKK pour la région de Charleroi ? Et puis qu'importe ces armes dont il a avoué le trafic, puisqu'en fait non seulement les listes ne recoupent pas précisément l'arsenal de Coulibaly, qu'aucun lien ne peut être établi entre lui et les frères Kouachi, et que l'origine des armes de Coulibaly est définitivement connue, à savoir l'énorme trafic d'armes de Claude Hermant ? Son avocat, comme la plupart de ses collègues pointe ce deux poids deux mesures entre Hermant et les autres accusés, et demande — encore un point commun — « l'exigence de la preuve ». Suivant aveuglément leur intime conviction, les avocats généraux tapent encore très lourd en requérant 15 ans d'emprisonnement pour association de malfaiteurs terroristes criminelle. Metin Karasular n'est toutefois finalement condamné qu'à 7 ans de prison, et le qualificatif de terroriste tombe encore.

Michel Catino

Michel Catino, résidant à Charleroi, est à 68 ans le plus âgé des accusés présents dans le box. Placé en détention provisoire le 2 juin 2017, fantomatique d'un bout à l'autre des deux mois et demi d'auditions, il a également été de bout en bout aux yeux de tous le caricatural intrus dans cette série de malfaiteurs aux spécialités diverses et aux casiers diversement chargés. Joueur invétéré, Michel Catino avait sans cesse besoin d'argent pour assouvir sa passion dévorante, et était prêt à accepter contre rétribution de rendre des services à son ami de 30 ans Metin Karasular. Il lui a ainsi servi de nourrice pour stocker quelques armes remises ensuite à Abdelaziz Abad et Miguel Martinez, et de mule pour franchir la frontière franco-belge avec des paquets dont il ne se souciait pas du contenu. Il reconnaît ainsi qu'il a transporté en novembre 2014, de la région parisienne à Revin dans les Ardennes, un sac qu'il n'a pas ouvert et remis à Abdelaziz Abad et Miguel Martinez, pour une rétribution de 500 euros. Il n'était au courant de rien d'autre : « *Je reconnais que j'ai transporté un sac. Mais pour tout le reste, je reconnais pas. J'ai fait une action que je devais pas faire.* » Il admet avoir rencontré Ali Riza Polat « *deux ou trois fois* » dans le garage de Karasular, mais ne lui a jamais parlé : les deux compatriotes du reste échangeaient dans leur langue natale, le kurde. Il a entendu parler du Mini Cooper, mais jamais, de près ou de loin, de terrorisme : « *je ne suis pas en lien avec le terrorisme. Je ne sais pas ce que ça veut dire. Le mot terrorisme, j'ai entendu ça la première fois en 2015. Avant j'avais jamais entendu ça de ma vie. Moi, mon seul but c'était de jouer. Pas de politique, pas de télé, pas de journaux.* » Père de famille, grand-père très favorablement dépeint par son entourage proche qui n'a aucune apparence malsaine et n'attend que son retour, il a été unanimement présenté par les commentateurs comme l'erreur judiciaire incarnée. Le parquet, toutefois, dans sa sapience acérée, soupçonne un génie de la dissimulation, suffisamment dangereux pour requérir contre lui 15 ans de prison ferme. Il n'est finalement condamné qu'à cinq ans de prison, pour « association de malfaiteurs », la qualification de « terroriste » étant abandonnée. Il a été libéré le 4 janvier 2021.

Mohamed Amine Farès

Mohamed Amine Farès, 31 ans, qualifié lors de l'enquête de personnalité comme « *particulièrement bien adapté à la vie en détention* », est un délinquant professionnel, avec huit condamnations inscrites à son casier, pilotant un trafic de cocaïne et d'héroïne boulevard de Metz à Lille. Son inculpation dans la procédure des attentats est due à une lettre anonyme postée le 27 décembre 2017 contenant quatre mots écrits d'un trait tremblant sur toute une page A4 : « HYPER KACHER MOHAMED FARES ». Il se trouve déjà en prison à Lille depuis trois ans pour trafic de stupéfiants quand il est placé en garde à vue pour cette affaire, en mars 2018. Lors de cette garde à vue de 96 heures, ayant entendu que l'ADN de sa belle-sœur, Amel Bendridj, avait été retrouvé sur une des armes tombées entre les mains de Coulibaly, il s'auto-incrimine en avouant qu'il a bien introduit un fusil d'assaut dans la famille de sa femme Chahinaze Bendridj, dont le frère Souliman travaille sous ses ordres dans le trafic de stups. La fratrie a pour oncle Samir Ladjali, le principal client du trafiquant d'armes Claude Hermant, dont six des armes seront retrouvées entre les mains de Coulibaly le

9 janvier — deux hommes qui ont été jugés dans le cadre d'une procédure disjointe de celle des attentats, en avril 2017, nous y reviendrons. Farès connaissait ces hommes, en particulier un complice d'Hermant, Christophe Dubroecq, alias « tof », bien connu selon lui comme vendeur d'armes par la pègre du boulevard de Metz. C'est ainsi qu'il devient, aux yeux de l'accusation de la procédure des attentats, l'intermédiaire suspect n° 1 entre Samir Ladjali et Amédy Coulibaly. Il est cependant — et c'est un euphémisme — très difficile d'y voir clair : il se trouve en effet que c'est sur un pistolet Tokarev et non sur un fusil d'assaut que l'ADN de sa belle-sœur a été retrouvé. Lui-même explique qu'il a inventé cette histoire pour protéger son beau-frère Souleymane, Souleymane qui avec sa sœur Chahinaze a déclaré en garde à vue que Farès était entièrement responsable de l'introduction de l'arme dans l'appartement familial. Visé par un mandat d'amener mais introuvable, ce dernier est déclaré en fuite. Ses deux sœurs ont pu être amenées au tribunal par ce procédé judiciaire radical mais n'ont pas appris grand-chose à la cour, répondant avec désinvolture. Mohamed Farès se défend avec des arguments de bon sens : « *Je n'ai jamais vendu d'armes. C'était pas mon intérêt : les armes, c'est une peine à deux chiffres. Avec mon trafic de stupéfiants, je gagnais bien ma vie, j'avais pas besoin de ça !* » En effet, selon son beau-frère il réalisait en 2014 un chiffre d'affaires de 27 000 euros par jour. Il est de surcroît impossible de le relier à la mouvance radicale « islamiste ». Il se demande : « *Franchement, je sais pas, j'ai pas d'éléments à donner... Pour moi, c'est quelqu'un qui essaie de me faire porter le chapeau.* » Il avance aussi l'hypothèse que Souliman en le dénonçant aurait voulu se venger de la rupture de Farès avec sa sœur épousée en mariage religieux — et répudiée précisément parce qu'il la trouvait *trop* religieuse. En plus d'avoir servi d'intermédiaire entre Ladjali et Coulibaly, Farès est accusé d'avoir hébergé des armes que Saïd Makhlouf et Amar Ramdani seraient venus chercher chez lui à Roubaix fin 2014. Farès prétend qu'il ne fournissait au premier que de l'herbe. Une quantité de trois kilos est à un moment avancée. S'étonnant de ses fréquents éclats de rire et de sa désinvolture lors des débats, Yannick Haenel se demande : « *Serait-il donc protégé pour se permettre à ce point de surplomber les débats ?* » En tous cas, les réquisitions sont incroyablement clémentes contre lui, si on les compare à celles contre un Willy Prevost ou un Michel Catino : alors qu'il est le seul accusé connecté au réseau lillois, que l'ADN de sa belle-sœur a été trouvé sur une arme, que ses aveux ont été suspects et changeants, l'avocat général Jean-Michel Bourlès demande d'abandonner la circonstance aggravante de terrorisme, et ne requiert que 7 ans de réclusion. Sa collègue Julie Holvecq explique logiquement ce chiffre même si l'argument peut paraître scandaleux : Mohamed Farès étant jugé pour les mêmes faits que Claude Hermant et Samir Ladjali dans la procédure lilloise, et ayant été admis qu'à l'instar de ceux-ci il ignorait tout des projets de Coulibaly, il ne saurait, dans un esprit d'équité, encourir une peine d'une durée supérieure à celle infligée aux deux hommes, savoir 7 ans et 5 ans. C'est ainsi que Mohamed Farès, après avoir dans un premier temps servi à disjoindre la procédure lilloise de celle des attentats en servant de fusible à Samir Ladjali, et permis de couper le dernier lien entre les deux procédures en étant blanchi à son

tour de toute complicité terroriste avec Coulibaly, a pu finalement bénéficier de la jurisprudence de la procédure lilloise en essuyant une peine relativement clémente ! Elle a même finalement relevé la peine de Farès de 7 à 8 ans — cas unique avec Amar Ramdani parmi les 11 accusés — tandis qu'elle baissait considérablement, jusqu'à les diviser par deux, celle des autres accusés, tenant à l'évidence à ce que personne parmi les accusés contre lesquels la qualification terroriste n'a finalement pas été requise, Abbad et Karasular exceptés, ne prenne plus cher que lui. Pas toujours très fin dans ses exégèses quotidiennes, Yannick Haenel avait sans doute raison de se demander, dans sa chronique du 14 octobre, si Farès, comme Hermant et Ladjali, était « *protégé* ».

Saïd Makhlouf

Saïd Makhlouf, 31 ans, résidant à Gentilly — aucun rapport avec l'appartement conspiratif de Coulibaly — n'a pas du tout le profil d'un complice d'association de malfaiteurs terroristes. Sans aucun antécédent judiciaire, s'exprimant dans un français impeccable, affable, franchement sympathique, ne donnant à aucun moment l'impression de dissimuler quoi que ce soit. Il raconte l'enfer qu'il vit depuis son interpellation à la mi-janvier 2015, ses cinq ans et demi de détention provisoire, un enfer dont il dit ne pas comprendre la cause, avouant même sa « honte » de se retrouver dans le box des accusés de ce procès. En l'écoutant on songe au personnage de Kafka dans *le procès*. Il raconte son quotidien en prison où il tue le temps en faisant de la cuisine élaborée, ce que les gardiens lui permettent volontiers en raison de son comportement exemplaire. Tous les proches qui ont défilé à la barre ont chaleureusement témoigné en sa faveur. Il est si visiblement loin de toute forme de radicalisation que la cour n'aura pas une fois l'idée de lui poser la moindre question à ce sujet. Alors comment en est-il arrivé là ? Premièrement, on a retrouvé son ADN sur l'un des tasers trouvé en possession de Coulibaly à l'Hyper Cacher de la porte de Vincennes. Makhlouf jure ses grands dieux qu'il ne l'a jamais touché : « *ce taser-là, c'est pas que je l'ai pas touché, je l'ai jamais vu !* », et a une explication, confirmée par son cousin Ramdani : le soir du 6 janvier, ce dernier est passé à l'appartement de Makhlouf, dont il avait le trousseau de clés depuis août 2014, en compagnie de Coulibaly afin de trouver les 200 euros qu'il lui devait. Pendant qu'il cherchait en vain la somme, Coulibaly s'est assis sur le canapé où il avait l'habitude de s'endormir, et le taser qu'avait Coulibaly a accroché son ADN, une hypothèse qu'un expert convoqué à la barre n'a pas jugé improbable. Du reste, il ne connaît pas Coulibaly. C'est un ami de son cousin qu'il a croisé en coup de vent une ou deux fois dans sa vie. On lui reproche également ses six voyages dans le nord fin 2014 avec son cousin Ramdani. En ces occasions, il aurait convoyé les armes de Claude Hermant à destination de Coulibaly. Makhlouf s'en défend en étant obligé d'avouer qu'il se livrait à un trafic de stupéfiants. Il partait s'approvisionner en herbe dans le nord auprès de Mohamed Farès, une herbe hollandaise de très bonne qualité, abondante en cette région frontalière. Il se trouve que le père de Mohamed Farès dirigeait une société d'ambulances dont Makhlouf était l'employé. Le trafic d'herbe lui permettait d'arrondir confortablement les fins de mois. Avant de prendre le chemin du retour, il lui arrivait de s'arrêter dix minutes le temps d'une passe éclair avec une prostituée. Et si le 9 janvier il a cassé la puce de son téléphone en compagnie de Ramdani, c'est qu'il était terrifié à l'idée de l'ouragan judiciaire qu'il devinait à l'horizon. Malgré ce profil, et la quasi-absence de preuve, les avocats généraux requièrent contre lui 13 ans de réclusion pour association de malfaiteurs terroristes, soit 6 de plus que Mohamed Farès ! Saïd Makhlouf est finalement condamné à 8 ans de prison pour « association de malfaiteurs », mais le qualificatif de « terroriste » est retiré, la cour ayant estimé : « *Il n'y a toutefois pas de preuve quant à sa connaissance des projets d'Amedy Coulibaly* ».

Amar Ramdani

Amar Ramdani, 39 ans, se distingue par son excellente maîtrise du français, sa culture, son sens de la répartie, sa courtoisie, son affabilité, et un profil de séducteur ; pratiquant sa religion, mais sans coloration wahhabite ni la moindre inclination radicale évidente. De son propre aveu, il était spécialisé dans les escroqueries aux voitures. Entre septembre 2014, et décembre 2015 il utilisait 31 lignes téléphoniques différentes pour cloisonner ses relations. Il a rencontré Amédy Coulibaly, avec qui il a sympathisé, à la prison de Villepinte entre 2010 et 2013, où il purgeait une peine pour le braquage d'une bijouterie ; il y travaillait à la buanderie comme Coulibaly et un autre accusé, Nezar Mickaël Pastor Alwatik, ce qui poussera la cour à pendant le procès à comprendre en quoi pouvait consister la « secte de la buanderie », pour reprendre une expression lâchée par un codétenu, qui avait été placé sur écoutes, lors d'une conversation téléphonique : dans les faits cette buanderie était répartie sur deux étages parfaitement étanches pour les détenus, et Ramdani ne se situait pas au même que ses deux comparses et ne pouvait y communiquer avec eux[220], et l'expression était en fait une boutade, comme il fut révélé lors de l'audition au procès du codétenu placé sur écoute. À sa sortie de prison en juillet 2013, il est resté en contact téléphonique avec son ami, et quand ce dernier est sorti à son tour en mars 2014, ils se sont très souvent revus. Entre le 25 octobre 2014 et le 6 janvier 2015, ils ont ainsi échangé 482 SMS. Il l'a fréquenté jusqu'à la veille du massacre de Charlie Hebdo le 6 janvier, pour s'acquitter envers lui d'une dette de 200 euros, qu'il lui a remis à Gentilly, la ville où Coulibaly avait loué un appartement une semaine avant de faire le grand saut. On a en effet retrouvé,

---

[220] Détails rapportés par son avocate Daphné Pugliesi lors d'un entretien avec l'auteur. L'expression de « secte de la buanderie » a initialement pesé très lourd dans le dossier pour le malheur d'Alwatik et Ramdani, aux yeux de la cour qui manquait désespérément, à tous les niveaux, pour presque tous les accusés, d'indices de radicalisation, ingrédient aussi fondamental pour la réussite de la recette finale, que l'aubergine dans le baba ganouch ou le pois chiche dans le houmous. Précisons que le compte-rendu des écoutes de ce témoin clé ne figurait pas dans le dossier fourni aux avocats de la défense. Lors de son audition, l'auteur de la fameuse expression a même mis en doute la forme sous laquelle la fameuse formule a été transcrite : « *Vous êtes au courant qu'on modifie les PV, quand même ? Toute ma vie, on m'a fait ça dans les commissariats. Police partout, justice nulle part.* »

à la démonstrative incrédulité d'Amar Ramdani, son ADN, sur un billet de 50 contenu dans une liasse de 1800 euros retrouvée sur les lieux. Ami de Saïd Makhlouf, un cousin éloigné qu'il a connu en Algérie lors de réunions familiales, il lui est reproché six voyages effectués dans la région lilloise en compagnie de ce dernier, entre octobre et décembre 2014, espacés les uns les autres d'environ deux semaines. Son téléphone a ainsi borné boulevard de Metz à Lille, où il admet avoir rencontré Mohamed Farès à deux reprises, et deux fois à Roubaix près du domicile de Samir Ladjali. Comme raison de ces déplacements, il explique d'abord qu'il accompagnait Makhlouf qui voulait « *aller aux putes* ». Pour justifier son laconisme et ce motif peu crédible, il met en avant ses principes : « *Je suis pas une balance et je parlerai jamais. Jamais de la vie je me mettrai à table sur quoi que ce soit, même si ça peut me porter préjudice* ». De fait ce n'est qu'après que Makhlouf aura avoué qu'il effectuait ces voyages pour aller chercher de l'herbe qu'il ajoutera cet argument. Accusé d'être allé récupérer des armes à Lille pour le compte de Coulibaly en compagnie de Makhlouf, il admet s'être rendu dans le nord avec Coulibaly pour acheter une voiture dans le cadre d'une escroquerie. Il se défend d'avoir été au courant que celle-ci aurait pu servir à financer les attentats, jure n'avoir jamais perçu la radicalisation extrême de son ami même s'il le savait porté sur la religion. Autre charge terrible pesant initialement contre lui, il a été identifié assez formellement dans un premier temps par Romain D., le joggeur de Fontenay-aux-Roses, comme son agresseur. Mais le bornage de son téléphone et des appels indiscutablement lancés et reçus au moment des faits l'ont finalement disculpé[221]. On lui reproche encore d'avoir brisé, de concert avec Makhlouf, le 9 janvier, la puce de son téléphone portable, ce qu'il explique par l'état de panique qui l'a submergé quand il a appris l'acte commis par son ami qu'il appelait « Dolly », surnom donné en allusion à la ressemblance présumée de Coulibaly avec la célèbre brebis clonée. Amar Ramdani a été arrêté en janvier 2015, sur mandat de recherche européen, pour trafic de stupéfiants et d'armes de guerre en Espagne, et c'est alors qu'il se trouvait en prison pour cette affaire qu'il a été inculpé dans la procédure des attentats. Le parquet ayant requis à son encontre 17 ans d'emprisonnement, la cour établit qu'il avait « *pleinement conscience* [de la radicalisation de son ami] *même s'il ne connaissait pas avec précision les détails* », qu'il a apporté « *un soutien logistique déterminant* », notamment en prenant part à « *une escroquerie automobile dont le fruit était destiné au financement de l'action à venir d'Amedy Coulibaly* », Amar Ramdani est

---

[221] cf. Yannick Haenel, Le procès des attentats, p. 50 : « Tout semble accuser Amedy Coulibaly, qui vivait à quelques centaines de mètres du lieu de l'agression, et dont l'arme retrouvée à l'Hyper Cacher a servi également à tirer sur Romain D. ; mais celui-ci a reconnu quelqu'un d'autre, ce quelqu'un est dans la salle parmi les accusés, c'est Amar Ramdani. Les deux hommes se toisent à travers la vitre du box : "Je suis sûr à 80 % que c'est lui." Amar Ramdani : "Je suis sûr à 100 % que je n'ai jamais tiré sur cet homme" L'enquête donne raison à ce dernier : le soir des faits, son téléphone a borné à Garges-lès-Gonesse (Val-d'Oise). »

finalement déclaré coupable d'association de malfaiteurs terroristes criminelle et condamné à 20 ans. Il est le seul des accusés, avec Mohamed Farès, à avoir vu sa peine augmentée lors du verdict, et le seul, avec Ali Riza Polat, à avoir fait appel de sa condamnation ; mais à la différence de ce dernier, il n'a été condamné que pour le volet Hyper Cacher des attentats.

Si jamais Amar Ramdani s'avérait finalement innocent, le moins que l'on puisse dire c'est qu'il a joué de malchance, s'il ne s'agit que de malchance :

1) Il est en effet établi que c'est en raison d'une usurpation d'identité que, pendant 14 mois, à la fin de l'année 2013, il a été condamné sur le papier pour collaboration à un trafic d'armes en Espagne, pays où il assure n'avoir jamais mis les pieds de sa vie. Or c'est dans ce cadre qu'on est allé le chercher pour l'impliquer dans la procédure des attentats.

2) Autre élément à charge contre lui dont nous n'avons pas parlé : un PV des services de renseignement censé montrer Ramdani en compagnie de Coulibaly en août 2014 à un pique-nique de l'association Sanabil, désormais dissoute, qui avait vocation à venir en aide aux anciens détenus musulmans. Or, quand l'un de ses avocats, Me Saint-Palais, a exhibé sur grand écran lors de sa plaidoirie du 11 décembre la photo censée prouver sa présence, tout le monde a pu constater que Ramdani n'y était absolument pas reconnaissable : les services de renseignement n'ont donc pas hésité à produire un faux pour cocher plus résolument la case « radicalisé » de la fiche de l'accusé.

3) L'atmosphère soupçonneuse autour de lui a été renforcée par son appartenance présumée à la « secte de la buanderie », et à son identification initiale comme agresseur du joggeur de Fontenay-aux-Roses, deux soupçons qui se sont révélés être des mythes lors du procès.

Authentique délinquant, escroc aux voitures, trafiquant de stups, dans tous les cas Amar Ramdani n'avait ni le profil d'un trafiquant d'armes, ni d'un radicalisé : étayée par aucune preuve directe, sinon celle de sa proximité avec Coulibaly, sa condamnation a été entièrement faite au doigt mouillé de l'intime conviction, initialement stimulée par une flotte de ventilateurs dont le caractère artificiel voire mensonger, a été prouvé de façon éclatante lors du procès. En attendant son procès en appel, Amar Ramdani demeure en prison où, en raison de son statut de Détenu Particulièrement Protégé (DPS), il est soumis à un régime de détention sévère, avec des changements de cellule tous les mois ou tous les deux mois, une surveillance quotidienne accrue, et des fouilles renforcées.

Nezar Mickaël Pastor Alwatik

Nezar Mickaël Pastor Alwatik, 35 ans, a rencontré Amédy Coulibaly et s'est lié d'amitié avec lui à la prison de Villepinte, alors qu'il purgeait une peine de quatre ans d'emprisonnement pour trafic de stupéfiants. Libéré avant Coulibaly, il reste en contact avec lui, et quand ce dernier sort en mars 2014, ils se fréquentent de nouveau. Les liens entre les deux hommes sont étroits. C'est Amédy Coulibaly et sa femme Hayat Boumedienne qui lui ont déniché Chahinaze H, une jeune musulmane salafiste portant le voile intégral avec qui il se marie religieusement le 9 août 2014, Coulibaly étant son témoin. Alors que lui est très porté sur l'Islam, sa famille l'est beaucoup moins, en particulier sa mère musulmane et sa demi-sœur juive de 17 ans son aînée. Le mariage s'avère rapidement un fiasco, Alwatik ne supportant pas le rigorisme extrême de son épouse, qui va jusqu'à le contraindre d'enlever la télé de l'appartement, ou encore refuser d'aller au cinéma ou de se rendre dans des lieux publics en sa compagnie[222]. Un jour ils organisent un « rappel religieux sur le mariage » pour sauver ce qui peut l'être, auquel participent Coulibaly, Boumediene, et Mohamed Belhoucine, autre accusé du procès qui partira en Syrie cinq jours avant les attentats, y trouvant apparemment la mort. En vain : il finit par la répudier. Alors que sa demi-sœur à la barre des témoins minimise son zèle religieux, son ex épouse au contraire le charge sans concession, dénonçant notamment le visionnage de vidéos sanguinaires et son adhésion au djihadisme takfiri. Elle précise toutefois qu'elle ne l'a jamais vu « *manigancer des choses* ». En réponse, Alwatik ne nie pas son engagement religieux, mais dénonce un témoignage stimulé par l'esprit de vengeance : « *L'autre folle-là, avec sa cape de Batman ! Deux heures qu'elle raconte des salades ! Ce qu'il aurait fallu pour elle, mais c'est une expertise de fou !* »/ « *Comme elle le dit elle-même, je l'ai virée comme une prostituée donc je peux comprendre qu'elle souhaite se venger.* » Mais outre cet engagement religieux très marqué, une denrée rare parmi les accusés, des indices beaucoup plus compromettants le mettent en cause : alors que l'étude de la téléphonie montre qu'il a échangé près de 500 SMS avec Coulibaly entre septembre 2014 et janvier 2015, cette même téléphonie montre qu'il a passé une grande partie de la journée du 5 janvier, de 16 h à 21 h 30, en compagnie de Coulibaly, l'accompagnant dans ses divers déplacements. Or ce même jour Coulibaly a été en contact avec trois autres des principaux accusés de lui avoir apporté un soutien logistique : Ali Riza Polat, Willy Prevost, et Amar Ramdani. Encore plus grave, son ADN a été relevé sur deux armes retrouvées dans l'appartement de Gentilly, un pistolet Tokarev et un revolver Nagant, deux armes de poing d'origine russe, ainsi qu'à l'intérieur d'un gant retrouvé dans l'Hyper Cacher. Alwatik avance cette explication : alors qu'il venait d'acheter du matériel de douche, il revient vers la voiture dans laquelle il accompagnait Coulibaly, ouvre le coffre, et là, tombe sur un sac d'armes qu'il a la mauvaise idée de toucher : « *j'ai ouvert le coffre pour ranger mon sac et j'ai vu un sac entrouvert avec des armes. Je les ai touchées, manipulées. J'étais excité et j'avais peur à la fois. Je regardais derrière s'il n'y avait pas la police et puis si Amedy ne revenait pas, pour pas qu'il me voie fouiller dans son sac. Mais je n'ai jamais utilisé d'arme. Je ne suis pas comme ça moi, je me bats avec mes mains.* » À partir de cet épisode il cesse tout contact avec Coulibaly, ne répondant plus au téléphone quand ce dernier l'appelle. Un autre gros problème d'Alwatik, c'est qu'il a un peu raconté

---

[222] Pour un récit plus détaillé du mariage raté entre Chahinaze H et Nezar Pastor Mickaël Alwatik, nous renvoyons au chapitre que Matthieu Suc consacre à la jeune femme dans *Femmes de djihadistes*, p. 291 à 305.

n'importe quoi aux enquêteurs au début, qui sont donc peu enclins à le croire : ils le soupçonnent donc d'avoir servi de nourrice pour le sac d'armes deux jours plus tôt, au retour du voyage de Coulibaly et Polat en Belgique chez Karasular. Le deuxième jour de son audition, à défaut d'espérer convaincre la cour, Alwatik explose : « *Je suis en détention, j'essaye de me justifier et moi quand je parle, ma parole c'est de la merde ! Ouais, j'ai menti, mais pas pour cacher quelque chose. J'ai menti parce que j'avais peur »/ « J'en ai marre. Ça fait six ans que je suis en prison. Ma mère, elle est seule. Moi aussi je suis une victime, victime de ce bâtard, de ce qu'il a fait. C'est trop, c'est trop. Vous savez j'ai plus de force dans tout ça !* » Dans son réquisitoire, l'avocate Julie Holvecq, qui requiert 20 ans d'emprisonnement pour association de malfaiteurs terroristes criminels se justifie ainsi : « *M. Pastor a sciemment participé à l'entente par un soutien logistique à l'auteur principal et à ses complices. Il a eu en outre, pendant toute la phase de préparation des attentats, des rencontres téléphoniques et physiques dans les journées décisives.* » Son avocate Mᵉ Dosé dénonce des « *peines de malade* ». Al watik en prend finalement pour 18 ans, assortis d'une peine de sûreté des deux tiers.

Willy Prevost

Willy Prevost, 34 ans, est l'un des premiers accusés à avoir été interpellé, le 15 janvier 2015, puis placé en détention provisoire où il est resté pendant près de six ans en attente du procès. Il a grandi dans la cité de la Grande-Borne, à Grigny, comme Amédy Coulibaly, qui était de quatre ans son aîné. Il effectue un premier séjour en prison pour vol en 2001, et de nouveau en 2004 à Fleury Mérogis où il se retrouve en sa compagnie. En 2009, Amédy Coulibaly le sollicite pour participer à un go fast. Se trouvant alors en vacances en famille, il refuse. Le go fast tourne mal : Coulibaly l'en tient responsable et estime qu'il lui doit 30 000 euros ; pour lui imprimer dans l'esprit le souvenir de sa faute, il l'emmène en forêt où il le tabasse à coups de batte de baseball. À partir de là il se trouve « *sous son emprise* », pour reprendre ses mots. Coulibaly se rendra par la suite plusieurs fois armé au domicile des parents de Prevost pour réclamer son dû, au minimum pour impressionner. En août 2014, Coulibaly lui demande d'effectuer pour son compte un voyage afin de se procurer des armes, ce qu'il refuse, pouvant arguer du bracelet électronique qu'il est contraint de porter, se trouvant en libération conditionnelle relative à une condamnation pour transport d'armes. Quelques mois plus tard, il accepte tout de même d'acquérir une Renaud Mégane Scénic, croit-il pour Hayat Bumediene, qui servira à Coulibaly pour la prise d'otages de l'Hyper Cacher, et dans laquelle on retrouvera son ADN. Lors de son interrogatoire il reconnaît également avoir retiré le traceur de la moto Suzuki qui aurait servi à l'assassinat de la policière Clarissa Jean-Philippe le matin du 8 janvier, il reconnaît également avoir fourni à Coulibaly, à sa demande, une partie du matériel utilisé pendant l'attaque : deux gazeuses lacrymogènes, un taser, ainsi que trois gilets tactiques qu'il s'est procurés en décembre en compagnie de Christophe Raumel dans une armurerie où ces produits sont en vente libre. Sous l'emprise de Coulibaly, certain de pouvoir être retrouvé par ce dernier à tout moment, menacé jusqu'au domicile familial, il explique que dans tous les cas il ne pouvait faire autrement que d'obéir, toute plainte à la police étant inimaginable dans le contexte de la cité. Il se défend toutefois d'avoir su ou même imaginé que tout cela servirait in fine à une opération terroriste : « *Je pensais qu'il allait faire un braquage de go-fast ou quelque chose comme ça. Pour moi, Coulibaly, c'était un braqueur.* » Il n'a jamais perçu Coulibaly comme un radicalisé de Daech : « *Amedy m'a jamais parlé de religion, jamais de Daech...* » Il se plaint de la différence de traitement par rapport à d'autres : « *Eh, Madame l'Avocate* [générale] *! Essayez pas de me mettre un bonnet qui n'est pas à ma taille. Essayez pas de me coller une étiquette de terroriste. J'ai rien à voir avec ça. Les terroristes, c'est les plus gros fils de putes du monde. (...) Il y a des gens qui sont venus ici qui ont été en contact avec les donneurs d'ordre* [il parle de l'ancien émir des Buttes-Chaumont, Farid Benyettou, devenu déradicalisateur pour le compte de l'État]. *Avec eux, vous étiez pas aussi dure que maintenant ! Moi, j'ai acheté deux couteaux et on veut me coller l'étiquette terroriste !* » Malgré les insinuations des avocats de la défense, il est également clair que Willy Prevost n'est pas converti à l'Islam, malgré un soupçon de port de barbe[223], et encore moins radicalisé. Pendant cette période, il lui est arrivé de croiser Ali Riza Polat qu'il décrit comme le factotum de Coulibaly. Les avocats généraux requièrent 18 ans de prison contre Willy Prevost, considérant qu'il a été « *dans le cœur du réacteur aux côtés de Coulibaly* ». Il prend finalement 13 ans, la participation à une association de malfaiteurs terroristes étant retenue. Aucune des fournitures qu'il a achetées pour le compte de Coulibaly n'était létale.

Christophe Raumel

---

[223] Un extrait d'interrogatoire à ce sujet, rapporté par Karl Laske sur Mediapart le 6 octobre 2020, mérite ici d'être transcrit afin de souligner l'islamophobie décomplexée de beaucoup d'avocats des parties civiles : « *Le prévenu ne laisse filtrer aucun mobile politique ou religieux. Me Cechman demande à la cour d'afficher une photo de Prévost figurant au dossier judiciaire. Son visage apparaît bien différent de celui d'aujourd'hui, car il a des cheveux et bien sûr une barbe.*

« *C'est bien vous au moment de votre interpellation ? dit-elle.*

— Oui. C'est quoi le problème ? Parce que j'ai une barbe et des cheveux ? J'ai une barbe, c'est interdit ? »

Me Richard Malka précise :

« *Ce qui interroge dans cette photographie, ce n'est pas d'avoir une barbe, c'est d'avoir une barbe sans moustache. Ce qui est caractéristique des salafistes...* »

Willy Prévost retire son masque chirurgical.

« *M. le président, regardez : j'ai une cicatrice ici. J'ai eu un accident de moto, et donc les poils ne repoussent pas ici. Je ne vais pas laisser la moustache ici et pas là !*

— Voilà l'explication », conclut le président.

Christophe Raumel, 29 ans est le seul des tous les accusés à comparaître libre. Il a assisté à tout le procès sur l'un des strapontins destinés aux prévenus, devant son avocat. Interpellé le 15 janvier 2015, il ne pensait partir qu'en garde à vue et a eu la stupeur de se retrouver en détention provisoire pour fait de terrorisme. Il a été libéré sous contrôle judiciaire au bout de trois ans et demi et placé sous contrôle judiciaire. Il lui est reproché d'avoir assisté Willy Prevost dans toutes les démarches exigées de lui par Coulibaly, ce qu'il a reconnu, son appartement ayant même servi à entreposer certaines fournitures achetées en compagnie de Willy Prevost. Il était très lié avec ce dernier, qui était de quatre ans son aîné, et traînait avec lui dehors toute la journée, de mur en centre commercial, de centre commercial en Mc do, de Mc do en banc, du banc au mur, dans une existence désœuvrée dépourvue de sens et de but archétypique du « jeune de cité » en sape de sport. En revanche il ne connaissait pas du tout Coulibaly, sinon de vue, ne lui ayant même jamais adressé la parole. Détail pénitentiaire que l'on peut signaler pour l'anecdote : on lui a diagnostiqué en prison un grave cancer dont il a pu guérir après un long traitement. C'est dans ces circonstances qu'il a également eu la surprise d'apprendre, très rapidement, la liaison de sa compagne avec Willy Prevost, compagne dont il avait eu une petite fille et qui l'a accablé lorsqu'elle a été appelée à témoigner devant la cour d'assises, le traitant de tous les noms et le présentant comme extrêmement violent. La peine la plus faible a été requise contre lui : 5 ans, les deux avocats généraux estimant qu'à la différence de Willy Prevost, il ne pouvait être au courant de la radicalisation et des projets terroristes de Coulibaly. Seul à avoir comparu libre au procès des attentats, finalement condamné à 4 ans de prison, il est le seul à être ressorti libre à l'issue du procès.

Ali Riza Polat

Si jamais vous avez été en contact avec Coulibaly pour X ou Y raison de façon trop assidue dans les mois et les jours précédant l'attentat, que vous vous êtes récemment converti à l'Islam, et que par ailleurs vous avez tenté de vous procurer des armes, d'une autre nature, par d'autres canaux, pour d'autres objectifs, alors vous pouvez devenir le principal complice d'Amédy Coulibaly, et être condamné à la prison à perpétuité pour complicité dans une opération criminelle à caractère terroriste. C'est ce qui est arrivé à Ali Riza Polat, l'accusé le plus lourdement condamné à l'issue du procès. Et ne pensez même pas vous en tirer en expliquant que vous n'étiez pas au courant des projets de Coulibaly et que jamais de votre vie vous n'avez vu ni entendu parler des frères Kouachi. Alors qu'on admet que du côté des frères Kouachi la taqiya a été totale, jusqu'à tromper leurs épouses pendant des années jusqu'au dernier moment, avec Coulibaly elle était inconcevable. Il vous a forcément parlé de son projet à l'avance, vous a mis dans la confidence, ou alors il a donné suffisamment d'indices pour ne laisser aucun doute sur la nature de l'opération dans laquelle allaient servir les armes que vous tenté en vain de commander pour vous-même et que vous ne lui avez pas fournies. Magie de la taqiya ! Nous y reviendrons dans un chapitre ultérieur.

On ne peut pas dire à la base qu'Ali Riza Polat soit quelqu'un de recommandable, le gendre idéal dont rêve un couple Charliste pour sa fille. Il s'agit, comme il le revendique lui-même, d'un bandit, qui évoque son activité comme une vocation dans laquelle il a toujours rêvé de devenir un cador afin de devenir très riche : « *Moi, j'ai jamais travaillé, j'ai fait des magouilles toute ma vie. Je veux de l'argent, c'est mon but dans la vie, je veux pas mourir pauvre !* » À l'instar de presque tous les autres malfrats présents avec lui dans le box des accusés, c'est un véritable truand ; il ne peut toutefois cacher sa honte, revendiquant sans complexe son appartenance à une division supérieure du crime organisé, d'être aligné dans ce procès aux côtés de ces « minables », ces « enculés », ces « sacs à merde », ces « bras cassés ». Menu fretin, médiocre fretin à ses yeux d'esthète du grand banditisme que les Willy Prevost, Michel Catino, Abdelaziz Abbad et Co. D'une franchise désarmante, il a assumé d'emblée sans complexe sa proximité avec Amédy Coulibaly : « *j'étais un bandit, c'était un bandit on a accroché tout de suite !* ». Son exubérance, sa truculence, son franc-parler vulgaire et injurieux, ses sorties quotidiennes incontrôlables, sur fond d'incontestable intelligence et de maîtrise juridique de son dossier, auront marqué le procès des attentats de leur empreinte. S'il s'agissait d'un spectacle, Polat peut haut la main revendiquer y avoir tenu le premier rôle, déclenchant l'hilarité parfois complice de l'assistance à d'innombrables reprises.

Ali Riza Polat, 35 ans, a rencontré Amedy Coulibaly quand il avait 22 ans, dans la cité de la Grande Borne de Grigny où il a grandi. Titulaire d'un CAP en mécanique automobile, il s'est vite réorienté, dès l'âge de 16 ans, vers le trafic de stupéfiants, plus à même de faire de lui faire un homme riche. À 24 ans il effectue son premier séjour en prison où il parfait son éducation auprès « *des mecs de la cité qui étaient millionnaires* » En 2009 il a contracté une dette de 15 000 euros envers Coulibaly pour quelques kilos de shit. Sorti en 2013 d'un second séjour en prison, il dit avoir arrêté le trafic de stups l'année suivante, « *écoeuré par ce milieu où il n'y a que des balances et des indics* ».

Ali Riza Polat doit d'abord sa présence dans le box des accusés aux déclarations faites par Willy Prevost lors de sa garde à vue en janvier 2015, qui ont mis les enquêteurs sur sa piste : une histoire de convoi. Filé à partir du 24 janvier, il est finalement arrêté au petit matin le 24 mars à son domicile par le RAID. Matériellement, il a contre lui des contacts très réguliers avec Amédy Coulibaly jusqu'à la la nuit du 7 au 8 janvier vers 1 h 30, ses 200 appels échangés avec le trafiquant belge Metin Karasular entre septembre 2014 et le 6 janvier 2015, des échanges téléphoniques réguliers avec Willy Prevost qui a fourni à Coulibaly une partie de la logistique non militaire de la prise d'otages pour honorer une dette ancienne qui le liait violemment à lui, et une liste d'armes écrite de sa main retrouvée dans le garage de Metin Karasular en Belgique. Et puis Ali Riza Polat, n'est-ce pas un aveu ? A cassé sa puce téléphonique le 8 janvier et est parti se mettre au vert au Liban du 12 au 19 janvier, tentant de là en vain de passer en Syrie, puis en Thaïlande 10 jours plus tard. De retour en France, son téléphone a borné dans les environs de l'Hyper Cacher de la Porte de Vincennes, forcément en forme de recueillement et d'hommage. On pointe également sa conversion à l'Islam sunnite à la mi 2014. Bref, les 3 terroristes ayant été tués, des complices proches en fuite ou tués, Ali Riza Polat avait le profil idéal pour endosser le costume de bras droit de Coulibaly, complice à la fois de la prise d'otage de l'Hyper Cacher et du massacre de Charlie Hebdo, et être condamné à la peine la plus exemplairement lourde à l'issue de ce procès. Lors de son audition du 26 octobre, Ali Riza Polat n'a eu de cesse, de clamer son innocence et de dénoncer une justice-vengeance en quête de bouc émissaire : « *Comment je peux être complice de tous ces faits-là avec des personnes que j'ai jamais vues ? Comment d'une vente de voiture pour rembourser une dette on arrive à ma fourniture des armes aux Kouachi ? […] Je me suis jamais levé un matin pour tuer qui que ce soit […] Vous voulez absolument un coupable, mais ce ne sera pas moi.* »/ « *[le jour des attentats] j'étais chez moi. Je ne comprends pas en fait, il faut un bouc émissaire.* »/ « *Moi, je veux pas aller en prison pour ça, je veux pas aller en prison pour ça parce que j'ai rien à voir avec tout ça !* »/ « *Je comprends pas. J'ai fait tout ça sans connaître les frères Kouachi, sans laisser une empreinte, une trace ADN ?* »

Me Coutant Peyre a des arguments pour défendre son client :

Les centaines de coups de téléphone échangés avec les uns et les autres ? « *On nous fait des échelles du nombre de communications. Et en fonction, on va dire : "plus ou moins grande proximité", "plus ou moins au courant". Sans même connaître les contenus des échanges. Il n'y a rien.* »

La liste d'armes retrouvées chez Karasular ? « *Toutes les armes détenues par Amedy Coulibaly ont été fournies par monsieur Claude Hermant* ». Ce qui est exact, comme nous allons le voir un peu plus loin. Du reste, il n'y avait « *pas le moindre élément pour prouver qu'il connaissait la destination finale des armes. On nous dit : "Circulez, y a rien à voir, c'est jugé." C'est un scandale* ». Elle fait de surcroît remarquer que les armes de la liste manuscrite retrouvée dans le garage de Karasular ne correspondent pas à celles retrouvées dans l'Hyper Cacher et dans l'appartement conspiratif de Gentilly. Plus généralement elle dénonce, « *En France, on n'a pas le droit de clamer son innocence !* »

Son second avocat, Me Antoine van Rie, cite le rapport du Quartier d'évaluation de la Radicalisation (QER) au sujet d'Ali Riza Polat, qui ne relève « *aucune adhésion à une idéologie salafo-djihadiste* » chez l'intéressé, qui « *ne présente aucune imprégnation idéologique radicale. Il n'esquive aucune question, ne se revendique pas des takfiristes (des extrémistes islamistes adeptes d'une idéologie violente)* ».

Par ailleurs, contrairement à d'autres accusés présents dans le box à ses côtés, Abdelaziz Abbad et Saïd Makhlouf par exemple, aucune trace de son ADN ni aucune empreinte n'a pu être relevée sur l'une des armes ou l'un des éléments du matériel utilisé par Coulibaly.

Me Coutant-Peyre au vu de l'absence totale de preuves matérielles et indiscutables de la complicité de son client dans l'opération de Coulibaly, n'hésite pas à le comparer au célèbre capitaine Dreyfus : « *Dreyfus a été condamné, il était innocent. Émile Zola qui a publié son innocence a été condamné aussi. Les années ont passé et on s'est aperçus que c'était une erreur. La justice tourne en boucle et fait de nouvelles affaires Dreyfus, sous réserve que la cour raisonne sagement* »

Ali Riza Polat n'est pas non plus avare en arguments et explications : s'il nie avoir acheté des armes pour Amédy Coulibaly, il reconnaît sa participation à la vente du Mini Cooper d'une valeur de 27 000 euros volés grâce à une arnaque au crédit par Hayat Boumediene, à laquelle il a consenti en raison de la dette de 15 000 euros qu'il avait envers Coulibaly, que ce dernier lui a rappelé à sa sortie de prison en mars 2014. Polat alors ne traversait pas une période faste dans sa carrière de bandit. Il justifie la destruction de la puce de son téléphone et sa fuite au Liban puis en Thaïlande par la panique qui l'a envahi face à la perspective d'être incriminé en raison de sa très grande proximité avec Coulibaly, qu'il ne nie pas. S'il a tenté de passer en Syrie, c'est parce qu'il savait que la France et la Syrie n'avaient plus de relations diplomatiques, et puis : « *Là-bas, il y a des chiites* [Polat est d'origine kurde alévie], *c'est Bachar al-Assad qui contrôle, il n'y a pas la guerre à Damas.* » La liste d'armes qu'on a retrouvée dans le garage de Karasular est bien de lui, mais ces armes auraient dû servir à attaquer un fourgon blindé à Grigny en décembre 2014. Dans ce genre d'opérations, les kalachnikovs, dont le nom figure sur la liste, ont avant tout une fonction dissuasive, assure-t-il. Quant à sa conversion à l'Islam sunnite en 2014, au grand dam de sa famille kurde alévie qui du reste lui apporte son soutien à la barre, il dénie tout penchant radical : « *Même converti je fais des magouilles, je continuerai toujours avec les meufs, je veux pas me marier. Mes magouilles c'est pas pour tuer des gens c'est pour faire de l'argent.* ». Concernant ses liens éventuels avec les frères Kouachi : « *Les Kouachi je ne les ai jamais vus. Comment je peux être complice avec ces personnes-là alors que je ne les ai jamais vues ?* »

À ce vide complet de preuves, on doit ajouter le vice de procédure suivant : le 18 septembre 2020, Me Coutant-Peyre avait produit les conclusions d'une demande de supplément d'information contre le ministère public, rappelant que pour se défendre dans le cadre d'une procédure contradictoire et équitable, il est indispensable que « *l'accusé et sa défense aient communication de la totalité de la procédure d'enquête judiciaire et de toutes les pièces de l'enquête policière sur délégation de l'autorité judiciaire.* » Or, dénonce-t-elle, « *il s'avère que figure dans les pièces du dossier dont copie a été communiqué à l'accusé et à sa défense que des pièces d'enquête lui ont été dissimulées* ». Dans le dossier d'enquête, à la cote D8486, figure en effet sous la forme d'un procès-verbal établi par un fonctionnaire de la DGSI une note disant que lors d'une audition de juin 2016, un témoin a été entendu et « *avait des déclarations à faire concernant les auteurs des attentats de Paris en janvier 2015 et sur les armes utilisées par ces derniers. Mentionnons que cet individu désire collaborer avec la justice sans que son nom apparaisse dans la procédure des attentats de Paris de janvier 2015. En effet, compte tenu de l'environnement islamique radical dans lequel il évolue, il craint pour son intégrité physique.* » En conséquence, poursuit Me Coutant Peyre, « *Au cours de la journée de débats du mardi 15 septembre 2020, Monsieur Ali Riza Polat et sa défense, sont intervenus pour exiger la communication des déclarations de ce témoin qui dit avoir des révélations à faire sur les auteurs des attentats de Paris en janvier 2015 et sur les armes utilisées par ces derniers, alors qu'il s'agit de l'objet essentiel des débats en cours devant la Cour et que l'absence de ces pièces de procédure porte gravement atteinte aux droits de la défense. Depuis cette demande de communication d'un témoignage essentiel pour la recherche de la vérité, ni la Cour, ni le Parquet n'ont communiqué le procès-verbal de témoignage évoqué par le procès-verbal de la D.G.S.I. figurant à la cote D 8486.* » En conséquence, pour peu que l'on suive les règles du Droit, « *La non-communication à l'accusé et à sa défense de ces pièces de procédure constitue une violation grave des droits de la défense, susceptible d'annuler toute la procédure examinée par la Cour.* »Et Me Coutant-Peyre de rappeler l'article 171 du Code pénal : « *Il y a nullité lorsque la méconnaissance d'une formalité substantielle prévue par une disposition du présent code ou toute autre disposition de procédure pénale a porté atteinte aux intérêts de la partie qu'elle concerne.* »

Dans les mêmes conclusions, Me Coutant Peyre demande « *de produire ou faire produire, et communiquer à toutes les parties, les photographies prises pendant la surveillance effectuée sur la personne de Monsieur Ali Riza Polat* » auxquelles la défense n'a pas eu accès avec son client et qui figurent dans le dossier de l'enquête.

Ces deux demandes ont été refusées par la Cour d'assises spéciale, d'où la production de ces conclusions *pour* son client et *contre* le ministère public.

Initialement accusé de complicité de crimes commis par Saïd et Chérif Kouachi et Amédy Coulibaly, Ali Riza Polat est finalement reconnu coupable de complicité d'assassinats terroristes et condamné à 30 ans de prison avec une peine de sûreté des deux tiers. La cour estime que Coulibaly et lui sont co-auteurs et complices de *l'ensemble* des crimes commis du 7 au 9 janvier 2015. En effet Polat a apporté « *une aide logistique déterminante à Coulibaly. (..) La cour a établi qu'il avait des connaissances suffisantes des intentions de ce dernier* ». Pour preuve, « *les contacts entre Coulibaly et Polat ont été nombreux dans les jours qui ont précédé les faits* », Coulibaly et Polat qui étaient liés par une « *amitié de longue date* ».

Ses deux avocats dénoncent vigoureusement ce verdict qu'ils estiment injuste et scandaleux et annoncent qu'ils font appel de la décision du tribunal.

Me Antoine de Vrie : « *Les juges ne doivent pas éponger une certaine frustration de ne pas avoir pu juger les véritables auteurs des attentats et évacuer toutes ces frustrations sur monsieur Polat* »/ « *La preuve et la règle de droit sont reléguées au rang d'accessoires. C'est une totale régression pour nous.* »

Mᵉ Coutant Peyre : « *Je regrette que les gens qui étaient dans le box et qui n'étaient pas, de mon point de vue, les coupables ou les responsables, aient été traités comme des bêtes de foire* ». Elle dénonce également « *une forme de racisme dans la justice française* », et « *un procès fictif* ».

L'écrivain Marc-Edouard Nabe a publié le 29 janvier 2021 un compte-rendu-fleuve du procès intitulé « Veau d'or Hebdo et les quatorze boucs », dont des extraits méritent ici d'être cités. Écrit avec plus de recul, et une plume trempée dans le napalm, il résume à mon sens assez bien le caractère arbitraire de la condamnation d'Ali Riza Polat :

1) « *Ali Riza Polat est un Kurde alévi (mais pas du tout un "loup gris"), musulman couci-couça, surtout dealer, voyou, bandit... Pote d'enfance de Coulibaly, ils s'étaient connus gosses dans un hall de barre à Grigny, ils se sont toujours fréquentés. Couli avait un ascendant certain sur Polat... En gros, c'est à peu près tout ce qu'il y avait dans la procédure, mais ce que la Cour a laissé croire lors des débats était complètement décalé !... À tous les entendre au TGI, Polat aurait mis Coulibaly en contact avec Karasular pour avoir des armes et Polat savait très bien l'utilisation hyper pas casher que Dolly comptait en faire ! N'importe quoi ! Polat a juste servi d'intermédiaire entre Couli et Kara pour que Dolly se fasse du fric sur une voiture afin en effet de s'acheter des armes, mais pas celles du Kurde, d'autres à Lille. Il se trouve que par ailleurs, lui, Polat, en cherchait aussi pour faire ses bracos et qu'il s'est adressé à son pote Karasular qui n'était pas vraiment "trafiquant d'armes" mais qui pouvait lui en dénicher à bon prix. Coulibaly était suffisamment débrouillard pour savoir où en trouver seul. Enfin, rien n'a été prouvé sur une connaissance par Polat, même très très vague, de l'objectif de Coulibaly dont il était une sorte de factotum amusé et effrayé à la fois par la personnalité de tchatcheur viril d'Amedy... Je répète : il faut bien mal connaître la mentalité et la stratégie d'un terroriste pour croire qu'il informerait quelqu'un de son entourage, même intime, de ses intentions meurtrières ! À mon sens, trois personnes seulement étaient au courant que Coulibaly allait faire un carnage à l'Hyper Casher : Hayat Boumediene, Chérif et Saïd Kouachi, point. Et encore, Coulibaly a peut-être improvisé ça au dernier moment...* » Nous ajouterions pour notre part les deux frères Belhoucine dont il sera question plus loin.

Cette politique à la fois de l'amalgame et du « par défaut », si chère de la Justice française, c'est la même qui a déjà été appliquée au frère de Merah. Et ça passe ! Même Maître Dupont-Acquittator-Moretti n'a rien pu faire ! Abdelkader Merah, lui non plus, comme Polat avec Dolly, n'a jamais rien su de ce que Mohammed préparait, évidemment. Trop peur des fuites, même dans sa propre famille, c'est une loi chez les terros... Vous pensez bien que les dernières heures avant les attentats de Charlie et de l'Hyper Casher, Coulibaly n'allait pas balancer le morceau à son pote Polat, au risque de tout faire foirer ! Si Coulibaly, bougeant sans cesse, voyant plein de monde, faisant mille choses en même temps, mais cloisonneur de première, écouta vaguement Polat sur ses projets de braquages, en aucun cas il ne s'est confié à lui sur ce qu'il comptait vraiment faire en coordination avec les frères Kouachi (que Polat d'ailleurs n'a jamais connus).

Il aurait suffi de lire les revendications essentielles des trois combattants islamistes faites aux journalistes de BFM qui d'ailleurs se sont fait taper sur les doigts (pour une fois qu'il y en a qui font leur métier !) pour s'en convaincre, mais est-ce que ça a été fait pendant le procès ?

Alors, oui, immédiatement après avoir appris ce qui venait de se passer à Vincennes, Polat est allé vite chez Metin Karasular chercher l'argent que celui-ci devait encore à Couli (le reste a été retrouvé sur le cadavre du malin Malien antisémite) pour se barrer à l'étranger. C'est vrai, Polat a fui le pays, le 9 janvier 2015, et pas parce qu'il était un complice terroriste et qu'il voulait s'endaeshiser dans l'État islamique par conviction (n'importe quoi encore !), mais parce qu'il a eu la trouille d'être compromis avec feu Dolly... Il se doutait bien que faute d'avoir arrêté les Kouachi et Coulibaly, on allait l'emballer, lui. Et en plus, s'il avait été au courant de ce que mijotait « Dolly », Polat serait parti plutôt avant le 8 janvier, non ? D'ailleurs, ses destinations plaident pour lui : Liban du 12 au 19 janvier 2015, où il était souvent allé par le passé, dans la Bekaa, pour son trafic de stups, avec le 17 une petite tentative de passage en Syrie parce que la France venait de rompre ses relations avec Damas[224], puis Thaïlande du 22 au 25 janvier 2015. C'est ce qui s'appelle chercher à « se mettre au vert » et pas forcément au vert islam... Et qu'on l'ait vu plus tard venir traîner (se « recueillir », selon maître Klugman) devant l'Hyper Casher où son copain avait été exécuté pendant son attentat du 9 janvier ne voulait pas dire forcément que Polat s'était rendu là par sadisme ou par une quelconque approbation post-mortem des actes de son ex-pote... Il voulait juste voir où son ami Amedy était tombé... Hello, Dolly ! Polat, ça l'intriguait également de lire les petits mots adressés aux victimes, que des gens avaient collés sur les barrières de sécurité. Le Kurde était « choqué » : comment son Coulibaly, toujours rigolo et balaise dynamique déconneur, avait pu faire un truc pareil ?... Ce sont des cours de psychologie, et pas de « lutte contre le terrorisme », qu'il faudrait donner à tous les magistrats et aux avocats, plus pitoyables les uns que les autres ! »

2) « *La défense d'Isabelle Coutant Peyre est claire :*

1) Les armes de Coulibaly, ce n'est pas son client qui les lui a trouvées.

2) Son client n'était absolument pas au courant des attentats fomentés par Coulibaly.

3) S'il y a un commanditaire à ces attentats, c'est le "Cosmos"[225].

---

[224] La France a rompu ses relations diplomatiques avec la Syrie, de concert avec tous les États amis de la Syrie, le 28 mai 2012, en réaction au massacre de Houla, immédiatement attribué au « régime-syrien-du-boucher-de-Damas », qui était en fait une opération sous faux drapeau mise en scène par des combattants « rebelles ». Cf *Guerre en Syrie, quand médias et politiques instrumentalisent les massacres*, François Belliot, pages 45 à 95.

[225] Lors de sa plaidoirie du 9 décembre 2020, Mᵉ Coutant-Peyre a utilisé cette métaphore

Tout ça n'est pas très conspi… Bravo, Isabelle ! Polat n'était qu'un trafiquant de stups. Foutez-lui la paix avec le "terrorisme" ! Polat a même dit à la barre regretter d'avoir abandonné le trafic de drogue, c'était "tranquille". Il était en train de se reconvertir dans l'escroquerie immobilière nécessitant un peu de mise de fonds pour enclencher le mécanisme, donc de faire quelques braquages. D'où une liste d'armes à Karasular qui avait des contacts en Belgique, mais cette liste n'a rien à voir avec les armes de Coulibaly, ni évidemment avec celles des Kouachi qu'il ne connaissait pas, combien de fois faudra-t-il l'écrire et le réécrire (quoique moi, je ne m'en lasse pas) ?… En plus, ces détonateurs, balles, kalach», chargeurs de munitions listés par Polat ne sont pas du tout ce que Coulibaly a apporté avec lui à l'Hyper Casher, soit : deux fusils d'assaut CZ (Česka-Zbrojovka) modèle VZ-58 et des (pas un seul !) pistolets semi-automatiques Tokarev modèle TT 33 (from AFG)… Ni évidemment avec celles des Kouachi, transbahutées de rue Nicolas-Appert à l'imprimerie de Dammartin…»

M. Nabe avait bien résumé auparavant, revenant sur les condamnations d'Abdelaziz Abbad et Miguel Martinez à respectivement 10 et 7 ans de réclusion criminelle, l'angle d'attaque général de l'accusation faute de preuves solides et indiscutables : « *"Moralité" : il n'est pas bon d'avoir effleuré ne serait-ce que du bout de ses empreintes une arme de Coulibaly, ou d'avoir connu Coulibaly, pour tout autre motif, même de loin, ou même pas du tout ! Ça suffit à la Justice Française pour faire sa basse œuvre… Du moment que vous êtes bras cassés, escrocs, voyous, trafiqueux, que vous avez agi, contre rémunération, pour le compte d'un autre mec chelou de la région Nord qui avait un lien minuscule avec Satan Dolly, vous êtes marron ! Et si, étant dans sa boucle, vous n'avez été au courant en rien de ses intentions terroristes, peu importe : "Au trou !" Why ? Mais parce que ça fait plaisir à Charlie, voyons !…* »

Trois complices en cavale

Hayat Boumediene

Hayat Boumediene, 32 ans, a grandi dans la cité sensible des Hautes Noues à Villiers-sur-Marne. Issue d'une fratrie de six enfants, elle perd sa mère à l'âge de huit ans, et ne supportant pas le remariage rapide de son père, passe son adolescence de foyer en foyer, révoltée et violente[226]. Elle rencontre Amédy Coulibaly en 2007 : un codétenu lui avait montré sa photo lors du séjour en

---

pour souligner l'ignorance complète dans laquelle on demeurait quant à l'identité des commanditaires des attentats. Voici la phrase complète : « *C'est le cosmos. Quand on les trouvera [les commanditaires], on fera un procès et les gens qui auront été condamnés entre-temps, on se dira que c'est une erreur judiciaire.* »

[226] Pour plus de détails concernant le parcours d'Hayat Boumediene, nous renvoyons aux pages 193 à 227 de *Femmes de djihadistes*, de Matthieu Suc.

prison où il a fait la connaissance de Chérif Kouachi. Ils tombent amoureux et effectuent notamment des voyages en Crète et en République dominicaine où ils posent pour la photo en maillot de bain. C'est alors qu'ils se tournent vers l'islam wahhabite, religion officielle de l'Arabie saoudite, grande alliée de la France, dont les dirigeants français et leurs marionnettistes ne font rien pour entraver la diffusion massive et ostensible au pays de Jeanne d'Arc. Elle adopte une pratique de plus en plus rigoriste, jusqu'à décider de porter le voile intégral en mai 2009, ce qui l'oblige à abandonner son emploi de caissière. Aussi rigoriste qu'elle était incontrôlable, elle ne se montre jamais aux autres hommes, et reste cloîtrée dans son appartement, n'en sortant que pour aller à la mosquée. Elle épouse religieusement Coulibaly le 5 juillet 2009, lors d'un mariage typique de cette tradition, où sa présence n'est même pas requise. En 2010, elle se rend en sa compagnie dans le Cantal à deux reprises visiter Djamel Beghal, prosélyte takfiri (wahhabite) condamné en 2005 pour association de malfaiteurs terroristes, placé en résidence surveillée depuis un an dans une chambre d'hôtel, aux frais du contribuable. Radicalisateur charismatique, il recevait dans ce cadre agréable de nombreux élèves adeptes du takfirisme, parmi lesquels Chérif Kouachi. C'est en cette occasion qu'Hayat Boumediene prend la pose dans des photos devenues célèbres où on la voit poser en niqab, sur fond de campagne cantalaise, avec une arbalète. Son mari ayant été emprisonné en mai 2010 pour complicité dans la tentative d'évasion de Smaïn Ali Belkacem (avec Djamel Beghal et d'autres), elle se retrouve seule dans une situation précaire pendant quatre ans. Une note secret-défense datant du 5 juillet 2009 et déclassifiée depuis informe que « *si aucune charge n'a été quant à présent relevée judiciairement* [...], *elle évolue incontestablement dans la mouvance islamiste radicale et mérite de retenir l'attention de nos services* ». En effet ! Lors du procès de la tentative d'évasion de Belkacem de la prison de Clairvaux[227], tenu en 2013, le procureur chargé de la procédure, emploiera l'expression de « *radicalisation conjugale* », pour expliquer la montée du zèle religieux des deux époux. Pour la petite histoire c'est six jours plus tard, le 15 juillet, qu'Amedy Coulibaly est reçu au palais de l'Élysée, en compagnie de 500 « jeunes », pour assister à une conférence sur l'emploi. *Le Parisien* lui avait consacré un article à l'époque[228], avec sa photo, dans lequel on pouvait lire ses réactions enthousiastes ; en cette occasion, rapporte le quotidien, il avait pu « *lui raconter son parcours professionnel* ». On imagine qu'il dut être discret sur ses déjà divers séjours en prison pour braquage et trafic de stupéfiants, et de sa rencontre avec Chérif Kouachi, emprisonné pour sa participation à la filière des Buttes-Chaumont et le mentor takfiri Djamel Beghal, avec qui il ira en prison l'année suivante pour complicité dans la tentative d'évasion de Smaïn Ali Belkacem (voir annexe). Cette digression est sans doute utile pour mettre en lumière le deux poids deux mesures par rapport

---

[227] Le lecteur curieux de cette procédure peut se reporter au résumé que nous en produisons en annexe.

[228] « Amedy, 27 ans, rencontre Sarkozy cet après-midi », *leparisien.fr*, 15/07/2009.

aux proches de Coulibaly dont l'accusation a estimé que « forcément ils savaient pour leur ami », et donc pouvaient être considérés comme leurs complices, tandis qu'au plus haut niveau de l'État, n'est-ce pas, il est inconcevable de contrôler le profil d'un tel individu avant de lui dérouler le tapis rouge à l'Élysée. Revenons à notre profil… Hayat Boumediene était une bonne amie d'Izzana, la femme de Chérif Kouachi, si l'on juge par la centaine d'appels et SMS échangés entre les deux femmes en 2014. À l'automne 2014, elle effectue un pèlerinage à la Mecque avec Coulibaly, qui a été libéré le 15 mai, et à son retour, participe activement à trois escroqueries, grâce à de faux dossiers avec faux bulletins de salaire et faux avis d'imposition, qui permettent d'acquérir trois voitures, dont le mini cooper qui sera en Belgique vendu par Metin Karasular à l'Israélo-Grec Epaminondas, lequel roulera tout le monde dans la farine. Le 2 janvier, Coulibaly l'accompagne à l'aéroport de Madrid, pour un voyage sans retour à destination de la Syrie en passant par l'aéroport d'Istanbul, où les caméras l'enregistrent une dernière fois. Elle est accompagnée de Mehdi Belhoucine. Amédy Coulibaly lui aurait dit : « *Ne t'inquiète pas, je te rejoins bientôt.* » Peu après les attentats, elle donne une interview de deux pages au magazine de Daech Dabiq, dont la une bombarde : « Que Dieu maudisse la France ». Elle y dit notamment : « *Salem Aleykoum, Louange à Allah qui m'a facilité la route, c'est une bonne chose de vivre sur une terre qui est régie par les lois d'Allah. Je ressens un soulagement d'avoir accompli cette obligation* ». Avec l'accord de l'organisation EI elle donne sporadiquement de ses nouvelles à sa famille. Sa grande sœur révèle ainsi lors de son audition au procès des attentats qu'elle avait Hayat deux fois par an au téléphone, puis une fois, la dernière, en octobre 2019, ce qui a surpris tout le monde puisque personne, services de renseignement compris, n'était pas au courant. À l'issue du procès, elle est condamnée à 30 ans de réclusion pour participation à une association de malfaiteurs terroriste. En effet, elle « *s'est engagée en conscience, dans l'idéologie meurtrière de Daech.* » Pour ce cas, on peut dire que le juge de la cour d'assises spéciale et ses deux assesseurs n'a pas dû avoir trop d'états d'âme à suivre les réquisitions des avocats généraux. Hayat Boumediene résiderait aujourd'hui dans la province d'Idlib, dans l'un des derniers bastions tenus par les combattants djihadistes formés, soutenus et armés par la France et les démocraties du monde libre depuis 2011, et financées par les monarchies du Golfe — Arabie saoudite et Qatar en tête — dont les radicalisateurs takfiris peuvent entrer en France comme dans un moulin afin d'y infecter en toute liberté les esprits fragiles.

Mohamed Belhoucine

Mohamed Belhoucine, qui aurait dû avoir 33 ans en 2020 présente un profil très rare parmi les aspirants djihadistes qui ont rallié l'organisation EI dans les années 2015 : alors que la plupart n'ont pas même décroché le BAC, voire le brevet des collèges, lui a poussé ses études jusqu'à l'école des mines d'Albi, où il a étudié de 2006 à 2009, après avoir obtenu un Bac S. *Le Figaro* du 15 janvier 2015 évoque toutefois un étudiant « *mal intégré et cumulant de faibles résultats »*[229]. Dans le même article on lit qu'il a « *été embauché au travers de divers contrats de 2010 à 2014 et a travaillé dans les centres de loisirs de la ville* [d'Aulnay-sous-Bois]. *Il s'occupait également de l'aide aux devoirs.* » Né à Bondy, Il est issu d'une famille d'immigrés algériens, installée à Aulnay-sous-Bois, très pieuse mais sans teinte takfirie. Mohamed abandonne ses études brutalement, pendant sa deuxième année : sur internet il entre en contact avec des candidats djihadistes pour l'Afghanistan et le Pakistan, et il devient ce qu'on appelle un « cyberactiviste », mettant en ligne des vidéos de propagande de Daech. C'est ainsi qu'en 2010 il est interpellé dans le cadre d'une enquête sur une filière Afghano-pakistanaise ayant pour centre la mosquée des Radars, à Sevran, où sévit comme prédicateur radical un de ses anciens camarades de l'école des Mines d'Albi. Plaidant l'erreur de jeunesse, il est toutefois incarcéré de mai 2010 à avril 2011 à la prison de Villepinte, où il fait la rencontre d'Amedy Coulibaly, avec qui il se lie d'amitié. Le procès dit « de la filière de Sevran », impliquant 24 individus, se tient en juillet 2014, au terme duquel il est condamné à deux ans de prison, dont un an ferme. Il en sort, et, libre, rejoint son épouse Imen et son petit garçon. À l'automne 2014, il participe avec cette dernière, a-t-on vu, et le couple Coulibaly Boumediene, au « rappel religieux » visant à sauver le mariage de Nezar Mickaël Pastor Alwatik avec Chahinaze H, tout juste épousée mais dont il ne supporte déjà plus le zèle religieux extrême, les deux couples se fréquentant par ailleurs. Selon les enquêteurs, il était présent aux côtés d'Hayat Boumediene lors de l'une des trois escroqueries de voitures obtenues grâce à une arnaque au crédit. L'expertise graphologique l'a identifié comme le rédacteur de la lettre de serment d'allégeance lue par Coulibaly — ce qui le pose comme un mentor — dans sa vidéo de revendication, lettre retrouvée ensuite sur son cadavre à l'entrée de l'Hyper Cacher de la porte de Vincennes. C'est également lui qui aurait créé, le 1er janvier, l'adresse internet (david.david@netcourrier.com) par laquelle Coulibaly a reçu les instructions du donneur d'ordres, le 8 janvier à 17 h 21. Il est également soupçonné d'avoir participé au montage de la vidéo de Coulibaly. « *Le 1er janvier,* rapporte Matthieu Suc dans son livre *Femmes de djihadistes, Imène [l'épouse] et Mohamed Belhoucine reçoivent chez eux Mehdi, Hayat Boumediene, et Amedy Coulibaly230.* » Le 2 janvier, il part avec son épouse, son fils, son frère Mehdi et Hayat Boumediene pour Madrid. Il prend soin d'emprunter avec sa petite famille un itinéraire différent de celui de Mehdi et Hayat, et à Madrid, il rallie la Turquie par le vol suivant. Sur place il prend une seconde épouse et fait trois nouveaux enfants, dont une paire de jumeaux[231]. Selon les services de

---

[229] Angélique Négroni, *lefigaro.fr*, 15/01/2015, « Attentats : les frères Belhoucine, djihadistes et animateurs sociaux à Aulnay-sous-Bois ».

[230] Matthieu SUC, *Femmes de djihadistes*, p. 147. Pour plus de détails sur les frères Belhoucine et leur famille, voir p. 129 à 149.

[231] Catherine Fournier, *francetvinfo.fr*, 23/10/2020, « Au procès des attentats de janvier 2015, la veuve du recruteur d'Amedy Coulibaly raconte la vie sous l'État islamique ».

renseignement, il meurt au combat en Syrie en décembre 2015 ou en janvier 2016. En janvier 2020, quoique présumé mort, il est jugé par défaut et condamné une première fois à perpétuité dans le procès des filières djihadistes pour « *participation à une association de malfaiteurs en lien avec une entreprise terroriste* », puis une seconde fois à la même peine, pour « *complicité de crimes terroristes* ».

Mehdi Belhoucine

Le cadet de Mohamed de trois ans, Mehdi, a une trajectoire comparable à celle de son frère. Il se lance à corps perdu dans la religion dès ses années de lycée, mais comme son frère, tient la route au niveau des études, décrochant son BAC puis une licence en ingénierie mécanique à la faculté de Jussieu. L'article précité du *Figaro* nous dit qu'à l'instar de son grand frère il a pu travailler comme employé municipal de la ville d'Aulnay-sous-Bois : « *De 2011 à 2012 et en cumulant des contrats à durée limitée, Mehdi Belhoucine s'occupait d'animation périscolaire, en intervenant notamment au club de loisirs de la ville. Il avait par ailleurs décroché des missions pour s'occuper des espaces verts.* » Comme son frère, il ne fait pas long feu en Syrie : en septembre 2015, blessé au combat contre l'armée syrienne, et mal soigné, il périt d'une septicémie. Au procès des filières djihadistes, en janvier 2020, la mère éplorée clame son incompréhension : « *Je n'ai pas compris […]. Si j'avais su qu'ils allaient partir, je les aurais dénoncés tout de suite. Je préférerais les voir en prison[232].* » Le troisième frère de la fratrie, en 5ème année de médecine, n'aurait lui aussi rien vu venir : « *Je ne m'attendais pas du tout à ce qu'ils partent. J'ai été surpris, un peu comme tout le monde.* » Condamné en cette occasion à la prison à perpétuité, et n'ayant pas eu, selon les enquêteurs, de rôle complice dans les attentats de janvier, son cadavre n'écope pas d'une peine supplémentaire à l'issue du procès des attentats.

Deux renards en liberté

Préambule : janvier 2015, démantèlement d'un trafic d'armes dans la région lilloise

Au commencement était Claude Hermant

En janvier 2015, dans la région lilloise, un peu moins de deux semaines après le massacre de Charlie Hebdo et la prise d'otages de l'Hyper Cacher, a été démantelé un important réseau de trafiquants d'armes de guerre. Des armes neutralisées, théoriquement destinées à l'usage du monde du spectacle et des collectionneurs, étaient importées par internet à la société slovaque AFG security corp, livrées par la Poste, puis remilitarisées en France où elles étaient revendues sur le marché du crime organisé. Le trafic, qui a prospéré de 2013 à 2015,

---

[232] Timothée Boutry, *Le Parisien*, 14/01/2015, « Procès des filières djihadistes : "Je préférerais les voir en prison", pleure la mère des frères Belhoucine ».

concernait 470 armes, dont des kalachnikovs, des pistolets-mitrailleurs skorpion, des Glock. 427. Une grande partie de ces armes ont été importées par la société Seth Outdoor dirigée par un certain Claude Hermant et sa compagne Aurore Joly. Pour donner une idée du détail de ce trafic, lisons ce qu'en dit Alexis Kropotkine, qui a assisté au procès de 2017 et en a produit un long et très précis compte-rendu sur son site *legreffiernoir.com*[233] : « *les enquêteurs estiment, sur la base des renseignements fournis par AFG et l'exploitation des factures en possession d'Aurore Joly que 146 armes ont été commandées auprès de l'entreprise slovaque par Seth Outdoor (la société fondée par Claude Hermant et sa femme) entre le 7 juillet 2014 et le 21 décembre 2014 pour la somme de 54 699 €.* »

Dès ce mois de janvier, on découvre que six des armes trouvées en possession de Coulibaly — dont 4 Tokarev TT33 et un fusil d'assaut CZ58 — sont passées par Claude Hermant. Ce dernier a du reste été le premier à signaler, lors de sa garde à vue, qu'on pouvait reconnaître sur la vidéo de revendication de Coulibaly l'un des fusils d'assaut dont il avait fait commerce[234]. Samir Ladjali, client de Claude Hermant, est soupçonné d'être le maillon intermédiaire par lequel Amédy Coulibaly a pu se procurer ces six armes, et s'est trouvé le seul à être mis en examen dans le dossier de l'Hyper Cacher, c'est-à-dire la procédure des attentats, en plus de celui du trafic d'armes lillois.

Claude Hermant est un ancien champion de France de boxe thaïe, sergent parachutiste, il a fait la guerre en Croatie dans la brigade des volontaires étrangers, et travaillé pour la DGSE en Afrique[235]. Proche du Front National dont il faisait partie du service de sécurité dans les années 1990, il est fiché S pour ses liens avec l'ultradroite identitaire lilloise[236]. De 2008 à 2012, il a ainsi dirigé la Maison Flamande, un bar associatif où se côtoyaient les militants nationalistes de tous bords. Gérant d'un club et d'un terrain de paintball, et d'une boutique où il vendait des articles de survivalisme et des vêtements à la mode dans sa mouvance politique, organisateur de stages de survivalisme[237], Claude Hermant

---

[233] « Procès des armes du 7-9 janvier 2015 : les véritables énigmes du dossier Claude Hermant (comptes-rendus d'audience du Greffier Noir) », Alexis Kropotkine, *legreffiernoir.com*, 08/06/2018.

[234] Pour une analyse détaillée de cette vidéo de revendication, nous renvoyons à « la bibliothèque d'Amédy Coulibaly », *francoisbelliot.fr*, 28/05/2020.

[235] cf. « Claude Hermant, l'identitaire "indic" jugé pour trafic d'armes », Stéphanie Maurice, *Libération*, 11/09/17.

[236] cf. « Claude Hermant : l'indic "borderline" qui a armé Coulibaly malgré lui », Jérémy Pham-Lê, *lexpress.fr*, 15/09/17.

[237] La chaîne *M6 W9* lui a consacré un reportage de 7 minutes fin 2012 que l'on peut encore voir sur la plate-forme Vimeo. On y voit Claude Hermant expliquant les principes de base du survivalisme, exhibant son matériel et deux armes, un fusil à lunette de précision et un fusil à pompe, puis animant dans sa Base Autonome Durable (BAD) un stage auquel participent une vingtaine de personnes.

était par ailleurs un indicateur de la gendarmerie nationale du 13 mars 2013 au 5 avril 2015[238], après l'avoir été des douanes jusqu'en 2013[239], dûment répertorié et rémunéré comme tel, et c'est sous cette couverture — prétend-il — qu'il a importé des centaines d'armes de Slovaquie pour les remilitariser, afin d'infiltrer le milieu du crime organisé de la région lilloise. Il tenait par ailleurs à l'époque une friterie nommée « la Frite rit », située dans le « quartier de la soif » de Lille, à proximité du centre-ville, fréquentée par les militants nationalistes, et régulièrement harcelés par les militants « antifas » dont le QG était un bar-restaurant-concert : le Resto soleil, éloigné de quelques rues seulement[240] — la réciproque étant également avérée[241]. La chambre froide de la friterie aurait servi

---

[238] Cf la République des Pyrénées, « Au procès pour trafic d'armes, le statut d'indicateur d'Hermant confirmé », 13/09/17 : « M. Hermant "a été recruté par mon prédécesseur le 13 mars 2013 et a été +blacklisté+ le 3 avril 2015", a déclaré mercredi à la barre du tribunal correctionnel le colonel Jérôme Pichard, à la tête de la section de recherche de Lille-Villeneuve d'Ascq. Le militaire a reconnu que M. Hermant avait empoché 2 000 euros pour une affaire, une somme qualifiée "d'importante" par M. Pichard, preuve qu'il a pu être utile aux "services". "M. Hermant était visiblement un bon informateur qui obtenait la tranquillité grâce à la qualité des informations qu'il donnait", a résumé Me Emmanuel Riglaire, qui défend un agent de renseignements des douanes assis sur le banc des prévenus. »

[239] Il a été radié du fichier des douanes en 2013. Claude Hermant a expliqué lors du procès, alors qu'il travaillait sur un important trafic de cocaïne : « *Ils ont eu tous les renseignements nécessaires jusqu'au clash, on travaillait sur une cible qui écoulait 4 à 6 kilos de cocaïne sur Lille et on s'est aperçu qu'il allait régulièrement chez un douanier de Lille prénommé Guy pour des barbecues. Apparemment, il y avait 6 douaniers impliqués dans ce trafic de cocaïne. Après cette affaire, j'ai été black-listé.* » Hermant n'a avancé aucune preuve pour étayer cette grave accusation. Le douanier Sébastien Lemaire a été condamné à 8 mois de prison avec sursis pour s'être fait vendre une kalachnikov par Claude Hermant, vente filmée à son insu par le pourvoyeur, mais c'est l'unique preuve matérielle apportée par Hermant pendant tout le procès de la participation des douaniers ou des gendarmes à des opérations illégales.

[240] Il est à noter que dans ce cas précis, les pouvoirs publics semblent avoir tranché — une véritable rareté, qu'on se souvienne seulement de l'affaire Clément Méric — en faveur des nationalistes, ordonnant la fermeture du Resto Soleil fin 2014 – pour un autre motif –, au grand scandale des antifas habitués à être soutenus envers et contre tout pour services rendus comme auxiliaires du pouvoir profond, notamment quand ils infiltrent des manifestations à dessein de les pourrir et leur donner une mauvaise image aux yeux des journalistes des médias subventionnés qui sont postés pour attendre ces « dérapages » et en rendre compte de façon à diaboliser les manifestants aux yeux de l'opinion publique. Leur obsession de « l'extrême-droite » est un autre marqueur qu'ils partagent avec le pouvoir profond. Après avoir été menacé de liquidation judiciaire, le resto soleil a finalement réouvert ses portes en mars 2019.

[241] Pour prendre connaissance du point de vue antifa, entrer sur le moteur de recherche « le resto soleil une nouvelle fois attaqué par les nazillons lillois ».

de lieu de stockage des armes du trafic. L'établissement était également, comme la procédure l'a établi, le centre d'un trafic de cocaïne.

Dès le premier jour de son procès, le 11 septembre 2017, Claude Hermant s'est abrité derrière son statut d'indicateur de la gendarmerie nationale et des douanes. De fait, a indiqué son avocat Me Maxime Moulin, Claude Hermant est « *quelqu'un qui travaillait pour la DNRED (direction nationale des enquêtes douanières, NDA), ensuite pour la gendarmerie. Dans le cadre de ces activités, il a été amené à faire des infiltrations, en matière de stupéfiants ou d'armes. Et il ne connaissait pas Coulibaly. Son réseau à ses dires servait d'appât pour entrer en contact avec de potentiels acquéreurs et permettre aux gendarmes et aux douaniers d'interpeller des criminels de la pègre nordiste en flagrant délit.* ». Telle est la ligne de défense à laquelle il se tiendra jusqu'au bout, et adoptera de nouveau lors de son audition au procès des attentats le 28 septembre 2020.

Le juge antiterroriste Marc Trévidic chargé de l'affaire s'étonne de la rareté des contacts avec ses agents traitants et pointe qu'il « *faisait énormément de commandes pour fournir la même personne, à savoir Samir Ladjali, déjà soupçonné à l'époque d'avoir servi d'intermédiaire avec Amédy Coulibaly* ». Le juge suggère que Claude Hermant a profité de sa couverture policière pour dépasser toutes les bornes dans son trafic d'armes.

Hermant prétend que c'est la faute des gendarmes si tant d'armes — près de 150 entre juillet et novembre 2014 — ont continué d'être livrées pendant six mois à Samir Ladjali. Il prétend que lors des multiples rendez-vous qu'il a eus avec ses officiers traitants pendant cette période, il venait avec les stocks d'armes pour les leur montrer et recueillir leur approbation. Les gendarmes nient farouchement et prétendent au contraire que jamais ils ne laisseraient partir un simple indicateur « *avec un cabas d'armes* », et qu'Hermant à leurs yeux n'était pas un « infiltré » mais un « indicateur » et rien de plus. La présentation d'une arme authentique à un tel rendez-vous aurait forcément constitué une infraction. Les gendarmes en lien avec lui reconnaissent le caractère professionnel de leur relation avec Hermant mais démentent avoir à aucun moment cautionné un trafic d'une telle ampleur, concernant des armes aussi dangereuses.

Signalons à ce propos l'une des nombreuses bizarreries des déclarations de Claude Hermant relevées par le greffier noir dans son précieux compte-rendu du procès : « *Interrogé ensuite sur l'incohérence entre cette explication (impliquant l'existence d'un plan d'intervention quelconque ou au minimum l'organisation de surveillances physiques), et ses premières dépositions où il déclarait : « n'ayant plus trop de nouvelles de mes officiers traitants, j'ai continué à travailler avec ce Samir », Claude Hermant a rétorqué, sans s'effrayer de l'absurdité du propos, "qu'il n'y avait pas besoin de confirmation, les ordres étaient clairs, il fallait continuer avec Samir [Ladjali]".*

Encore plus étrange : "*Les gendarmes nient connaître le nom de Samir Ladjali, et n'auraient eu aucune rencontre avec leur indic entre mai et novembre [2014]. Cette ignorance serait attestée par les rapports de contact des gendarmes avec leur indicateur qui n'en feraient pas mention. Il s'agit de pièces à décharge puisqu'elles innocentent les gendarmes en prouvant qu'ils ignoraient l'existence de Ladjali. Ces pièces à décharge de la gendarmerie ont paradoxalement été classifiées secret-défense par le ministre de l'Intérieur Bernard Cazeneuve après un avis consultatif conforme de la CCSDN du 18 juin 2015. À cet égard, le colonel Jérôme Richard a déclaré qu'il s'était personnellement opposé à la mise sous le boisseau des rapports de contact, la décision ministérielle d'en refuser la communication aux juges d'instruction lillois demeurant à ses yeux incompréhensible."*

Douze des notes de rapport ayant finalement été déclassifiées « *grâce à la pugnacité des juges* » nous dit le Greffier noir et *"Claude Hermant ayant livré l'identifiant et le mot de passe de sa messagerie «professionnelle», le tribunal a pu confronter les déclarations des uns et des autres à deux sources contradictoires, d'un côté les rapports déclassifiés, de l'autre la propre messagerie de Claude Hermant, depuis laquelle il communiquait avec ses officiers traitants. Or, Claude Hermant n'a pas été en mesure d'apporter la preuve, même indirecte, des rendez-vous physiques niés par les gendarmes, rendez-vous au cours desquels il affirme, rappelons-le, avoir reçu ses ordres de mission quant à Samir Ladjali. Et nous allons voir immédiatement que cette preuve aurait peut-être fait basculer les débats dans une affaire où la parole des uns s'oppose pied à pied à la parole des autres. En outre, à l'exception d'un courriel du mois de mai 2014 rendant compte d'une première transaction avec Samir Ladjali (dont lui-même n'apprendra le nom complet qu'en garde à vue), message dans lequel il livrait aux gendarmes deux plaques d'immatriculation, ces derniers lui répondant par retour de courrier "ces plaques ne correspondent pas à des Maghrébins", Claude Hermant n'a pas, non plus, été en mesure de démontrer l'ouverture par la gendarmerie d'un quelconque "dossier Ladjali""*.

Où nous apprenons également que ce pan de la procédure lilloise est intimement lié avec la prise d'otages de l'Hyper Cacher du 9 janvier par Amédy Couliaby : « *L'absence, l'éventuelle existence et la fréquence des contacts physiques entre Claude Hermant et ses officiers traitants pour la période des mois de mai à novembre 2014 est de surcroît fondamentale en ce qu'elle correspond au pic des activités commerciales du couple Hermant-Joly. Pic funeste puisqu'à l'exception d'une arme, commandée par Patrick Halluent en janvier 2014 avant d'être rétrocédée à Claude Hermant, l'arsenal d'Amedy Coulibaly a été précisément importé et remilitarisé par Seth Outdoor au cours de cette période, sans parler de l'inexplicable recrudescence des crimes par armes à feu dans la région lilloise signalée par la presse en octobre 2014.* »

Interpellé en mars 2017, Samir Ladjali est le seul accusé dans cette procédure lilloise à avoir été mis en examen pour association de malfaiteurs en lien avec une entreprise terroriste, précisément le chef d'inculpation visant les dix accusés du procès des attentats de janvier 2015.

Samir Ladjali a nié lors du procès toute participation au trafic d'armes de Claude Hermant : ils se sont rencontrés une première fois à la terrasse de la friterie tenue par ce dernier. Ladjali voulait entrer en contact avec lui car il projetait de racheter son établissement, dont il avait appris qu'il était à vendre, information confirmée par Hermant[242]. Mais celui-ci prétend que leur relation était avant tout motivée par le trafic d'armes : *"Ladjali était la cible n° 1 de la BR [brigade de recherche] de Lille"*. Il ne lui a pas parlé d'armes tout de suite mais de visite en visite, la confiance s'installant, Samir Ladjali concède avoir accepté de prendre chez lui 15 armes, cela afin de faciliter l'achat de la friterie. Les échanges — les armes en pièces détachées étant dissimulées dans des sacs de sport — se faisaient sur le parking d'un Décathlon de Villeneuve d'Ascq, non loin de Lille. Toutefois, il précise que ces armes lui étaient seulement prêtées et qu'il les avait « *en main quelque temps avant de les lui rendre* ».

On a découvert l'ADN d'une de ses nièces, Amel Benbridj, une nièce de Ladjali, sur un « puits de chargeur » (crosse) d'un des Tokarev retrouvés entre les mains de Coulibaly. L'irruption de Mohamed Farès dans la procédure, le 23 mars 2018, après sa mise en examen du chef de participation à une association de malfaiteurs en vue de la préparation d'un crime d'atteinte aux personnes, consécutivement à sa dénonciation par une lettre anonyme en décembre 2017, permet à Samir Ladjali de changer de statut, puisqu'il cesse à partir de ce moment d'être accusé de complicité de terrorisme. Mohamed Farès fut un temps, comme nous l'avons noté dans son portrait, le compagnon de Chahinaz B, une autre nièce de Ladjali

Lors du procès en appel qui s'est tenu à Douai en février 2019, Samir Ladjali a vu sa peine ramenée de 5 à 4 ans de prison, et il a bénéficié d'un non-lieu dans la procédure des attentats de Paris. Jugé libre, et n'ayant pas même effectué la moitié de sa peine, il n'est pas retourné en détention[243]. Ainsi, lorsque le procès des attentats a débuté en septembre 2020, la procédure lilloise se trouvait-elle définitivement disjointe de celle des attentats.

Le récit de l'arrestation de Claude Hermant et de sa compagne vaut le détour, tout en renforçant l'impression d'une affaire au caractère impénétrable — le fil narratif est toujours celui du *greffier noir* : *"Une arrestation réalisée par les douanes qui, en quelque sorte, ont temporairement court-circuité l'appareil sécuritaire lillois. Cette singularité du dossier jugé en septembre 2017 a été très peu soulignée par les commentateurs : ce ne sont ni la Police Judiciaire ni la*

---

[242] Si l'on en croit le groupe « antifa Lille » lié au Resto soleil, qui suit cette affaire de près, la Frite'rit, rebaptisée « Label Patate » n'a toutefois jamais cessé d'être tenue, de 2015 à 2020, par « *les chefs de l'extrême-droite radicale lilloise* », et a dénoncé sur sa page Facebook le 12 mars 2020 : « *Cette semaine derrière le comptoir on pouvait y réapercevoir Claude Hermant, son fondateur, ancien mercenaire, néonazi, chef des identitaires et de maison flamande, informateur de la gendarmerie puis vendeur d'armes aux djihadistes. (oui oui rien que ça) Claude Hermant vient de sortir de prison, et souhaite pouvoir reprendre les affaires comme si de rien n'était, alors que les armes qu'il a vendues ont notamment permis la tuerie terroriste de l'hyper casher en janvier 2015.* »

[243] Lakhdar Belaïd, « Peine alourdie en appel pour Claude Hermant, ex-figure de l'ultradroite lilloise », *La Voix du Nord*, 07/02/19.

gendarmerie qui ont ouvert les hostilités contre Claude Hermant mais des douaniers venus de Rouen et du Havre, assistés de collègues locaux. Détail remarquable, Amar Ramdani — un proche d'Amedy Coulibaly qui entretenait une liaison avec une gendarme, formatrice au renseignement opérationnel, en poste au fort de Rosny-sous-Bois — a énuméré lors d'une audition par l'antiterrorisme l'ensemble des hauts lieux de la procédure lilloise. Ainsi, à une question sur ses déplacements en compagnie d'Amedy Coulibaly, Amar Ramdani a déclaré s'être rendu en novembre et décembre 2014 dans les villes "[de] Reims il me semble, à Lille, à Orléans ou Rouen, je confonds toujours ces deux villes", ainsi qu'en Belgique. Mais, les dossiers Hermant et Coulibaly ayant été saucissonnés c'est un sujet qu'il ne revenait pas à la JIRS d'étudier. Le 20 janvier 2015 à 12 h 40, Aurore Joly, la gérante légale de Seth Outdoor, compagne et future épouse de Claude Hermant, est interpellée au moment où elle prend livraison du colis [en provenance de la société slovaque AFG, les douanes étaient au courant et voulaient réaliser un flagrant délit, NDA]. Elle est immédiatement placée en rétention douanière. 25 minutes plus tard, la PJ appelle sur son téléphone privé Claude Hermant et lui demande de se rendre instamment dans les locaux de la DIPJ. Délicate attention là où dans les affaires de trafics d'armes et de terrorisme, l'usage serait plutôt d'envoyer des hommes en noir défoncer les portes au petit matin. Il est 13 h 15. Claude Hermant, qui se trouve en Belgique, répond à son interlocuteur "qu'il va prendre une douche" avant de se mettre en route. Comprend-il que la mécanique de son business s'est irrémédiablement enrayée ? Toujours est-il que l'un des premiers réflexes de Claude Hermant consiste à appeler Nicolas L. des douanes et Jean Paul D. S., celui-là même auquel, deux mois plus tôt, il livrait deux informations toujours "en cours d'évaluation" au moment de son interpellation. Il aurait donné rendez-vous à ce dernier à Lomme, où un dispositif d'intervention avait entre-temps été déployé par la PJ. La BRI est sur le pied de guerre. À 15 h 21, Claude Hermant se gare devant son atelier. À la vue des policiers il prend la fuite et est interpellé 4 minutes plus tard, coincé dans le flot de circulation de la rue Paul Vaillant. Sur lui, les enquêteurs découvrent : une liasse de 12 000 euros en petites coupures de 10 et 20 euros ; 2 pistolets semi-automatiques Beretta ; une paire de menottes ; une fausse pièce d'identité au nom d'André Petit ; des supports de stockage (USB et disque dur). Mais aussi six photos d'identité au nom de Jean Lambot dans une enveloppe adressée à Claude Hermant. L'enquête a révélé qu'il s'agissait de photographies de Patrick Halluent qui expliquera aux enquêteurs qu'il les avait naïvement remises à Claude Hermant afin que ce dernier lui établisse une carte de membre de son club de paintball..."

En octobre 2017, le tribunal correctionnel de Lille condamne Claude Hermant à 7 ans de prison et 30 000 euros d'amende, peine clémente au regard des réquisitions du parquet (10 ans et 150 000 euros d'amende), sa compagne Aurore Joly à 5 ans et 30 000 euros d'amende ; Samir Ladjali est condamné à 5 ans de prison, et un fonctionnaire est tout de même condamné : l'agent des services de renseignement du ministère des Finances Sébastien Lemaire prend 8 mois avec sursis. Il faut dire que les preuves de sa complaisance étaient accablantes : Hermant l'avait filmé à son insu lors de la vente d'une kalachnikov pour son usage personnel, arme dont il s'est débarrassé par la suite en la jetant dans un lac, qu'on est même allé jusqu'à draguer en vain pour la retrouver.

Lors du procès en appel qui s'est tenu à la cour de Douai en février 2019 — appel interjeté conjointement par le parquet qui jugeait la peine trop clémente, et par l'avocat de Claude Hermant qui plaidait la relaxe —, la peine de Claude Hermant a été alourdie à huit ans, celle d'Aurore Joly, sa compagne, est inchangée. De son côté, Sébastien Lemaire a tout simplement été relaxé. Et l'année de prison supplémentaire prise par Hermant ne doit pas être prise au pied de la lettre : ce dernier en effet bénéficié d'une généreuse libération conditionnelle début 2020, et ce sans même en avoir fait la demande, comme il est d'usage[244].

Le sceau du secret défense apposé par Bernard Cazeneuve en juin 2015 a été révélé par le journaliste Karl Laske sur *Mediapart*, le 10 septembre 2015, dans un article intitulé « Attentats de Paris : l'énigme des armes de Coulibaly », qui à l'époque a fait grand bruit jusque dans les médias mainstream.

Circonstance aggravante : les armes vendues par Hermant ont bien servi à tuer

Les armes importées par Caude Hermant et transmises par on ne sait quel intermédiaire à Amédy Coulibaly n'ont pas seulement été retrouvées en sa possession dans l'Hyper Cacher ou dans l'appartement conspiratif de Gentilly loué par ses soins une semaine avant de passer à l'acte ; il a été prouvé, dès le 20 janvier, qu'elles avaient été utilisées en trois occasions : la tentative d'assassinat du joggeur de Fontenay-aux-Roses le soir du 7 janvier, l'assassinat de Clarissa Jean-Philippe le matin du 8 janvier, et l'assassinat de quatre clients de l'Hyper Cacher de la porte de Vincennes le 9 janvier. Suivons ici Karl Laske : « *Le 20 janvier, les responsables de la Brigade criminelle et de la Sous-Direction antiterroriste (SDAT) ont résumé, dans une synthèse au parquet de Paris, les vérifications opérées au sujet des armes utilisées par Coulibaly sans faire état de la réponse d'Europol, datée du 16 janvier. Europol mentionne pourtant un "traçage positif pour trois armes", et un "traçage approchant pour deux armes", en précisant que ces cinq armes ont été achetées par la société lilloise d'Hermant à l'entreprise slovaque AGF Security. Selon les expertises techniques consultées par Mediapart, il s'agit bien des armes des crimes : un fusil d'assaut VZ 58 Compact, de marque CZ (Kalachnikov) — numéro de série 63622F —, et deux pistolets semi-automatiques Tokarev TT33 — numéros de*

---

[244] « La demande de libération conditionnelle se fait par requête écrite signée par le condamné ou son avocat et transmise au juge de l'application des peines (JAP) soit par l'intermédiaire d'une déclaration auprès du chef d'établissement, soit par lettre recommandée avec accusé de réception, ou bien encore déposée au greffe du JAP contre récépissé. »

série RK07 et 02027 —, retrouvés près du corps d'Amely Coulibaly, le 9 janvier, dans le supermarché Hyper Cacher. Avec ces armes, le terroriste a tué quatre personnes et en a blessé gravement quatre autres dans le magasin, mais l'expertise balistique montre qu'une victime a aussi été blessée à Fontenay-aux-Roses avec l'un de ces Tokarev, et que la policière de Montrouge a été touchée par les balles de l'un de ces fusils d'assaut. Deux autres Tokarev — numéros de série TE1035 et EB1574 — achetés par l'entreprise lilloise ont aussi été retrouvés dans l'appartement du terroriste à Gentilly. Ces armes neutralisées en Slovaquie ont été reconditionnées pour tirer, sans que l'on sache précisément qui dans le réseau, ou les clients du réseau, opérait la remise en état. » Karl Laske livre aussitôt un autre détail intéressant concernant l'un des accusés des attentats de janvier : « *En Belgique, les soupçons se sont focalisés sur un autre homme, Metin Karasular, qui s'est lui-même fait connaître de la police de Charleroi, dès le 12 janvier, pour révéler ses contacts avec Amedy Coulibaly au sujet de la vente d'un véhicule, une Mini Cooper appartenant à Hayat Boumeddiene, la compagne de Coulibaly.* » Deux mois plus tard, les enquêteurs y découvriront dans une poubelle les deux listes manuscrites d'armes qui pèseront très lourd dans la balance pour incriminer les accusés.

Je rapporte ce détail pour souligner le deux poids deux mesures entre le traitement réservé à Claude Hermant et celui réservé aux différents accusés des attentats de janvier 2015. D'un côté un homme à la tête d'un vaste trafic d'armes dont il est établi qu'il a alimenté Amédy Coulibaly avec des armes dont il est prouvé qu'elles ont tué en trois épisodes sur quatre des attentats de janvier 2015, arrêté le 20 janvier alors qu'il tentait de prendre la fuite avec 12 000 euros en liquide, des faux papiers, et deux armes, de l'autre un homme qui se livre spontanément à la police pour dire tout qu'il sait de l'affaire, et dans le garage duquel on retrouve des listes d'armes *ne correspondant pas* à l'arsenal de Coulibaly. Or c'est bien sur le second — notamment — que la justice va s'acharner, jusqu'à requérir 15 ans d'emprisonnement contre lui, le premier bénéficiant au contraire de tous les coups de pouce possibles du destin et des hommes pour s'en sortir avec le moins de casse possible.

Sur 470 armes répertoriées dans la procédure lilloise, 427 sont à ce jour encore dans la nature, c'est-à-dire entre de mauvaises mains.

Vendre des armes, c'est grave ?

Pour le malheur des accusés, il a été considéré comme un crime suprême le seul fait d'avoir trempé de loin, ou même inconsciemment, dans le trafic d'armes ayant permis à Amédy Coulibaly de se constituer l'impressionnant arsenal dont il s'est équipé pour réaliser la meurtrière prise d'otages de l'Hyper Cacher. N'ont-ils fait que voir, que toucher les armes ? Les ont-ils transportées sans savoir de quoi il s'agissait ? Étaient-ils persuadés qu'elles allaient seulement servir à un braquage, spécialité notoire de Coulibaly ? Ont-ils été agrégés à ce trafic sous la contrainte par ce dernier au nom de dettes anciennes ? Peu importe : dans l'esprit de l'accusation, indéniablement saisie d'un « *appétit de condamnation »* pour reprendre la formule de Me Saint Palais, l'avocat d'Amar Ramdani — finalement condamné à 20 ans de réclusion, sans aucune preuve245 —, même si les complices du trafic d'armes ignoraient tout de ce qui se tramait réellement, même s'il est loin d'être prouvé que les armes trafiquées ne sont pas celles utilisées par le terroriste, ils doivent obligatoirement être considérés comme des complices de l'opération terroriste, et lourdement condamnés en conséquence.

C'est l'argument de l'enquêtrice de la Sous Direction Anti Terroriste (SDAT) auditionnée au procès le 30 septembre 2020 chargée de la procédure lilloise de trafic d'armes que nous venons de résumer : *« Les armes retrouvées à Gentilly et à l'Hyper cacher vont permettre d'assassiner Mr Braham, Mr Hattab, Mr Cohen, Mr Saada, Melle Jean-Philippe* (à l'Hyper Cacher le 9 janvier et à Montrouge le 8 janvier ndla) *et de blesser Mr Romain D.* (joggeur blessé le 7 janvier au soir.) *Quel que soit le rôle de chacun, quand on vend ces armes, on s'expose à ce qu'elles soient utilisées. »*

C'est également l'argument qu'emploiera l'avocate générale Julie Holveck le 7 décembre 2020 pour justifier la lourdeur de la plupart des peines requises contre dix des accusés : *« l'agent participant n'a pas besoin d'avoir commis lui-même ces crimes. Même une participation éphémère à l'entente est répréhensible. Quand il fournit l'arme à un adepte du djihad, il sait que l'auteur peut participer à un vol à main armée tout autant qu'une action terroriste. »*

Et si ceux-ci à la rigueur pouvaient ne pas avoir été au courant de ce que tramait Amédy Coulibaly en commandant toutes ces armes, au moins ne pouvaient-ils pas ignorer la radicalisation takfirie de ce dernier : les accusés auraient dû deviner que cet arsenal pouvait avoir une utilité bien différente qu'aux fins d'un braquage dont Coulibaly était certes un professionnel. C'est un des angles d'attaque que Richard Malka, l'avocat de Charlie Hebdo, a fougueusement adopté dans sa longue plaidoirie déconnectée des faits et des preuves et perchée dans le ciel comme un cerf-volant gonflé par le vent artificiel de l'idéologie républicaine : *« Je ne me prononcerai pas sur la culpabilité des hommes qui sont dans ces boxes. Mais pour moi, ceux qui ont connu Coulibaly ont tous commis un crime : un crime d'indifférence. Ils savaient qu'il avait été poursuivi pour terrorisme. Ils savaient qu'il était violent. (…) Monsieur Coulibaly parlait à qui voulait l'entendre de la persécution des musulmans dans le monde. Il était obsessionnellement antisémite. Et ça se voyait forcément. Et vous avez forcément dû le voir. (…) Vous n'avez pas pu ne pas voir que cet individu dangereux qu'il était aussi obsessionnellement antisémite. Et pourtant chacun à votre tour vous l'avez aidé. (…) Avec un tout petit peu de morale, de prudence et d'intelligence, tous les voyants étaient au rouge. Or, de la morale, de la prudence, de l'intelligence ils en ont. Je trouve qu'ils en ont. Monsieur Polat qui connait son*

---

245 « Au procès des attentats de janvier 2015 : "Vous l'aurez compris, je vous demande de l'acquitter !" », *franceinter.fr*, Sophie Parmentier, 11/12/2020.

dossier par cœur, qui voit les failles. (…) C'est monsieur Prévost qui nous livre un bout de vérité. Il nous dit : "on ne se pose pas de questions". C'est ça. Mais à un moment, ne pas se poser de questions, ça pose un problème. Et peut-être que ceux qui sont morts ne le seraient pas. »

Le cas Claude Hermant

« *Avec un tout petit peu de morale, de prudence et d'intelligence… peut-être que ceux qui sont morts ne le seraient pas.* » Si l'on prend au pied de la lettre ce genre d'interprétation, alors on ne peut qu'être sidéré par le traitement de faveur dont a bénéficié le trafiquant d'armes Claude Hermant, auditionné en tant que témoin le 1er octobre par la cour d'assises spéciale du procès des attentats de janvier 2015. Alors qu'il est impossible d'établir avec un degré de certitude absolue la complicité consciente de ne serait-ce qu'un seul des dix accusés, il est définitivement établi que 8 des armes arrivées entre les mains d'Amédy Coulibaly, et retrouvées soit dans l'Hyper Cacher de la porte de Vincennes, soit dans l'appartement conspiratif de Gentilly, ont pour origine unique et avérée cet homme. Claude Hermant, avons-nous vu, achetait des armes neutralisées à la société slovaque A.F.G. (ex-Yougoslavie), pays où ce genre de vente est légal, pour les remilitariser et les revendre en France. Il a expliqué lors de son audition qu'il avait reçu pour mission de la part des gendarmes de diffuser des armes dans le milieu des braqueurs roubaisiens afin de recueillir des informations utiles et donner l'occasion aux services idoines de constater les infractions en flagrant délit. Conscient de la destination finale de 8 des armes qu'il a rendues à la vie opérationnelle, Claude Hermant concède : « *Mes sentiments sont clairs : il n'y a pas une nuit sans que j'y pense. C'est un énorme loupé.* » Il a du reste été jugé et condamné pour son activité de trafiquant d'armes en avril 2017, dans le cadre de la procédure lilloise, raison pour laquelle il ne figure pas dans le box des accusés, mais peut comparaître libre en tant que témoin. *Non bis in idem* : on ne peut pas être rejugé pour une affaire dans laquelle la justice a rendu une première fois son verdict. Durée de la peine : 7 ans, alourdie à 8 ans en appel en février 2019, même si l'homme depuis a bénéficié, comme on l'a vu, d'une généreuse libération conditionnelle, effective en ce début octobre 2020. Tancé par le président de la cour d'assises Régis de Jorna sur les conséquences terribles de ses activités : « *ça vous fait quoi d'être devant cette cour d'assises, sachant que les armes que vous avez eues entre les mains ont fini entre celles de terroristes qui ont tué des personnes ?* », Claude Hermant rejette la responsabilité sur les services de police pour lesquels il travaillait : « *Il y avait moyen d'arrêter ces attentats, les services étaient dessus* »/ « *j'étais sous surveillance de cinq services de police pendant un an et les services ont merdé.* »/ « *je vends des armes pour infiltrer* ».

Rappelons que lors du procès de mars 2017, Laurent B., l'officier traitant de Claude Hermant, comme tous les autres gendarmes mis en cause par ce dernier, avait véhémentement nié cette version des faits : « *Nous n'avons jamais été au courant de tout ça, vous vous rendez compte ? Si on nous avait parlé de vente d'armes dans ces proportions, on aurait sauté dessus. C'était du pain béni. Notre objectif c'est de dire aux sources de ne pas provoquer d'infractions. C'est pas possible, c'est énorme ! On ne fonctionne pas comme ça chez nous. Nous n'aurions jamais autorisé l'achat d'armes, même neutralisées pour qu'il les revende dans le but d'infiltrer un trafic. Si cela avait été le cas, on aurait commencé à prendre des actes, commencé une procédure. À titre personnel, je n'aurais jamais accepté cela, je ne suis pas seul et en plus, il y a ma hiérarchie (...) On ne lui a jamais donné l'ordre d'acheter des armes.... C'est énorme !* » Rappelons également que lors de ce même procès Claude Hermant, qui menaçait de révéler les rencontres avec les gendarmes filmées à ses dires en caméra cachée, n'a finalement jamais sorti du chapeau cet alibi en or.

L'ensemble de la presse n'a pu manquer de relever le caractère profondément dérangeant de cette journée d'audition. Ainsi pouvons-nous lire dans *le Monde* du 2 octobre[246] : « *Au bout d'une journée manifestement truffée de mensonges et de non-dits, les débats quant aux responsabilités des accusés dans le box n'ont pas avancé. Mais la journée a mis en lumière une absence de taille : Samir Ladjali, l'homme censé, selon l'accusation, faire le lien entre Claude Hermant et Mohamed Farès. Condamné à 5 ans de prison pour trafic d'armes en 2017, peine réduite en appel à 4 ans, il est désormais libre. Mis en examen dans l'enquête sur les attentats de 2015, il a bénéficié d'un non-lieu. Il était cité comme témoin jeudi. Mais il est introuvable et n'est donc pas venu.* » Claude Hermant juge que Samir Ladjali est protégé, de la même façon que des avocats de la défense estiment que Claude Hermant est protégé, si l'on compare l'étendue de sa responsabilité avec celle de chacun des dix accusés enfermés dans le box.

Le point de vue de Yannick Haenel, généralement porté à la bienveillante compréhension des « loupés » des services de police et de renseignement, donne encore mieux une idée de la profondeur de la stupéfaction et du malaise que cette audition a suscité chez toutes les personnes présentes au tribunal jour-là : « *Cette fable, avérée jusqu'à un certain point par des gendarmes qui témoignèrent à leur tour en réalisant l'exploit de ne rien dire, devint aussi pénible que grotesque lorsque Hermant, bandit notoire et condamné, commença non seulement à justifier ses pires forfaits par sa soi-disant couverture, mais à prétendre, sans rire, se protéger derrière le secret défense. Voilà que cet homme responsable de la tuerie de l'Hyper Cacher — et dont certains avocats de la défense pensent qu'il devrait être mis en examen pour complicité de terrorisme — se permettait de taire son trafic pour préserver la confidentialité de ses opérations. Il se permettait également de justifier son trafic, parlant de son commerce comme d'une activité légale, qu'il compara à celle de Marcel Dassault[247].* » Aux remontrances naïves du président Régis de Jorna sur les risques que l'on prend en vendant des armes de guerre, Hermant avait en effet répondu avec à-propos :

---

[246] « Au procès des attentats de janvier 2015, l'"indic", les armes et le chaînon manquant », Henri Seckel, *lemonde.fr*, 02/10/2020.

[247] Yannick Haenel, *Janvier 2015, le procès*, p. 83.

« Il faut arrêter avec ça ! Si vendre des armes, c'est horrible, alors il faut arrêter Dassault, monsieur le président ! »

Alexis Kropotkine, alias le Greffier Noir, a bien résumé ce deux poids deux mesures dans son article du 11 septembre 2020 : « *Condamné en appel à 8 années d'emprisonnement pour l'importation de près de 500 armes de guerre, dont celles retrouvées en possession d'Amedy Coulibaly, Claude Hermant a échappé aux foudres infamantes de l'antiterrorisme, de façon assez incompréhensible au regard des charges retenues contre plusieurs des logisticiens de troisième ordre renvoyés aux assises. À ce titre, le cas de Christophe Raumel est emblématique, le jeune homme étant poursuivi pour la fourniture de moyens sans intention terroriste, l'intention constituant pourtant le principal critère des infractions rassemblées sous les articles 421-1 et suivant du Code pénal.* »

Signalons que l'audition de Claude Hermant et des autres protagonistes de la procédure lilloise n'était pas prévue originellement au procès des attentats, et qu'elle n'a été inscrite à l'ordre du jour que grâce à la pugnacité et l'insistance de certains avocats de la défense248 — qui n'ont pas manqué, dès le début du procès de souligner le deux poids deux mesures. Début septembre, Mᵉ Coutant-Peyre, l'avocate d'Ali Riza Polat s'est déclarée « *stupéfaite que les fournisseurs des armes des auteurs de ces actes, identifiés, ne soient pas poursuivis dans ce dossier* », et a demandé un supplément d'information afin de mettre en examen pour complicité ces fournisseurs. Elle a saisi l'occasion pour dénoncer la presse qui selon elle désigne des « *boucs-émissaires* » et appelée à éviter une « *justice-vengeance* ». La réaction de certains avocats des parties civiles a été pour le moins étrange, comme le rapporte Paul Conge dans un article de *marianne.net* du 2 septembre 2020 : « *L'incident déclenche l'ire des parties civiles. Des avocats y voient une manœuvre pour décharger son client. À la barre, les voilà qui se relaient pour dire combien ces propos sont selon eux "indécents", "odieux" ou "saugrenus". "C'est pas le moment", fulmine l'un d'eux. Mᵉ Patrick Klugman, qui représente plusieurs otages de l'Hyper Cacher : "Nous ne sommes pas là pour la vengeance. Nous sommes là pour juger des hommes et des f..." il se tourne vers les accusés. "Que des hommes d'ailleurs..." »*

Relevons encore que lorsque le président de la cour a fait miroiter à Claude Hermant la relation inévitable entre la vente d'armes et leur usage futur dans des activités illégales voire criminelles, ce dernier a pu se contenter de répondre : « *Je réponds à la demande d'un million et demi de passionnés, de chasseurs.* » Cette explication fumeuse, à l'évidence teintée de forfanterie, n'a eu aucune conséquence funeste pour Claude Hernant, à mettre en regard du traitement

---

248 Nous pensons ici en particulier à Daphné Pugliesi, l'avocate d'Amar Ramdani, qui a fait des dizaines de demandes d'actes relatifs à la procédure lilloise en amont du procès. On ne lui a jamais répondu, mais ses efforts ont dû payer puisque les protagonistes de la procédure lilloise se sont finalement retrouvés inscrits à l'ordre du jour.

réservé aux diverses explications avancées par les dix accusés présents dans le box, systématiquement suspectées de relever du mensonge et de la *taqiya*, avec l'intention acharnée d'en faire des complices conscients de l'opération terroriste que l'on sait.

Parmi les autres effronteries que s'est amusé à distiller Caude Hermant, relevons encore celle-ci relative à son engagement politique. Alors que les avocats des parties civiles axent leurs questions sur sa personnalité et son engagement politique de toujours dans les milieux de l'ultradroite, il rétorque : « *Je vomis les extrêmes qu'ils soient politiques ou religieux donc je ne suis pas d'extrême droite.* », ou encore « *Je suis de gauche et patriote, mon père était mineur et communiste, je suis un enfant des corons* ». Nous renvoyons le lecteur au portrait esquissé au début du chapitre précédent pour mesurer l'ampleur du grand écart. Il s'agit sans doute d'un moyen de défense comme un autre dans un contexte où le qualificatif d'« extrême droite » est balancé à tort et à travers contre tous les opposants politiques prétendant penser de façon un peu droite, mais à coup sûr la saillie donne un indice du calme intérieur de l'ancien patron de la Maison Flamande et ami de Serge Ayoub. En tous cas, le doux et tendre homme de la vraie gauche que se figure être Yannick Haenel, à l'instar de tous ces hommes de bien qui croient lutter en première ligne contre les forces du mal, n'a pas supporté : « *Comment supporter ce monde où tout semble souillé par le trafic ? Où les criminels jouent aux vertueux, où les gendarmes disent qu'ils ne sont pas experts en armes et simulent une ignorance intenable, où un Claude Hermant, au comble de la mythomanie et du foutage de gueule, dit : "je suis de gauche"* »249. Mythomanie ? sans doute pas… après tout beaucoup d'esprits déradicalisés considèrent Charlie Hebdo comme une prostituée de l'extrême droite israélienne. Foutage de gueule ? Peut-être… c'est en tous cas un indice que Claude Hermant avait l'esprit suffisamment serein pour flirter en permanence avec l'humour et la provocation ! Un luxe que ne se sont guère autorisé les 10 accusés si l'on excepte Ali Riza Polat.

Lors de son audition de 3 heures, le 30 septembre, l'enquêtrice de la SDAT chargée du volet trafic d'armes lillois jugé en octobre 2017, a reconnu que depuis le 16 janvier 2015, les services de police savaient que les armes dont s'était servi Coulibaly étaient passées par la société de Claude Hermant, sept jours seulement, donc, après la prise d'otages meurtrière de l'Hyper Cacher250 ! Pourquoi alors n'avoir arrêté Claude Hermant qu'en avril 2017 ? Réponse de l'enquêtrice : « *C'est très simple, entre 2015 et 2017, nous avons essuyé un grand nombre d'attentats. Chaque attentat nous mobilisait tellement que les investigations avançaient au fil des disponibilités du service.* » Me Coutant Peyre, l'avocate d'Ali Riza Polat a beau jeu d'objecter : « *Il y a des gens qui ont été arrêtés très*

---

249 Op. cit, p. 84.

250 « Procès des attentats de 2015, sur la piste des armes de Coulibaly », Aurélie Sarrot, *Lci.fr*, 30/09/20.

rapidement. Ils ne sont probablement pas les vrais responsables de ces tragédies ». En effet, la moitié des dix accusés présents dans le box ont été très rapidement arrêtés, dès janvier 2015 et ce malgré les problèmes d'effectifs (!), et une responsabilité incomparable à celle de Claude Hermant, qui pour sa défense peut se permettre de raconter n'importe quoi sans craindre une seconde d'être inquiété. Il est donc légitime de douter de l'honnêteté des explications de l'enquêtrice de la SDAT.

Il fait peu de doute que Claude Hermant a fait l'objet d'un traitement de faveur, lui permettant de s'en sortir avec très peu de casse, n'effectuant que les deux tiers de la peine à laquelle il a été condamné ; d'un autre côté, la plupart des accusés au procès des attentats ont pâti d'un traitement de défaveur, que trahit le soupçon perpétuel de taqiya à leur endroit tout au long des auditions, le primat du roman-quête sur les éléments matériels : la lourdeur de certaines peines requises puis prononcées à l'issue du procès permettant de chiffrer le deux poids deux mesures.

Le cas Samir Ladjali

« On essaie de savoir qui a fait quoi. Le nœud Samir Ladjali est très important. » A expliqué le 23 octobre le président Régis de Jorna à l'un des autres accusés de la procédure lilloise, et ancien collaborateur de Claude Hermant, Antoine Denevi, qui l'avait franchement chargé lors du procès du trafic d'armes lillois.

Après avoir décliné la convocation pour témoignage qui leur avait été adressée, les nièces de Samir Ladjali ont été auditionnées le 15 octobre 2020, après avoir fait l'objet d'un mandat d'amener251. Amel Benbridj, la belle-sœur de Mohamed Farès, est la première à avoir été interrogée. Pour rappel, son ADN a été retrouvé sur l'un des pistolets Tokarev retrouvés dans l'appartement conspiratif loué par Coulibaly à Gentilly une semaine avant les attentats. Elle admet de nouveau avoir touché l'arme, au domicile familial, alors que Ladjali — qui habitait juste à côté — l'aurait remis à son petit frère Souleyman, mais ne donne par ailleurs aucun détail sur rien, se contentant de réponses expéditives et désinvoltes, et faisant part de sa lassitude par rapport à cette affaire qui n'en finit pas. Questionnée, elle déclare n'avoir aucune nouvelle de Souleyman, qui a aussi été la cible d'un mandat d'amener qui n'a rien donné. Vient aussitôt après l'interrogatoire de sa sœur Chahinaze Benbridj, qui fut l'épouse de Mohamed Farès pendant deux ans, dont elle a eu un enfant. Comme sa sœur elle déclare tout ignorer des relations entre Ladjali et son frère Souleymane, dont elle révèle cependant en toute simplicité la présence auprès de ses parents à Roubaix ! Un

---

251 « Le mandat d'amener est l'ordre donné par un juge d'instruction à tout dépositaire de la force publique de conduire telle personne devant lui. Ce mandat autorise l'emploi de mesures coercitives (art. 122 CPP.). » Il est utilisé quand un individu n'a pas déféré à sa convocation (devant le magistrat), ou qu'il est à craindre qu'il ne défère pas.

comble quand on se souvient qu'au début de ces auditions, évoquant le cas crucial de Souleyman en raison de son témoignage contre son beau-frère Mohamed Farès, le président Régis de Jorna avait déploré : « *la police n'est pas parvenue à le localiser. Depuis plus d'un an, il n'a plus de numéro de téléphone, il a résilié ses comptes bancaires et il serait parti en Espagne.* » ! Chahinaze explique qu'elle et sa sœur ont eu à subir un mandat d'amener mais pas ses parents. Elle explique avoir chargé son conjoint Mohamed Farès en garde à vue pour se venger des violences conjugales qu'il lui faisait subir, parfois sous les yeux de son frère Souleyman. Elle avance comme autre argument la dureté de son interpellation et des interrogatoires qu'elle a subis en garde à vue. Elle déclare aujourd'hui que ces violences conjugales relèvent de la sphère privée, et qu'il est « *un bon papa* ». On comprend également que le *milieu* dans lequel elle évolue au quotidien a de quoi l'inviter à conserver le silence et la dissuader de *balancer.*

Quant à Samir Ladjali, il aurait dû lui aussi venir, à l'instar de Claude Hermant, venir témoigner libre, mais le mandat d'amener le concernant n'a rien donné, le président de la cour d'assises expliquant : « *On n'a pas trouvé son adresse.* », une absence pain béni pour la ligne de défense de Claude Hermant, comme l'explique Sophie Parmentier dans sa chronique du 1ᵉʳ octobre pour *franceinter.fr* : « *À la barre, Claude Hermant peut donc dire à son aise que c'est peut-être Ladjali qui a remilitarisé les armes à son insu. Ladjali qui lui a dit, après les attentats, qu'il allait "se mettre au vert". Hermant a répliqué : "Ben écoute, mets-toi au vert, pépère", sans s'inquiéter plus que ça, à l'en croire. Puisqu'à l'entendre, Claude Hermant n'a fait que collectionner des armes par passion, pour les chasseurs et les tireurs.* »

Le 20 octobre toutefois, coup de théâtre, Samir Ladjali, déclaré en fuite, se présente de lui-même au tribunal et peut donc être auditionné — juste après l'interrogatoire de Michel Catino — dans le cadre de la procédure des attentats. Ayant déjà été jugé et condamné pour les faits qui lui sont reprochés, et la procédure lilloise étant définitivement disjointe de celle des attentats, il a pu à l'instar de Claude Hermant reproduire sans crainte le même argumentaire qui lui a permis de s'en sortir avec peu de casse trois années auparavant. *Non bis in idem...* Certaines réparties, dignes d'une comédie, étaient tellement cocasses qu'elles sont parvenues à faire naître des éclats de rire dans l'assistance. Questionné sur son rôle éventuel dans la transmission des armes de Claude Hermant à Coulibaly, Ladjali a expliqué comme en 2017, qu'à l'époque il a été condamné pour détention d'armes, pas pour cession : « *On a dit que c'était moi qui avais vendu les armes aux terroristes, mais moi je n'ai jamais vendu d'armes.* »/ « *Claude Hermant m'a remis des armes à mon insu* ». Charlotte Piret, qui a réalisé pour le site *franceinter.fr* l'une des plus complètes et instructives couvertures du procès des attentats, ironise : « *La justice a donc définitivement entériné la ligne de défense, aussi alambiquée soit-elle, de Samir Ladjali : "je voulais acheter une friterie, je me suis retrouvé avec des armes, voilà". Si l'on développe : l'homme, qui a purgé sa peine, soutient que le trafiquant lillois Claude Hermant lui donnait des armes dans le but qu'il les vende, ce qu'il se refusait à faire sans pour autant lui dire ouvertement. Et donc, il les gardait chez lui, les photographiait avant de les rendre à leur propriétaire en faisant croire qu'il n'avait pas trouvé preneur. Soit. Toujours est-il que sans le maillon Ladjali, le lien direct entre Claude Hermant "dont il est acquis au dossier que toutes les armes de Coulibaly proviennent de lui", rappelle l'avocate du principal accusé, Me Isabelle Coutant Peyre, et ceux qui dans ce procès sont accusés d'avoir transporté ces armes jusqu'à Amédy Coulibaly. Ce lien-là est tout simplement absent. »*

Alors, vendre des armes, est-ce grave ou pas ? Le déroulement du procès des attentats permet de répondre à cette question. En fait cela dépend des situations ; si l'on a le malheur de faire partie de la charrette de ceux que la République a choisis pour figurer à la place des complices les plus conscients ou les plus coupables, et donner ainsi l'apparence, aux yeux d'une opinion publique naïve, d'une justice exemplaire et implacable, la réponse est oui, et ce même si vous n'êtes qu'un maillon insignifiant et inconscient dans le trafic, même s'il n'existe aucune preuve décisive contre vous, et même si c'est d'un autre trafic d'armes, sans dessein terroriste, dont vous avez été complice ; en revanche, si vous êtes la principale source d'armes du terroriste dans le cadre d'un trafic accablant par son ampleur, que ce soit prouvé de la façon la plus irréfutable, que vous répondez avec effronterie lors de l'audition à laquelle vous êtes convoqué, audition à laquelle vous arrivez avec une heure et demie de retard, ou par surprise après avoir été déclaré en fuite, que l'officier traitant dont vous vous réclamez nie farouchement vos allégations et vous traite de menteur, ça n'est pas, en fait, si grave que cela... Vous prenez une peine de 8 ans ou de 5 ans ferme pour la forme, vite réduite aux deux tiers, et vous pouvez reprendre le cours de votre vie et de vos activités à peu près là252 où vous les aviez interrompues, et vous présenter tranquillement, avec le statut de simple témoin, libre, à une audition d'un procès au terme duquel vont être lourdement condamnés dix pigeons, n'ayant peut-être servi que d'intermédiaires inconscients pour le transit de *vos* armes — voire même d'*autres* armes n'ayant pas servi pour commettre des crimes. C'est comme ça que ça raisonne, la justice antiterroriste française.

Le cas de l'État français (1) : les autorités et les dirigeants français objectivement complices de Daech dans la guerre contre la Syrie

Essayons à présent de répondre à la même question, en considérant un trafic d'armes de bien plus vaste ampleur, et ayant été cause de non-pas quatre morts,

---

252 Condamné en plus de huit ans de prison à 30 000 euros d'amende et à l'interdiction de porter une arme pendant cinq ans, Claude Hermant a repris son activité de gérant du terrain de paintball d'Ennetières-en-Weppes, où il avait été interpellé le 22 janvier 2015 avant d'être placé en garde à vue puis placé en détention provisoire.

mais de centaines de milliers. La France a non pas vendu, mais gratuitement livré, dès 2012, par conteneurs entiers, des armes de guerre de toutes sortes aux pseudo « rebelles modérés syriens ». Cette information a été confirmée par François Hollande en personne, lors d'un entretien accordé au journal le Monde le 19 août 2014. Comme « l'opposition démocratique » a l'époque n'était déjà plus composée que de groupes djihadistes comme Jaish al islam, Jabhat al nosra, ou encore Ahrar el cham, sans oublier Daech, c'est donc bien à des organisations terroristes que la France a massivement livré des armes, qui ont été utilisées pour semer le chaos et la désolation en Syrie, entraînant l'assassinat de dizaines de milliers de civils simplement parce qu'ils étaient loyaux aux autorités syriennes, et qu'ils refusaient de se convertir par la force à l'idéologie embrassée chez nous par les Kouachi, Coulibaly, et autres « chances pour la France », pour reprendre une expression qui porte la marque de la caste dirigeante du régime français depuis 30 ans[253]. Dans la mesure où la paternité de nombreux attentats terroristes perpétrés en France depuis 2015 — en particulier les plus meurtriers[254] — a été attribuée ou revendiquée par des organisations terroristes, au premier rang desquels Daech, à l'œuvre sur le territoire syrien affaibli par le soutien occidental au terrorisme, on peut avancer que les dirigeants français de l'époque, Nicolas Sarkozy et Alain Juppé, puis François Hollande, Laurent Fabius, Jean-Yves le Drian, Manuel Valls, sont les premiers responsables des crimes terroristes commis non seulement en Syrie depuis 2011, mais en France depuis 2015 : si l'on avait soutenu le « régime » laïc de Bachar el-Assad et le peuple syrien dès mars 2011, plutôt que de suivre aveuglément l'alliance avec

---

[253] La paternité de cette expression revient à Bernard Stasi (d'origine juive, de grands-parents cubains, espagnols et italiens), qui a publié en 1984 un livre manifeste intitulé *L'immigration : une chance pour la France*. La connotation de vérité générale y était fortement teintée d'injonction : « *Chacun doit prendre conscience, vraiment, que la diversité est une chance inouïe. Cette prise de conscience doit se faire à tous les étages de nos sociétés, elle doit être universelle et adoptée par tous.* » La formule est depuis devenue un credo que se doivent de proclamer avec ferveur tout journaliste, intellectuel, homme politique désireux de faire une carrière donnant aux accès aux biens et aux honneurs apparents. Les occurrences se comptent par centaines depuis 30 ans, de Ségolène Royal à Nicolas Sarkozy, François Hollande à Marlène Schiappa, Jacques Attali à Manuels Valls, Raphaël Glucksman à Emmanuel Macron, etc. Le paradoxe est bien sûr que cette position, extrêmement minoritaire et impopulaire dans la population française, est martelée par des personnalités qui naissent et évoluent tous dans des milieux endogamiques ou les mariages mixtes sont au mieux inexistants, au pire considérés comme une infamie quand ils ne sont pas frappés d'un interdit religieux et comparé à rien de moins qu'une nouvelle Shoah.

[254] Cf François Belliot, *L'activité de Daech en France de 2015 à 2019 (synthèse)*. Extrait : « toutes les opérations revendiquées par l'EI sont les plus édifiantes et les plus mortelles : le 13 novembre, le double attentat de Bruxelles, le double meurtre de Magnanville, Nice, Saint-Étienne de Rouvray, le super U de Trèbes, place de l'Opéra de Paris, marché de Noël de Strasbourg. À chaque fois on compte un mort au minimum et dans des conditions propres à frapper l'imagination. »

les monarchies du Golfe — Arabie Saoudite et Qatar en tête — responsables de la diffusion dans le monde de ce qu'il est convenu d'appeler « l'Islam radical », et de soutenir les organisations terroristes dont elles sont les inspiratrices et les financières, jamais nous ne nous serions trouvés un jour exposés à des attaques meurtrières et traumatisantes comme les attentats de Paris du 13 novembre 2015 ou du 14 juillet 2016 à Nice. Et contrairement au concours apporté à Amedy Coulibaly, concours sans doute inconscient chez presque tous les accusés des attentats de janvier 2015, le soutien de l'État français aux organisations terroristes a été conscient, publiquement assumé, massif, sur le long terme, et en allant directement se servir dans les poches des contribuables français au détriment de dépenses publiques plus utiles. Non seulement les dirigeants titulaires d'un passeport français que nous avons nommés sont coupables de trafic d'armes et de crimes de guerre, mais ils sont coupables d'avoir favorisé l'émergence d'une menace qui n'existait pas au départ et qui a fini par revenir comme un boomerang en plein visage de leurs compatriotes — bien noter qu'il ne revient jamais dans le leur —, quand elle n'a pas été sciemment instrumentalisée par le pouvoir afin de renforcer son emprise sur un peuple qu'il est prêt à réprimer dans le sang, comme l'a montré la crise systémique des Gilets jaunes.

Le cas de l'État français (2) : les autorités et les dirigeants français objectivement complices d'AQPÀ dans la guerre de l'Arabie saoudite contre le Yémen

Le même constat peut être fait pour l'alliance objective de la France avec AQPÀ de par son soutien inconditionnel à l'Arabie saoudite, et je me contente ici de reproduire un développement de mon article d'octobre 2020 sur « l'été indien terroriste en France » :

« On a vu que le nom d'Al-Qaïda dans la Péninsule Arabique avait ressurgi du passé, comme un clin d'œil, le 11 septembre 2020, 19 ans jour pour jour après les attentats qui nous ont fait changer d'ère, pour avertir la France qu'attention ! elle la tenait à l'œil ! qu'elle allait lui mettre une correction si elle continuait à mal se tenir ! Dans sa lettre de menaces de 5 pages, l'organisation salafiste exhortait notamment *"les musulmans de France, d'Europe et de l'extérieur (…), les moudjahids de tous les fronts et nos héroïques lions solitaires à les [les Français] poignarder à leur retour"/ "Vous avez diffusé une première fois vos dessins en pensant être à l'abri de toute attaque (…). Nous rappelons à la France et à son journal que, depuis l'attaque de nos deux héros [les frères Kouachi], plus de 251 Français sont morts lors d'opérations djihadistes et des centaines ont été blessés sur son sol. Qui vous assure que vous ne ferez pas partie des prochaines centaines ?"*. Pour rappel, c'est l'AQPÀ qui avait désigné comme cible le rédacteur en chef de Charlie Hebdo Stéphane Charbonnier (Charb) en mars 2013 dans son magasine Inspire avec 11 autres personnalités, et qui ensuite avait revendiqué le massacre du 7 janvier 2015. L'AQPÀ qui n'est pas une organisation si redoutable que cela, pour ce qui concerne les actions extérieures, puisque depuis 5 ans, elle n'a pas mené ni revendiqué la moindre opération en Europe, la seule autre mémorable étant la piteuse tentative d'attentat au slip piégé du jeune Nigérian Umar Farouk Mutallab à noël 2009 sur le vol Amsterdam-Détroit, vol sur lequel il était parvenu à embarquer, excusez du peu, sans avoir à présenter de passeport255 ! Enfin soit… admettons que les nouvelles menaces de l'AQPÀ doivent être prises au sérieux, à tout le moins que son message puisse être entendu par l'un des cas sociaux, débiles mentaux, décérébrés, toxicomanes, délinquants multirécidivistes "repentis" qui forment la cohorte d'aliénés au front bas s'attaquant à des gens au hasard dans les rues européennes en hurlant "Allah ouakbar".

Pourquoi diable les médias ne précisent-ils pas que la France, de facto, est l'alliée de l'AQPÀ sur le terrain au Yémen, dans la guerre menée par l'Arabie saoudite contre son petit voisin du sud, comme elle est l'alliée du front al Nosra et Ahrar el Cham en Syrie dans la guerre menée contre la Syrie ? Pourquoi ne pas saisir l'occasion pour expliquer au Français que si la "France" prétend combattre al-Qaïda et la "menace islamiste" sur son propre sol, elle est son alliée, non seulement en Syrie, mais encore dans la péninsule arabique contre le Yémen ?!

Pour que tout cela soit compréhensible il faut revenir un peu sur l'histoire récente de la péninsule arabique :

le 25 mars 2015, l'Arabie saoudite, à la tête d'une coalition de pays sunnites, comprenant l'Égypte, le Maroc, le Soudan, les Émirats arabes unis, le Qatar, le Koweït et la Jordanie, lance l'opération "Tempête décisive" au Yémen contre les rebelles Houthis chiites qui ont pris le pouvoir dans l'ouest du pays, après avoir pris la capitale Sanaa et fait un coup d'État le 6 février 2015. Cette guerre s'inscrit dans le cadre plus large de la lutte d'influence entre l'Arabie Saoudite et l'Iran, qui soutient les Houthis.

À l'heure où j'écris ces lignes, fin octobre 2020, cette guerre n'a toujours pas trouvé d'issue. Les territoires yéménites tenus par les Houthis ont été visés par des bombardements aériens massifs et soumis à un blocus qui a provoqué une crise humanitaire gravissime, à tel point qu'en novembre 2017, Mark Lowcock, le chef des opérations humanitaires de l'ONU avertit : *"Le Yémen risque la pire famine depuis des décennies, il faut agir"*. Cette situation catastrophique n'a entraîné aucune réaction de la "communauté internationale" en général et de la France en particulier : si médias et politiques depuis bientôt 9 ans recourent à tous les mensonges les plus éhontés pour dénoncer et faire consentir au renversement du "régime syrien" qui mènerait une guerre contre son propre peuple, ils gardent un silence absolu sur le martyre du peuple yéménite massacré par une dictature obscurantiste à laquelle nous livrons des armes pour des milliards d'euros. Ce qui certes s'explique sans peine, quand on a bien conscience que le régime français est dans ces deux situations l'alliée de l'Arabie

---

255 cf. *La signature d'al-Qaïda*, Donald Forestier, Agoravox, 30/10/2010

saoudite, le principal sponsor, avons-nous dit, du salafisme, autrement dit de l'islamisme radical et terroriste, dans le monde.

Venons-en à AQPA… AQPÀ a été créée en 2009, par le regroupement des combattants yéménites et saoudiens affiliés à al-Qaïda, officiellement opposants à la monarchie saoudienne. Profitant de la guerre civile yéménite opposant le pouvoir détenu par le président Ali Abdallah Saleh depuis 32 ans à ses opposants, parmi lesquels les Houthis chiites sont les plus déterminés et les mieux organisés, comptant également dans ses rangs des fidèles du président Saleh, AQPÀ profite du chaos pour s'étendre dans l'est du pays, jusqu'à contrôler la vaste province de l'Hadramaout à l'est du pays, produisant 1/3 du pétrole du pays, avec le port en eau profonde d'Al Mukalla, d'avril 2015 à avril 2016.

Or, dès le début de l'opération Tempête décisive, l'Arabie saoudite et ses alliés, d'une part ménagent AQPÀ dans les zones stratégiques que l'organisation contrôle, notamment en ne procédant pas à des bombardements de ses positions, d'autre part se mettent à recruter leurs combattants pour leur servir d'auxiliaires dans la guerre contre les Houthis Yéménites. Par ricochet, de même que la France est devenue l'alliée d'Al-Qaïda en Syrie pour renverser Bachar el Assad, elle devenue de fait l'alliée d'Al-Qaïda au Yémen, alias AQPA, puisqu'elle livre de gigantesques quantités d'armes à l'Arabie saoudite, et la soutient de fait dans cette guerre ! Encore plus symbolique, si l'on regarde la chronologie, la France est devenue par ricochet l'alliée d'AQPÀ deux mois après le massacre de Charlie Hebdo, et l'est encore à ce jour, cinq ans plus tard. Les médias, en brandissant l'épouvantail d'AQPÀ le 11 septembre 2020, et plus généralement, en l'évoquant à l'occasion du procès des attentats, poussent des hurlements terrifiés sans dire un mot de cette coupable schizophrénie des autorités "françaises". Clôturons ce point en citant notre confrère Maxime Chaix, auteur début octobre 2020 d'un des rares articles pointant cette dissonance[256] : *"ce soutien d'AQPÀ offert par l'Arabie et les Émirats n'a jamais convaincu les États-Unis, la Grande-Bretagne et la France de geler leurs lucratives exportations d'armes vers ces pétromonarchies ni de stopper leur soutien militaire en faveur de ces opérations. En clair, l'on ne peut être Charlie tout en étant pétromonarchiste, et il est regrettable que nos confrères les plus prompts à fustiger les musulmans sans les distinguer des djihadistes observent un silence religieux face à cette inquiétante schizophrénie occidentale."* »

Maintenant, à la question « est-ce grave d'avoir fait cela ? », il semble en fait difficile de répondre : le plus sommaire bon sens hurle de répondre « oui, mille fois oui, évidemment ! ». Mais l'inexistence de toute dénonciation politique et médiatique dans ce domaine nous oblige pour l'instant à répondre « non ». Non seulement ces criminels de guerre doublés de traîtres que sont les dirigeants

---

[256] « Au Yémen, les djihadistes anti-Charlie Hebdo sont les mercenaires de nos alliés du Golfe », Maxime Chaix, *lemondemoderne.medias*, 03/10/2020.

français ne seront jamais sanctionnés, mais nous les reverrons encore et encore revenir sur le devant de la scène pour proclamer au nom du peuple la nécessité d'être unis face à la menace terroriste, à l'instar de l'ultrasioniste ancien Premier ministre Manuel Valls, ressuscité médiatiquement257 à la faveur de l'été indien terroriste en France d'octobre 2020258.

La taqiya des deux fantômes

Une multitude de questions toujours sans réponse

C'est bien à tort que le procès des attentats de janvier 2015, qui englobait le massacre de la rédaction de Charlie Hebdo le 7 janvier, l'assassinat de Clarissa Jean-Philippe le 8 janvier et la prise d'otages de l'Hyper Cacher de la porte de Vincennes le 9 janvier, passera sans doute à la postérité, avant tout, comme le procès du massacre de Charlie Hebdo. Si le réseau et le système ayant permis d'approvisionner en armes Amedy Coulibaly ont pu être reconstitués de A à Z — quelques lettres fondamentales manquant tout de même à l'appel —, pour ce qui concerne le volet « Charlie Hebdo », le procès ne nous a strictement *rien* appris de décisif — alors même qu'à la base on ne disposait *d'aucun élément* permettant de reconstituer le passage à l'acte des frères Kouachi.

Nous n'avons rien appris de concret sur la façon dont ils se sont procurés leur arsenal : deux kalachnikovs, deux pistolets automatiques, un lance-

---

[257] Ayant quitté son poste de Premier ministre à un très bas niveau de popularité, été éliminé sans gloire de la primaire présidentielle du PS le 29 janvier 2018, conservé de justesse son siège de député de la Ière circonscription de l'Essonne le 19 juin, sur fond de graves soupçons de fraude électorale, finalement quitté ce poste pour devenir candidat à la mairie de Barcelone le 25 septembre 2018, y subissant un échec cuisant le 26 mai 2019, puis projeté malgré tout à la mi-octobre 2019 de concourir à la présidence de la région Catalogne, Manuel Valls est finalement revenu en France où il a fait une réapparition tonitruante dans les médias à la faveur de l'été indien terroriste en France, sa parole étant recueillie comme un oracle, comme en témoignent les nombreux articles et grands entretiens qui lui ont été consacrés en cette occasion, et en mars 2021 il a publié aux éditions Grasset *Pas une goutte de sang français* où il revient sur ses années de pouvoir en France, et dans lequel il explique : « *je me suis trompé, j'ai commis des erreurs [...] mais pas sur l'essentiel : la défense de la République, de la laïcité, l'alarme contre l'islamisme, la lutte contre l'antisémitisme et la haine d'Israël, mon combat contre Dieudonné, mon engagement contre l'extrême droite. À ce titre, j'ai toute ma place pour participer à cette mobilisation pour la République.* » Dans le régime français ce n'est pas le mérite, la popularité et les casseroles qui comptent, mais le port sans états d'âme de la chasuble de l'équipe assurée de terminer gagnante en toutes circonstances, équipe aux couleurs de l'équipe de France mais dont le cœur des joueurs doit obligatoirement battre pour Israël.

[258] Cf « L'été indien terroriste en France », *francoisbelliot.fr*, 07/11/2020.

roquette, et deux uniformes militaires noirs de pied en cap avec deux gilets tactiques.

Nous n'avons rien appris sur l'origine de ces armes, leur fournisseur, la date à laquelle elles leur ont été remises.

Nous ne savons pas où les frères Kouachi auraient trouvé l'argent pour se procurer un tel arsenal. Ils vivaient plus que chichement ; l'annonce de Saïd à sa femme le matin de son départ de Reims pour Paris, qu'il allait « faire les soldes avec son frère » n'a en apparence rien d'un alibi douteux : telle était en effet l'activité principale à laquelle ils se livraient ordinairement pour arrondir les fins de mois : acheter des vêtements à prix soldés pour les revendre ensuite plus cher sur le site le bon coin.

Dans sa vidéo de revendication, Coulibaly raconte très vaguement qu'il s'est coordonné avec les autres assassins, qu'il a fourni de l'argent à une personne pour finaliser le projet, mais il n'a jamais nommé les frères Kouachi ni expliqué les circonstances dans lesquelles cette collaboration s'est mise en place et a pu fonctionner.

Le seul contact téléphonique avéré entre Chérif Kouachi et Amédy Coulibaly serait un SMS à la teneur inconnue envoyé par Chérif Kouachi à Amédy Coulibaly le 7 janvier à 10 h 19, via une ligne ouverte par Coulibaly la veille, la seule rencontre physique éventuelle entre les deux hommes ayant eu lieu entre minuit et une heure du matin dans la nuit du 6 au 7 janvier, Chérif intimant aussitôt à son frère cloué au lit avec son fils par une gastro-entérite de se rameuter de Reims potron-minet pour participer à la tuerie dont le grand jour est enfin venu[259].

Nous ne savons pas dans quelles circonstances ils auraient pu s'entraîner pour une telle opération, en particulier pour le maniement des kalachnikovs, qu'ils ont utilisées, de l'avis de tous les commentateurs avertis[260], en professionnels expérimentés — du moins jusqu'à l'abandon de la Citroën C3 au 45 rue de Meaux, épisode au cours duquel, en même temps qu'ils retirent leurs cagoules et se mettent à faire coucou à tout le monde, tels Samson privé de sa chevelure ils perdent leurs superpouvoirs et deviennent des combattants médiocres.

Leurs épouses déclarent n'avoir rien vu venir, d'un côté comme de l'autre. Ce passage à l'acte a été pour elles une surprise totale. Peut-être ont-elles menti, en tous cas les perquisitions menées dans leurs appartements respectifs

---

[259] Nous renvoyons à l'examen de la téléphonie des accusés lors de la journée d'audience du procès des attentats du 29 septembre 2020.

[260] C'est par exemple l'opinion du gendarme du GIGN Romain Agure, qui a publié début 2021 aux éditions Ring *Kouachi : l'assaut final.*

n'ont pas permis de relever le *moindre* indice de la préparation d'une telle opération.

On ne sait toujours pas dans quelles circonstances les frères Kouachi se sont procuré la Citroën C3 dont ils ont maquillé la plaque minéralogique pour en faire une doublette, voiture qu'ils auraient dissimulée avant l'opération on ne sait où, on ne sait quand.

Les enquêteurs nous disent que le téléphone de Saïd Kouachi a borné dans le quartier de Charlie Hebdo deux jours avant le massacre, et en déduisent que celui-ci était venu effectuer une opération de repérage bien improbable puisque Saïd avait de très gros problèmes de vue, et qu'il n'y avait personne en semaine dans les locaux du journal en dehors du bref créneau hebdomadaire de la conférence de rédaction, sur lequel les deux tueurs ont eu la chance extraordinaire de taper dans le mille du premier coup à l'aveugle.

Alors qu'il a été possible, au moins, d'établir la réalité et la fréquence des contacts entre certains des accusés et Amédy Coulibaly, il a été impossible de prouver un lien direct de ces derniers avec les frères Kouachi, et il a été impossible, tout court, d'établir le moindre lien des frères Kouachi avec qui que ce soit pour monter un projet d'une telle envergure.

Le *seul et unique* lien entre les frères Kouachi et l'un des dix accusés serait « *une rencontre fortuite, sans aucun échange, dans un lieu public, en présence de tiers* », en novembre 2014, entre Abdelaziz Abbad, accusé à juste titre d'avoir transporté *d'autres armes que celles tombées entre les mains de Coulibaly*, et Saïd Kouachi. L'accusation s'est accroché à une déclaration faite par Abbad lors de sa première garde à vue lors de laquelle il a dit qu'il aurait peut-être rencontré l'aîné des Kouachi, coiffé d'un béret, en compagnie d'une connaissance honnie, Marwan, dans le garage de Charleroi de Metin Karasular. Abbad est par la suite revenu sur ses déclarations, mais l'accusation désespérément assoiffée d'aveux et de preuves s'est acharnée à en déduire qu'en cette occasion Abbad était l'homme qui avait fourni en armes les Kouachi.

On a bien identifié un ADN mystère dans la Citroën C3 abandonnée au 45 rue de Meaux, mais on ne sait pas à ce jour à quel individu il correspond. Plus généralement, alors que l'opération Coulibaly montre à l'évidence qu'il faut un réseau d'une certaine étendue, étendue qui du reste n'a été que parcellairement et grossièrement mise à jour, pour réaliser une mission comme la prise d'otages de l'Hyper Cacher, aucune sorte de réseau comparable n'a pu être remonté à la lumière concernant le volet Charlie Hebdo des attentats de janvier 2015.

Les deux tueurs ayant enfilé des cagoules pour mener leur opération — fait *unique* dans les annales du terrorisme « islamiste » de 2015 à 2020 — les seules images dont on dispose d'eux, prises par des vidéastes évanescents et suspects, ne permettent pas de les identifier formellement comme les frères Kouachi. Aucun des proches des deux frères n'y a reconnu Saïd, si l'on excepte Farid Benyettou (à la voix), dont le parcours et le témoignage sont trop suspects pour être pris au pied de la lettre.

Quand ils ont enlevé leurs cagoules et agi à visage découvert, ils ont malheureusement changé de voiture dans un quartier entièrement dépourvu de caméras de surveillance, et le tribunal n'a malheureusement pas eu l'idée de convoquer à la barre les témoins qui les ont vus en ces circonstances. Et si les avocats des parties civiles ont largement axé leurs plaidoiries finales sur la motivation antisémite des assassins, nul n'a songé à se demander pourquoi en un tel lieu — un quartier juif arborant de nombreuses enseignes distinctives, dont un Hyper Cacher — avec toutes ces armes, les deux frères n'en ont pas profité pour faire un carton.

Les trois seules personnes qui les ont vus de près entre ce moment et leur mort dans l'imprimerie de Dammartin-en-Goëlle, le kiosquier de Charlie Patrick Deschamps dont ils ont volé la Clio, l'employé de la station essence qu'ils ont braquée le lendemain, et Michel Catalano, le patron de l'imprimerie où ils ont fini, n'ont donné aucun détail utile sinon que le visage des deux hommes ressemblait à celui montré par la suite dans les médias.

Il y a bien l'entretien accordé par Chérif Kouachi au journaliste Igor Salhi de BFMTV le 9 janvier à 10 heures du matin, mais quelle pauvreté de détails dans cet échange ! Et quelle somme de bizarreries avec le recul ! Chérif Kouachi n'y revendique rien clairement du reste... sans oublier que son entretien a par la suite été caviardé à la diffusion afin de gommer ce qui pouvait nuancer aux yeux de l'opinion publique la caricature du terroriste fanatique[261].

Comme il n'y avait qu'un seul « otage » dans l'imprimerie dont les terroristes ignoraient l'existence, et que ces derniers ont voulu terminer en baroud d'honneur en sortant de manière désordonnée avec leurs kalachs, il y avait sans doute le moyen d'en attraper au moins un vivant, malheureusement, quel que soit le respect dû au GIGN, la fin des deux frères fait furieusement penser à celle de la galinette cendrée dans le sketch des *chasseurs* des *Inconnus*[262].

---

[261] Je pense ici tout particulièrement au documentaire réalisé par George Benayoun et Rudy Reichstadt, diffusé le 23 janvier 2018 sur France 3 en première partie de soirée, après une belle campagne de promotion, *Complotisme : les alibis de la terreur* dont la thèse centrale peut se résumer ainsi : le complotisme est l'antichambre de la radicalisation djihadiste et du passage à l'acte terroriste.

[262] Marc-Edouard Nabe fait justement remarquer dans son long article *Veau d'or Hebdo et les quatorze boucs* : « *Oui, c'est toujours faisable de choper des "terros" vivants, même contre leur propre gré de martyrs ! Et en employant de vieilles recettes (il y en a de plus "performantes" aujourd'hui). Par exemple, en 1979, à La Mecque, lorsqu'un commando de 200 (yes, 200 !) preneurs d'otages avait retenu prisonniers des milliers (des milliers, oui !) de personnes dans les sous-sols de la Grande Mosquée, Al Saoud a demandé de l'aide à la France. Giscard lui envoie alors Prouteau et Barril (devenus célèbres plus tard dans l'affaire dite des "Écoutes de l'Élysée"), afin de mettre en place la meilleure stratégie possible pour capturer le commando et ne faire aucun dégât sur les otages : c'est-à-dire utiliser du CB (chlorobenzylidène malotronitrile), un gaz*

Enfin y a certes cette carte d'identité de Saïd Kouachi, sans qui l'enquête n'aurait jamais pu démarrer dans la direction des deux frères, et qui paraît bien esseulée dans ce *désert d'indices*.

Magie de la taqiya

Alors certes il y a l'argument de la *taqiya*, la fameuse *taqiya*, « technique secrète » consistant pour le musulman radicalisé à la sauce wahhabite et hanté par des projets terroristes à dissimuler toute pente vers le djihadisme meurtrier afin d'éviter d'être repéré avant le passage à l'acte : si, comme dans ce cas de figure il n'y a aucune trace, absolument zéro, rien, éclairant matériellement le passage à l'acte des frères Kouachi, cela peut tout de même s'expliquer par le fait que les deux frères étaient maîtres dans l'art de la taqiya. L'argument semble même autoriser qu'on puisse se passer de preuves pour établir la culpabilité d'un suspect, et d'ailleurs c'est largement au nom de ce soupçon que plusieurs des dix inculpés lors du procès des attentats ont finalement été condamnés : certes on n'a aucune preuve, certes vous niez, mais la taqiya existe et on sait que vous pouvez la pratiquer : en l'absence de preuve, le soupçon de taqiya suffit donc à tout expliquer. Vraiment aucune preuve ? Qu'importe, c'est de la taqiya... et taisez-vous, d'ailleurs vos dénégations ressemblent diablement à de la taqiya ou je ne m'y trompe pas... Allez, au trou ! il n'y a rien à voir et à expliquer, surtout au 45 rue de Meaux...

La dangerosité d'un tel soupçon est aggravée par la spécificité du système judiciaire français, dans lequel l'intime conviction des juges peut faire peser la balance dans un sens ou dans l'autre, sans forcément qu'une preuve indiscutable ait été fournie, à la différence par exemple du système judiciaire anglo-saxon dans lequel le juge ne peut condamner une personne que s'il n'existe plus aucun doute raisonnable dans son esprit : c'est-à-dire que l'existence ou non de preuves est le critère déterminant du jugement.

La taqiya en vérité est un argument merveilleux pour faire porter à un arabe suspect la responsabilité de n'importe quel crime terroriste à peu de frais, alors qu'il peut tout autant s'appliquer à n'importe quel individu prévoyant quelque action criminelle que ce soit. Même quelqu'un qui s'isole discrètement pour aller pisser ou jeter un papier par terre à son niveau est un adepte de la

---

lacrymogène incapacitant !... Une bataille finale ne put être évitée mais le gaz a quand même permis à Saoud de prendre vivants plus de la moitié des rebelles (117), et qu'importe si pas mal de flics sont restés sur le carreau... Pour Al Saoud, sauvegarder la vie des forces de l'ordre n'est pas primordial. Ici, si. En France, on n'hésite pas à gazer ces poux de Gilets Jaunes aux Champs-Élysées, mais on refuse de le faire pour capturer vifs deux tueurs de dessinateurs "humoristiques" coincés dans une imprimerie vers Orly et un de Juifs venus faire leurs courses dans un supermarché à Vincennes avant le Shabbat ! » Le récit de la prise d'otages de la Mecque et de sa résolution a été fait par le capitaine Paul Barril dans *Guerres secrètes à l'Élysée* (Albin Michel, 1996).

taqiya ! Quand on se lance dans une opération illicite, qu'elle soit bénigne ou gravissime, on tâche bien sûr d'être discret, on prend des précautions maximales, on ne veut pas se faire repérer à l'avance, on ne va jamais auparavant le claironner sur les toits. Quel criminel issu de l'espèce humaine ne recourt pas à la taqiya, avant de passer à l'acte, ou après avoir été arrêté, afin de minorer sa responsabilité ?

La taqiya pour les nuls : les leçons du professeur Haenel

Un des principaux mérites de la taqiya est d'être un terme obscur, dont la consonance est devenue effrayante à force d'être associée au terrorisme durant le déroulement du procès. La supercherie, au mieux l'abus de langage, apparaît en peine lumière quand, naïvement, certains commentateurs encartés se risquent à en expliquer les fondements théologiques en Islam. Lisons par exemple Yannick Haenel dans un article intitulé *la taqiya* publié sur le site de *Charlie Hebdo* le 25 septembre 2020. Contexte : les épouses des frères Kouachi, Soumya et Izzana, viennent de témoigner à la barre qu'elles n'ont rien vu venir, qu'elles n'ont pas perçu le moindre signe avant-coureur, qu'elles menaient certes une vie rythmée par une pratique religieuse rigoriste et sectaire, mais à bien des égards normale, qu'elles avaient une famille ordinaire, avec deux enfants en bas âge pour Saïd, et un enfant en projet pour Chérif. Comme il est incompréhensible et inacceptable aux yeux de certains magistrats et journalistes qu'elles n'aient pas été au courant, il faut donc qu'elles mentent, aujourd'hui comme hier, en recourant à la taqiya, dont elles sont forcément des spécialistes quand on considère leurs noms et prénoms, leur faciès, leur teint basané et leur vêture salafiste.

Voici comment Yannick Haenel introduit son cours de la taqiya pour les nuls : « *Nous voici au cœur de l'enquête, c'est-à-dire au cœur d'une temporalité basée sur la dissimulation. La taqiya — ou taqiya — est une attitude promue par les organisations islamistes qui consiste à garder sa foi secrète, à ne rien manifester de son Islam intérieur afin de déjouer les intentions de l'ennemi infidèle ; cette pratique de précaution — cette tactique — vient du plus profond de l'ésotérisme chiite, c'est-à-dire d'une application mystique du coran : le véritable fidèle ne communique pas sur Allah, il en garde cachée la lumière sur sa poitrine.* »

En vérité, jamais les frères Kouachi et leurs épouses n'ont « gardé leur foi secrète » ou décidé d'en abandonner les criantes apparences salafistes pour se faire oublier et passer en mode sous-marin. Si les écoutes téléphoniques les concernant ont été interrompues en mars et juin 2014 respectivement, ce n'est pas du tout parce que leurs suiveurs auraient acté qu'ils avaient finalement décidé de se couler dans le moule républicain et ses « valeurs », prenant leur carte au PS, s'inscrivant avec leurs femmes dans un club échangiste, et effectuant le grand hadj d'Auschwitz : les deux frères s'appelaient près de six fois par jour, et puisque rien de suspect n'a sailli dans leurs échanges, il a été décidé à la mi 2014 (version officielle), de se concentrer sur d'autres cibles potentiellement plus dangereuses.

Yannick Haenel prête par ailleurs le flanc à la critique hilare avec cette explication théologique. La taqiya est en effet une pratique typiquement chiite, mais en aucun cas elle n'autorise à se donner les apparences de l'innocence afin de commettre plus confortablement un assassinat aveugle : il s'agit d'une pratique recommandée aux fidèles chiites dans les cas, fréquents dans leur histoire[263], où ils se trouveraient menacés de mort par des fanatiques sunnites organisés, qui les considèrent comme des hérétiques de l'Islam dont la communauté des vrais fidèles doit être purifiée. La pratique de la taqiya répond à la nécessité d'entrer en clandestinité, sous peine de vie ou de mort, quand des organisations du type Daech ou al-Qaïda se mettent en tête de traquer et éliminer tous les hérétiques à ce qu'ils considèrent comme le vrai et unique Islam. En son sens premier, la taqiya a été expressément conçue pour des périodes de l'histoire comme celle que nous traversons, qui voit des combattants de Daech et d'Al-Qaïda, dont se revendiquent Coulibaly et les frères Kouachi, et auxquels les dirigeants à passeport français sont alliés et livrent gratuitement des armes de guerre à la tonne, menacer la vie des chiites en tant qu'individus ou communautés !

Pour la connaissance avertie de l'« ésotérisme chiite » comme source des spécialités typiques de Daech, on repassera... Il est également légitime de moquer la grandiloquence du style de Yannick Haenel qui rend plus saillante encore son ignorance crasse du monde musulman dont le journal qui l'emploie est la *caricature*.

Plus loin dans son article, Yannick Haenel essaye de passer l'ignorance affichée des épouses Kouachi au crible de cette théorie. Allez ! Après le cours magistral de deux minutes, les travaux pratiques ! « *À l'inverse, est-il possible qu'elles continuent la taqiya ? Celle-ci est plus grande que la personne qui s'y soumet, et, en un sens — j'ai lu cela dans un ouvrage sur la doctrine chiite —, la taqiya est l'élément même d'Allah, ainsi perpétuer la dissimulation fait-il partie de l'observance. Mais on peut surtout penser qu'elle se perpétue toute*

---

[263] Qu'on songe seulement, pour prendre événement extrêmement récent et terrifiant, au massacre de 670 prisonniers chiites de la prison de Baduch, près de la ville de Mossoul, le 10 juin 2014 par l'organisation EI lors de sa foudroyante expansion en Irak. 500 de leurs cadavres furent retrouvés le 11 mars 2017 dans une fosse commune par les forces de mobilisation populaires levées suite à la fatwa de l'ayatollah al Sistani appelant au djihad contre Daech. À noter que ce massacre a eu très peu de relief dans les médias à l'époque, tout entiers tournés qu'ils étaient vers l'objectif de la diabolisation des autorités syriennes et de la chute du « régime ». Contrairement à d'autres massacres, la plupart imaginaires ou sous faux-drapeau, la médiatisation excessive de celui-ci avec, tiens pourquoi pas ? Le slogan « JE SUIS BADUSH ! » aurait eu pour effet d'orienter la haine des troupeaux démocratiques dans une direction incompatible avec la propagande de guerre antisyrienne.

seule, et que ces deux femmes, surtout Soumya Bouarfa [épouse de Saïd], se dissimulent naturellement, par une méfiance devenue consubstantielle qui situe leur être et leur propos très loin de toute vérité possible, et sans doute aussi pour se protéger de l'effondrement (car même elles, bien sûr ont droit au deuil, à un deuil d'autant plus terrible que personne ne peut réussir à le concevoir, tant les crimes de leurs maris sont infâmes). (…) L'imperméabilité de son témoignage a pu par conséquent provoquer de l'agacement, voire de la colère dans la salle d'audience : ainsi Maître Élie Korchia, avocat de la partie civile, a-t-il affronté Soumya Bouarfa avec une brusquerie subtile, visant à la démasquer : "ce n'est pas votre mari qui avait un problème aux yeux, c'est vous qui avez été aveugle pendant tout ce temps." Mais peut-on vraiment démasquer une telle personne ? Peut-on pousser dans ses retranchements une femme dont les réponses lapidaires pouvaient paraître hautaines, mais qui était capable à la fois de manifester une forme d'insensibilité et de rouerie, c'est-à-dire de pousser la dissimulation jusqu'à un point d'indistinction ? La taqiya, encore une fois, devient le naturel de gens qui s'astreignent à vivre coupés de tout. Rien, pas même les saillies agressives des avocats, n'aura su leur faire dire ce qu'elles ne voulaient pas dire et que peut-être elles-mêmes ne savaient pas qu'elles voudraient dire ou ne pas dire. (…) La dissimulation a ceci de vertigineux qu'à travers ses strates et ses méandres se dissout consciencieusement tout rapport à la vérité — et qu'elle échappe même à celui qui la pratique. Ainsi les Kouachi se taisaient-ils au point d'épouser physiquement l'air ensommeillé, hypnotique, de leur propre silence. Et leurs femmes, surtout Soumya Bouarfa, n'ont peut-être plus aucun rapport avec l'idée même de vérité. » Peut-être est-il utile de préciser que ladite Soumya n'a jamais pu voir le cercueil de son mari ni assister à son enterrement.

Passons sur le mouiseux approfondissement de l'interprétation théologique. Deux éléments ignobles sont ici à relever : sur la base d'aucune preuve, sinon celle de la taqiya, Haenel suggère chez ces deux femmes l'existence d'une culture du mensonge tellement ancrée qu'elle serait devenue à force une seconde nature. C'est exactement la teneur du contenu des accusations qui ont été portées contre les juifs, parfois à tort, parfois à raison, depuis la plus haute antiquité jusqu'à 1945, par toutes les sommités de toutes les disciplines, sous tous les cieux, à toutes les époques et dans toutes les langues[264]. Si un tel angle d'attaque était ouvert tel quel contre un prévenu juif dans une affaire criminelle, le feu du ciel (médiatique) s'abattrait aussitôt sur l'accusateur, accusé en retour d'antisémitisme, de nazisme, et d'arrière-pensées génocidaires. Haenel

---

[264] Pour avoir un aperçu de cet étonnant et universel consensus, nous renvoyons à l'ouvrage publié en 2007 par l'historien Pau'Éric Blanrue aux éditions Blanche : *Le monde contre soi — anthologie des propos tenus contre les Juifs.* L'ouvrage est publié chez Kontre Kultur, la maison d'édition fondée par Alain Soral. L'interprétation moderne de ce phénomène – qui grâce à la jurisprudence Shoah estime pouvoir faire l'économie d'un argumentaire – est qu'ils se sont tous trompés, sous tous les cieux, dans toutes les disciplines, à toutes les époques.

élargit en outre a priori l'angle de ce soupçon à tous les musulmans sans aucune distinction, en comptant pour rien l'éventuelle complexité de la réalité et des situations particulières. Dans ce cadre judiciaire particulier, il est tout aussi ignoble de porter ce genre d'accusation à la légère, puisqu'elle prive l'accusé de toute possibilité de se défendre, en écartant brutalement une hypothèse envisageable qui expliquerait beaucoup plus simplement l'ignorance de Soumya Bouarfa : si elle n'a rien vu venir, c'est, soit qu'elle n'a vraiment rien vu venir, soit encore plus simplement qu'il n'y avait rien à voir venir puisque ce n'est peut-être pas Saïd Kouachi qui a participé au massacre de Charlie Hebdo, une myriade d'indications suggérant que ce rôle d'assassin à l'expérience militaire était absolument hors de sa portée (voir son invraisemblable profil que nous avons résumé dans la première partie), quand dans le même temps, au bout du compte il n'existe qu'*un seul élément concret* attestant de sa participation : cette fameuse carte d'identité *oubliée* dans une sacoche Lacoste à l'avant de la Citroën C3, sans laquelle l'enquête n'aurait jamais pu commencer !

Ajoutons que la taqiya telle que soupçonnée en cette circonstance suppose une intelligence, une vigilance, une constance dans la manipulation exigeant une virtuosité que l'on conçoit fort bien chez un Jean-Claude Roman ou un Hannibal Lecter, mais pas un instant chez un handicapé bas de plafonds comme Saïd Kouachi. Rappelons le jugement très clair à ce propos de Farid Benyettou dans son livre : « *Saïd [...] était un garçon posé, introverti. Son intérêt pour l'Islam était plus théorique que politique. Il voulait apprendre et encore apprendre, mais ses capacités intellectuelles semblaient assez limitées : je le trouvais lent et obtus et son attitude passive m'irritait. Chérif, plus vif, était au moins capable d'argumenter. Je ne peux pas imaginer Saïd acteur de quoi que ce soit.* » (p. 99)

Dans ce même article, sans mesurer un instant la portée de la comparaison, Haenel hasarde qu'il y a des points communs troublants entre la taqiya pratiquée par les terroristes, et l'opacité dont se sont environnés les services de renseignement pour expliquer leurs innombrables manquements dans cette affaire. Un peu de lucidité, enfin ! Le 25 septembre 2020 était en effet aussi la journée, où, pour la première fois, un responsable de la DGSI s'exprimait devant la cour, par téléconférence, sur le sujet des attentats. C'est peu dire qu'une telle intervention était attendue. Haenel en avait expliqué l'enjeu la veille[265] : « *Nous allions avoir des réponses, ou du moins nous allions enfin poser des questions, par exemple pourquoi, alors que la France était désignée dès 2014 par l'État Islamique comme étant une cible potentielle, la surveillance de Charlie Hebdo, pourtant visé régulièrement par les islamistes radicaux (et explicitement condamné à mort depuis mai 2013 par le magazine en ligne Inspire, publié par al-Qaïda) avait-elle été allégée en 2014 ?* » Avant l'interruption de la séance pour cause de maladie d'un des prévenus, l'agent de

---

[265] Cette audition s'est déroulée sur deux journées, après avoir été interrompue le 24 septembre en raison des vomissements d'un des prévenus dans le box des accusés.

la DGSI a eu au moins le temps de dérouler « *un début d'exposé aussi passionnant que terrible sur al-Qaïda et l'État islamiste.* »

A-t-il répondu aux attentes le lendemain ? Puisque Haenel ne touche pas un mot à ce sujet dans son papier suivant, on doit en déduire que ce responsable de la DGSI qui s'exprimait complètement flouté par l'intermédiaire d'un écran, n'a finalement rien dit sur ces sujets brûlants ! Alors qu'Haenel développe tout un roman-quête sur la taqiya que les épouses Kouachi auraient mise en œuvre pour dissimuler leur préconnaissance des projets terroristes de leurs maris respectifs, voici la seule chose de neuve que l'on apprend : « *Dans la salle d'audience de la cour d'assises, on assiste ainsi chaque jour, et hier plus particulièrement puisqu'était présent un membre de la DGSI, à des séquences ambiguës et passionnantes de taqiya, un jeu de masques — pour ne pas dire de dupes — se déroule ainsi devant nos yeux, et ce jeu met aux prises les services de renseignement (police et sécurité intérieure) avec les ramifications d'une nébuleuse terroriste. Des deux côtés, une taqiya interdit la manifestation de la vérité, laquelle est pourtant l'objet même de la justice, qui en attend la révélation pour exercer son pouvoir.* » Où l'on devine que l'agent de la DGSI a peut-être louvoyé en permanence pour ne donner aucune réponse susceptible d'apporter un éclairage nouveau, en particulier sur le point de ce satané abaissement de la sécurité des locaux[266], mais qu'au fond cela ne doit pas éveiller plus que cela notre méfiance. Il a tout de même expliqué, la voix éraillée et les larmes lui montant aux yeux[267], que la surveillance téléphonique des frères Kouachi avait été arrêtée par ce qu'« *il n'y avait pas d'éléments pouvant motiver une nouvelle écoute. On aurait été dans l'illégalité.* ». Maléfique par principe d'un côté, la taqiya devient miraculeusement bénigne et excusable de l'autre. Cela s'explique fort bien si l'on a compris que cette enquête devait non pas partir des faits, mais

---

[266] Hypothèse qui ne vaut que si nous suivons Yannick Haenel, qui délaisse trop facilement dans sa relation du procès le brut factuel pour le roman-quête et l'émotion incontinente. Nous rappelons que la levée de la garde statique devant les locaux et de la protection rapprochée de Charb dépendaient directement de l'évaluation de l'UCLAT et du ministère de l'Intérieur (cf. première partie), auquel la DGSI est certes rattachée. C'est Bernard Cazeneuve en personne qui aurait été le mieux placé pour éclairer les juges sur ce point, mais le président Régis de Jorna a jugé que l'audition de Bernard Cazeneuve, contrairement à celle d'Anne Hidalgo, n'était pas utile à la manifestation de la vérité.

[267] « Procès des attentats de janvier 2015 : l'amertume d'un agent de la DGSI, Zoé Lauwereys », *le Parisien*, 25 /09/20. Extrait : « *Son compte-rendu terminé, le policier souhaite reprendre sur un sujet qui lui "tient à cœur". Là, sa voix s'éraille et l'on sent ses larmes monter, même si l'on ne le voit pas. Le fonctionnaire tient à défendre ses services et ses collègues. "On parle beaucoup des services comme des institutions, je travaille depuis 7 ans dans l'antiterrorisme. Les hommes et des femmes qui font ça le font par conviction. Ils ne sont pas entrés là parce qu'ils ont vu la lumière", lance le témoin.* » Derrière leur carapace d'acier, les agents de la DGSI, nous le découvrons avec bouleversement, sont en fait de grands sentimentaux. Cet homme est en effet l'un des seuls sinon le seul à avoir cédé aux pulsions lacrymales en trois mois de procès.

de propositions axiomatiques à caractère inviolable : axiome 1 : Saïd Kouachi est forcément l'un des deux membres du commando ; axiome 2 : les services de renseignement ne peuvent être tenus responsables ou coupables d'aucune façon. Cela étant posé, il faut collectionner tous les faits confirmant ces deux axiomes, et considérer comme négligeables tous ceux qui l'ébranlent, et si l'on ne trouve rien, comme c'est le cas pour Saïd Kouachi, alors, alors nous reste l'argument magique de la taqiya qui explique tout ! Pour paraphraser une phrase célèbre : on ne doit pas se poser la question de savoir comment techniquement Saïd Kouachi a pu participer à ce crime : comme il est de notoriété publique qu'il y a participé, l'absence complète de preuves implique nécessairement qu'il a eu recours à la taqiya. Lors du procès, les avocats de la défense se sont à maintes reprises indignés de ce parti pris si commode.

Toujours dans le même article, décidément faramineux, c'est encore en invoquant la taqiya que Haenel explique la levée des écoutes des frères Kouachi, exonérant ainsi les services de renseignement de toute responsabilité : « *En vivant le temps qu'il faut dans la taqiya, les candidats au passage à l'acte terroriste parviennent à la longue à ne plus être surveillés du tout, comme s'ils avaient anticipé l'inéluctable retrait des écoutes et des caméras, comme s'ils s'étaient ajustés à la temporalité impatiente de la sécurité française et savaient que, face à elle, c'est leur patience, leur puissance d'inertie qui vaincrait. C'est là, dans cette disjonction, que s'engouffrent ceux qui veulent échapper aux radars. Et sans doute n'y a-t-il même pas lieu, à la fin, d'en faire le reproche à ceux qui n'ont pu arrêter à temps le massacre.* » (p. 69) À ce niveau-là, on n'est plus dans la fade « compétence » validée en vert par l'enseignant sur le bulletin scolaire moderne, mais dans la géniale virtuosité : en vérité les frères Kouachis sont les Michel-Ange et les Frantz Lizst de la taqiya. Rendez-vous compte : faire exprès d'échanger six fois par jour au téléphone pendant quatre ans, à la seule fin d'endormir les services de renseignement susceptibles de les écouter, enfin *deviner* le moment où ces derniers ont été enfumés par le savant jeu de rôle, pour se mettre de ce moment en phase de préparation active des attentats. Quant à nous, une formulation comme « *c'est dans cette disjonction que s'engouffrent ceux qui veulent échapper aux radars* » nous évoque plutôt la procédure lilloise de 2017 qui a permis à Hermant et Ladjali d'éviter de devenir les 12ème et 13ème hommes de la procédure des attentats.

Chacun sait, toutefois, que les génies paient leurs hautes facultés par d'improbables faiblesses : si les frères Kouachi n'ont pas oublié le 7 janvier de mettre une cagoule et ont bien pris soin de ne laisser *aucune* trace permettant de remonter à eux, Saïd a oublié, comme c'est ballot ! sa carte d'identité dans une sacoche à l'avant de la Citroën C3 ! Après quatre ans de taqiya, des milliers de coups de téléphone anodins pour tromper la vigilance des pauvres agents, une préparation militaire, patatras ! tout se casse la figure et voilà les enquêteurs, qui autrement n'auraient jamais eu ne serait-ce que le commencement d'une piste, se ruer tous ensemble sur eux comme les nazguls au moment fatidique où Frodon, à la fin du Seigneur des anneaux, a la faiblesse d'enfiler l'anneau au-dessus de la crevasse du destin.

Je termine ce chapitre sur la taqiya, et par la même occasion cette quatrième et dernière partie, en faisant remarquer que cette pratique, sous ce nom et cette définition vague, s'applique bien mieux à tout un ensemble d'acteurs de premier plan de cette affaire au plus haut niveau officiel. Bernard Cazeneuve n'a-t-il pas fait de la taqiya lors des de ses deux auditions devant la commission d'enquête ? George Fenech, Sebastian Pietrasanta, et Meyer Habib n'ont-ils pas fait de la taqiya sioniste dans l'organisation des travaux de la commission d'enquête, non seulement en éliminant a priori une complicité israélienne, mais encore en faisant presque de l'État Juif le parrain de la commission d'enquête parlementaire ? Le président de la cour d'assises spéciale Régis de Jorna n'aurait-il pas imprudemment dévoilé sa taqiya en refusant d'auditionner Bernard Cazeneuve, mais en acceptant d'ajouter l'inutile témoignage d'Anne Hidalgo à l'agenda déjà très chargé des auditions du procès ? Les acteurs anticomplotistes dont nous avons analysé l'escroquerie en bande organisée dans la seconde partie ne sont-ils pas, à leur façon, des professionnels de la taqiya ?

En vérité on peut attraper beaucoup d'espèces de poissons avec le harpon de la « taqiyya », présenté comme 100 % efficace contre les bicots dans les spots publicitaires médiatiques et gouvernementaux ! Comme le coca cola, le produit est multi-usage, et si l'on était un peu plus imaginatif, on se rendrait vite compte que certes efficace sur les bicots et les nègres, il l'est peut-être encore plus pour capturer des spécimens de la France d'en haut, juges, journalistes et députés, en particulier les adeptes de la taqiya judéosioniste ! Mais là, il ne s'agirait plus de loups solitaires à guetter patiemment au harpon, mais de véritables bancs à ramasser avec des chaluts hauturiers.

Conclusion

Le scepticisme unanime des commentateurs

C'est bien à tort que les lecteurs de confession charliste, après cette relation du déroulement du procès des attentats, me reprocheront d'exprimer, une quatrième fois, la méfiance la plus profonde envers la version officielle du massacre de *Charlie Hebdo*, et plus généralement le traitement de l'affaire par ses différents acteurs. Au final, que fais-je d'autre, sinon ajouter un solo de plus dans la symphonie de critiques qu'ils ont suscités ? Le mien peut apparaître, je le concède, plus tonitruant et décomplexé, mais je ne m'écarte pas de la gamme et du thème choisis à l'unisson par tous les commentateurs. Je veux commencer ce bilan par en donner une idée avec une poignée de commentaires qui, pour manier l'euphémisme, ne souffrent cependant d'aucune ambiguïté :

Karl Laske, *Mediapart*, 09/10/20 : « *Plongée régulièrement dans ces considérations sur la pratique religieuse des accusés et de leurs proches, pourtant déjà évaluée lors de l'enquête, la cour d'assises semble parfois s'éloigner tranquillement de son dossier.* »

Pascal Robert Diard et Henry Seckel, *le Monde*, 29/10/20 : « *Tout au long de ces trois semaines consacrées aux interrogatoires de chacun des onze accusés, la vérité tout court n'a cessé de se dérober.* »

Yannick Haenel, *Charlie Hebdo*, 08/12/20 : « *On aura eu la sensation, face aux onze prévenus, que si tout les accusait, rien ne nous permettait d'en être sûrs. Un tel doute pourrait suffire à ne pas les condamner, mais en matière de terrorisme, c'est l'inverse qui semble prévaloir, la fameuse "intime conviction des juges" faisant pencher la balance. En écoutant le double réquisitoire des juges Julie Holvecq et Jean-Michel Bourlès, parfois brillants, parfois expéditifs, souvent énergiques dans leurs démarches et pour le moins essoufflés dans leurs déductions, nous avons ainsi eu la sensation décourageante d'avoir dépensé trois mois de notre vie pour peu de choses, tant leurs minutieuses synthèses semblaient n'apporter rien de neuf ou presque par rapport au dossier de l'instruction.* »

Sophie Parmentier et Charlotte Piret, *franceinter.fr*, 14/12/2020 : « *Et à deux voix, Jean-Michel Bourlès et Julie Holveck attaquent leur démonstration, tentant de prouver que les quatorze accusés jugés à ce procès historique, ont été pour certains d'entre eux complices des attentats, pour onze autres participants d'une association de malfaiteurs terroriste, et pour un dernier, participant à une association de malfaiteurs. Mais les preuves sont globalement peu étayées.* »

Cindy Hubert, *RTL.fr*, 14/12/20 : « *c'est vrai qu'après trois mois d'audience, la justice n'est pas capable de dire avec précision qui a livré les armes au tueur de l'Hyper Cacher Amedy Coulibaly.* »

Les avocats de la défense dénoncent l'absence de preuves

Pas de preuves… Telle a en effet été la lancinante rengaine tout au long du procès, et cela pour tous les onze accusés présents dans le box, ce que n'ont pas manqué de dénoncer leurs avocats. Florilège : Daphné Pugliesi, avocate de Ramdani : « *Pouvons-nous nous satisfaire de n'avoir que des hypothèses dans ce dossier ?* » ; Me Malapert, avocate d'Alwatik : « *Dans ce dossier il y a ceux qu'on croit et ceux qu'on ne croit pas.* » ; Me Royaux, avocate de Makhlouf : « *Quand j'entends l'avocate générale vous parler de rigueur, de nécessité de faire du droit, je suis sidérée. On a des réquisitions qui sont fumeuses, indignes de la rigueur qu'on est en droit d'espérer.* »/ « *L'avocate générale vous a dit : « La défense va terroriser la cour en vous demandant une preuve absolue ». Bon alors déjà je ne suis pas sûre du choix du verbe. Nous ne demandons pas de preuve absolue, nous demandons juste des preuves. L'intime conviction c'est la certitude de la culpabilité, c'est ce qui protège un homme de l'erreur judiciaire.* ; Me Durand Poincioux, avocate d'Abbad, « *L'intime conviction, c'est pas une question de feeling, c'est être convaincu par une preuve.* »/ « *l'absence d'impossibilité conduit à 18 ans de réclusion criminelle.* » Me Saint Palais, autre avocat de Ramdani : *"Vous avez entendu Madame l'avocate générale vous dire*

« on vous regarde depuis le monde entier et l'intime conviction vous suffira ». Mais ce n'est pas ça le droit pénal ! ", et il exige « la preuve, la preuve, la preuve ». Me Van Rie, avocat de Polat : « Ce ne fut pas un procès de l'histoire, du terrorisme, de l'émotion ressentie par la France face à ce nouveau visage des menaces contemporaines. Mais un procès classique d'individus contre lesquels le ministère public doit démontrer des preuves de culpabilité ».

Non seulement les 11 hommes ont été accusés sans preuve, mais, a-t-on pu lire, l'avocate générale Julie Holveck elle-même, dans son réquisitoire, a posé la caducité de cette nécessité en prêtant aux avocats de la défense de noires intentions : « La défense va terroriser la cour en vous demandant une preuve absolue. » Le choix de ce verbe est pour le moins stupéfiant dans le cadre d'un procès jugeant des hommes poursuivis pour association de malfaiteurs terroriste criminelle.

Le détournement politique du procès par des avocats des parties civiles

Il était inévitable, dans ces conditions, que les plaidoiries des avocats des parties civiles délaissent le terrain des faits, au détriment de la vérité et de la vraisemblance, condamnés à se réfugier, à tout miser, sur les procès d'intention, les insinuations et accusations insultantes envers les accusés, le roman-quête mal ficelé, le farcissage effréné à la taqiya, et, dans certains développements proprement délirants, sur les grandes valeurs, l'histoire de la vie sur Terre, les fondamentaux de la République, l'antisémitisme posé comme grand combat mondial du troisième millénaire, et c'est dans ces grandes envolées moralisantes, suintantes de haine et de bêtise, aux nauséabonds relents de suprémacisme juif, qu'on a le plus clairement senti à quel point le procès de *Charlie Hebdo* était une imposture. Je me contenterais ici d'une poignée de citations extraordinaires glanées dans deux plaidoiries des avocats de victimes de la prise d'otages de l'Hyper Cacher..

Elie Korchia a prétendu transformer des attentats en procès de la résurgence de l'antisémitisme, et de l'indifférence générale de la société face à ce phénomène : « Zarie[268] nous aura aussi rappelé, avec force et acuité, que ce procès est aussi celui de l'antisémitisme qui a tué sur notre sol. »/ « À l'évidence, les quatre victimes de l'Hyper Cacher s'inscrivent dans la continuité des quatre victimes de l'école juive de Toulouse, tout comme les trois attentats commis par Mohamed Merah en 2012 constituent la matrice des trois attentats de janvier 2015, que vous êtes amenés à juger. »/ Me Korchia s'est efforcé de transformer l'assassinat de Clarissa Jean-Philippe le matin du 8 janvier en meurtre de masse

---

[268] Zarie Sibony, la caissière de l'Hyper Cacher, restée pendant quatre heures enfermée avec les autres otages dans l'Hyper Cacher. Elle a fait son alya vers l'État juif en 2019.

antisémite miraculeusement avorté au prix d'un incroyable roman-quête : *"même si nous n'avons pas retrouvé d'éléments matériels démontrant un lien direct entre l'attentat commis par Coulibaly contre cette jeune policière et l'école juive Yaguel Yaacov de Montrouge, nous savons bien et il faut le redire à cet instant — à la suite de mes confrères ayant plaidé pour la famille de Clarissa — que tant la proximité immédiate de cette école juive, que l'horaire choisi par le terroriste (8 h du matin, exactement comme Mohamed Merah 3 ans plus tôt) et le fait qu'il se soit rendu sur place en moto (à l'instar du "tueur au scooter"), tendent à démontrer que l'accident de la circulation fortuit qui a eu lieu Porte de Montrouge ce matin-là, a entraîné un changement de cible pour Amédy Coulibaly, qui s'en est finalement pris à une policière."* Me Korchia a la liberté de son intime conviction, nous avons de même la liberté de faire remarquer qu'une interprétation aussi spéculative, si elle était hasardée par le camp adverse, aurait immédiatement qualifiée de « complotiste de bas étage » par les vigiles AC, tant les faits y sont picorés et assaisonnés à plaisir pour coller vaille que vaille à une unique interprétation arrêtée a priori en fonction de fantasmes délirants. Autre Indice d'un homme en proie à la maladie mentale, habité une haine aveugle et inextinguible, porté par l'esprit de vengeance de toute une communauté, il a osé expliquer que l'humoriste Dieudonné pouvait être considéré comme complice des attentats : « *En ce qui concerne le lien sous-jacent avec l'attentat commis par les frères Kouachi à Charlie Hebdo, nous pouvons le trouver dans la stratégie de haine qui s'est déployée dès les années 2008-2009 contre le journal, alors que dans le même temps, les mêmes ennemis de Charlie, dont un ex-humoriste qui a pu être financé par l'Iran, faisaient la promotion d'un concours de caricatures... sur la Shoah et les Juifs.* » On imagine que la famille de Clarissa Jean-Philippe n'a dû que médiocrement goûter cette tentative de détournement d'assassinat.

Patrick Klugman : *"La terreur que vous jugez malgré des mesures de sécurité inédites s'est répandue jusqu'ici, dans cette salle, jusque sur nos rangs, visant particulièrement certains de nos confrères. Elle est partout. Elle est devant vous. Elle est parmi nous. (...) Ils veulent nous assassiner pour un bout de dessin et nous leur brandissons, comme arme suprême, un bout de papier sur lequel on a écrit Constitution ou déclaration des droits de l'homme ou du citoyen."* Comme Élie Korchia on sent l'individu possédé par le délire de persécution paranoïaque. « *Depuis trop longtemps ceux qui ont été visés que parce qu'ils étaient juifs, ont subi un mépris terrible. Ce mépris précède de loin les attentats de janvier 2015 et même leurs prémices que je viens d'évoquer.* »/ « *Comment, alors qu'ils n'ont été visés que parce qu'ils sont juifs, la procédure ne dit rien de la circonstance aggravante de l'antisémitisme ?* » Si la procédure ne dit rien là-dessus, c'est peut-être parce qu'aucune forme d'antisémitisme, à quelque niveau que ce soit, n'a pu être décelée chez un seul des accusés présents dans le box. *"Je vous prie de bien vouloir prendre en compte la demande impérieuse de requalification des faits et de juger que mes clients ont été victimes d'une tentative d'assassinat terroriste aggravée par leur appartenance à la religion juive. (...) Une question transperce notre audience, la transcende, elle* *la précède, elle la dépasse : pourquoi les juifs*[269] *? Les djihadistes n'ont que la haine des juifs au bout de leur sourate. (...) Nous attendons des mots simples et justes. Nous attendons juste un simple mot, singulièrement absent de cette procédure : l'antisémitisme."* / *« Depuis le 9 janvier 2015, chaque français juif qui fait ses courses sait qu'il prend un risque de mort. Depuis le 9 janvier 2015, chaque juif de France sait qu'il est une cible. Je vous demande d'emporter cette phrase avec vous dans la salle des délibérations. »* Des centaines de Français originels sont victimes de graves agressions et sont prises pour cibles *parce que français* : ils n'ont pas voix au chapitre, n'ont pas le droit de se plaindre, et des associations comme SOS racisme, dont M⁽ᵉ⁾ Klugman est très proche, au lieu de les soutenir, les accusent depuis trente ans de racisme à tort et travers en bloc, tout en promouvant l'immigration de masse qui a fait affluer en France les Kouachi et les Coulibaly dont il se plaint avec des gémissements et des gesticulations hystériques. *« En écrivant simplement que des Français ont été visés parce qu'ils étaient juifs, vous proclamerez l'indivisibilité du peuple français et de la République. »* Que veut dire une telle phrase ? La bouffée délirante n'est pas loin. *« Nous pensions la France des années 2000 guérie. Elle était malade et plus largement atteinte qu'ignorante de ses propres symptômes. Bien avant que les faits de terrorisme ne recommencent, avant l'assassinat du pauvre Ilan Halimi, quelque chose dans notre pays s'est fissuré. C'était un antisémitisme à bas bruit, périphérique. »*... Il est proprement monstrueux de prendre le cas d'un psychopathe délinquant comme Amedy Coulibaly pour en faire le symptôme d'une maladie qui toucherait tout un peuple, et ce n'est pas parce qu'on a la latitude de répéter 50 000 fois pendant quinze ans dans tous les médias sans jamais être confronté à un contradicteur brutal, que le meurtre d'Ilan Halimi était un meurtre antisémite qui laisse craindre une répétition de la Shoah si l'on n'y prend pas garde. La justice a estimé qu'il s'agissait d'un horrible crime crapuleux comme il en touche malheureusement des centaines de Français originels par an, qui n'ont pas la chance d'avoir de puissantes associations communautaires pour occuper tout le devant de la scène médiatique du matin au soir avec leurs jérémiades, et actionner au plus haut niveau une multitude de leviers politiques disponibles en toutes circonstances. Comme son confrère Korchia, Klugman s'efforce de détourner le procès pour en faire celui de bêtes noires de la communauté juive organisée, Dieudonné et Alain Soral, pour changer un peu : *« De glissement en reculades, de censures en aveuglement, nous sommes passés de l'incivilité aux agressions, des agressions aux crimes, du crime au terrorisme, de l'attentat contre l'épicerie de Sarcelles à la tuerie de Toulouse, et de la tuerie de Toulouse à celle de l'Hyper Cacher... et, depuis et*

---

[269] L'angle d'attaque de cette plaidoirie a été conseillé à Patrick Klugman par l'avocat de Charlie Hebdo Richard Malka, comme les deux intéressés l'ont raconté les jours suivant le verdict lors d'une émission de la Radio Communautaire Juive (RCJ) à laquelle ils participaient. Patrick Klugman raconte que comme il n'arrivait pas à rédiger sa plaidoirie, il a exceptionnellement téléphoné à Richard Malka pour lui demander ses lumières, Richard Malka qui est le seul à avoir relu cette plaidoirie avant sa déclaration.

quoi qu'on en pense, aux tueries de Sarah Halimi et Mireille Knoll. Pendant ces quinze années, pendant que le législateur aggravait, pour l'antisémitisme, les peines encourues, circonstance aggravante devenue générale en 2017. Pendant que ce tribunal condamnait 15 fois de suite Dieudonné, Soral pour des publications, des sketchs, des spectacles antisémites, les mêmes constituaient des fonds de commerce de la haine anti-juive, vus et acclamés en toute impunité par des millions de personnes en France. » Cette argumentation typiquement déductive n'est qu'un tissu d'amalgames et de syllogismes éhontés qui dans une France saine devrait être lourdement sanctionné d'une façon ou d'une autre. *« Vous devez renouer avec le serment de la Révolution et refermer définitivement la funeste et odieuse dichotomie posée par M. Barre entre les Français juifs et non juifs. »* Parce que dans l'esprit délirant de Me Klugman, une des racines du mal serait à fourrager dans une déclaration de Raymond Barre en 1980, en réaction à l'attentat de la rue Copernic : *« Cet attentat odieux voulait frapper des israélites qui se rendaient à la synagogue et a visé des Français innocents. »*, avait-il dit. N'en déplaise à ce juif radicalisé qu'est Me Klugman, Raymond Barre n'a fait en cette circonstance qu'énoncer la stricte vérité. Raymond Barre précurseur de la prise d'otage de l'Hyper Cacher et de la nouvelle Shoah qui vient : celle-là il fallait l'oser...

Dans sa poussée de fièvre racialiste, Klugman explose de colère en s'indignant que les 271 pages de l'ordonnance de mise en accusation saisie par la cour ne comportent qu'une seule occurrence du terme « antisémitisme ». Il apparaît en revanche huit fois dans sa plaidoirie, et le mot « juif » à 47 reprises, et pas une seule fois le nom d'un des onze accusés n'est prononcé. Il faut donc que l'une des deux parties erre dans le labyrinthe de la maladie mentale.

Là où certains Français ont pu éprouver la désagréable impression qu'à partir du 9 janvier 2015, l'émotion nationale suscitée par le massacre de *Charlie Hebdo* se trouvait fortuitement et subtilement détournée pour être amalgamée à la compassion envers la communauté juive, qui échouait de plus en plus depuis les débuts des années 2000 à mobiliser autour de la poignée de meurtres dont des Juifs ont pu être victimes depuis 1980 — un nombre en fait dérisoire en comparaison des milliers de Français ayant dans le même temps été victime d'agressions et de meurtres racistes, dans l'indifférence raciste d'associations comme SOS racisme —, le même phénomène s'est reproduit, de façon cette fois beaucoup plus flagrante et scandaleuse, à l'occasion du procès des attentats, puisqu'aucun des onze individus qui ont été condamnés pour certains à des peines extrêmement lourdes, n'était lié de près ou de loin aux frères Kouachi ou au massacre de Charlie Hebdo.

Quand les serviles collabos s'autoproclament symboles de la liberté d'expression

Une autre imposture a consisté à présenter l'hebdomadaire *Charlie Hebdo* comme un symbole de liberté d'expression, des valeurs de la République et de la Démocratie, symbole de la Tradition française, et conséquemment objet d'exécration et de pulsions meurtrières de la part de ce nouvel obscurantisme barbare qu'est l'islamisme, digne successeur du catholicisme combattu avec acharnement depuis deux siècles par tous les esprits auréolés par les « Lumières ». « Charlie Hebdo symbole de la liberté d'expression », « C'est la liberté d'expression qu'on a voulu tuer ce jour-là », ce thème a été répétée tel un obsessionnel mantra à des milliers de reprises dans la salle d'audience de la cour d'assises, et des dizaines de milliers de fois dans tous les médias. Cette allégorie, c'est Richard Malka qui s'en est chargé lors de sa plaidoirie, rédigée sous sa forme finale, avant même que les débats ne commencent.

Détail éclairant : si l'on en croit Philippe Vall, à la tribune de la table ronde d'un débat organisé par l'UEJF le 1er septembre 2015, elle était complètement écrite avant même que le procès ne commence : « *Il va y avoir la plaidoirie de Richard Malka, mais il va être pratiquement hors sujet, Richard, il va faire un pas de côté dans ce procès, c'est quelque chose qui va être très atypique qui va se produire quand il va y avoir la plaidoirie de Richard, mais, nous, il faut préparer le terrain avant, il faut que cette plaidoirie arrive presque naturellement, alors que, elle est surréaliste sa plaidoirie, elle va être surréaliste, il faut qu'elle ne le soit pas, il faut que tout le monde comprenne, entende ce qui va être dit dans cette plaidoirie.* » Il ne croyait pas si bien dire ! Voyons quelques extraits :

« *Les attentats de Charlie Hebdo et de l'Hyper Cacher ont un sens qui dépasse les actes commis : ils ont un sens politique, idéologique, métaphysique. Ils convergent vers le même objectif. Quand Coulibaly tue des juifs, il ne tue pas que des juifs, il tue l'Autre. (…)* Charlie Hebdo *c'est l'Autre. L'Autre libre, libertaire, qui s'exprime librement et qui se rit des fanatiques.* »/ « *Ce qui souille l'humanité c'est cette absence de doute [sic !]. C'est ce puissant venin de l'idéologie victimaire qui transforme des êtres humains en machines à tuer. (…) Ce dont on veut nous priver c'est de critiquer le fanatisme religieux. Et ça ce n'est pas possible.* »/ « *On ne peut pas tuer une idée. Ils pourraient tous nous tuer, ça ne servirait plus à rien. Parce que Charlie est devenu une idée. Ça ne sert à rien de continuer à essayer. Parce qu'ils en ont fait un symbole. (…) C'est le combat éternel de la barbarie contre la civilisation. La civilisation n'est pas coupable. Les caricatures ne sont pas coupables. Ce qui est coupable, c'est la barbarie et rien d'autre.* »

Trouvant les dessinateurs de *Charlie Hebdo* peu talentueux et obsessionnels dans le choix de leurs sujets, les plumes de ses auteurs lourdes et sans style, leurs embardées à vocation comiques trop systématiquement ridiculisées par le mur du bide, et last not but least, son alignement systématique sur les positions d'un pouvoir dont ils osent s'autoproclamer le poil à gratter, en usurpant l'héritage du *Hara Kiri* du professeur Choron dont Richard Malka a osé se réclamer dans sa plaidoirie aux allures d'hagiographie religieuse, je n'avais pas lu à fond un exemplaire de Charlie Hebdo depuis des années. Pour les besoins du présent ouvrage, et d'un essai sur « la Covid 19 au prisme de

Molière »270, j'en ai épluché au peigne fin une trentaine de numéros de l'année 2020, et le bilan qu'il en faut dresser est encore plus radical que mon préjugé initial : sur tous les sujets médiatiquement brûlants : la guerre en Syrie, la politique en Russie, au Venezuela, en Iran, en Hongrie, Donald Trump, les élections étasuniennes, les violences policières, le mouvement « Black Lives Matter », la construction européenne, la crise systémique des Gilets jaunes, le complotisme et les théories du complot, la dénonciation et la lutte contre l'extrême droite et la « France rance » d'avant, le soutien inconditionnel à l'immigration de masse et à la communauté LGBT, la révolution écologique et le réchauffement climatique, enfin la pandémie de covid 19 et la gestion de la crise sanitaire : l'alignement avec le pouvoir, avec le bras droit tendu bien haut, est tout simplement *total*, indéfectible, et sans concession. Cet esprit collaborationniste se constate jusqu'au positionnement de l'hebdomadaire sur les religions, prétendument son domaine de spécialité et son cheval de bataille. La cathophobie y est systématique et caricaturale, les dessins de barbus islamistes, pour tous les prétextes et tous les sujets s'y comptent par dizaines à chaque numéro, et comme le pouvoir dont il partage l'âme corrompue et damnée, contrairement à sa vocation affichée d'attaquer *toutes* les religions sans discrimination, il crève les yeux qu'à l'image des pantins en costard cravate du gouvernement et des bancs de l'Assemblée, il observe religieusement l'omerta de rigueur sur le judaïsme politique dont l'influence sur les affaires intérieures et extérieures de la France peut sans exagération être qualifiée d'écrasante : il ne suffit pas de dessiner un rabbin dans un plan à trois avec un prêtre et un imam pour dénoncer les méfaits du CRIF, de la LICRA, de l'UEJF, etc. Bref, *Charlie Hebdo*, au final, n'est rien de plus qu'un des multiples instruments médiatiques du pouvoir parmi tant d'autres, au milieu de tous les autres : *Libération, le Point, France inter, Bfm TV*, etc., avec pour unique marque distinctive, en arrière-fond constant, des scènes de fellation, de sodomie, de double pénétration, d'éjaculation, de défécation et de dégobillage. *Charlie Hebdo*, en un mot, n'est rien d'autre que la branche pornographique de ce que l'histoire nommera un jour, quand nous aurons été libérés de son joug accablant et d'essence génocidaire, la cinquième colonne collaborationniste, la « milice » intellectuelle du XXIème siècle.

Les lecteurs de confession charliste ne comprendront sans doute pas cet élan d'indignation qui me saisit en écrivant cette conclusion, mais il n'y a rien de plus insupportable que de se retrouver enrôlé de force, sur l'argument d'un tas de cadavres dont la signification ultime n'a pas été donnée, a été même volontairement obscurcie, sous une bannière autoproclamée de la résistance qui n'est rien d'autre que le masque mensonger d'un pouvoir ignoble et prêt à tout,

---

270 « La Covid 19 au prisme de Molière », essai en trois parties publié sur *francoisbelliot.fr* début décembre 2020. Première partie : « Molière dans le texte » ; seconde partie : « Orgons et Tartuffes du XXIème siècle » ; troisième partie : « de Molière à Charlie Hebdo et de Louis XIV à Emmanuel Macron ».

à tout, pour se maintenir dans ses nids d'aigle républicains, du haut desquels sa préoccupation principale est de déterminer comment il va glavioter et déféquer sur le peuple, dans ses bons moments, où l'annihiler à grands sauts d'acide sulfurique, dans ses moments de fièvre messianique.

Délation tous azimuts : la signature des collabos

Qui dit collaborationnisme, servilité, laideur d'âme dit pente et goût pour la délation. On en a déjà une idée avec l'acceptation résolue et sans condition de se joindre à la meute des médias subventionnés — toute armée a besoin de son bordel de campagne — pour dénoncer et traquer les si mal nommés, avons-nous vu dans la seconde partie, « complotistes ». Recourant à la même rhétorique diabolisante et déshumanisante, cédant à la même tendance de structure raciste à englober toute une catégorie d'individus sous une étiquette englobante ultra péjorative.

On en a eu une illustration plus nette encore lors du procès des attentats, en prenant connaissance des plaidoiries des avocats judaïstes[271] dont nous venons de citer quelques extraits et des déclarations de certains survivants du massacre qui y sévissent encore. Pour les plaidoiries je me contente de rappeler, que deux des avocats, à l'évidence en service commandé pour la communauté juive organisée, toujours friande en anathèmes, procès gagnés d'avance, et appels à l'embastillement sous les crachats et les huées — ce qu'ils appellent non sans humour les « outils » de la démocratie[272] —, ont profité de l'occasion pour dénoncer sans l'ombre d'une preuve — les dégâts de l'intime conviction, quand elle est orpheline du réel — la responsabilité de résistants persécutés depuis plus de dix ans comme Dieudonné ou Alain Soral, les accusations ont également été nombreuses contre tous les intellectuels et politiques qui auraient eu la lâcheté de ne pas suivre aveuglément Charlie dans sa croisade intégriste républicaine. Certains survivants n'ont pas été en reste dans le cadre d'ouvrages ou lors de leurs auditions en tant que témoins à la barre du procès des attentats :

Fabrice Nicolino : Henri Seckel et Pascale Robert-Diard rapportent dans *le Monde* du 10 septembre[273] : « *Fabrice Nicolino dénonce l'aveuglement, la "pure stupidité" de "ceux qui ont refusé de voir l'évidence", et qu'il range*

---

[271] Le terme ici employé doit être entendu exactement dans le même sens que celui d' « islamiste » tel qu'il est systématiquement employé dans les médias.

[272] Nous renvoyons à l'émission spéciale de la Radio Communautaire Juive (RCJ) du 17 décembre 2020, à laquelle participaient dans la deuxième partie Patrick Klugman, Laurence Cechman, Richard Malka, et le directeur général du Fonds Social Juif Unifié (FSJU) Richard Odier. Entrer sur YouTube : « Spécial verdict procès attentats 2015 Invités : Maître Richard MALKÀ et Maître Patrick KLUGMANN ».

[273] Titre : Procès des attentats de janvier 2015 : « Je veux qu'on dise que nous, on était innocents. »

aux côtés de "ceux qui n'ont pas compris la nature du fascisme dans l'entre-deux-guerres. Des gens ont conchié Charlie. Ils ont préféré colporter la calomnie. Certes, ils ne sont pas responsables directs de ce qui s'est passé le 7 janvier. Mais ils ont participé à la préparation psychologique de cette affaire. Ils ont donné un quitus aux gens qui vont venir nous tuer après. Jamais, jamais, jamais, on ne leur pardonnera". »

Laurent Sourisseau (alias Riss) : « *2015 me fit comprendre ce qu'avait été la collaboration, car je pus observer à quel point le confort intellectuel copulant avec l'instinct de survie pousse les esprits les plus brillants vers la lâcheté. Sous le vernis de la culture et de l'éducation sommeillent des animaux qui, dès qu'ils peuvent, courent vers la gamelle la plus remplie et lèchent les mains du maître qui les frappera le moins fort. Universitaires bardés de diplômes, écrivains chics ou polémistes à la mode, la haute image qu'ils ont de leur personne mérite bien quelques trahisons et compromissions. Pour sauver leur peau, le sacrifice de celle des autres est logique car ils sont convaincus d'être au-dessus de tous. Car ils sont de la race des dominants. Pas ce celle qu'on envoie au casse-pipe, la piétaille qui marche toujours en première ligne et se fait faucher pour protéger les planqués de l'arrière. Ils nous ont envoyés à la mort comme des moutons qu'on lâche sur un champ de mines pour nettoyer leur chemin afin qu'ils puissent ensuite y mettre les pieds sans y risquer leur vie. Dans un langage châtié on appelle ça des seigneurs. Dans un langage plus commun, on appelle ça des salauds[274].* »

Coco : « *Ce n'est pas moi la coupable, là-dedans. Les seuls coupables, ce sont les Kouachi et leurs complices, et ceux qui les ont aidés, et même ceux qui dans la société baissent leur froc devant une idéologie islamiste. Il y a un problème de société.* »

La dernière réaction seulement est extraordinaire, nous avons affaire là à la personne qui a donné le code secret de la porte blindée aux terroristes, qui aurait probablement été tuée si elle ne le leur avait pas donné, mais qui en ne le leur donnant pas aurait sans doute sauvé tout le monde. Le moins auquel on aurait dû s'attendre de la part de Corinne Rey, alias « Coco », c'était le silence éternel : pas ce lâche défaussement sur tous ceux qui ne tâchaient pas assez de leur foutre les pages du magazine porno. Marc-Edouard Nabe va jusqu'à prétendre que Coco aurait menti dans son témoignage : selon lui ils ne pouvaient pas la connaître et l'interpeller par son surnom, puisqu'une connaissance d'aussi haut niveau implique qu'ils devaient aussi savoir qu'elle était l'auteure d'un des dessins blasphémateurs de Charlie hebdo ayant fait scandale : celui montrant le prophète nu, prêt à être empoigné en levrette, la bite gouttante, une étoile à la place de l'anus, et sous-titrée « Mahomet une étoile est née ». C'est sans doute aller un peu fort. Ce qui est certain en revanche, c'est que Coco a eu énormément de chance de survivre, puisqu'on imagine mal en effet des hommes aussi bien

---

[274] *Une minute quarante-neuf secondes*, p. 184.

informés oublier un tel détail. Il est vrai également que l'argument qu'ils ont employé pour l'épargner « On ne tue pas les femmes » ne tient pas la route si l'on considère l'exécution de la psychanalyste Elsa Cayat dans la salle de rédaction.

Est-il besoin de préciser que pas un de ces délateurs haineux n'a eu l'idée de dénoncer le boulevard vers Charlie Hebdo qui a été aménagé pour les terroristes, par l'abaissement de la sécurité à tous les niveaux, ainsi que la fourniture d'informations cruciales aux terroristes comme l'heure et la date de la conférence de rédaction ?

Rappel : une tempête de mots dans un désert de faits et de preuves

Obnubilés par leur passion délatrice, leur goût pour les grandes leçons de moraline, le détournement du procès vers des combats idéologiques de portée plus large, et suivant l'agenda de communautés organisées poursuivant à travers ce procès des objectifs politiques supérieurs, ces avocats des parties civiles que nous avons cités ont également commis l'erreur de s'abstraire complètement des faits, de se déconnecter de la réalité pour se pulvériser dans les nuages des sempiternellement rabâchées « valeurs de la République ».

Nous tenons ainsi à rappeler avec force que ce procès *n'était pas* le procès du massacre de Charlie Hebdo ; peut-être un peu celui de l'Hyper Cacher, mais surtout de onze accusés dont la plupart n'avaient rien à voir avec ces deux affaires et ont été utilisés comme boucs émissaires afin de donner l'illusion que justice avait été rendue : pas un des accusés n'a été en relation, de près ou de loin avec les frères Kouachi, présentés comme les auteurs du massacre de Charlie Hebdo. Les dix accusés n'étaient concernés en aucune façon par la plaidoirie de Richard Malka, au mieux ils y ont assisté en tant que spectateurs aux premières loges, avant de repartir au trou se repasser mentalement la féérie pendant des années : avec le recul, autant c'eut été une excellente idée de joindre la procédure lilloise de trafic d'armes avec celle des attentats, autant il eut fallu *disjoindre* la procédure du massacre de Charlie Hebdo de celle de la prise d'otages de l'Hyper Cacher. Ce couplage des deux affaires a permis de faire réexister le massacre, avec la reconstitution, le résumé de l'histoire, les témoignages des experts, les multiples témoignages de familles de victimes, mais cette reviviscence était purement artificielle puisque trois mois de procès n'ont pas apporté le moindre éclaircissement sur ce volet des attentats de janvier 2015. Si au moins l'une des zones d'ombre ou anomalies résumées dans la première partie avait fait l'objet de débats, en particulier l'abaissement de la sécurité à tous les niveaux autour de Charlie Hebdo le mercredi 7 janvier, avec le témoignage de Bernard Cazeneuve à la clé. Mais il n'y a rien eu de tout cela : le cheval républicain n'a pas accepté un seul des obstacles d'un parcours pourtant clairement balisé et à la portée du premier canasson venu.

Il n'est même pas sûr de surcroît que la plupart des accusés aient quelque lien de complicité consciente que ce soit avec l'épopée sanglante d'Amedy Coulibaly, jusqu'à Ali Riza Polat lui-même : reconnu coupable de trafic d'armes, d'assistance logistique, aucune de leurs armes n'a jamais été utilisée par Coulibaly. Dans le même temps les fournisseurs des armes, dûment authentifiés, ont pu comparaître libres au procès et raconter des histoires à dormir debout sans avoir une seconde à craindre, au nom du *non bis in idem*, de subir un sort comparable aux dix hommes présents dans le box. Pire, ces accusés qui n'avaient aucun lien matériel criminel avec les attentats n'avaient également presque tous aucun lien idéologique avec les mouvances (Daech, Aqpa) au nom desquelles elles ont été commises : si nombre d'entre eux étaient musulmans, ce qui jusqu'à preuve du contraire n'est pas répréhensible, presque tous n'avaient aucune trace de radicalisation dans leur parcours ni la moindre trace de cet antisémitisme obsessionnellement invoqué par Klugman et Cechman dans leurs plaidoiries. Comme on l'a vu, toutes les peines requises contre ces hommes l'ont été sous l'influence de ces plaidoiries délirantes, et l'intime conviction, sans que *la moindre preuve incontestable* ait pu être apportée, ne serait-ce que pour un seul d'entre eux, Mohamed Farès, le seul passant entre les gouttes du réquisitoire, et l'accusation de participation à une association de malfaiteurs terroriste, tout un symbole !, étant celui qui était le plus nettement reliable au trafic d'armes lillois, et ceci afin de respecter le principe d'équité par rapport aux peines incroyablement clémentes prononcées dans la procédure lilloise contre Claude Hermant et Samir Ladjali.

Plaider la fausse liberté d'expression pendant l'installation d'un État policier : le voilà le symbole !

Richard Malka a fortement insisté, a-t-on pu lire, sur la dimension « symbolique », « métaphysique » de ce procès, l'hebdomadaire porno satirique s'étant lui-même érigé en tant que symbole christique de la liberté d'expression. Non seulement, avons-nous vu, qu'il s'agissait d'une imposture (*Charlie Hebdo* incarne la servilité face aux pouvoirs et au politiquement correct, *aucunement* le courage que suppose l'authentique liberté d'expression), mais l'imposture est rendue encore plus éclatante par le contexte dans lequel cette grotesque canonisation républicaine a été effectuée, c'est-à-dire au moment de l'histoire de France où le pays bascule visiblement dans une dictature policière !

C'est en plein dans ce procès pour défendre la liberté d'expression contre la barbarie, le 18 septembre 2015, que l'écrivain et judéologue Hervé Ryssen a été jeté en prison pour délit d'opinion, une première depuis la fin de la Seconde Guerre mondiale. De cela Charlie n'a pas dit un mot.

Deux mois auparavant, le 28 juillet, l'écrivain et polémiste Alain Soral, fondateur d'Égalité & Réconciliation, était arrêté en pleine rue, et serait resté en prison pour des mois voire des années, si les juges du Siège n'avaient refusé de suivre la demande de son incarcération par le Parquet, stimulé par le nouveau ministre de la Justice Eric Dupont Moretti, « acquitator » du procès d'Outreau[275].

Le 4 novembre, l'éditorialiste et directeur de la publication de l'hebdomadaire *Rivarol* Jérôme Bourbon était condamné à de la prison avec sursis pour de simples *tweets* jugés antisémites, *Rivarol* qui incarne bien mieux — il n'est que de lire l'un à la suite un *Charlie* et un *Rivarol* — l'expression « symbole de la liberté d'expression » que son homologue porno-collaborationniste.

Le 10 septembre, Dieudonné est condamné à 10 000 euros d'amende pour des propos prétendument racistes tenus en 2017 lors du bal des quenelles. Il avait employé l'expression « gang des pyjamas de Cracovie ».

Je ne cite volontairement qu'une poignée de condamnations prononcées pendant le déroulement ou dans les environs du procès. Depuis des années — le virage peut d'ailleurs être daté au massacre de Charlie Hebdo — la chronique judiciaire est devenue mensuelle voire hebdomadaire dans les milieux authentiquement résistants.

Loin de s'en indigner, Charlie à l'occasion se réjouit de ce genre de condamnations. Dieudonné s'en est fait l'écho dans l'une de ses vidéos quotidiennes postées sur son site *Quenel+* en juillet 2020 : « *Dieudonné supprimé de YouTube, Henry de Lesquen chassé de Facebook, décidément les temps sont durs pour les racistes et antisémites d'extrême droite.* » Se réjouit donc le journal subventionné Charlie Hebdo [le 3 juillet]. (...) *Je me retrouve une fois encore caricaturé par cette entreprise d'économie mixte (...). Cette caricature me représente avec mon gros nez d'Africain, de Camerounais, face à mon public qui lui est représenté par un parterre de blattes, de cafards bien noirs. Tous les vieux poncifs caricaturaux sont au rendez-vous : le mépris du nègre et sa chosification en insecte nuisible. Ha ha ha... Ah moi je suis pour une liberté d'expression totale, et en réalité je m'amuse de ce dessin, qui est assez médiocre, pourquoi pas... La seule chose qui m'indispose un petit peu, je dois l'avouer, c'est d'être obligé de participer financièrement, par mes impôts, à une chose aussi peu travaillée. Combien avons-nous payé ce travail bâclé, non mais je le droit de m'interroger quand même.* »

La censure qui ne touchait que les médias subventionnés s'est très fortement accrue sur internet, avec fermeture de comptes en pagaille sur Facebook, Twitter, et YouTube, et toujours dans le même camp montré unanimement du doigt en toutes circonstances, *Charlie Hebdo* montant souvent en première ligne dans cette chasse aux sorcières moderne, et d'un zèle tout religieux pour se réjouir de la persécution des hérétiques et des prévaricateurs. À cela, il ne faut pas oublier la tentaculaire et multiforme propagande

---

[275] Nous recommandons à ce propos le visionnage de l'édifiant documentaire de Serge Garde : *Outreau, l'autre vérité*, sortie le 6 mars 2013.

anticomplotiste qui a pris son essor, là encore tout un symbole, tout au long de l'année 2015, marquée au sang des victimes de Charlie Hebdo et du Bataclan. Une propagande recourant de façon systémique à tous les artifices les plus ignobles de la rhétorique, qui pratique la délation, injurie, salit, diffame à tour de bras tout ce qui s'écarte un chouïa du moule de plus en plus sévère dans lequel se trouve la pensée, la parole et leur expression, propagande anticomplotiste dont *Charlie Hebdo*, encore ! est de surcroît un troufion zélé.

Et comment enfin ne pas dire un mot du contexte sanitaire exceptionnel dans lequel s'est déroulé ce procès : comment *Charlie Hebdo* et ses défenseurs ont-il pu seulement oser se draper dans la liberté d'expression devant la cour d'assises spéciale à l'automne 2020 alors que depuis six mois ils ne disaient *rien* sur la dictature sanitaire en train de se mettre en place, de fait, sous nos yeux ! Elle était là, l'ordalie de véritables combattants de la liberté d'expression ! Pour la défense des professeurs Didier Raoult, Christian Perronne, Alexandra Henrion-Claude, Jean-François Toussaint, du docteur Louis Fouché de la députée Martine Wonner, pour la dénonciation des mensonges et palinodies du gouvernement, l'imposture des Jérôme Salomon, Martin Hirsch, Agnès Buzyn, Jean-François Delfraissy, Olivier Véran, Martin Blachier, Karine Lacombe ; de l'escroquerie démocratique d'un conseil scientifique dont les membres étaient — et sont encore — perclus de conflits d'intérêts avec les grands groupes pharmaceutiques ; de la prise de décision désormais systématique dans le cadre de conseils de défense au motif que nous serions « en guerre », de la réduction à néant du contre-pouvoir d'un Parlement pourtant pas réputé pour son indépendance ; contre le purement sadique masquage des enfants dès l'âge de 6 ans, l'obligation pour tous de porter le masque dans la rue ; contre l'abandon des vieillards dans les Ehapd, euthanasiés par milliers au Rivotril afin gonfler la cagnotte à cadavres fièrement exhibée tous les soirs ; contre l'inconscient creusement d'une dette publique déjà colossale accompagnée de la destruction de pans entiers de l'économie, contre l'autiste, monstrueuse, fanatique, et inquisitoriale propagande vaccinale, etc.

Le courage ne consistait pas à republier les caricatures de Mahomet à l'ouverture du procès, mais à s'engager à fond dans la dénonciation de la gestion de la crise sanitaire, et son détournement aux fins de glisser insensiblement d'une société aux apparences démocratique à une société aux apparences dictatoriales, cornaquée par un État corrompu, antinational, et aux ambitions totalitaires. Or pendant toute cette période et encore aujourd'hui, Charlie est resté aux abonnés absents, Charlie a laissé faire, Charlie a continué à dessiner des fellations mais a fermé sa bouche.

C'est avec la muselière réelle qui symbolise la censure actuelle, ce qu'on pourrait appeler le *qamis républicain*, et l'éclosion en pleine lumière de la dictature qui vient que les Malka et consorts auront plaidé pour la liberté d'expression, en présentant *Charlie Hebdo* comme son symbole. Ce symbole-là est une tache indélébile, qui se voit, c'est le cas de le dire, comme le nez au milieu de la figure, et qui signera à jamais, aux yeux des générations futures, l'imposture globale qu'a représentée de bout en bout le procès des attentats.

Conclusion générale

Que reste-t-il de la version officielle du massacre de Charlie Hebdo au terme de ce parcours, et surtout de son caractère sacré, censé inspirer — à l'instar d'un certain capitaine Dreyfus — la piété populaire française pour les siècles à venir, et servir de bannière de Jeanne d'Arc à tout un peuple pour entrer avec assurance et optimisme dans la postmodernité, tout en constituant un chapitre du petit livre arc-en-ciel destiné à prévenir les Jeunesses Républicaines de se laisser contaminer par les virus de l'antisémitisme, de l'extrémisme, du complotisme, et remis à ces dernières au terme des grands rassemblements initiatiques de Drancy, Rivesaltes, Struthof, Camp des Mille, Mont Valérien, Vel d'Hiv, Chambon-sur-Lignon, Maison d'Izieu ? Ainsi que nous l'avions annoncé d'emblée, il n'a malheureusement pas été en notre pouvoir de dégager avec netteté une version alternative aussi complète — aussi enfantinement simpliste soit-elle — que celle tracée pour l'éternité, dès les premières heures suivant le massacre, par les romanquêteurs de la caste sacerdotale. Les soupçons existent, flagrants, nombreux, multiformes, en faveur de l'opération judéosioniste sous faux drapeau, mais les portes d'accès à la vérité ont été si méthodiquement verrouillées par toutes les voies institutionnelles et privées — le pantouflage étant devenu le marqueur des élites républicaines — que l'enquêteur indépendant est obligé, face à un tel niveau d'obstruction, et faute de moyens, d'avouer en partie son impuissance, et de prendre acte que l'enquête sur le massacre de *Charlie Hebdo* est bel et bien une enquête *impossible*.

Nous estimons toutefois avoir apporté une somme d'éléments, aussi indirects soient-ils, largement suffisante pour démontrer qu'il fallait être fou, démagogue, ou mentalement asservi pour accorder une confiance aveugle à une version officielle qui, défendue mordicus comme une sainte relique tout au long des années dans des circonstances aussi troubles, avec des méthodes aussi discutables, mérite, tout bien pesé, d'être jetée sans état d'âme à la poubelle, et ne saurait bénéficier d'aucune espèce de passe-droit, à aucun prix ! pour prétendre accéder au statut d'objet de dévotion à vénérer sans mélange par les générations futures. Le traitement médiatique de cette affaire, malgré quelques illuminations vite étouffées sous les couvertures anti-feu, a été partial et scandaleux de bout en bout. Si tant est qu'ils l'aient jamais joué un jour, les médias n'ont pas joué leur rôle de contre-pouvoir en mettant en avant de façon suffisamment ferme et durable les nombreuses et criantes anomalies et zones d'ombre de l'affaire, et nous ne parlons ici que du massacre du 7 janvier. Ils se sont de surcroît mués en zélés, haineux et malsains prosélytes d'une nouvelle religion, que l'on pourrait nommer le *charlisme*, se servant de l'affaire pour promouvoir tout un ensemble de valeurs nauséabondes et vides de sens, sauf pour les minorités agissantes, qui sont les piliers d'un régime désormais honni et discrédité aux yeux de la majorité des Français. Aggravant le crime de masse contre la pensée, ils ont, par l'intermédiaire des acteurs anticomplotistes, mené une véritable campagne de *terrorisme intellectuel* — version moderne de la Sainte Inquisition ou de la chasse aux sorcières — contre tous ceux qui refusaient de s'aligner avec enthousiasme, le bras droit tendu bien haut, derrière la bannière *Ich been Charlie*, et de la lutte contre l'antisémitisme : nous avons en effet mis en lumière ce fait indiscutable qu'un dispositif AC frauduleux de A à Z avait été mis en place autour de la version officielle du massacre de *Charlie Hebdo*, le caractère universel et constant de la fraude ne laissant aucun doute quant à l'existence et l'action délétère et antidémocratique d'une escroquerie intellectuelle en bande organisée, dont les basses œuvres ont consisté, tout au long des années, à prolonger en quelque sorte le travail de ceux qui ont commis tous les plus louches et meurtriers attentats de ces dernières années, en se servant sans vergogne de ces derniers pour chauffer à blanc l'opinion publique *dans la mauvaise direction*.

Il ne fallait sans doute pas attendre grand-chose de la commission d'enquête parlementaire, comme il n'y a plus rien à attendre, de manière générale, d'un parlement à présent complètement annexé à l'exécutif, s'étant progressivement mais inexorablement confondu avec lui tout au long du demi-siècle écoulé, depuis la fin de la présidence du Général de Gaulle, cette soumission à présent totale signant le passage de la démocratie apparente à une vraie dictature. Si on la juge à son rapport final, la commission d'enquête parlementaire sur les attentats a choisi à l'évidence de faire l'impasse sur le massacre de *Charlie Hebdo*, de n'aborder, plus caricaturalement encore que les médias, aucune zone d'ombre de l'affaire, épargnant visiblement lors des auditions les marionnettes institutionnelles aux manettes des autos tamponneuses ministérielles à l'époque. Son noyautage intégral par des personnalités pro-israéliennes, parfois jusqu'à la caricature, et la décision de prendre pour modèle l'État le plus raciste du monde et numéro 1 mondial des opérations sous faux drapeau aux XXème et XXIème siècles, était la meilleure garantie pour ne pas courir le risque de détourner les trains de l'investigation vers des destinations religieusement inacceptables — le barbu bicot devant être le seul aux yeux de l'opinion à occuper le centre de la cible à fléchettes.

Enfin, il y eut à l'automne 2020 ce procès, cette mascarade judiciaire, sur laquelle je reviendrai à peine puisque je m'y suis longuement étendu dans la conclusion de la quatrième partie. Ajoutons simplement qu'il a parachevé à merveille le méthodique travail d'obscurcissement de la vérité initié par les médias, et prolongé celui des parlementaires, donnant à voir toutes les élites des différents *pouvoirs* de la République, censés être indépendants les uns des autres, jouer les uns par rapport aux autres de *contre-pouvoirs*, tous unis derrière la bannière du mensonge organisé, de la tromperie universelle, et de la manipulation permanente, formant en fait un attelage fouetté avec résolution et cruauté par un berger pervers friand d'honneurs et de breloques, mais n'aimant rien tant que l'ombre pour travailler à la destruction de l'intérêt général tout en paraissant agir en son nom.

Pour toutes ces raisons, le traitement du massacre de *Charlie Hebdo* par ces élites peut être considéré comme un symbole de la terrifiante dérive actuelle du régime français. Si l'on prend un instant de recul, le précédent argumentaire peut être copié collé avec d'infimes variations pour une multitude d'affaires et sujets politiques et de société : en vérité le massacre de *Charlie Hebdo* n'est qu'un des petits appartements d'un vaste immeuble dont toutes les ouvertures, portes et fenêtres, ont été condamnées, et quand d'aventure quelques hordes de Gilets jaunes entreprennent pour la première fois de les prendre d'assaut, pour y faire entrer un peu de lumière et les rendre habitables, avec des revendications somme toute extrêmement modestes, ils s'en font écarter à coups de matraques, de grenades et de tirs de flash-ball dans la tête, après avoir été diabolisés, lynchés médiatiquement, extrême droitisés, antisémitisés, complotistisés, pour être finalement renvoyés au néant, et bien évidemment écartés de tout *devoir de mémoire*. Et pour ne considérer que le cas le dernier épouvantail de la série, que tout le monde a forcément à l'esprit, tant il est obsédant et véritablement inouï dans l'histoire des peuples, on pourrait reproduire exactement le même argumentaire en l'appliquant à la gestion apocalyptique, à tous les sens du terme, de la « crise sanitaire » actuelle par les autorités. Qui coche toutes les caractéristiques explorées dans cet ouvrage : couverture médiatique frauduleuse, massif dispositif AC diabolisateur, commission d'enquête parlementaire maquignonne : n'y manque que le procès bidon, mais pourquoi aurait-il lieu puisqu'officiellement les Français ont été sauvés par leurs autorités, et qu'en l'état actuel des choses il n'y a aucune chance que les dizaines de milliers de plaintes déposées à ce jour aient quelque issue positive que ce soit ! Et puis le pouvoir est à présent engagé dans une fuite en avant dont il ne pourra plus dévier, à moins de s'exposer à un inévitable *changement de régime*.

Cette comparaison finale avec la pseudopandémie et sa gestion par les autorités françaises nous donnent l'occasion d'enfoncer encore plus loin dans le fion de *Charlie hebdo* — cette métaphore vulgaire est un hommage — cette quenelle que nous avons commencé à y glisser dans les pages précédentes : l'hebdomadaire porno satirique a été le très grand absent de la campagne de critique sur cette affaire, alors que le matériau était là, inépuisable, à fleur de sol, ne demandant que l'effort de se baisser pour être ramassé ; et pire, se joignant aux organes d'inquisition républicaine, ses journalistes, Laurent Sourisseau en tête, ont fait résolument campagne contre tous les contestataires, affiché leur soutien total aux autorités, se sont lancés avec bonheur dans la si peu dangereuse campagne de diabolisation des « complotistes » de tous poils.

La signature de l'opération sous faux drapeau

Je voudrais tout de même, avant de clore cet ouvrage, ne pas laisser le lecteur dans l'indécision complète, quant aux faits rapportés et patiemment disséqués tout au long de ces quatre parties qui sont autant de tentatives variées d'ouvrir une voie vers un sommet difficile d'accès.

Quand on ne dispose pas de preuves directes et indiscutables pour accréditer l'hypothèse qu'un attentat très louche puisse être considéré ou non comme une opération de terrorisme sous faux drapeau, on peut passer en revue un certain nombre de critères caractéristiques de ce genre de crime, et comptabiliser le nombre de cases que coche le cas considéré dans la grille diagnostique. L'opération sous faux drapeau étant l'opération reine du XXème siècle et des deux premières décennies du XXIème siècle, pour faire basculer l'opinion publique de tout un pays ou de toute une aire culturelle dans la disposition mentale collective voulue, sa typologie a été depuis longtemps mise à jour, avec des variations minimes. Ayant pour ma part, ces dix dernières années, étudié en détail un grand nombre de ces opérations[276], j'ai constitué à la longue ma propre grille interprétative, qui vaut ce qu'elle vaut, et qu'il m'arrive de tester quand survient un louche attentat terroriste — histoire de vite sécher mes larmes et de gagner du temps.

Je l'ai exposée en juillet 2014 dans un article rendant compte d'un documentaire réalisé par Maria Poumier (*Amia Repetita*), à l'occasion du 20ème anniversaire de l'attentat de l'AMIÀ à Buenos Aires le 8 juillet 1994. Cet attentat, qui a fait 85 morts et 230 blessés, est le plus important et le plus meurtrier jamais perpétré sur le sol argentin. Il est survenu un an et demi après un attentat similaire contre l'ambassade d'Israël, qui avait fait 29 morts et 242 blessés. Très vite attribué au Hezbollah libanais par les médias, il s'agissait en fait d'une opération israélienne sous faux drapeau dont l'objectif était de contraindre le gouvernement argentin à revenir sur ses accords dans le domaine du nucléaire avec l'Iran. Cette manipulation est un cas d'école particulièrement intéressant si l'on veut seulement accepter de commencer d'envisager l'hypothèse que le massacre de *Charlie Hebdo* puisse être une opération israélienne sous faux drapeau. En effet :

1) C'est un cas très récent et très bien documenté.

2) La réalisation et le maquillage de l'événement sont tellement grossiers que l'opération sous faux drapeau est évidente.

3) C'est un cas où, comme souvent, Israël n'hésite pas à frapper très fort loin de ses bases, *en acceptant de lourdes pertes au sein de la communauté juive locale.*

4) L'Argentine présente ce point commun avec la France, et à vrai dire l'ensemble des démocraties occidentales, d'avoir une sphère politico-médiatique saturée par un puissant lobby judéosioniste, qui constitue en quelque sorte l'assurance tous risques des marionnettistes.

---

[276] Je renvoie à la « bibliographie personnelle » figurant à la fin de cet ouvrage, qui recense toutes les affaires de ce genre auxquelles j'ai pu m'intéresser. Tout est consultable sur mon site internet *francoisbelliot.fr*.

1) Disparition ou manipulation d'éléments de la scène du crime et de l'enquête.

Validé. Le cambriolage de l'appartement de Charb les jours suivant l'attentat, avec vol de son ordinateur portable ; l'assassinat d'Helric Fredou et la confiscation de son ordinateur portable et l'impossibilité pour la famille d'avoir accès au rapport d'autopsie ; le secret-défense apposé par Bernard Cazeneuve aux échanges entre Claude Hermant et les gendarmes dans la procédure lilloise ; la disjonction de la procédure lilloise de la procédure des attentats.

2) Une version officielle extrêmement simpliste apparaît dès la première journée suivant l'événement, et désigne l'évident coupable avant toute enquête

Validé. Si l'on se réfère au rapport de la commission d'enquête parlementaire et à la procédure des attentats, aucun élément majeur supplémentaire n'est apparu ou n'a été exploité après ce laps de temps initial très court. Quant au procès des attentats, il a validé cinq ans plus tard la version initiale sans apporter un seul élément d'information supplémentaire.

3) Campagne de presse massive mise en œuvre les jours suivants pour asseoir la version officielle dans les esprits, en maquillant l'événement et en attisant la haine contre le coupable désigné.

Validé. Pas vraiment d'appel à la haine contre l'ensemble des musulmans ; mais des appels à l'unité nationale, appels à la sensibilisation de la population face aux amorces de génocide — en tout cas présentées comme telles — subies par la communauté juive française (par exemple l'assassinat crapuleux d'Ilan Halimi le 13 février 2006 ou ce cocktail Molotov lancé un jour dans une épicerie juive de Sarcelles le 20 juillet 2014). Campagne mondiale « Je suis Charlie », étalage de cette propagande en France pendant plusieurs années.

4) Des personnalités clés sont ou semblent averties à l'avance de l'imminence de l'attentat ou échappent miraculeusement à la mort.

Non validé. Les seuls qui ont échappé miraculeusement à la mort sont Luz, réveillé trop tard, Sigolène Vinson, et Corinne Rey, mais c'est un concours de circonstances. L'objectif de l'opération était de toute façon de faire le plus de morts possible en même temps à l'intérieur des locaux de *Charlie Hebdo*.

5) Indices de précognition des événements

Validé. Nous renvoyons aux déclarations explicites de Benyamin Netanyahou et Meyer Habib.

6) Proximité ou simultanéité de l'attentat avec une date symbolique ou à lourd enjeu politique. Date « opportune ».

Validé. Le vote à l'Assemblée nationale début décembre 2014 d'une résolution appelant à la reconnaissance d'un État de Palestine a été explicitement invoqué par les deux précédentes personnalités, et les attentats de janvier 2015 on permis de discréditer les musulmans (et donc les Palestiniens) au profit des juifs (et donc des Israéliens), selon un schéma identique à celui des attentats du 11 septembre 2001. On peut ajouter que l'attentat aurait été difficile à réaliser plus tard puisque *Charlie Hebdo* ne faisait plus rire personne, perdait continuellement des lecteurs, et était au bord du dépôt de bilan. Pour susciter un électrochoc dans l'opinion, c'était le moment ou jamais.

7) Des officiels occupant des postes clés se rendent coupables de mensonges avérés pour justifier la version officielle.

Validé. Il crève les yeux qu'au plus haut niveau, dans le meilleur des cas, tout le monde s'est couvert pour ne pas avoir à endosser la responsabilité de l'abaissement de la sécurité de Charlie Hebdo à tous les niveaux dans les mois et les semaines précédant les attentats. Le cas de Bernard Cazeneuve est à ce titre emblématique de l'omerta qui a prévalu au plus haut niveau.

8) Proximité ou appartenance des terroristes avec des agences de renseignement nationales ou étrangères

Non validé. Aucun lien n'a pu être établi entre les frères Kouachi et Coulibaly avec leurs commanditaires, encore une des grandes énigmes à ce jour. Leur profil du reste est plus celui de cas sociaux fanatisés et sans cervelle que de taupes machiavéliques. On peut dire la même chose de la plupart des onze accusés du procès des attentats. On peut au moins faire remarquer que les frères Kouachi et Coulibaly étaient dans le viseur des services de renseignement depuis des années.

9) Occision ou suicide des exécutants.

Validé. Si l'on peut comprendre la nécessité de terminer Coulibaly pour éviter qu'il fasse plus de victimes parmi les otages de l'Hyper Cacher de la porte de Vincennes, on est obligé de regretter que les frères Kouachi, au moins l'un d'entre eux, n'ait pu être pris vivant, étant donné qu'ils n'avaient plus d'otages, se trouvaient dans une zone à peu près déserte d'habitants, que Chérif, le plus vigoureux des deux frères, avait été blessé au cou, et se trouvaient à deux contre deux cents professionnels de l'intervention ultra entraînés et armés jusqu'aux dents. Comme c'est dommage…

10) L'événement sert de prétexte à la mise en place de mesures d'urgence aux implications cruciales qui n'auraient pas pu être mises en œuvre circonstances normales : l'événement est exploité à des fins politiques.

Validé. Le massacre de Charlie fait ici partie d'une série dans laquelle il faut inclure les attentats du 13 novembre. De nombreuses lois antiterroristes ont été votées depuis 2015, rapidement détournées de leur raison d'être initiale pour affirmer le contrôle de la population française et ses éventuels élans de révolte. On songe ici bien sûr aux Gilets jaunes. Nous vivons en état d'urgence « alerte attentats » du plan Vigipirate depuis des années. L'exploitation politique fut également, nous le rappelons, celle de l'esprit Charlie et du slogan « Je suis Charlie » qui fut d'une telle ampleur qu'on peut sans exagérer la comparer à une campagne d'évangélisation d'un genre moderne. Pour une vue d'ensemble nous renvoyons à notre article *l'Instrumentalisation des lois antiterroristes* publié sur notre site *francoisbelliot.fr* en août 2019.

11) Quand il s'agit d'attentats, on a souvent affaire à des événements synchronisés.

Validé. Et il faut bien rappeler, malgré l'intime conviction qui doit tout emporter chez certains, qu'on ne sait pas du tout à ce jour, comment concrètement les frères Kouachi et Coulibaly se sont concertés pour réaliser cette double opération. Le commanditaire des deux volets de l'opération n'a jamais pu être identifié.

12) Quand les événements consistent en des explosions synchronisées, on observe, simultanément ou dans les jours précédents, des exercices de simulation terroristes qui miment curieusement le scénario en cours ou à venir.

Non validé. Aucun sens dans une telle opération.

13) mise en place d'une commission d'enquête de complaisance

Validé. Nous renvoyons à la troisième partie de cet ouvrage. Les travaux de cette commission ont été de surcroît dirigés par des personnalités étroitement liées à l'État qui aurait dû logiquement figurer tout en haut de la liste des suspects dès le départ, en raison notamment des claires menaces formulées par son Premier ministre, avec un voyage non justifié dans cet État par ailleurs érigé comme modèle de la lutte antiterroriste.

Et j'ajouterais aujourd'hui à ces 13 caractéristiques la suivante, que je n'avais pas clairement à l'esprit à l'époque :

14) Déploiement autour de l'événement d'un dispositif anticomplotiste, qui présente toutes les apparences d'une escroquerie intellectuelle en bande organisée

Validé. Nous renvoyons à la seconde partie de cet ouvrage.

Nous conclurons en une phrase : le massacre de Charlie Hebdo présente *presque toutes* les caractéristiques d'une opération sous faux drapeau. Il existe maintenant bien sûr un petit pourcentage de chance que cette opération ait été décidée et planifiée uniquement par AQPA, en suivant la volonté posthume de Ben Laden, lors d'un voyage de 15 jours effectué par Chérif Kouachi au Yémen quatre ans avant les faits, en empruntant la carte d'identité de son handicapé de frère !

Telle est en tous cas notre intime conviction, qui en vaut largement d'autres, et dans la mesure où l'énorme et cohérent faisceau d'indices inclinant à pencher vers cette interprétation a été délibérément passé sous silence, et qu'une meute d'escrocs intellectuels agissant en bande organisée a été aussitôt mise aux trousses des hérétiques, en recourant systématiquement à tous les artifices rhétoriques les plus ignobles, nous n'attendrons pas quant à nous 50 ans pour arrêter notre opinion sur ce point : assez d'AC !

Épilogue en forme de parabole

Un massacre épouvantable vient d'être commis et les tueurs ont été aperçus s'enfuyant dans les catacombes. Une équipe d'enquêteurs est immédiatement dépêchée sur les lieux. Parvenus à un embranchement, ils sont surpris de trouver un groupe de personnes qui prétendent se trouver là pas hasard. Ils se ressemblent tous et parlent tous de la même façon. Les enquêteurs naturellement les interrogent, et ceux-ci leur donnent toutes sortes d'indices et répètent tous, en proie à une très vive émotion, la même histoire : « on a vu le meurtrier, on l'a vu ! Il mesure telle taille, il a les cheveux et les yeux de telle couleur, est habillé de telle façon, s'exprime avec tel accent ! » Et pour appuyer leurs dires, ils leur fournissent toute une batterie d'indices qu'ils prétendent avoir récupérés par hasard : une carte d'identité, un fichier dentaire, un extrait d'acte de naissance, une cagoule, un morceau de vêtement arraché ; ce disant ils indiquent aux enquêteurs, toujours avec un ton hystérique, l'un des deux couloirs possibles : « c'est par là qu'il est parti, on l'a vu, allez-y, d'ailleurs si vous cherchez vous trouverez ses empreintes digitales contre les murs et des traces ADN un peu partout ! » Cependant comme la plupart des enquêteurs, nullement étonnés d'une telle rencontre, se confondent en remerciements et se ruent dans la piste ainsi royalement indiquée, certains hésitent et ont soudain un mouvement de recul. « Attendez… disent-ils. Nous voulons tout de même examiner l'autre couloir… » Ils ne peuvent cependant y pénétrer car les aiguilleurs sont tous disposés de façon à en empêcher l'accès. « Ah bon, pourquoi… ça ne sert à rien… non… — Permettez, nous insistons, c'est notre devoir d'explorer toutes les pistes. » Un dialogue de sourds alors s'engage. D'abord polis, ces quelques enquêteurs méfiants finissent par se faire insistants. C'est alors que leurs interlocuteurs, en meute, se mettent soudain à les insulter et à les traiter de tous les noms, à menacer de les dénoncer à leur hiérarchie, à contacter leurs « amis » dans les médias pour ruiner leur réputation. Et comme les enquêteurs, conscience professionnelle et courage personnel obligent, insistent de plus en plus fermement, leur main s'approchant de la crosse de leur revolver, les hommes se mettent à leur cracher à la figure, à sortir des armes et à les refouler violemment vers l'autre couloir. Et pour achever de les convaincre, ils leur lancent : « et sachez que la loi nous protège, nous et nos familles, nous avons énormément souffert, et il faut nous croire en toutes circonstances ! »

Il ne fait aucun doute, dans une situation aussi caricaturale, que les enquêteurs n'en viennent fatalement à l'hypothèse que le couloir qui vient de leur être gentiment, puis méchamment conseillé, est une fausse piste indiquée de façon délibérée, que la solution de l'énigme se trouve dans l'autre couloir dont l'accès est interdit par les aiguilleurs, que ce soit dans cette direction que l'on trouve les véritables auteurs ou commanditaires du massacre, enfin que les aiguilleurs ne sont rien d'autre que les complices des criminels, dont la fonction est de couvrir la fuite et l'impunité. Expérimentés, ils font semblant d'obtempérer, s'engouffrent dans l'autre couloir, rattrapent leurs collègues, leur racontent leur incroyable mésaventure, les convainquent de rebrousser discrètement chemin. Arrivés près de l'embranchement, ils entendent alors les aiguilleurs s'entretenir, rigolant, se moquant de leur stupidité et de leur crédulité, et se félicitant de l'impunité dont ils jouissent. Les enquêteurs, après avoir tout enregistré, se ruent dans la pièce, arrêtent tous les aiguilleurs, pénètrent dans l'autre couloir, et découvrent en effet que ceux-ci les ont délibérément orientés vers une fausse piste. C'est là que se trouvent les criminels : ce sont des frères et des cousins des aiguilleurs.

Finalement, partis pour arrêter une ou deux personnes, c'est tout un réseau qu'ils mettent à jour, dont les ramifications sont tentaculaires et multiformes, et ils arrêtent deux cents personnes, parmi lesquelles, à leur immense surprise, une cinquantaine de journalistes et d'intellectuels très en vue.

À leur procès, les criminels hurlent tous en cœur : « vous nous attaquez à cause de notre race et de notre religion. Vous nous attaquez parce que nous sommes ce que nous sommes, et d'ailleurs il existe des lois qui condamnent ceux qui attaquent les gens en fonction de leur race et de leur religion, en particulier ceux que nous sommes ! »

À quoi le juge, les condamnant tous au bagne, réouvert par décret pour l'occasion, leur rétorque : « nous ne vous condamnons pas pour ce que vous êtes, parce que vous êtes ce que vous êtes, mais parce que vous êtes des fourbes, des menteurs, des complices de criminels, qui ont voulu faire porter le chapeau à de faux coupables. C'est votre discours et votre attitude qui vous condamne, et nous retenons même le malhonnête alibi que vous invoquez comme une circonstance aggravante. »

Je tenais à terminer sur une note d'espoir, et puis cette parabole vaut bien un roman-quête.

Bibliographie

Bibliographie du massacre de Charlie Hebdo

AGURE, Romain, *Kouachi l'assaut final*, Ring, 2021

BATHILY, Lassana, *Je ne suis pas un héros*, Flammarion, 2016

BENYETTOU, Farid et BOUZAR, Dounia, *Mon djihad : itinéraire d'un repenti*, Autrement, 2017

BORDET, Marie et TELÔ, Laurent, *Charlie le jour d'après*, Fayard, 2017

CAZENEUVE, Bernard, *À l'épreuve de la violence*, Stock, 2019

COLLON, Michel, *Je suis ou je ne suis pas Charlie ?*, Investig'action, 2016

GINORI, Anaïs, *le kiosquier de Charlie*, Équateur, 2016

DAVET, Gérard et LHOMME, Fabrice, « *Un président ne devrait pas dire ça...* », Stock, 2016

FAUVERGUE, Jean Michel, *Patron du Raid, face aux terroristes*, Mareuil Éditions, 2017

HAENEL, Yannick et BOUCQ, François, *Janvier 2015 le procès*, Charlie Hebdo, 2021

LANSON, Patrick, *Le lambeau*, Gallimard, 2018

LEFEBURE, Pierre. et SECAIL, Claire, *Le défi Charlie, les médias à l'épreuve des attentats*, Lemieux, 2016

LEVEQUE, Thierry et MOISAN, Dorothée et MONBARD-LATUNE, Marie-Amélie, et ETCHEGOIN, Marie-France, *Et soudain ils ne riaient plus*, 2016

MARIS—VICTORIN, Gabrielle, *Prends le temps de penser à moi*, Grasset, 2017

NABE, Marc-Edouard, *Veau d'or Hebdo et les quatorze boucs*, Nabe's News, 2021

REY, Corinne, *Dessiner encore*, Les Arènes BD, 2021

RISS, *Une minute quarante-neuf secondes*, Actes Sud 2019

SORAL, Alain, *Émission spéciale Charlie Hebdo*, Egaliteetreconciliation.fr, 11 janvier 2015

SUC, Matthieu, *Femmes de djihadistes*, Librairie Arthème Fayard, 2016

VALLS, Manuel, *Pas une goutte de sang français*, Grasset, 2021

WOLINSKI, Maryse, *Chérie je vais à Charlie*, Seuil, 2016

WOLINSKI, Maryse, *Au risque de la vie*, Seuil, 2020

Documents officiels

Rapport fait au nom de la commission d'enquête relative aux moyens mis en œuvre par l'état pour lutter contre le terrorisme depuis le 7 janvier 2015, 5 juillet 2016

— tome 1 (synthèse) : http://www.assemblee-nationale.fr/14/rap-enq/r3922-t1.asp

— tome 2 (les auditions) : http://www.assemblee-nationale.fr/14/rap-enq/r3922-t2.asp

Bibliographie des attentats du 13 novembre

ALBERTINI, Jean-Pierre, *Mourir au Bataclan*, Mareuil éditions, 2020

DECUGIS, Jean-Michel, MALYE, F., VINCENT, J., *Les coulisses du 13 novembre*, Plon, 2016

LEIRIS, Antoine, *Vous n'aurez pas ma haine*, Fayard, 2016

LANGLOIS, Matthieu, *Médecin du Raid*, Albin Michel, 2016

MARTIN, Patrick, *Pas devant les caméras*, Presses de la délivrance, 2019

REIBENBERG, Gregory, *Une belle équipe*, Heliopoles, 2016

SILVESTRE, Aurélie, *Nos 14 novembre*, JC Lattès, 2016

Bibliographie des événements connexes

ARFI, Fabrice, LHOMME, Fabrice, *Le contrat : Karachi, l'affaire que Sarkozy voudrait oublier*, Stock, 2010

CAZENEUVE, Bernard, *Karachi, l'enquête impossible*, Calmann-Lévy, 2011

DROUET, Magali, LECLERC, Sandrine, *On nous appelle « les Karachi »*, Fleuve noir, 2010

FORESTIER, Donald, *La signature l'al-Qaïda*, Agoravox, 2010

GRIFFIN, David Ray, *Omissions et manipulations de la commission d'enquête sur le 11 septembre*, Demi-Lune, 2006

GRIFFIN, David Ray, *Le nouveau Pearl Harbor*, Demi-Lune, 2006

GRIFFIN, David Ray, *11 septembre, la faillite des médias : une conspiration du silence*, Demi-Lune, 2007

GUYENOT, Laurent, *JFK – 11 septembre : 50 ans de manipulations*, Kontre Kulture, 2014

HAMZA, Hicham, *Israël et le 11 septembre : le grand tabou*, téléchargeable sur hichamhamza.com, 2015

MAGRO, Marc, *SOIGNER Nice, 14 juillet 2016*, FIRST Éditions, 2017

THORN, Victor, *Le procès du 11 septembre, ou le 11 septembre à l'épreuve des faits*, Demi-Lune, 2006

Bibliographie des thèmes connexes

BARRIL, Paul, *Guerres secrètes à l'Élysée (1981-1995)*, Albin Michel, 1996

BLANRUE, Paul-Eric, *Sarkozy, Israël et les Juifs*, Oser Dire, 2009

DUBOIS, Christophe et PELLETIER Éric, *Où sont passés nos espions ?* Albin Michel, 2017

FAUVERGUE, Jean--Michel, *Patron du Raid*, Mareuil éditions, 2017

FAUVERGUE, Jean-Michel, *La sécurité des Français*, Michel Lafont, 2019

FIAMENGHI, Jean-Louis, *Dans le secret de l'action*, Mareuil éditions, 2016

GANSER, Danièle, *Les armées secrètes de l'OTAN*, Demi-Lune, 2007

GANSER, Danièle, *Les guerres illégales de l'OTAN*, Demi-Lune, 2017

HAUTECLOQUE (de), Amaury, *Histoire(s) du RAID*, Jacob-Duvernet, 2009

IZAMBERT, Jean-Loup, *Crimes sans châtiment*, 20 cœurs, 2013

IZAMBERT, Jean-Loup, *56 : l'État français complice de groupes criminels*, IS Édition, 2015

LACLOS, Chorderlos, *Les liaisons dangereuses*, 1782

LANGLOIS, Alexandre, *L'ennemi de l'intérieur*, agence TALMA, 2019

MEARSHEIMER, John et WALT, Stephen, *Le lobby pro-israélien et la politique étrangère américaine*

OSTROVSKY, Victor et HOY Claire, *Mossad, un agent des services secrets israéliens parle*, Presses de la cité, 1990

RATIER, Emmanuel, *Les guerriers d'Israël : enquête sur les milices sionistes*, Facta, 1995

RATIER, Emmanuel, *Le vrai visage de Manuel Valls*, Éditions Facta, 2014

RYSSEN Hervé, *Les milliards d'Israël*, Baskerville, 2014

SAFRAN, Denis, *Médecin de combat*, Grasset, 2017

STEFANOVITCH, Yvan, *Petits arrangements entre amis*, Albin Michel, 2020

TAGUIEFF, Pierre-André, *Figures de la menace : extrémisme, nationalisme, populisme*, Presses Universitaires de France, 2015

THOMAS, Gordon, *Histoire secrète du Mossad*, Presses de la cité, 1999

VERNOCHET, Jean-Michel, *Les égarés : le wahhabisme est-il un contre-Islam ?* Sigest, 2013

VERNOCHET, Jean-Michel, *Retour de flamme, les banlieues de Damas, matrices du terrorisme qui frappe l'occident*, Sigest, 2016

VERNOCHET, Jean-Michel, *les fiancés de la mort*, Sigest, 2017

Bibliographie personnelle

— *L'incident de Mukden du 18 septembre 1931, déclencheur de l'invasion de la Mandchourie par le Japon*, francoisbelliot.fr, 19 janvier 2012

— *L'affaire Thornton, incident déclencheur de la guerre entre les États-Unis et le Mexique en 1946*, francoisbelliot.fr, 18 février 2012

— *Un dossier truqué du journal le Monde du 21 juin 2012 sur l'affaire Merah*, francoisbelliot.fr, 25 février 2012

— *Les incidents du Tonkin, déclencheurs de la guerre du Vietnam*, francoisbelliot.fr, 15 juin 2012

- *« AMIÀ repetita », de Maria Poumier : retour sur le terrorisme israélien en Argentine*, francoisbelliot.fr, 1er juillet 2014

— *L'attentat de la discothèque la Belle, premier casus belli contre Kadhafi*, francoisbelliot.fr, 5 août 2014

— *Guerre en Syrie — volume 1 : le mensonge organisé des médias et des politiques français*, Sigest, septembre 2015

— *Guerre en Syrie — volume 2 : quand médias et politiques instrumentalisent les massacres*, Sigest, juillet 2016

— *Les attentats du 13 novembre et la boule de cristal de Thierry* Meyssan, francoisbelliot.fr, 26 octobre 2017

— *L'imposture libyenne de Thierry Meyssan*, francoisbelliot.fr, 4 juillet 2018

— *Complotisme-Conspirationnisme, une vindicte médiatique*, reportage, François Belliot & Gérard Lazare, Au Carreour des consciences, décembre 2018

— *Le conte de fées nauséabond du héros de l'Hyper Cacher*, francoisbelliot. r, 11 mai 2019

— *Introduction au discours anticomplotiste : le cas de la guerre en Syrie*, francoisbelliot.fr, 23 septembre 2019

— *L'instrumentalisation des lois antiterroristes (1/2) : Dieudonné*, francoisbelliot.fr, 13 août 2019

— *L'instrumentalisation des lois antiterroristes (2/2) : les Gilets jaunes*, francoisbelliot.fr, 21 août 2019

— *La bibliothèque d'Amédy Coulibaly,* francoisbelliot.fr, 28 mai 2020

— *L'activité de Daech en* France *(base de données),* francoisbelliot.fr, 31 juillet 2020

— *L'activité de Daech en France (synthèse),* francoisbelliot.fr, 16 septembre 2020

— *Octobre 2020 : l'été indien terroriste en France,* francoisbelliot.fr, 8 novembre 2020

— *La Covid 19 au prisme de Molière (3/3) : de Molière à Charlie Hebdo et de Louis XIV à Emmanuel Macron,* décembre 2020

Bibliographie des auteurs anticomplotistes (AC)

ALBERTINI, Dominique & DOUCET, David, *la Fachosphère,* Flammarion enquête, 2016

BAZIN, Laurent & TAVOILLOT, Pierre-Henri, *Tous paranos ? Pourquoi nous aimons les complots,* éditions de l'Aube, 2012

BOLTANSKI, Luc, *Énigmes et complots, une enquête à propos d'enquêtes,* Paris, Gallimard, février 2012

BRÖNNER, Gérald, *La démocratie des crédules,* 2013

CAMPION-VINCENT, Véronique, *la Société Parano,* petite bibliothèque Payot, 2005

CHARPIER, Frédéric, *L'obsession du complot,* Les Pérégrines, 2005

FORESTIER, Donald, *J'accuse la pandémie conspirationniste,* Agoravox, 2010

FOULOT, Matthieu, *Le complot Charlie,* Atlande, 2015

FOUREST, Frédéric, *Éloge du blasphème,* Grasset et Fasquelle, 2015

GUISNEL, Jean & DASQUIE, Guillaume, *l'effroyable mensonge,* La découverte, 2002

HAZZIZA, Frédéric, *Vol au-dessus d'un nid de fachos,* Fayard, 2014

HOFSTADTER, Richard, *le Style Paranoïaque,* François Bourin éditeur, 2012 (1952 pour la première édition étasunienne

LEVY, Bernard-Henri, *L'esprit du judaïsme,* GRASSET, 2016

MEZAGUER, Sarah, *La théorie du complot, un mythe ?* Paris, L'Harmattan, septembre 2012

REICHSTADT, Rudy, *L'opium des imbéciles,* Grasset, 2019

TAGUIEFF, Pierre-André, *La foire aux illuminés,* Fayard, 2005

TAGUIEFF, Pierre-André, *Court traité de complotologie*, Mille et une nuits, 2013

VENNER, Fiametta, *L'effroyable imposteur*, Grasset, 2005

VITKINE, Antoine, *Les nouveaux imposteurs*, La Martinière, 2005

Annexe

Résumé du procès de la tentative d'évasion de Smaïn Aît Ali Belkacem en 2011, dans laquelle Amédy Coulibaly et Chérif Kouachi ont été, condamné pour l'un, suspecté pour l'autre

Les informations suivantes ont été compilées à partir du réquisitoire définitif de la cour d'appel de Paris, du 26 juillet 2013, d'un procès concernant une affaire où 11 accusés comparaissaient pour suspicion de préparation d'actes de terrorisme sur le sol français. À des niveaux divers, les accusés étaient poursuivis pour « *présomptions graves de direction ou organisation d'un groupement en vue de commettre des actes de terrorisme en récidive légale (1,2) ; participation à une association de malfaiteurs en vue de préparer des actes de terrorisme (3 à 9) en récidive légale (7, 8, 9) ; financement du terrorisme (1 à 9) ; acquisition, détention d'armes et munitions de 1ère ou 4ème catégorie en bande organisée (5,6), recel en bande organisée de bien volé (5, 7, 9), en relation à titre principal ou connexe avec une entreprise ayant pour but de troubler gravement l'ordre public par l'intimidation ou la terreur.* » Parmi ces accusés figuraient Chérif Kouachi et Amédy Coulibaly.

« *Le 16 février 2010, la Sous-direction antiterroriste de la Direction centrale de la police judiciaire portait à la connaissance de la section antiterroriste du parquet de Paris un renseignement aux termes duquel plusieurs islamistes radicaux avaient fourni des armes à un "frère" basé dans le Cantal et seraient susceptibles de préparer une action criminelle sur le territoire national. Il était précisé que cette structure intégrait des individus condamnés pour des faits de droit commun et radicalisés durant leur séjour en détention.* » (p. 4)

Le projet incriminé consistait en l'organisation de l'évasion de « *Smaïn AIT ALI BELKACEM, artificier de l'attentat commis le 17 octobre 1995 dans le RER C à PARIS, condamné à la réclusion criminelle à perpétuité parla Cour d'assises de PARIS le 30 décembre 2002 et détenu à la maison centrale de CLAIRVAUX (Aube), Fouad BASSIM, frère aîné de Fouzi BASSIM, également incarcéré à CLAIRVAUX (Aube) en exécution d'une peine de 14 années de réclusion criminelle pour sa participation à un vol à main armée au cours duquel il avait ouvert le feu sur des fonctionnaires de police, Thamer BOUCHNAK, connu pour avoir été condamné le 14 mai 2008 par le Tribunal correctionnel de PARIS à la peine de 3 ans d'emprisonnement dont 18 mois avec sursis pour des faits d'association de malfaiteurs en vue de préparer des actes de terrorisme dans le cadre de l'affaire dite des "filières irakiennes".* »

En cas de succès de l'évasion, était envisageable « *la préparation d'une action violente dont les contours ne pouvaient être déterminés.* »

L'un des deux personnages moteurs de la tentative d'évasion, à l'extérieur de la prison, était un certain Djamel Beghal. Djamel Beghal a été condamné le

14 décembre 2005 pour association de malfaiteurs en vue de préparer des actes de terrorisme pour son implication dans un groupe ayant notamment eu pour projet de commettre un attentat suicide contre l'ambassade des États-Unis à Paris. Il a été libéré le 30 mai 2009 et depuis ce jour assigné à résidence à l'hôtel « les messageries » à Murat dans le Cantal, en attendant son expulsion vers l'Algérie qui n'est jamais venue. Charismatique et savant en Islam version takfiri, à l'instar de Farid Benyettou, il a pu constituer autour de lui un petit groupe de fidèles dont il était le mentor, et qui venaient régulièrement lui rendre visite. Le réquisitoire range Amédy Coulibaly, Chérif Kouachi et un troisième accusé du nom d'Omar Fekir dans la catégorie de ses « élèves » (p. 92).

Comme ce n'est pas l'objet de cet ouvrage rendre compte de cette affaire dans tous ses tenants et aboutissants, nous nous contentons de résumer, en l'exposant tout de même dans les grandes lignes, ce que ce procès a permis d'apprendre sur Chérif Kouachi et Amédy Coulibaly, et les liens qui les unissaient. Six dates se signalent à l'attention :

Le 12 mars 2010, Amédy Coulibaly et Chérif Kouachi projettent de rendre visite, avec leurs épouses respectives, Hayat Boumediene et Izzana Hamyd, à leur mentor Djamel Beghal, placé en résidence surveillée à l'hôtel « les Messageries » à Murat dans le Cantal, mais rebroussent chemin au dernier moment, faute de pouvoir trouver des chambres libres une fois sur place.

Dans la nuit du 20 au 21 mars 2010, Amédy Coulibaly se rend en compagnie de deux autres comparses à l'hôtel de Djamel Beghal où il arrive à 4 heures du matin, y pénétrant avec plusieurs cartons. Ils rentrent à Paris dans la nuit du 21 au 22.

Le 4 avril, Amédy Coulibaly retourne à Murat où il séjourne plusieurs jours.

Du 9 au 16 avril, Chérif Kouachi séjourne à son tour une semaine chez Djamel Beghal.

« Les surveillances exercées le 10 avril 2010 permettaient de confirmer la présence de Cherif KOUACHI auprès de Djamel BEGHAL., les intéressés faisant les courses puis prenant une chambre pour Cherif KOUACHI dans l'établissement à l'enseigne "les Bedons", annexe de l'hôtel "les Messageries" (D62). Le lendemain matin, 11 avril 2010, Djamel BEGHAL et Cherif KOUACHI allaient être observés en compagnie de deux autres hommes, identifiés comme étant Ahmed LAIDOUNI et Farid MELOUK, tous deux condamnés pour des faits de nature terroriste (D1568), ils se retrouvaient tous quatre à 9 heures au sortir de l'hôtel "les Messageries" puis se rendaient à pied sur le terrain de football de la ville, où ils allaient rester jusqu'à midi, faisant du sport et discutant. En fin de journée vers 18 heures ils étaient à nouveau observés, cette fois-ci en train de marcher pendant environ 3 heures dans la campagne environnante (D47, D62, D63, D65). Le 14 avril 2010, Cherif KOUACHI contactait Amedy COULIBALY afin de lui relater leurs activités, lequel lui indiquait en retour "moi j'voulais vous appeler là, parce que j'dis qui... tu vois ya... dis-lui à Abou Hamza que... ma femme elle avait des... des

vêtements pour euh… sa nièce là" (D203/4, D203/5), propos semblant codés, mais pouvant s'avérer anodins eu égard aux déclarations ultérieures de Hayat BOUMEDDIENNE, compagne de Amedy COULIBALY, selon lesquels elle avait sympathisé avec Anissa, la nièce de Djamel BEGHAL (D694, D696, D699). Cherif KOUACHI rentrait en région parisienne le 16 avril 2010 vers 3 h du matin, après un accident de la circulation. Le soir même il invitait Amedy COULIBALY à son domicile (D203/6 et /7). » (p. 11)

Les informations qui viennent d'être énumérées proviennent comme c'est suggéré d'écoutes téléphoniques précises et d'observations directes par des filatures, de tous les protagonistes de l'affaire, qui s'interpellent et s'évoquent tous par le terme de « frères ».

Smaïn Ali Belkacem et Djamel Beghal étaient en liaison téléphonique régulière. Lors d'un appel passé par Belkacem depuis sa cellule de la prison de Clairvaux, il fait part à Beghal d'un mystérieux et important projet : « *Ne te prends pas la tête. Moi j'ai deux choses auxquelles je pense depuis longtemps, une chose que je prépare pierre par pierre depuis des années, pour pouvoir donner un bon coup après, comme on dit "Parce qu'un coup avec une pioche vaut mieux que dix coups avec une binette" (Adage algérien). Ça demande du temps, car ce n'est pas du tout une plaisanterie, et ce n'est pas un jeu.* »/ « *Une tentative personnelle ce n'est pas un problème, mais l'autre affaire, tu sais, je ne peux pas trop parler de ça, tu comprends ? L'essentiel dans les deux cas, ne t'inquiète pas.* »

En conséquence de quoi, « *Une information judiciaire était ouverte le 5 mai 2010 contre X des chefs de direction ou organisation d'un groupement formé en vue de la préparation d'un acte de terrorisme et association de malfaiteurs en vue de préparer des actes de terrorisme (D273)* » (p. 18)

Le 18 mai, les principaux acteurs identifiés au cours de la procédure, dont Chérif Kouachi et Amédy Coulibaly sont interpellés. Une partie d'entre eux sont des partisans de la doctrine « al Takfir wa'l Hijra », fondée à la fin des années 1970 en Égypte par l'ingénieur Ahmed Moustapha Choukri. Elle prône une rupture totale avec la société moderne. Comme son nom le suggère, il s'agit d'une secte takfirie, salafiste, dont l'idéologie mère est le wahhabisme, la religion d'État de l'Arabie saoudite.

La perquisition de la cellule de Belkacem amène la découverte de feuillets manuscrits en arabe détaillant les recettes artisanales de fabrication de divers poisons : cyanure, nicotine, ricine, toxine botulique. « *La détention de ces recettes manuscrites, a priori sans rapport avec une tentative d'évasion, pouvait donc aisément s'analyser comme étant le résultat de recherches faites par Smaïn AIT ALI BELKACEM ou à sa demande, et destinées à la commission ultérieure d'une action violente.* » (p. 35)

Questionné sur les raisons qui l'ont poussé à tenter de s'évasion, Belkacem explique sa lassitude extrême de la prison, où il croupit depuis plus de quinze ans sans perspective de réduction de peine. Il réfute en revanche tout projet terroriste, « *affirmant avoir renoncé à la violence et que son seul objectif était de repartir en Algérie* ». Il conteste également la propriété des recettes de poison trouvées dans sa cellule.

Condamnation d'Amédy Coulibaly et non-lieu pour Chérif Kouachi

Le réquisitoire révèle que Coulibaly se rendait toutes les trois semaines chez Djamel Beghal dans le Cantal, parfois en compagnie de Chérif Kouachi. Unique garçon d'une fratrie de dix enfants, tôt en échec scolaire, délinquant multirécidiviste dont la spécialité était les braquages, il tançait ses sœurs pour leur mécréance, déclarant placer la religion au-dessus de la famille. Il était marié religieusement avec Hayat Boumediene depuis le 5 juillet 2009 qui l'a accompagné deux fois dans le Cantal. Ayant décidé de porter le voile intégral, elle avait dû quitter son emploi de caissière. La perquisition du domicile des deux époux le 18 mai a permis de trouver de nombreux indices de radicalisation takfirie, et 250 cartouches de kalachnikov. Il a rencontré et sympathisé avec Djamel Beghal lors d'un séjour en prison. Le réquisitoire conclut qu'Amedy Coulibaly était non seulement au courant mais complice du projet d'évasion de Smaïn Aït Ali Belkacem, mais qu'« *aucun élément de l'information judiciaire ne démontrait que Amedy COULIBALY ait été informé des projets d'action "pour l'honneur" développés par Smaïn AIT ALI BELKÀ CEM et Djamel BEGHAL.* »

Interpellé le 18 mai 2010, Chérif Kouachi est mis en examen le 22 mai « *du chef d'association de malfaiteurs en vue de préparer des actes de terrorisme, et ce en état de récidive légale pour avoir été condamné le 14 mai 2008 par le Tribunal correctionnel de Paris à trois ans d'emprisonnement dont 18 mois avec sursis pour des faits similaires.* »

Né en 1982, marié depuis 2008 à Izzana Hamyd, Chérif Kouachi « *a été condamné le 14 mai 2008 par le Tribunal correctionnel de PARIS aux côtés de Thamer BOUCHNAK et de Mohamed EL AYOUNI pour son implication dans le dossier dit des "filières irakiennes". [Il] avait été placé en détention provisoire janvier 2005 à octobre 2006 à la maison d'arrêt de FLEURY MEROGIS (Essonne), soit à la même période que Djamel BEGHAL.* »

La perquisition de son domicile permet de confirmer son ancrage radical, avec sur son ordinateur des ouvrages de propagande takfirie aux titres évocateurs : « *Déviances et incohérences chez les prêcheurs de la décadence* », « *Les savants du Sultan, Paroles de nos prédécesseurs (salafs)* », « *L'Arabie Saoudite… et la fondation de l'ONU* », « *Dévoilement d'un fantasme : L'islam, en guerre contre le terrorisme* », « *Le statut juridique de celui qui abandonne la prière* », ouvrage concluant « *Celui qui abandonne la prière est un mécréant apostat. Sa sentence est la mise à mort.* » (D 1561/412), « *Les partisans du Tawhid aiguisent le sabre du djihad sur la tête des menteurs* », réfutant divers arguments pour indiquer le caractère obligatoire du « djihad défensif », "Les soldats de la lumière", déjà mis en évidence dans l'ordinateur de Amedy COULIBALY, ainsi que de nombreuses images et vidéos de nature djihadiste, présentant des hommes barbus en armes, des martyres, des discours de dirigeants d'Al-Qaïda, et de* *nombreuses consultations de sites ou pages internet relatifs à la question de l'islam et du djihad.* »

Sur son ordinateur on trouve aussi la trace de 37 clichés pédopornographiques effacés, qui selon Farid Benyettou, seront par la suite une source d'inquiétude profonde pour Chérif Kouachi. On lit ainsi dans son livre *Mon djihad, itinéraire d'un repenti* — pour situer nous sommes fin 2013 début 2014 : « *J'entretenais seulement quelques contacts avec mon ancien élève, Chérif Kouachi, qui venait me voir tous les six mois. Il se plaignait des injustices du système. Je ne partageais plus son univers mais je l'écoutais en silence. Je n'envisageais plus notre relation comme fraternelle mais comme la relation d'un infirmier vis-à-vis d'un malade. Car il était bel et bien malade : obsédé par une histoire de pédopornographie. Les policiers avaient soi-disant trouvé des images pédopornographiques sur son ordinateur et l'avaient interrogé à ce sujet. Il clamait son innocence et les accusait d'avoir introduit ces images pour salir son honneur. Les policiers le menaçaient avec ces éléments : "Si on entend encore parler de toi, on fait sortir ces histoires au grand jour !" Paradoxalement, il me disait aussi que la PJ de Versailles avait classé l'affaire sans suite. J'étais un peu sceptique : avait-il besoin d'une excuse pour se ranger ? Voulait-il me prévenir de sa tendance pédophile avant que je ne l'apprenne dans la presse ? Cherchait-il une parade ? Il insistait et répétait que s'attaquer à l'honneur d'un musulman, c'était pire que de s'attaquer au musulman lui-même. Pourquoi voulait-il me voir ? (…) Aujourd'hui j'ai une petite hypothèse supplémentaire : si Chérif Kouachi avait vraiment des pulsions pédophiles, peut-être venait-il me voir parce que j'étais devenu infirmier ? Peut-être s'était-il réfugié dans la religion, non seulement pour arrêter de boire, de se droguer, de fréquenter plusieurs femmes, mais aussi lutter contre ses tendances pédophiles ?* » (p. 136)

À son sujet le réquisitoire conclut : « *En dépit de son ancrage avéré dans un islam radical, de son intérêt démontré pour les thèses défendant la légitimité du djihad armé et de ses relations avec plusieurs acteurs du dossier, et malgré une attitude pour le moins non coopérative, il ne résultait pas de l'information judiciaire des éléments démontrant l'implication de Cherif KOUACHI dans le projet mené par les autres mis en examen. Non-lieu sera donc requis le concernant.* » Il aura tout de même effectué six mois de détention préventive dans la foulée de son interpellation en mai 2010.

La partie « enquête de personnalité » du réquisitoire se contente de rappeler que Chérif Kouachi « *dispose d'un casier judiciaire portant mention d'une condamnation à une peine de 3 ans d'emprisonnement dont 18 mois avec sursis, prononcée le 14 mai 2008 par le Tribunal correctionnel de PARIS pour des faits d'association de malfaiteurs en vue de préparer des actes de terrorisme (affaire dite des "filières irakiennes du 19ème").* »

En détention provisoire depuis son interpellation en mai 2010, Amédy Coulibaly est condamné à 5 ans de prison ferme le 20 décembre 2013. En raison de son comportement exemplaire, il bénéficie d'une remise de peine d'un an et est libéré le 4 mars 2014. Il doit porter un bracelet électronique qu'il garde jusqu'au 15 mai

2014, date de la fin de sa peine. Aucune mesure de surveillance particulière n'est prise le concernant.

Chérif Kouachi quant à lui n'a pas fait de détention provisoire et a finalement bénéficié d'un non-lieu à l'issue du procès. Il est tout de même soumis à un contrôle judiciaire qui lui interdit formellement de quitter le territoire français et l'oblige à se présenter une fois par semaine au commissariat de Gennevilliers. Toutefois, selon les services de renseignement étasuniens, il avait pu se rendre en Oman entre le 25 juillet et le 15 août 2011 en empruntant le passeport de son frère. Et il avait été placé sur écoute et fait l'objet de filatures, à partir de décembre 2011 jusqu'en décembre 2013.

Déjà parus

ÉDITIONS
LE RETOUR AUX SOURCES

Stratediplo

La huitième plaie
migrants 2015, l'avant-garde

Préface de Thibault de Montbrial

Les Français ont constaté un changement drastique de physionomie des rues

ÉDITIONS
LE RETOUR AUX SOURCES

Stratediplo

La neuvième frontière
Catalogne 2017
Préface de Miodrag Janković

L'opposition de la légalité interne espagnole à la légitimité démocratique...

ÉDITION
LE RETOUR AUX SOURCES

Stratediplo

Le douzième travail
Un refuge autarcique

Puisse cette description donner des idées à un chercheur d'autonomie...

ÉDITIONS
LE RETOUR AUX SOURCES

Stratediplo

Le onzième coup
de minuit de l'avant-guerre

Préface de Michel Drac

Un incident réel ou fictif servira à déclencher les opérations, les populations ne réagissant pas...

ÉDITIONS
LE RETOUR AUX SOURCES

Stratediplo

Le quatrième cavalier
l'ère du coronavirus

Préface de Piero San Giorgio

ÉDITIONS
LE RETOUR AUX SOURCES

Stratediplo

Le septième scénario
Sécession d'une minorité
Préface du colonel Hogard

"Si vous êtes Français, si vous aimez votre pays, il faut lire ce livre" Piero San Giorgio

LE RETOUR AUX SOURCES
MARIA POUMIER
MARCHANDISER LA VIE HUMAINE
MARCHANDISER
LA VIE HUMAINE
MARIA
POUMIER
Dans chaque pays, une forte résistance s'exprime...

DOMINIQUE LORMIER
ÉDITIONS
LE RETOUR AUX SOURCES
Albert Roche,
premier soldat de
FRANCE
L'incroyable histoire de l'engagé volontaire
qui captura à lui seul 1180 prisonniers !

Dominique Lormier
L'imposture du sauveur
AMÉRICAIN
1917-1918 / 1941-1945
ÉDITIONS
LE RETOUR AUX SOURCES
L'imposture du sauveur
AMÉRICAIN
1917-1918 / 1941-1945
Un ouvrage passionnant qui balaye de nombreux clichés
et rétablit des vérités historiques méconnues

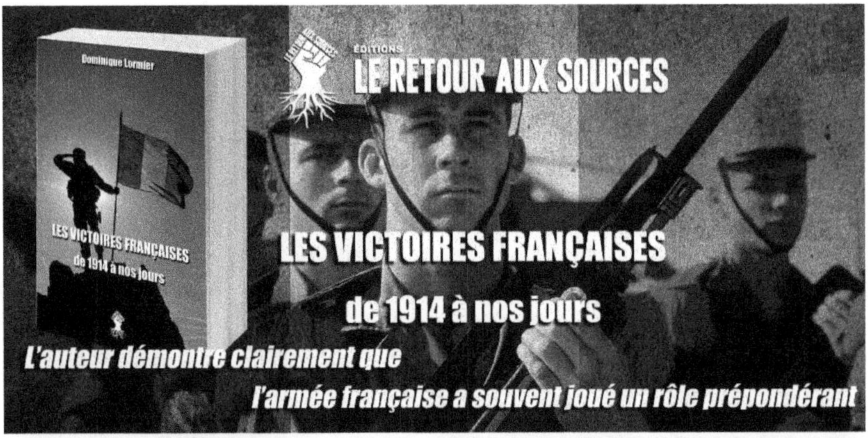
ÉDITIONS
LE RETOUR AUX SOURCES
Dominique Lormier
LES VICTOIRES FRANÇAISES
de 1914 à nos jours
LES VICTOIRES FRANÇAISES
de 1914 à nos jours
L'auteur démontre clairement que
l'armée française a souvent joué un rôle prépondérant

LE RETOUR AUX SOURCES
ÉDITIONS
LE RETOUR AUX SOURCES

www.ingramcontent.com/pod-product-compliance
Lightning Source LLC
Chambersburg PA
CBHW071631270326
41928CB00010B/1879